제국의 기억, 제국의 유산

한국의 석학 3

제국의 기억 제국의 유산

이영석 지음

아카넷

책머리에

　19세기 말 영제국은 세계 육지 면적의 5분의 1, 세계 인구의 4분의 1을 지배했다. 그러나 그 지배 영역은 이전 유라시아 대륙의 제국들과 달리 각 대륙에 산재해 있어서 해양 네트워크를 통해 서로 연결되었다. 영제국은 효율성이라는 측면에서 결코 유리한 점이 없었음에도 20세기 중엽까지 전 세계에 영향력을 행사했다.

　일본의 식민지 지배를 직접 겪은 한국의 지식인들은 제국과 제국주의에 매우 비판적이다. 식민지 경험의 트라우마라고 할 수 있는 이와 같은 적대적 시선은 오히려 영제국의 실상을 있는 그대로 살피는 데 방해가 된다. 이 책은 영제국에 일정한 거리를 두면서도 가능한 한 그 실태를 있는 그대로 재현하는 데 초점을 맞춘다. 주로 20세기 영제국의 변화와 해체, 그리고 영연방으로 이행 과정을 살피는 데 목적을 둔다. 다만 중심부 국가의 자료에 주로 의존하기 때문에 영국에만 초점을 맞춰 제국의 구조와 변화를 서술하는 한계를 벗어날 수 없음을 밝힌다.

이 책 1부는 19세기까지 영제국의 팽창을 주도한 정치 및 경제에 관련된 주된 개념과 인식, 이를테면 재정-군사국가, 신사 자본주의, 제국 네트워크, '대영국'에 대한 담론 등을 다룬다. 2부는 전간기 영제국의 근본적인 변화를 탐사한다. 1차 세계대전기의 참전과 동원, 양차 세계대전 사이의 경제침체가 영제국에 어떤 균열을 가져왔고, 또 국제정치 측면에서 이런 균열에 영제국이 어떻게 대응했는가를 살핀다. 이 책 3부는 2차 세계대전 이후 국가연합 성격으로 새롭게 정립된 영연방의 역사를 정리하고 1960년대 영국 정치가 유럽 대륙과 영연방 사이에서 표류하는 과정을 검토한다. 마지막 4부는 오늘날 영국 사회에서 '제국', 그리고 영연방은 어떤 의미가 있으며 제국의 기억과 경험이 어떻게 깃들어 있는가를 검토한다.

영제국은 역사 속에서 사라졌고 그 유산으로 영연방이라는 국가연합의 연결망이 아직 남아 있지만, 오늘날 국제정치에서 작용하는 힘은 미미한 수준에 지나지 않는다. 그렇다고 하더라도 제국을 경영하고 운영하면서 전 세계에 퍼져나간 영국적 가치와 제도, 그리고 문명은 오늘날까지도 분명하게 남아 있으며 특히 지구화시대를 살아가는 현대인의 삶에 여러 방향으로 큰 영향을 미치고 있다. 지은이는 이 책이 영국, 영제국, 영연방을 넘어 현대 세계를 이해하는 데 도움이 되기를 기대한다. 끝으로 이 연구 과제를 지원한 한국연구재단과 출판을 맡은 아카넷 출판사에 감사 인사를 드린다.

2019년 4월
우이동 산자락에서 지은이

차례

4부 제국 이후

서장

———

영제국을 보는 시각과 방법

　18, 19세기에 영제국은 두 차례에 걸쳐 팽창한다. 우선 7년 전쟁(1756~63) 이후 프랑스 영향 아래 있던 해외 지역을 제국 식민지로 만들었다. 북미, 서인도제도, 남미의 가이아나, 인도 벵골 지역이 이에 해당한다. 이와 함께 당시만 하더라도 유럽인에게 알려지지 않은 땅이었던 오스트레일리아와 뉴질랜드도 영국에 귀속되었다. 다음으로 1880년대 이후 제국주의 시대에 급속한 팽창이 있었다. 독일, 프랑스와 함께 경쟁적으로 아프리카 분할에 참여해 이집트, 수단, 케냐, 서아프리카 황금해안(Gold Coast), 남아프리카의 케이프타운 배후지를 병합했다.

　19세기 말 영제국의 식민지는 여섯 대륙에 걸쳐 널리 흩어져 있었다. 기존의 유라시아 제국들은 주로 육상교통망을 통해 광대한 영토를 지배했다. 이와 달리 영국의 식민지 분포는 제국 경영의 효율성이라는 측면에서 전혀 유리하지 않았다. 그럼에도 1950년대까지 제국 네트워크에 포함된 아메리카, 아프리카, 아시아의 여러 지역이 여전히 제국의 일부를 이루고 있었다. 두 세기에 걸친 제국 팽창의 동력은 무엇이고, 제국이 구조적인 약점을 가졌음에도 오랫동안 통일성을 유지할 수 있었던 까닭은 무엇인가.

2차 세계대전 후에 인도아대륙을 제외하면 대체로 이전의 지배 영역을 복원했던 영제국은 1950년대 후반 이래 급속하게 해체된다. 1956년 수에즈 위기 이전 영국에서 독립한 나라는 아일랜드·요르단·인도·파키스탄·스리랑카·미얀마·이스라엘 등 7개국이었다. 1956년 이후 특히 1960년대에 탈식민운동의 열풍이 불었다. 1957~69년 27개국, 1970년대 12개국, 1980년대 4개국이 식민지 상태에서 독립국으로 바뀌었다.[1] 전 세계에 걸쳐 널리 흩어져 있던 제국의 속령은 사라지고 지브롤터나 포클랜드 같은 지도상의 점들만이 남게 되었다. 이러한 해체는 전후 탈식민운동의 영향 아래 이루어졌다. 이는 또한 1950년대에 영국의 군사력이 미국과 소련에 미치지 못하고 경제력 또한 독일과 일본에 추월당하면서 나타난 자연스러운 과정이기도 했다. 그러면서도 제국 해체 과정은 영국의 국내 정치와 사회에 커다란 파열음을 불러오지 않았다. 대륙의 프랑스와 포르투갈이 식민지 철수로 정치적 소요와 혼란을 겪었던 것과 대조적이다. 이는 탈식민화가 불가피하다는 사회적 합의가 있었기 때문에 가능했다.

영제국의 지속과 해체의 과정을 밝히는 작업은 영국 현대사는 물론, 20세기 역사를 이해하는 데 매우 중요한 문제이다. 두 세기에 걸친 영제국의 팽창과 급속한 해체에 관해 영국 학계에서 강조하는 통념이 있다. 일부 예외가 있기는 하지만, 제국의 팽창은 정부의 뚜렷한 의도나 계획보다는 우연적인 선택과 임기응변에 따라 이루어졌고, 해체도 역사의 추세를 간파한 정치인과 일반 시민의 합의를 통해 성공적으로 진행되었으며, 그만큼

---

1 현재 영연방(Commonwealth of Nations) 회원국은 영국, 백인 정착지(캐나다, 남아공, 오스트레일리아, 뉴질랜드), 식민지에서 독립한 국가 등 총 53개국이다.

정치 사회적 혼란이나 진통을 겪지 않았다는 것이다.

사실 2차 세계대전 이후 영국사학계는 사회 내부 요인에서 비롯된 변화에 주로 초점을 맞추고 영국과 주변부의 관계나 둘 사이의 상호 영향을 별로 중시하지 않았다. 영국사학계의 내국사(內國史, domestic history) 중시 경향은 멀리는 국민국가를 서술 대상으로 삼은 근대역사학의 전통과 사회변동의 내적 요인을 강조한 마르크스주의 역사학의 영향에서 비롯되었겠지만, 다른 한편으로는 급작스런 제국 해체가 가져온 이중감정, 즉 한편으로는 식민지 체제의 종언을 도덕적 승리로 바라보면서도 다른 한편으로 해체에 따른 정신적 상흔과 상실감을 감추려는 심리가 작용한 것처럼 보인다.

1997년 홍콩 반환은 제국 해체 과정의 종지부를 찍은 드라마로 여겨지기도 했다. 이 무렵부터 제국의 형성과 팽창, 그리고 해체를 정치사와 경제사는 물론 기타 다양한 분야사적 시각에서 새롭게 조명하려는 움직임이 대두되었다. 이 새로운 연구 열풍은 동유럽 사회주의 붕괴, 민족주의와 탈식민주의 정서의 완화 등에 힘입은 것이었다. 여기에서 주목할 만한 것은 제국에 대한 향수를 자극하고 제국 팽창이 다른 세계에 미친 긍정적인 측면을 강조하거나 식민지 지배에 깃든 도덕적 부담을 덜어내려는 보수적 역사서술이 두드러진다는 점이다.[2]

---

2 P. J. Cain and A. G. Hopkins, *The British Imperialism I: Innovation and Expansion 1688-1914* (London: Longman, 1993); idem, *The British Imperialism II: Crisis and Deconstruction 1914-1990* (London: Longman, 1993); Dennis Judd, *Empire: The British Imperial Experience, from 1765 to the Present* (London: Harpercollins, 1996); David Cannadine, *Ornamentalism: How the British Saw Their Empire* (Oxford: Oxford University Press, 2001); Niall Ferguson, *Empire: How Britain Made the Modern World* (London: Penguin, 2003); John Darwin, *The Empire Project: The Rise and Fall of the British World-System 1830-1970* (Cambridge: Cambridge University Press, 2009).

보수적 해석의 계보

그동안 영국 학계에서 제국 형성과 지배에 관한 전통적인 해석은 경제적·군사적 측면에서 팽창의 원인을 찾았다. 영국 해외투자 자본과 교역 시장을 보호하기 위한 정책이라는 홉슨-레닌 식의 해석이나, 나폴레옹 전쟁 이후 항구와 군사적 요충지를 병합함으로써 인도항로를 안정적으로 확보하려는 전략에서 비롯했다는 견해가 이에 해당한다.

그러나 근래 영국 역사가들은 이 같은 제국 팽창의 의도와 그 팽창이 가져온 결과를 서로 다른 차원에서 다루려는 경향이 있다. 우선 경제적 해석에 대해서는 그 의도가 무엇이든 제국 경영이 영국 경제에 미친 영향은 부정적이었다는 비판이 있다. 예컨대 랜스 데이비스(L. E. Davis)와 로버트 휴텐백(R. A. Huttenback)은 광범한 자료들을 검토한 끝에 1884~1914년 간 제국의 해외투자 이윤이 국내투자와 비교할 때 다소간 낮은 수준이었다는 결론을 내렸다.[3] 다른 경제사가들도 19세기 후반 영국의 자본수출이 국내 산업부문의 현대화에 동원해야 할 자원을 고갈시켰다고 본다.[4]

군사전략적인 해석에 대해서도, 군사요충지를 매개로 하는 연결선이 새로운 근대문화의 확산을 가져온 일종의 네트워크였다는 결론을 내린다. 19세기 말 영제국은 공식적·비공식적 지배 영역을 모두 연결하는 전 지구적 네트워크를 갖추고 있었다. 이러한 연결선은 19세기 내내 지속적으로 확충되었다. 나폴레옹 전쟁 이후 네덜란드에 인도네시아의 이해관계를 양보했지만, 그 대신에 몰타, 실론, 케이프타운을 완전히 장악했고

---

3 L. E. Davis and R. A. Huttenback, *Mammon and the Pursuit of Empire: the Political Economy of British Imperialism, 1860-1912* (Cambridge: Cambridge University Press, 1986), 107.

4 Sidney P. Pollard, "Capital Exports, 1870-1914: Harmful of Beneficial?", *Economic History Review*, 2nd ser., 38/4 (1985), 489-514; P. K. O'Brien, "The Costs and Benefits of British Imperialism 1846-1914", *Past and Present*, 120 (1988), 163-200.

중남미 해안 지역도 속령으로 만들었다. 그 이후에도 지브롤터, 수에즈 운하, 아덴, 실론, 싱가포르, 홍콩, 밴쿠버 아일랜드, 포클랜드, 노바 스코샤 등 영제국에 편입된 지도상의 점들은 모두 영 해군의 세계항로 지배를 위한 전략적 요충지에 해당했다. 오직 영국만이 해상을 통한 전 지구적인 연결망을 갖출 수 있었다.

이 네트워크는 결과적으로 군사 목적보다는 영국 문화의 확산을 가져온 토대가 되었다. 법의 지배라는 원칙 확립, 투명한 행정, 축구 · 골프 · 승마 · 크리켓 · 테니스 같은 스포츠와 레저의 전파, 철도망과 해저전신망, 프로테스탄티즘의 표준화(주기도문과 사도신경) 등이 이에 해당한다는 것이다.[5] 사실 이런 인식은 새로운 것이 아니라 영국 지식인 사회의 오랜 전통이다. 이미 19세기 초 역사가 토머스 매콜리(Thomas. B. Macaulay)[6]는 하원의원 시절에 이 점을 예리하게 지적한 바 있다. 그는 하원 연설에서 영제국이야말로 "야만에 대한 이성의 평화로운 승리"라고 극찬하고 있다. "온갖 쇠퇴의 자연적 원인들로부터 자유로운 제국, 우리의 기예와 도덕과 문학과 법률로 이루어진 불멸의 제국"을 건설했다는 자긍심으로 충만해 있다.[7]

제국주의에 대한 경제적 · 군사전략적 해석에서 벗어나 영제국의 특수성을 좀 더 보수적 시각에서 강조하기 시작한 단초는 존 갤러거(John. A. Gallagher)와 로널드 로빈슨(Ronald E. Robinson)의 연구에서 찾을 수 있다. 이들은 '비공식적 제국'을 중심 개념으로 내세웠다. 그것은 공식적인 식민지 통치조직이 없음에도 런던의 경제 · 문화 · 외교의 지배 아래 놓인 지역

5 Ronald Hyam, *Britain's Declining Empire: The Road to Decolonisation 1918-1968* (Cambridge: Cambridge University Press, 2006), 7-8.
6 토머스 매콜리(Thomas B. Macaulay, 1800~59): 휘그파 정치인 · 역사가. 저서 *The History of England*, 5 vols (1848)은 '역사의 휘그적 해석'의 결정판으로 알려져 있다.
7 *Hansard's Parliamentary Debate* [Commons], 3rd ser., 1833, vol. 19, c. 536 (10 July 1833).

을 의미한다. 그들은 미국 독립 이후 19세기 전반까지 영제국의 팽창 과
정에 제동이 걸렸다는 전통적인 견해를 비판하면서, 그보다는 비공식적
제국과 자유무역을 통해 제국의 이익을 도모할 수 있었으므로 '자유무역
제국주의'로 불러야 한다는 결론을 내렸다.[8] 로빈슨은 여기에서 더 나아가
19세기 후반의 제국 팽창이 주변부의 상황에서 비롯했으며 그 동력 또한
주변부 세력의 협력에 힘입은 것이라고 주장했다. 이들의 협력이 적은 비
용으로 제국을 경영할 수 있는 수단이며, 이 협력관계야말로 제국주의를
규정하는 주된 속성이라는 것이다.[9]

주변부 이론에서는 제국 팽창을 주변부 자체의 위기와 연결짓지만, 그
팽창은 무엇보다도 중심부의 역동성에 달려 있다. 중심부의 역동성이 팽
창의 상수이다. 홉슨-레닌 식의 견해에 따르면, 19세기 말 팽창의 동력은
독점자본의 이윤극대화 운동에서 나온 것이다. 그러나 1980년대 초 산업
혁명에 관한 수정주의 연구, 즉 영국 경제사에서 산업혁명이 혁명적 변화
가 아니었고 그 이후에도 사회적 총자본에서 산업자본이 차지하는 비중
이 높지 않았다는 견해가 경제사의 주류로 떠오르면서, 이 시기의 팽창을
종래와 다른 개념으로 설명하려는 시도가 있었다. 피터 케인(P. J. Cain)과
앤서니 홉킨스(A. G. Hopkins)의 '신사 자본주의(gentlemanly capitalism)'
이론은 수정주의 연구를 바탕으로 19세기 후반 제국 팽창을 경제적 측면
에서 새롭게 해석한다.

케인과 홉킨스에 따르면, 근대 영국에서 부의 축적은 대토지를 소유한
귀족과 지주(gentry)가 주도해 왔다. 이들은 상업적 농업의 발전과 함께

---

8 J. Gallagher and R. Robinson, "The Imperialism of Free Trade", *Economic History
   Review*, 2nd ser., 6/1 (1953), 1–15.
9 R. Robinson, "Non-European Foundations of European Imperialism", in R. Owen and
   B. Sutcliffe, eds., *Studies in the Theory of Imperialism* (London: Longman, 1972),
   120–22.

자본제적 지대를 바탕으로 부를 축적했다. 신사적 자본가는 시장경제를 이용해 임대소득을 추구하면서도 일상적인 노동세계를 멀리하고 여가와 아마추어 정신을 중시했다. 신사 자본주의란 이런 정신을 지키면서 시장에서 자본을 축적하는 경제활동이다. 18세기에 런던의 부유한 화폐자산 소유자와 대상인이 이들의 대열에 합류했으며, 경제활동의 중심지 또한 대토지에서 런던으로 옮아갔다. 케인과 홉킨스는 19세기 중엽 '재정-군사 국가' 시스템의 낭비적 요소와 위기를 해결하기 위해 윌리엄 글래드스턴 (William Gladstone)이 시도한 일련의 행정개혁이 신사 자본주의에 새로운 변화를 가져왔다고 본다. 국가재정에서 낭비 요소를 줄이는 지름길은 국채 발행을 줄이는 것이었다. 국채시장이 줄어들자, 런던의 금융-상업자본은 그 힘을 해외시장으로 집중시켰다. 그 결과, 신사 자본주의에서 런던 시티를 중심으로 하는 금융-상업자본의 비중이 더욱더 높아졌으며 이 시기 제국 팽창은 이러한 성격 변화와 맞물려 진행되었다는 주장이다.[10]

　신사 자본주의론은 제국 팽창의 동력을 영국 자본주의의 특수한 속성에서 찾는다는 점에서 이전 경제적 해석의 전통을 이으면서도, 다른 한편으로는 19세기까지 영국 근대화의 주역을 지주세력으로 보는 토리적 역사 해석과 연결된다는 점에서 보수적 시각으로 분류할 수 있다. 이들의 보수적 시각은 제국 중에서도 특히 백인 자치령의 중요성을 강조하는 점에서도 드러난다. 신사적 자본가의 해외투자는 주로 백인 자치령과 아메리카에 집중되었다. 신사적 자본가들은 해외에서도 국내와 마찬가지로 농업, 광산, 사회간접자본에 주로 투자했으며, 일부는 상업은행, 공공시설, 수송수단에 대한 투자에도 관심을 나타냈다. 해외투자가 집중된 백인 자치령은 경제적으로 빠르게 성장했으며 신사적 자본가들에게는 본국보다 더 높은 배당소득을 보장해 주는 기회의 땅이기도 했다.[11]

10 Cain and Hopkins, *The British Imperialism I*, 83, 144.

19세기 전 세계의 식민지를 지배하고 관리하면서, 영국 정부 또는 식민지에 진출한 백인들은 필요하다면 전쟁과 약탈적 폭력을 동원하는 일을 서슴지 않았다. 아편전쟁, 보어전쟁, 세포이 항쟁 등은 널리 알려졌으며, 이 밖에도 여러 지역의 식민지를 확대하는 과정에서 크고 작은 폭력이 자행되었다. 해방된 흑인과 아시아계 이민자들이 서인도제도에 정착하자 백인 농장주들은 쓸모없는 노동자에 대해서는 가혹하게 추방조치를 내렸고, 흑인소요가 발생하면 농장주와 주둔군 병력이 연합해 뿌리부터 근절했다. 말레이반도에서는 지방 토호들의 경쟁과 분열을 부추긴 다음, 안정을 구실로 병력을 동원해 강제 점령하기도 했다. 그럼에도 영국 역사가들은 영국 정부가 선호한 간접지배 방식에 주로 초점을 맞춰 왔다. 흔히 이러한 방식은 19세기 영국 초등학교의 감독생 제도(monitorial system)에 비유된다. 이 제도는 교사 부족을 메우기 위해 똑똑한 학생들을 뽑아 방과 후에 과외지도를 한 다음 그들이 나머지 학생들에게 초보적인 읽기와 쓰기를 가르치도록 하는 방식이었다.[12] 데이비드 캐너다인(David Cannadine)은 이 간접지배가 식민지에 영국 농촌의 보수적이고 위계적인 사회질서를 재창출하려는 19세기 영국 지배층의 의도와 관련된다고 주장한다. 그는 에드워드 사이드(Edward Said) 등의 탈식민담론과 오리엔탈리즘을 일부 인정하지만, 그와 다른 방향의 사회 분위기가 자리 잡았다는 점을 강조한다.

캐너다인에 따르면, 19세기 영국 사회에서는 오리엔탈리즘과 다른 움직임, 즉 주변부가 중심부 사회와 공통점이 있으리라는 가정 아래 주변부에서 낯익은 요소를 찾으려는 움직임도 강했다. 영국인들은 이국적인 것

---

11 Cain and Hopkins, *The British Imperialism I*, 240. 신사 자본주의 개념에 대해서는 다음을 볼 것. 이영석, 「신사적 자본주의와 제국」, 『서양사론』 69 (2001), 183-209.

12 Hyam, *Britain's Declining Empire*, 14-15.

에서 오히려 동질성과 유사성을 찾고 이를 다시 체계화했다는 것이다. 말하자면 '이국적인 것의 내국화'라고 할 수 있다. 여기에서 캐너다인은 근대 영국 사회의 발전에 관한 토리적 해석에서부터 자신의 논지를 전개한다. 엥겔스가 19세기 중엽 영국 사회를 분석했을 때 그는 부르주아지와 노동계급만을 관심 대상으로 삼았다. 귀족과 지주는 역사적 중요성을 상실했다고 보았기 때문이다. 그러나 귀족과 지주는 19세기 후반까지도 지배 엘리트이자 가장 강력한 사회세력으로 남아 있었다. 더욱이 당시 사회체제는 지배층과 서민의 2분 구조나 귀족 부르주아 노동계급의 3분 구조가 아니라 다양하게 세분화된 중층적 사회위계로 이루어져 있었다. 당시 사람들은 자본가와 노동자라는 양대 계급보다는 귀족·지주·상인·서민·하인·빈민 등 다양한 위계로 구성된 사회를 생각했다는 것이다. 캐너다인은 이 다양한 위계에 주목한다. 영국의 엘리트 집단이 주변부 고유의 사회위계를 낮게 생각한 것도 여기에서 비롯된다는 것이다.[13]

19세기 영국 사회에 인종주의가 뿌리 깊었지만 그것 못지않게 사회적 위계도 중요하다는 인식이 널리 퍼져 있었다. 주변부에 대해서도 피부색이라는 문화적 코드보다는 개개인의 사회적 위계에 대한 관심이 높았다. 백인 자치령뿐 아니라 인도나 아프리카도 영국 사회와 마찬가지로 토착제후와 평민 등 수직적 위계로 이루어진 사회였다. 영국 귀족들은 인도 및 아프리카의 토착제후나 추장을 '타자'라기보다 동일한 위계로 인정했다는 것이다. 간접지배는 한편으로는 값싼 지배를 위한 수단이었지만, 다른 한편으로는 이런 인식에 바탕을 둔 것이었다. 1870년대 농업불황기에 경제적 기반이 위축된 귀족과 지주들이 백인 자치령으로 향하는 이민의 물결이 일었는데, 이들은 시골 저택과 농장 등 모국의 생활스타일을 그대

---

13 Cannadine, *Ornamentalism*, 21. 캐너다인의 '장식주의'에 관해서는 다음을 볼 것. 이영석, 「영제국사 서술과 지구사」, 『한국사학사학보』 25 (2012), 311-14.

로 재현하는 데 앞장섰다.[14] 이런 운동은 인도에서도 나타났다. 영국인들에게 카스트제도는 영국의 사회위계보다도 더 위계적인 것으로 보였다. 세포이 항쟁 이후 영국인들은 이 제도를 적극 평가하고 영국의 사회위계와 직접 연결시켰다. 각 지역의 부왕(副王, viceroy)이나 총독은 국왕의 대리자로, 토착제후는 귀족 신분으로 대우했다.[15]

캐너다인은 영국 지배자들이 같은 반열에 해당하는 주변부 인물들에게 각종 칭호를 수여함으로써 제국의 정체성을 공유함과 동시에 그들의 협조를 얻을 수 있었다는 점을 강조한다. 그는 이러한 경영방식을 '장식주의(ornamentalism)'라고 부른다. 이 말은 사회적 위계구조를 결합해 제국 전체의 질서를 세우려는 노력과 그 성과를 나타내기 위해 만든 표현이다. 칭호 서훈, 퍼레이드, 축전, 장식, 의상 등 외양과 의례와 치장을 통해 제국의 통일성과 정체성을 확인하는 일련의 작업을 의미한다. 캐너다인은 구체적인 사례보다는 영제국 전체를 조망하는 방식으로 서술하고 있는데, 그의 'ornamentalism'이라는 표현 자체가 에드워드 사이드의 오리엔탈리즘(orientalism)을 의식해 만든 조어(造語)로 탈식민이론에 대한 반론임을 명시적으로 나타낸다.

사회사가로서 캐너다인은 역사의 계급적 차원을 중시해 왔다. 장식주의라는 말은 영국인이 계급과 신분체계라는 프리즘을 통해 자신의 제국을 이해했음을 강조한다. 그들에게 제국은 인종의 차이로 구조화된 세계로 보이지 않았다는 것이다. 그러면서도 계급과 신분이라는 프리즘을 통한 세계의 인식은 문화적 차원에 해당한다. 이러한 인식은 복잡한 세계를 너무 단순화한 시각이다. 사회란 그렇게 단순하지 않다. 세계에 대한 이해는 여러 복잡한 요인의 상호작용을 통해 이루어진다. 캐너다인은

---

14 Cannadine, *Ornamentalism*, 28-29.
15 Cannadine, *Ornamentalism*, 42-43.

젠더·종교·지리 등 다양한 요인을 무시하고 계급 또는 신분 차원만을 고려하는 일종의 환원주의에 빠져 있다.[16]

장식주의는 광대한 영제국이 통일성을 유지할 수 있었던 이유를 설명하기 위한 개념이다. 물론 캐너다인이 강조하듯이, 영제국의 경영이 오직 이러한 수단과 방식에 근거해 유지되었다고 단언할 수는 없다. 장식주의는 영국뿐 아니라 다른 제국주의 국가들에서 찾아볼 수 있는 공통된 현상이다. 이를 영국만의 특성으로 내세울 수 있을지 의문이다. 그러나 캐너다인의 시도는 지배와 착취 또는 식민과 탈식민이라는 2원적 대립구조로 제국을 설명하려는 종래의 연구 경향에 새로운 자극을 주었다.

네트워크론

앞에서 언급했듯이, 지구 곳곳에 흩어져 있던 영제국의 자치령과 식민지들은 19세기 후반의 기술 수준으로는 효율적인 통치가 쉽지 않았을 것이다. 여기저기 흩어져 있는 제국의 식민지와 복잡한 정부기구를 고려하면 제국 전체를 하나로 묶는 수단이 필요했을 것이다. 토니 밸런타인(Tony Ballantyne)은 19세기 말 영제국을 "역사적으로 우연히 형성된 일련의 네트워크"로 바라본다. 그것은 주변부 지역들을 "서로 교환하고 토론하는 순회망"으로 연결했다는 것이다. 그는 19세기 영제국을 특히 인쇄언어 연결망으로 이해한다.[17] 특히 신문은 식민지 사회에서 배경과 출신이

---

16 '장식주의'에 대한 비판은 다음을 볼 것. Richard Price, "One Big Thing: Britain, Its Empire and Their Imperial Culture", *Journal of British Studies*, 45/3 (2006), 620–21; Tony Ballantyne, "Introduction: Debating Empire", *Journal of Colonialism and Colonial History*, 3/1 (2002). http://mese.jhu.edu/journals/journal_of_ colonialism_ and_colonial_history.v0003/3.1b.

다른 정착민 집단 사이에 '영국적인 것(Britishness)'이 공동의 관심사로 떠오르는 데 이바지했다. 동시에 본국 또는 다른 식민지에 관한 소식을 접할 수 있다는 사실 자체가 제국의 일원이라는 정체성을 형성하는 데 영향을 미쳤다.[18] 영국 신문은 식민지에서 들어오는 신문기사를 발췌해 실었으며, 식민지 신문 또한 영국에서 발행한 신문을 입수하여 본국 소식과 함께 저명한 정치인의 연설 등을 게재했다.

그러나 중심부와 주변부에서 간행되는 신문이 다른 지역의 소식을 전하기까지는 상당한 시일이 걸렸다. 인쇄언어만으로 연결된 네트워크에서 제국의 정체성을 공유하고 공동의 정체성을 형성하는 데에는 한계가 있었다. 19세기 중엽 이후 전신망과 해저 케이블을 주목하는 연구가 최근 나오고 있다.[19] 아마 이 시도는 영제국을 최초의 지구화라는 맥락에서 설명하려는 근래의 추세와 밀접하게 관련되어 보인다. 이런 시각은 전신과 더불어 영제국이 멀리 떨어져 있던 지역들의 연결을 가속시켰고 기존의 정치·경제·사회·문화 등 모든 영역에서 급속한 변화를 가져왔다는 점을 강조한다. 장기적으로 전신과 해저 케이블이 신문의 속보성을 향상시킨 것은 분명하다. 제국과 관련된 여러 소식과 풍문이 인쇄언어로 동시에 제공될 수 있었다. 이에 따라 제국은 더욱더 밀접하게 연결되고 특유의 문화적 정체성을 형성해 나갔을 것이다.

영제국을 네트워크로 바라보는 견해는 근래의 세계화 추세에 어느 정도 자극을 받았을 것이다. 세계화(globalization)는 세계적 규모의 시장통합,

17 Tony Ballantyne, *Orientalism and Race: Aryanism in the British Empire* (Basingstoke: Penguin Books, 2002), 12, 195.

18 Simon T. Potter, "Webs, Networks, and Systems: Globalization and the Mass Media in the Nineteenth- and Twentieth-Century British Empire", *Journal of British Studies*, 46/3 (2007), 623.

19 Tom Standage, *The Victorian Internet: The Remarkable Story of the Telegraph and the Nineteenth Century's Online Pioneers* (London: Walker and Company, 1998) 참조.

특히 상품·노동·자본·시장의 통합을 뜻하는 경제용어였으나, 오늘날에는 이를 넘어 지식·정보·문화 일반의 일체화까지 포함하는 광범한 의미를 갖게 되었다. 토머스 프리드먼(T. L. Friedman)은 세계화가 1980년대 이후 새롭게 전개된 것이 아니라 이미 19세기 후반에 영제국 네트워크와 더불어 전개되었다는 점을 지적한다.[20] 그럼에도 세계화가 최근의 현상으로 인식된 것은 1930년대 이후 반세기 동안 그 추세를 가로막는 장벽이 높아졌기 때문이다. 비단 프리드먼의 선언이 아니더라도 영국의 역사가들은 영제국에 의해 이루어진 세계적 규모의 시장 형성에 관심을 기울여왔다. 말하자면 세계화의 단초가 영국의 주도 아래 전개되기 시작했다는 것이다. 그들에 따르면, 현대의 세계화는 대부분 영제국이 해외 백인 정착지와 공식적인 제국에서 시행한 제도에 바탕을 두고 발전했다. 자본·노동·상품의 자유로운 이동, 민주주의, 효율적인 행정, 개신교, 영어 등이 이에 해당한다. 이 같은 세계화 추세의 중심 내용이야말로 근대성 그 자체이다. 세계화는 20세기 후반에 갑자기 비롯된 것이 아니라, 그 전 세기말에 진행되었다가 중단된 움직임이 재현되었다는 것이다.[21]

최근 존 다윈(John Darwin)은 국제적 연결망으로서의 영제국을 좀 더 구체적으로, 그리고 세밀하게 재현하는 작업을 시도한다. 그는 오랫동안 20세기 영제국 해체 문제를 탐구해 왔는데, 근래 네트워크로서 영제국의 실체를 복원한 『제국 프로젝트(The Empire Project)』(2009)를 내놓았다. 이 책은 19세기 이후 영제국 네트워크의 성장과 해체를 다룬 역작이다. 영국이

---

20 Thomas L. Friedman, *The Lexus and the Olive Tree: Understanding Globalization* (Farrar: Straus & Giroux, 1999) 참조.
21 이러한 견해에 관해서는 특히 다음을 볼 것. M. J. Daunton, "Britain and Globalisation Since 1850: I. Creating a Global Order, 1850-1914", *Transactions of the Royal Historical Society*, sixth ser., 16 (2006), 1-38; idem, "Britain and Globalisation Since 1850: II. The Rise of Insular Capitalism, 1914-1939", *Transactions of the Royal Historical Society*, sixth ser., 17 (2007), 1-33.

주도한 세계 체제는 1840년대에 출현해 2차 세계대전기까지 지속된다. 다윈은 '제국 기획'이 내적 긴장과 외적 압력의 상호작용을 통해 전개된다고 본다. 여기에서 내적 긴장은 정치인·산업자본가·금융자본가의 자기 이익 추구 경향을, 외적 압력은 제국을 둘러싼 지정학적·경제지리적 측면을 가리킨다. 19세기에는 대체로 이 내적 긴장과 외적 압력이 제국의 발전에 기여했다. 다윈은 특히 지정학적 요인을 중시하는데, "수동적인 동아시아, 유럽 대륙의 세력균형, 그리고 강력하면서도 비호전적인 미국"이라는 국제 상황이 영제국 세계 체제의 성공을 가져왔다고 주장한다.[22] 특히 1882년 이집트의 보호령은 영제국의 성공에 지렛대를 제공했다. 수에즈 운하를 통해 유럽과 아시아를 연결하는 해상 네트워크를 완벽하게 지배할 수 있었기 때문이다.[23]

그러나 20세기 중엽 이후 지정학적 요인은 제국 해체를 가속하는 방향으로 작용했다. 영국 세계 체제의 성공과 실패는 모두 지정학적 요인의 영향 아래 이루어졌다. "영국 세계 체제는 비유럽 세계를 속박하는 전 지구적 지배구조가 아니었기 때문에 지정학적 조건의 성격이 변하면 그 영향을 직접 받는 취약한 구조였다. 특히 미국의 대두에 직접 영향을 받았다. 그럼에도 이 체제는 오랫동안 광범위한 영역에서 정치·외교·상업·문화 연결망들을 포함했다."[24] 다윈은 런던에 자리 잡은 소수의 엘리트(정치인·관료·금융자본가)가 지정학적 조건과 전 지구에 걸친 무역–상업활동에서 일차적으로 이익을 추구하고 또 그 이익을 방어하기 위해 개별 사건에 어떻게 대응했는가를 상세하게 추적한다. 여기에서 그가 제국 네트워크

---

22 John Darwin, *The Empire Project: The Rise and Fall of the British World-System 1830-1970*, 5. 다윈에 관한 소개는 다음을 볼 것. 이영석, 「영제국사 서술과 지구사」, 『한국사학사학보』 25 (2012), 308-18.

23 Darwin, *The Empire Project*, 5.

24 Darwin, *The Empire Project*, 1.

의 중요한 세력이자 동인으로 간주하는 시티의 금융세력은 1990년대 이래 영국 경제사에서 주목받아 온 '신사 자본가(gentlemanly capitalist)'와 동일한 개념이다.

자치령과 식민지로 구성된 방대한 영제국은 대륙 중심의 기존 제국들과 기본적으로 성격을 달리했다. 그것은 중요한 항로로 연결된 일종의 네트워크일 뿐이었다. 자치령은 영제국에 속해 있으면서도 독자적인 책임정부를 갖는 지역들이었고, 식민지 또한 본국에서 파견된 소수의 관리와 토착 지배세력이 상당히 자율적인 권한을 가지고 통치 행정을 맡았다. 네트워크로서의 제국은 영국 자치령과 식민지가 곳곳에 흩어져 있었던 점을 고려하면 불가피한 결과였을지도 모른다. 그것은 제국의 운영비용을 절감하는 효과도 있었지만 그만큼 취약했다. 그 취약성은 1차 세계대전 중에 그대로 드러났다. 전쟁이 끝난 후 사람들은 제국의 세기가 저물었다는 것을 느끼기 시작했다. 전쟁의 피해와 실업, 그리고 전후의 전투적 노동운동을 겪으면서 영국의 위상은 떨어졌다. 이에 따라 영국의 외교정책도 일관성을 갖지 못한 채 흔들렸다. 그동안 영국의 분신이자 그 자체라고 여겼던 해외 자치령과 속지를 비롯해 이들을 연결하는 네트워크가 영국인의 시야에서 멀어지는 것 같았다. 이제 영국인에게 해외 '제국'이란 자신의 친지가 이민을 떠난 타국에 지나지 않았다. 아마도 영국 해군에 복무한 경험이 있는 사람이라면, 세계 도처의 군항, 이를테면 지브롤터·몰타·케이프타운·아덴·뭄바이·싱가포르·페낭 등에 체류했던 기억만 간직할 뿐이었다.[25]

1895년 조지프 체임벌린(Joseph Chamberlain)은 영국인을 '거대한 영지를 소유한 지주'로 표현했다. 이는 해외 식민지 개발이 영국에 번영을 가져다주리라는 믿음을 표현한 것이다. 식민지의 농업과 광업 개발이 식민지

[25] Hyam, *Britain's Declining Empire*, 2.

의 진보와 영국의 번영을 동시에 이룩할 수 있는 지름길이었다. 실제로 1차 세계대전 이전 10년간 제국무역 증가율이 세계무역보다 더 높았다. 말레이시아의 고무와 주석, 실론의 차와 고무, 서아프리카의 카카오, 카리브해 연안국의 설탕 산업에 대한 투자와 무역이 지속적으로 이루어졌다. 물론 해외 지역 투자를 강조하는 분위기가 있었다고 하더라도 정책적 뒷받침은 별로 없었다. 그러나 1차 세계대전 이후 영국의 국제무역 상황은 이전과 다르게 전개되었다. 캐나다는 미국 경제권과 더 밀접하게 관련되었고, 미국의 흡인력은 오스트레일리아와 뉴질랜드까지 미치고 있었다. 영국과의 무역관계에 대해 이들 자치령은 대부분 제각기 보호 장벽을 높이고자 했다. 영국 입장에서도 자치령 및 식민지와의 교역에만 치중할 경우 그보다 더 커다란 시장인 유럽 대륙을 놓칠 위험이 있었다. 식민지무역 못지않게 대륙무역도 중요했다.

제국 해체와 국민감정

1950년대 이후 영제국은 왜 급속하게 해체 과정을 밟았는가. 가장 중요한 요인은 두 차례에 걸친 세계대전과 전후 식민지 지역에서 일어난 탈식민운동일 것이다. 사실 이들 전쟁은 동부전선과 서부전선이라는 명칭이 말해 주듯이 유럽전쟁으로 간주된다. 그러나 유럽 못지않게 서아시아와 아프리카 지역에서도 총력전이 펼쳐졌다. 1차 세계대전 당시 독일은 영국의 인도 지배를 잠식하고자 했다. 이런 목적으로 이슬람 세계의 성전을 자극했으며 터키와 동맹을 맺었다. 아프리카에서도 전쟁은 치열하게 전개되었고 모든 것을 파괴했다. 그러나 2차 세계대전 이후 영제국은 상당한 수준으로 복원된다. 1950년대 전반까지만 하더라도 영제국의 식민지 해방운동은 미약했으며 영국을 중심으로 하는 세계적 경제블록도 스털링 통화권을 중심으로 다시 작동하기 시작했다. 영국 정치인과 사회여론이 제국 해체의 당위성을 심각하게 고려하기 시작한 것은 1950년대 수에즈 위기를 겪은 이후의 일이다.

영제국의 해체가 미국의 태도와 밀접하게 관련된다는 견해가 있다. 니알 퍼거슨(Niall Ferguson)에 따르면, 20세기에 두 차례에 걸쳐 일어난 세계대전은 영제국의 해체를 가져온 촉매제였다. 특히 2차 세계대전 중에 미국의 정치가들은 독립 이래 전통으로 굳어온 신념, 즉 식민지 지배는 악이라는 신념에 사로잡혀 있었다. 프랭클린 루스벨트(Franklin Roosevelt)는 윈스턴 처칠(Winston Churchill)보다는 오히려 이오시프 스탈린(Iosif Stalin)을 신뢰했으며, 영국인들에 대해서는 "세계 어디서라도 땅이 있으면 그것이 바위든 모래톱이든 모두 점령할 것"이라고 생각했다.[26] 전쟁 중에 미국의 정치가들은 영제국의 해체를 암시하는 외교적 언사를 동원하기 일쑤였고, 전후 영국의 경제 복구 과정이나 수에즈 위기에 미국은 영국을 돕는 조건으로 제국의 해체를 요구했다는 주장이다.[27]

다윈 또한 제국의 형성과 팽창 못지않게 해체 과정에서도 미국은 언제나 상수(常數)에 해당한다고 지적했다. 지정학적으로 미국이 충분히 강력한 힘을 행사하지 못한 시기에 영국은 제국 네트워크를 구축할 수 있었다. 미국의 국력이 대외적으로 팽창기에 접어들었을 때 영제국의 위축과 해체는 필연적인 과정이었다.[28] 이렇게 보면, 영제국 해체는 세계 체제 중심부의 이동이라는 맥락에서 이해할 수 있다.

오랫동안 영국 정치인과 국민은 제국 해체가 커다란 혼란과 충격 없이 온건하게 전개되었다는 것을 높이 평가했다. 제국에서 영연방으로의 평화

---

26 Ferguson, *Empire*, 344.

27 Ferguson, *Empire*, 247. 수에즈 위기와 영제국 해체, 그리고 미국의 역할에 관해서는 다음을 볼 것. 이영석, 「수에즈 위기와 영제국 해체 문제」, 『역사학연구』 55 (2014), 159-92.

28 Darwin, *The Empire Project*, 6.

로운 이행을 강조한 것이다. 그러나 해체가 영국 사회에 가져다준 충격이 작았을까. 우선 1950~60년대 영국 정치인들에게 제국 문제는 항상 중요한 관심사이자 화두였다. 다음으로, 제국 해체와 함께 수만 명의 귀환자가 영국에 유입되면서 사회적 충격을 주었다. 그들의 제국 경험과 기억이 가족이나 친지를 통해 널리 알려졌고, 그들이 귀국 후 새로운 환경에 적응하는 과정에서 여러 문제를 불러일으켰다. 영국의 역사가들은 제국에서 영연방으로의 순조로운 이행을 강조하고 탈식민화 정책이 비교적 성공했다는 사실만을 강조할 뿐, 제국 해체가 가져온 사회 심리적 트라우마 또는 그것이 일상생활에 미친 부정적인 영향에 관심을 기울이지 않았다. 그러나 제국 해체는 생생한 현실이었고, 그것이 사람들의 삶과 일상성에 끼친 영향은 적지 않았다.

제국 해체 이후 한 세대 이상 영국의 역사가들은 제국 팽창과 해체의 전 과정을 정면으로 응시하지 않았다. 식민지 지배에 대한 도덕적 부담과 해체의 충격이 오히려 시대 변화에 순조롭게 적응했다는 심리적 위안을 요구했던 것처럼 보인다. 1990년대 이후 폭발적으로 증가한 제국사 연구는 역사가들이 이전의 콤플렉스에서 벗어나 비로소 제국을 '역사화'할 수 있게 되었음을 말해 준다. 문제는 이 '제국의 역사화'가 이전의 식민지 지배에 대한 도덕적 부담감에서 벗어나 오히려 제국 지배를 시대 변화에 대한 적절한 적응으로 바라보는, 일종의 자국 중심주의적 연구 경향을 보여준다는 점이다. 더욱이 최근에는 영미문화의 세계적 확산과 기여라는 측면에 초점을 맞춘다. 이들은 세계화 과정에서 영미문화의 확산을 중시하고, 그러한 확산이 영제국에서 영연방에 이르는 문화적 연결망을 통해 이루어졌다는 점을 강조하려고 한다.[29]

---

29 근래 존 다윈이 이끄는 옥스퍼드대학의 지구사연구소(Centre for Global History)가 이런 접근을 주도하고 있다.

신제국사와 '문화적 전환'

1950년대 이전에 태어난 영국 역사가들은 유년시절의 제국 기억 또는 제국 경험을 갖지 않았을까. 역사가들이 스스로의 경험을 고백하는 경우는 드물지만, 캐너다인과 버나드 포터(Bernard Porter)는 자신의 기억을 진솔하게 들려준다. 1950년생인 캐너다인은 강렬한 제국 경험을 갖지는 못했다. 그 대신에 그는 자신의 부친을 통해 간접적으로 제국을 경험한다. 1926년 중학교 졸업 당시 그의 부친은 교장선생님으로부터 『현대세계개관』[30] 하권을 선물로 받았다. 캐너다인도 유년시절에 그 책을 읽었다. 그 책은 제국 팽창을 찬양하고 개척자들의 영웅적 서사와 '백인의 짐' 사명의식으로 가득한 내용을 담고 있었다. 캐너다인의 부친은 2차 세계대전 중 인도에서 기술자로 근무했는데, 그곳에서 찍은 사진들이며, 인도산 식탁보와 장식물 같은 이국적인 물건을 소중하게 간직하고 있었다. 어렸을 때부터 캐너다인은 이런 이국 풍물에 익숙해 있었다. 캐너다인은 소년시절에 제국이 급속하게 무너지는 과정을 직접 목격한 마지막 세대였다.[31] 이와 달리 포터는 캐너다인의 글을 읽으면서 자신이 적지 않게 충격을 받았다고 실토한다. 그는 캐너다인보다 더 일찍 태어났음에도 그 같은 제국 기억을 전혀 공유하지 않았다고 밝힌다. 포터의 친척 가운데 해외로 떠난 사람은 거의 없었다.

그의 글을 읽고서 충격적이었던 것은 우리가 젊었던 시절에 타인의 경험을 포함해 제국에 대한 우리의 경험이 참으로 다르다는 점이었다. 그는 무수한 경험들을 기억하고 있다. 나는 어떤 것도 기억하지 못한다. 내가 그보다 더

---

30 Harry Johnston and Haden Guest, eds., *The Outline of the World Today: Volume 2, The British Empire*.
31 Cannadine, *Ornamentalism*, 181-84.

나이 들었다는 사실에도 불구하고, 내 소년 시절의 제국은 여전히 오리무중이었다. 내가 아는 한, 친척 가운데 어느 누구도 식민지로 이민 갔거나 주둔 군인으로 복무하지 않았다. 내 부친 또는 조부의 서재에는 분명히 제국에 관련된 서적이 없었다. 어린 시절 집에서 제국에 관해 토론하거나 제국을 거론한 기억조차 없다.[32]

어린 시절 포터는 감리교 교회를 다녔는데, 그 교파는 침례교와 달리 해외 선교에 민감한 편이 아니었다. 대학 시절의 커리큘럼은 주로 헌정사 위주로 짜였고, 대학원에서도 정치사상사에 관한 논문을 썼다. 그러나 그 논문은 반제국주의 이념의 역사에 관한 주제를 다뤘으며, 비록 제국 경험이 없었음에도 그는 자신을 반제국주의자로 생각했다. 두 역사가의 개인적 체험은 동시대인이라 하더라도 제국 경험과 기억이 상반될 수 있음을 보여 준다. 그러나 제국 경험의 여부와 관계없이 두 역사가는 후일 제국사 서술에서 비슷한 지향점을 보여 준다. 중심부인 본국이 어떻게 주변부에 영향을 주었는가라는 문제에 관심을 기울였을 뿐, 제국 지배와 경험이 영국 사회에 어떻게 작용했는가라는 문제의식은 별로 없기 때문이다.

캐너다인은 백인 정착지나 속령 모두 단순히 중심과 주변의 지배−예속 관계로 이해하려는 시도를 거부한다. 이들 지역에도 영국인에게 낯익은 계서제(階序制) 질서를 옮겨 심으려고 노력했으며, 주변부에 대한 간접지배는 이러한 방법에 의존했다는 것이다. 주변부 지배계급을 제국 질서에 포용하는 방식이 바로 '장식주의'로 나타난다. 포터 또한 『제국을 의도하지 않은 제국주의자들(The Absent-Minded Imperialists)』에서 제국 경험이 영국인에게 미친 영향이 크지 않았음을 반복해서 강조한다. 제국은 영국인

---

32 Bernard Porter, *The Absent-Minded Imperialists: Empire, Society and Culture in Britain* (Oxford: Oxford University Press, 2004), x.

의 인종주의 및 다른 정신적 태도에 별다른 영향을 미치지 않았다. 포터의 원래 의도는 신제국사 연구자들이 주장해 온 전제, 즉 "영국에서는 모든 면에서 제국주의가 스며들어 거의 모든 다른 이념이 배제되었다"[33]라는 전제를 반박하는 것이었다. 그는 텍스트, 공연, 소설, 잡지, 빅토리아 시대의 행정 절차 등 다양하면서도 방대한 자료를 검토해 19세기에 영국 사회에 제국주의가 실제로 작용한 역할이 무엇이었는지를 포착하려 한다. 포터는 사립학교의 영국사 교과서도 검토한다. 그가 발견한 것은 표준화가 전혀 되어 있지 않았다는 점이다. 학교에서 특히 영제국의 역사는 산발적으로만 가르쳤다.[34] 그의 결론에 따르면, "제국은 누구에게나 물질적으로 영향을 주었지만, 1880년 이전에 제국은 널리 퍼져 있던 편견이 아니었다."[35] 그는 신제국사 연구가 영국인에게 제국의 중요성을 일깨워 주었다는 점을 인정하면서도, 기본적으로 영국인과 제국의 관계에 대해서는 소극적인 태도를 취한다.

보수적인 영국사학계에서 근래에 출간된 제국사 서술은 여전히 중심부 위주의 시각에서 제국의 변화를 바라볼 뿐이다. 제국은 영국인에게 어떠한 의미로 다가왔고 그들의 삶에 어떤 영향을 끼쳤는지 살피려 하지 않는다. 제국이 19세기 이래 영국의 국가 발전에 중대한 비중을 차지했다면, 그것은 경제적인 측면뿐 아니라 문화적 측면과 일상적인 삶 속에서도 영향을 주고 또 규정력을 발휘했으리라고 보는 것이 자연스럽다. 이러한 문제 의식은 1980~90년대에 비로소 '신제국사'를 표방한 역사가들에 의해 제기된다.[36] 이들의 문제의식은 자연스럽게 '문화적 전환'으로 불리게 되었다.

33 Porter, *The Absent-Minded Imperialists*, viii.
34 Porter, *The Absent-Minded Imperialists*, 53.
35 Porter, *The Absent-Minded Imperialists*, 138.
36 김상수는 영국인에 대한 제국 경험의 영향을 간과하는 역사가와 중시하는 역사가를 대상으로 전자를 극소파, 후자를 극대파로 분류한다. 이 경우 극소파로는 캐너다인·퍼거슨·포터·다윈, 극대파로는 매켄지·홀 등이 꼽힌다. 김상수, 「영제국이 영국 본토에 끼친 문화적

아마 캐서린 홀(Catherine Hall)과 소냐 로즈(Sonya Rose)의 다음과 같은 선언이야말로 신제국사 연구의 지향점을 가장 적절하게 보여 줄 것이다.

　역사상 대부분의 시기에 영국인 대다수는 아마도 제국의 지지자도 맹렬한 반제국주의자도 아니었을 것이다. 그러나 그들의 일상적인 삶은 제국의 존재에 고취되어 있었다. 더욱이 중요한 정치·문화적 과정과 제도들은 제국적 맥락에 의해, 그리고 그 맥락 안에서 형성되었다. 그러므로 우리의 질문은 제국이 본국에 얼마나 심대하게 영향을 주었는지 여부가 아니다. 그보다는 오히려, 우리는 이렇게 질문해야 한다. 제국은 교회와 예배 속에서, 그리고 본국의 독자들에 의해 어떻게 일상생활의 관행을 넘어서 성적 행동과 시민권의 형태로 구현되었으며, 또 역사 속에서 어떻게 서술되었는가?[37]

신제국사 연구에서 '문화적 전환'의 물꼬를 튼 것은 존 매켄지(J. M. Mackenzie)의 『선전과 제국』으로 알려져 있다. 그는 대중매체의 발전이 영국의 공공여론을 조성하는 데 어떻게 이용되었는가를 분석함으로써 문화적 현상으로서 제국주의가 20세기까지 계속 영국인의 내면세계에 뿌리내려 왔음을 보여 주려고 한다. 그는 특히 전간기에 이러한 현상이 두드러졌다고 본다. 지식인과 여론주도층 인사들은 줄기차게 제국주의를 비판해 왔지만, 일반 사람들의 정신세계에 더 강력한 영향을 미친 것은 대중매체였다. 그는 제국주의 조직, 전시회, 교과서, 신문, 방송, 잡지, 영화, 그림엽서 같은 자료들, 이전에 역사가들이 별로 주목하지 않았던 대중매체 자료를 광범위하게 수합해 "감춰진 제국의 신호들"을 찾는다.[38] 20세기

영향」, 『영국연구』 27 (2012), 315-35 참조.
37 Catherine Hall and Sonya O. Rose, "Introduction: being at home with the Empire", idem, eds., *At Home with the Empire* (Cambridge University Press, 2006), 2-3.

역대 정부는 제국주의 선전에 몰두할 필요가 없었다. 자원적인 조직들과 상업활동이 이를 대신했기 때문이다. 아동문학은 제국적 세계관의 온상이었다. 빅토리아 시대 이래 문필가들은 제국적 모험담에서 현재의 사회질서를 보장하는 보수적 가치를 발견했다. 보수적 가치와 모험담의 결합은 영화·연극·방송 등의 매체를 통해 계속 재생산되었고 일반 대중의 정신세계에 제국적 가치를 각인시켰다.

제국이 영국인들의 일상생활과 정신세계에 남긴 유산은 아무리 강조해도 지나치지 않다. 1차 세계대전 이후 지식인들은 도덕적 부담감에서 제국주의를 비판하고 제국적 가치가 시대의 추세에 뒤떨어진 것으로 생각했다. 이 영향을 받아 영국사 연구자들은 제국과 제국적 가치가 영국사의 지배적인 동력이 아니었다고 주장한다. 매켄지는 이러한 시각을 교정해야 한다고 본다. 제국은 지식인의 담론에서 밀려났지만, 일상생활에서 소비되는 제국적 상품(차·담배·코코아·비누·설탕 등)과 대중문화 속에 깃들어 있었다. 매켄지가 보기에, "제국의 유산은 영국인들의 정신세계의 보호무역시장" 안에서 계속 번창하고 증식해 온 것이다.[39] 포클랜드 전쟁 당시 일반 대중의 열렬한 지지야말로 "제국적 세계관의 가치와 그에 대한 신념이 영국인의 의식 속에 침전되어 남아 있다"는 점을 보여 준다.[40]

매켄지가 영국 학계의 주류와 다른 시각에서 영국 사회를 바라볼 수 있었던 것은 어쩌면 그 자신의 학문 이력과 관련될지도 모른다.[41] 주류 역사가들의 외면에도 불구하고, 그가 편집 책임을 맡은 맨체스터대학의 '제국

---

38 J. M. MacKenzie, *Propaganda and Empire* (Manchester: Manchester University Press, 1984), 140.

39 MacKenzie, *Propaganda and Empire*, 257.

40 MacKenzie, *Propaganda and Empire*, 258.

41 그는 글래스고에서 유년기를 보냈지만, 잠비아에서 성장했고 브리티시컬럼비아대학에서 학위 과정을 마쳤다. 영국에 돌아와 오랫동안 랭카스터대학에서 학생들을 가르쳤다. 대학 재직 중에 한때는 중등학교 교장직을 맡기도 했다.

사 시리즈'는 최근까지 100여 권 이상의 연구서를 펴냈다. 그럼에도 영국 주류 역사가들과의 거리는 좁혀지지 않고 있다. 신제국사 연구자들이 그들의 슬로건인 '문화적 전환'에 너무 집착해 오지 않았는지 되묻는 비판도 있다. 그동안 역사가들이 문화적 측면을 간과해 온 점을 보완하고 그 틈을 메우려는 시도는 바람직하다. 그러나 문화가 인간 삶의 모든 측면을 규정하지는 않는다. 문화는 오히려 그 삶의 반영이다. 문화는 정치 및 경제 영역과 밀접하게 관련되며 교차한다. 신제국사는 영국 문화와 젠더의 역사에서 '제국의 흔적'을 찾아내는 것에 그치지 말고, 주류 역사학이 축적해 온 성과를 원용할 필요가 있다. '신사 자본주의' 패러다임은 '문화적 전환'을 표방한 일련의 연구와 상호 연결되고 또 융합될 수 있다. 새로운 종합이 필요한 것이다.

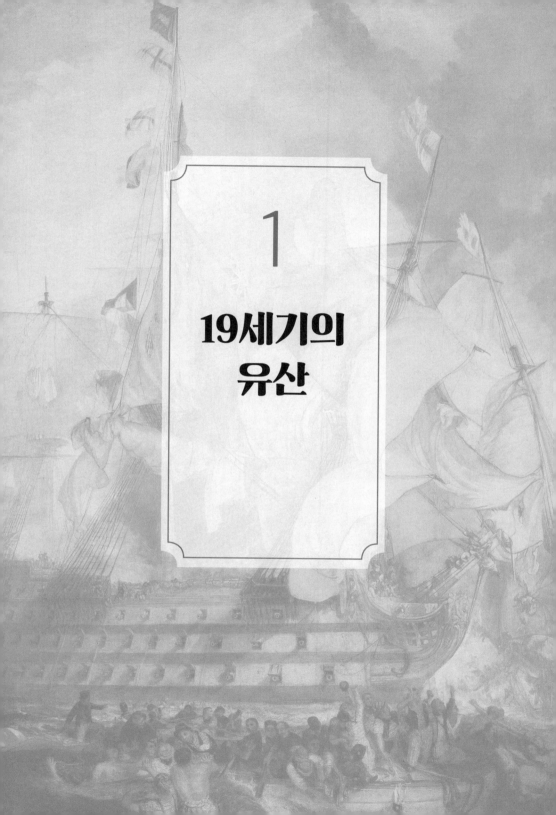

1

19세기의
유산

1장

___

재정-군사국가와 신사 자본주의

영제국의 확장을 주도한 세력은 누구인가. 한 세대 전만 하더라도 18세기 영제국의 팽창은 역사가들의 관심에서 벗어나 있었다. 주로 19세기 후반의 팽창, 달리 말해 제국주의 시대라는 시각에서 독점자본의 자본수출에서 동력을 찾는 홉슨-레닌 식의 '경제적 해석'이 주류를 이루었다. 제국사 연구가 전통적인 해석에서 벗어나 영국과 주변부의 관계를 새로운 관점에서 바라보기 시작한 것은 갤러거와 로빈슨의 연구 이후의 일이다. 이들은 19세기 전반 영제국이 '비공식적 제국(informal empire)'의 팽창을 계속했으며 이 비공식적 제국과 자유무역을 통해 자국의 이익을 도모할 수 있었다고 주장한다.[1]

---

1 J. A. Gallagher and R. E. Robinson, "The Imperialism of Free Trade", *Economic History Review*, 2nd ser., 6/1 (1953), 1-15. 주변부 이론에 관해서는 다음을 볼 것. 박지향, 『제국주의: 신화와 현실』(서울대출판부, 2000), 4-6장; 이태숙, 「제국주의 주변부 중심론」, 『역사학보』 128 (1990), 71-100.

비공식적 제국과 주변부를 중시하는 견해는 다른 한편으로는 중심부의 역동성을 과소평가하는 결과를 낳기도 했다. 이러한 한계를 넘어서려는 시도가 '신사 자본주의'에 관한 연구이다.[2] 피터 케인과 앤서니 홉킨스가 처음 제기한 이 용어는 영국 자본주의는 물론, 근대 영국 사회의 특수성을 나타내는 개념으로 논란의 대상이 되었다. 신사 자본주의론은 홉슨-레닌 식의 경제적 해석을 비판하면서도, 다른 한편으로는 영국 자본주의 발전과 제국주의 사이의 상호관계를 중시한다. 이런 점에서 넓은 의미의 경제적 해석을 복원하려는 시도라고 할 수 있다.

케인과 홉킨스는 16세기 이래 상업적 농업의 발전과 17세기 말 18세기 초 일련의 '금융혁명(financial revolution)'을 중시하며 이를 통한 자본축적이 영국 경제사의 중요한 추진동력이었다고 본다. 금융혁명의 진행 과정에서 귀족과 지주층(gentry)은 더 막대한 부를 쌓았고 여기에 런던 상인과 금융가들이 편입되어 영국의 지배적 자본가 집단인 '신사적 자본가층'을 형성했다는 주장이다. 이들은 또한 19세기 전반 '글래드스턴주의(Gladstonianism)'로 알려진 일련의 행정개혁이 신사 자본주의에 미친 영향을 강조한다. 흔히 글래드스턴주의는 이전 세기 재정지출의 비대화에 따른 난맥상과 비효율성을 극복하기 위한 일련의 개혁을 뜻한다. 정부 부처에서 연줄에 의한 고위직 임용 대신 경쟁임용제도 도입, 재무부의 공공지출 감독기능 강화, 재정지출의 투명성 제고, 잉글랜드 은행의 금본위제 정착 등을 주된 내용으로 한다.[3] 국가재정에서 낭비 요소를 제거하는 지름

2　P. J. Cain and A. G. Hopkins, *The British Imperialism I: Innovation and Expansion 1688-1914* (London: Longman, 1993); idem, *The British Imperialism II: Crisis and Deconstruction, 1914-1990* (London: Longman, 1993). 이영석, 「신사적 자본주의와 제국」, 『서양사론』 69 (2001), 183-206. 신사 자본주의론을 포함해 근래 제국사 연구동향은 필자의 다음 논문을 볼 것. 이영석, 「영제국사 서술과 지구사」, 『한국사회사학보』 25 (2012), 297-326.

3　이영석, 「19세기 영제국의 형성 요인과 사회적 성격에 관한 검토」, 『역사학 연구』 31 (2007), 259.

길은 이전의 '재정-군사국가' 시스템에서 주로 의존하던 국채 발행을 줄이는 것이었다. 이는 런던 시티의 금융-상업 자본가들에게 달갑지 않은 정책이었을 것이다. 그러나 균형예산을 향한 개혁의 궁극적인 혜택은 이들에게 돌아갔다. 국채시장이 줄어들자, 이미 팽창 과정에 들어선 런던의 금융자본은 그 힘을 급속하게 해외시장으로 발산시켰다.[4] 19세기 후반 영제국의 팽창은 이러한 변화와 맞물려 진행되었다는 것이다.

상인과 식민

17세기 후반 네덜란드나 에스파냐와 경쟁하면서 해외에 진출한 영국인들의 활동은 정부의 의도적인 계획에 따른 결과가 아니었다. 물론 그 시대 영국의 지배계급은 에스파냐의 해외 제국을 질시의 눈으로 쳐다보았지만, 그것도 대부분 종교적 심성과 관련되어 있었다. 종교개혁 이후 가톨릭 국가인 에스파냐와 갈등을 빚으면서 잉글랜드는 교황의 전위인 남유럽 제국들에 맞설 프로테스탄트 제국을 건설해야 한다는 주장이 가끔 나타나는 정도였다. 실제로 정부는 해외 제국으로 팽창할 자원도 힘도 갖추지 못했다.

튜더-스튜어트 시대에 영국인의 해외 진출을 주도한 세력은 해적이었다. 이들은 주로 서인도제도를 무대로 무역선을 공격하여 거래 상품을 약탈했다. 해적 활동이 한풀 꺾인 후에 영제국의 토대를 마련한 해외 진출의 첨병은 무역상인들이었다. 원래 영어에서 '상인(merchant)'이라는 말은 주로 해외무역에 직간접적으로 종사하는 사람을 가리켰다. 중세 말에 그들은 대부분 모직물 분야의 머천트 어드벤처러스(Merchant Adventurers)와

---

4 Cain and Hopkins, *The British Imperialism I*, 83.

같은 제규회사(regulated company)의 일원으로 활동했다. 무역상인들은 회사에 입회료를 내고 가입한 후에 독자적인 영업활동에 종사하면서 무역 차액 가운데 일정한 몫을 떼어 회사의 운영자금으로 납부했다. 제규회사의 특징은 해외무역의 발전과 더불어 점차 특정 항로의 무역을 독점하는 형태로 자리 잡았다는 점이다.[5] 해외무역에서 제규회사가 상인 중심의 가장 전형적인 조직이었지만, 이외에도 다른 형태의 회사조직이 나타났다. 주식회사(joint-stock company)와 합명회사(partnership)가 이에 해당한다. 주식회사는 주주를 통해 모금한 자본으로 무역에 진출했으며 영업은 독립적인 상인보다는 급료를 받는 본국 및 해외의 직원을 통해 이루어졌다.[6] 합명회사는 몇몇 상인이 자유롭게 출자한 조직으로 주식회사나 제규회사의 독점권에 도전하는 경우가 많았다.

전형적인 무역상인들은 해외에 거래점이나 점포를 열고 자신의 대리인(factor)을 통해서 특정한 상품을 수입 또는 수출하는 영업방식을 따랐다. 그들은 직접 상품 거래를 도맡아 하거나 다른 고객의 주문을 받아 상품 거래를 대행했다. 이들 상인의 부는 토지와 건물보다는 대부분 유동자본 형태로 투자되었다. 상품, 원료, 선박의 지분, 현금, 채권 등이 상인 자산의 주류를 이루었다. 이 가운데 선박 지분은 상인에게 아주 중요했다. 제규회사 조합원들의 입회비는 선박의 지분인 경우가 많았다. 그것은 보통 16분의 1지분 또는 30분의 1지분의 형태로 분할되어 있었으며 매매도 가능했다. 이처럼 선박 지분이 분산되었던 것은 원양 항해가 그만큼 위험 부담이 컸기 때문이다.[7]

5 예컨대 레반트 회사는 동지중해 무역, 이스트랜드 회사는 발트해 무역, 함부르크 회사는 북해 무역을 독점했다. Peter Earle, *The Making of the English Middle Class: Business, Society and Family Life in London, 1660-1730* (London: Methuen, 1989), 37. 18세기 상인에 관한 일반적인 소개는 이영석, 「18세기 초 런던 상인의 생활세계」, 『사회와 역사』 60 (2001), 206-38을 볼 것.
6 동인도회사, 왕립아프리카 회사(Royal African Company) 등이 대표적이다.

17세기 후반 이래 런던이 암스테르담을 제치고 해외무역의 중심지로 올라설 수 있었던 것은 크롬웰 공화정 시대에 연이어 제정된 항해법에 크게 힘입었기 때문이다. 특히 1651년의 항해법은 아시아·아프리카·아메리카로부터 영제국과 그 식민지로 상품을 운송할 경우 영국 국적의 선박이나 선원 다수가 영국인인 경우만을 허용하는 내용을 담았다. 이것은 영국을 중심으로 하는 해외무역에서 네덜란드 해운업을 배제하려는 의도를 함축한다. 그러나 이러한 입법이 과연 영국 해외무역 활성화의 동력이었는지에 관해서는 이견이 있다.

　　사실 크롬웰 시대의 항해법이 처음부터 경제적인 의도에서 제정된 것은 아니었다. 네덜란드에 호의적인 태도를 지녔던 크롬웰이 항해법을 제정하고 적대적인 정책을 취한 것은 그 자신의 의지라기보다는 당시 런던에서 활동한 상인집단의 영향과 압력을 받았기 때문이다. 실제로 1650년 9월의 항해법은 오히려 정치적인 의도가 강한 것이었다. 그것은 불온하거나 소요가 발생한 식민지(북미와 서인도제도)와의 무역을 금지하는 내용으로 이루어졌지만, 서인도제도 무역상인들이 집단으로 항의함에 따라 1651년 항해법을 다시 제정한 것이다.[8]

　　한편, 18세기는 해외무역에서 영국과 유럽 간의 거래보다 영국과 아메리카 및 아시아와의 거래 비중이 더 높아지는 추세를 보여 준다. 예컨대 1701년만 하더라도 영국 국내에서 생산된 수출품의 82퍼센트가 유럽 대륙을 겨냥한 것이었으나, 1772~73년에 그 비율은 40퍼센트로 낮아진다. 또 같은 시기 영국의 수입품 가운데 유럽 대륙에서 생산된 상품의 비중은 1713~17년간 평균 74퍼센트에서 1803~07년 평균 33퍼센트로 하락하고 있다. 또 1713~1803년 사이에 영국의 해외무역 총액에서 유럽과의 무역

7　Earle, *The Making of the English Middle Class*, 40.
8　O. A. Johnsen, "The Navigation Act of 9 October 1651", *History*, 34 (1949), 89.

비중은 74퍼센트에서 33퍼센트로 낮아졌다.[9]

이상의 추계는 영국의 해외무역에서 소비시장과 수출의 중요성이 높아졌음을 알려준다. 영제국의 형성은 처음부터 정치적 기획이 아니라 자연스러운 경제적 현상이었다. 특히 식민지 확대는 영국 국내와 유럽 대륙에서 소비시장의 변화와 밀접하게 관련된다. 처음부터 영국 정부가 나서서 제국의 건설자가 된 것은 아니었다. 소비시장의 변화에 따라 대양으로 나아간 영국인들은 에스파냐·포르투갈·프랑스와 같은 초기 제국의 쓰레기 더미를 뒤지던 해적이었다. 이어서 상인들이 그들의 뒤를 따랐다. 이들은 설탕 수요 때문에 카리브해의 서인도제도로, 담배를 찾아 북아메리카로, 향료와 차와 면직물을 구하려고 아시아에 진출했다.

재정-군사국가

명예혁명 이후 나폴레옹 몰락기까지 영국과 프랑스는 여러 차례에 걸쳐 서로 전쟁을 벌였다. 이 시대의 전쟁연대기는 잘 알려져 있다. 에스파냐 계승전쟁(1701~14)은 루이 14세의 손자인 필리프가 에스파냐의 왕위계승자로 지명되자 두 나라의 제휴에 위기감을 가진 영국·네덜란드 및 오스트리아가 프랑스와 벌인 전쟁이었다. 겉으로는 부르봉 왕가의 세력 확대를 저지하려는 것이었지만, 그 이면에는 신대륙 무역의 지배권을 둘러싼 갈등이 자리 잡고 있었다. 그 후 오스트리아 왕위계승전쟁(1740~48)과 7년 전쟁(1756~63)은 슐레지엔의 영유권을 둘러싼 프로이센-오스트리아의 대립에 영국과 프랑스가 개입하면서 벌어진 것이었다. 두 전쟁에서 함

---

9 N. F. R. Crafts, *British Economic Growth during the Industrial Revolution* (Oxford: Oxford University Press, 1985), 131.

께 제휴한 프로이센과 영국이 오스트리아·프랑스·에스파냐 연합에 승리를 거두었다. 같은 세기말의 프랑스 혁명 이후 영국은 대불동맹군을 이끌면서 나폴레옹의 군대와 맞서 싸웠다. 영국과 프랑스의 전쟁은 이것만이 아니다. 제임스 2세 복위운동을 벌인 스코틀랜드 자코바이트(Jacobite)의 내란(1715, 1746)도 프랑스의 지원을 받은 것이었고, 미국독립전쟁(1976~81)에서도 프랑스는 군대를 파견하여 독립군을 지원했다.[10]

18세기 유럽을 중심으로 형성된 세계 체제의 맥락에서 보면, 영국과 프랑스의 대립은 그 체제 중심부 국가들의 헤게모니 쟁탈전에 해당한다. 임마누엘 월러스틴(I. Wallerstein)에 따르면, 17세기의 위기에 유럽의 중심부 국가들은 자본축적의 원천을 국민경제 내부에 집중시키려고 노력했다. 이 결과 중심부 지역에서 지리적 전문화와 새로운 경제발전이 가능하게 되었고, 이것이 18세기 팽창의 바탕을 이루었다. 이 시기 중심부 국가들의 투쟁에서 네덜란드는 영국과 프랑스에 밀려났으며, 영국과 프랑스 두 나라는 세계 체제의 경계 안이면 어느 곳에서나 경쟁을 벌이고 서로 충돌하기 시작했다.

여기에서 중요한 것은 영토와 인구 면에서 열세를 면치 못했던 영국이 프랑스와의 경쟁에서 우위를 차지할 수 있었던 원인이 무엇인가 하는 점이다. 사실 한 세대 전까지만 하더라도 18세기 영국 국가의 성격 및 변화에 관해서는 근대화론의 시각에서 설명하는 것이 일반적인 경향이었다. 이를 요약하면 다음과 같다. 18세기 영국의 국가 체제는 왕실의 위엄을 높이고 귀족과 신사층(gentry)의 기득권을 보장할 정도의 작고 아마추어적이며 부패한 체제에 지나지 않았다. 이러한 국가의 성격이 근본적 변화를 겪기 시작한 것은 18세기 말 또는 19세기 초의 일이었다. 즉 산업화와 더

---

10 종전과 함께 위트레흐트 화약(1713), 엑스라-샤펠 조약(1748), 파리화약(1763) 등이 체결될 때마다 영국은 주로 프랑스나 에스파냐가 개척한 해외시장과 식민지를 병합할 수 있었다.

불어 사회 문제를 비롯한 여러 난제가 누적되면서 국가의 성격에 변화의 바람이 일었다. 정부의 역할이 사회의 여러 부문에서 증대되기 시작했고, 통치제도가 전문성을 띤 기제로 바뀌었다. 수상직, 각의, 하원조사위원회, 왕립위원회와 같은 제도적 관행을 비롯하여 좀 더 전문적이고 효율적인 관료 체제가 정비되기 시작했으며, 이러한 변화를 선도한 세력은 종래의 귀족과 신사층이 아니라 탁월한 재능과 교양을 지닌 부르주아 출신이었다.[11]

이와 같은 근대화 모델은 우선 작은 정부가 2차 백년전쟁에서 수차례 승리를 거둘 수 있었던 까닭이 무엇인지 설명해 주지 못할 뿐만 아니라, 더 나아가 나폴레옹 전쟁 이후 행정에서 효율성과 전문성을 강조하는 추세가 정부의 역할 증대의 결과라기보다는 오히려 그 증대에 대한 반발이자 축소 노력이었다는 점을 간과한다. 이러한 문제를 해결하기 위해 18세기 국가의 역할을 적극적으로 평가하는 경향이 나타났다. 존 브루어(John Brewer)에 따르면, 18세기 영국은 간헐적으로 발발하는 전쟁에 대처하는 과정에서 강력한 국가기구를 발전시켜 나갔다. 사실 전쟁은 원래부터 의도되었던 것이라기보다는 해외시장의 기득권 유지를 위해 벌어졌기 때문에 주된 전장은 아메리카나 인도와 같은 해외 식민지였다. 영국은 강력한 해군과 육군을 유지하기 위한 재정지출을 점차로 늘렸고, 이를 부담하기 위해 물품세 부과와 일련의 국채(national debt) 발행이라는 수단에 의존했다. 이 시기의 국가는 일종의 효율적인 전쟁기구였다. 따라서 그 성격은 한마디로 '재정-군사국가(fiscal-military state)'라고 할 수 있다는 것이다.[12]

---

11 이러한 견해에 대해서는 다음을 볼 것. Peter J. Jupp, "The Landed Elite and Political Authority in Britain, 1760-1850", *Journal of British Studies*, 29/1 (1990), 53-79.

12 John Brewer, *The Sinews of Power, War and the English State, 1688-1783* (London: Unwin Hyman, 1989) ch. 1 참조.

금융혁명, 재정-군사국가, 전쟁

재정-군사국가는 17세기 말 18세기 초에 걸쳐서 전개된 이른바 금융혁명의 토대 위에서 발전할 수 있었다. 역사가들에 따르면, 일반적으로 이 시기의 금융혁명은 1694년 잉글랜드 은행(Bank of England)의 설립과 물품세 부과, 그리고 국채(national debt) 발행으로 요약된다. 동시대 사람들은 이러한 제도들이 모두 네덜란드에서 도입되었다고 믿었다. 특히 토지 대신에 금전적 이해관계(moneyed interest)가 갈수록 중요해지는 사회현상을 개탄하던 일부 지식인들은 이 모든 사악한 현상이 윌리엄 3세 즉위와 함께 영국 사회에 건너온 네덜란드 풍물 가운데 하나라고 생각했다.

> 그 시대에는 괴로웠지만
> 이 강탈의 시대보다는 덜 나빴다네.
> 무수한 보화가 낭비되었으나
> 그 어느 것도 네덜란드로 흘러들어
> 이 나라를 빈털터리로 만들지는 않았네.[13]

이 익명의 시는 크롬웰 시대와 윌리엄 3세 치세기를 비교한 것이다. 여기에서 네덜란드적인 것은 모두 악마로 묘사된다. 네덜란드는 잉글랜드를 파멸로 이끌 금융제도를 소개한 나라였다. 그렇다면 잉글랜드 은행 창설 등을 주된 내용으로 하는 금융혁명의 가장 중요한 의미는 무엇인가. 그것은 해외무역에서 축적된 자본을 정부의 보호 아래 투자할 수 있는 공적

---

13 Marjolein 't Hart, "'The Devil or the Dutch': Holland's Impact on the Financial Revolution in England, 1643-1694", *Parliaments, Estates & Representation*, 11/1 (1991), 39에서 재인용.

신용구조를 조성했다는 점이다. 물론 이는 네덜란드의 공공차입을 원용한 것이었다. 금융혁명은 장기부채의 진화 과정의 최종 단계라고 할 수 있다. 장기채무의 경우 부채 전액의 상환은 반영구적으로 미룰 수 있는 반면에 단기채무는 1년 단위로 상환해야 할 뿐만 아니라 이자율이 높았다. 단기채무를 장기채무로 전환하면 할수록 국가는 금융 엘리트의 영향에서 벗어날 수 있었다.[14]

금융혁명이 진행되면서 화폐자본을 축적한 사람들은 정부에 빌려준 돈을 잉글랜드 은행이나 사우스시 회사(South Sea Company) 또는 왕립아프리카 회사(Royal African Company)가 발행한 채권(bond)으로 전환할 수 있었다. 물론 처음에는 이들 회사의 채권도 3~6개월에 만기가 돌아오는 단기 대부의 성격을 지녔으나, 점차로 장기 채권(즉 주식)으로 바꾸기 시작했다. 18세기 초 신동인도회사, 왕립아프리카 회사, 남해회사의 채권 발행은 이를 보여 준다. 화폐자산을 가진 사람들이 채권 매입에 뛰어들었고, 1698년 신동인도회사가 발행한 채권 200만 파운드는 발행 3일 만에 예약이 끝나기도 했다.[15] 이에 따라 정부는 재정에 필요한 자금을 장기부채 형태로 차입할 수 있게 되었다. 18세기 일련의 식민지 전쟁에서 영국이 우위를 확보한 것도 이러한 재정 운용에 힘입은 것이었다. 물론 이것은 당시금융 부문에서 이루어진 광범한 혁신을 바탕으로 한 것이었다. 즉 1697년화폐 재주조와 사실상의 금본위제도, 구 런던시의 전문적인 상인은행 발전, 담보융자시장의 성장, 환어음 이용 증가, 주식 거래, 해상 및 화재보험의 발전 등이 이 혁신의 주된 내용이다.

여기에서 금융혁명이 이루어지기 위해서는 다음과 같은 세 가지 조건,

---

14 같은 글, 40-41.
15 K. G. Davis, "Joint-stock Investment in the Later Seventeenth Century", *Economic History Reveiw*, 2nd ser., 4/3 (1952), 288-89.

즉 국가재정을 보증할 수 있는 중앙집중적 조직 및 통제, 정기적이고 효율적인 과세제도, 공공차입에 동원될 수 있는 자본축적 등이 필요하다. 영국은 재무부의 역할 증대, 물품세(excise) 도입, 잉글랜드 은행 창설 등으로 이러한 조건을 갖추고 있었다. 여기에서 금융혁명과 관련된 한 가지 오해는 물품세에 관한 것이다. 물품세도 단기부채를 장기채권으로 전환함과 동시에 재정-군사국가 시스템의 경제적 토대를 이루는 것으로 여겨졌다. 이 제도 또한 네덜란드에서 유입되었다는 오해가 당대에 널리 퍼져 있었다. 그러나 물품세는 금융혁명이 시작되기 반세기 전, 즉 1640년대에 이미 도입되었다. 1643년 담배, 포도주, 사과주, 맥주, 모피, 모자, 가죽, 리넨 의류, 건포도, 무화과 열매, 설탕 등의 소비재에 세금을 부과하였고, 다음 해에 비누나 종이와 같은 또 다른 소비재까지 그 범위를 넓혔다. 이는 소수의 품목에만 세금을 물리는 네덜란드의 정책과는 차이가 있었음을 보여 준다. 어쨌든 영국의 물품세 시행은 매우 성공적이었던 것 같다. 그것은 관세와 비슷하면서도 전쟁의 영향을 비교적 덜 받았으며 운영 면에서도 편리했다. 비교적 소수의 생산자나 상인에게 부과하기 때문에 세금을 쉽게 거둘 뿐만 아니라 효율적으로 통제할 수 있었기 때문이다.[16]

이제 7년 전쟁을 중심으로 재정-군사국가와 전쟁의 관계를 심층적으로 검토해 보자. 18세기 초 에스파냐 계승전쟁 당시 영국의 육군과 해군 규모는 10만 명 선이었다. 같은 세기말 그 수는 40만 명에 이르렀다. 이와 같은 군대 팽창은 정부의 효율적인 조세제도와 국채 발행이 없었다면 불가능했을 것이다. 1700년 1,400만 파운드에 지나지 않았던 정부의 국채는 1748년 7,800만 파운드, 1783년 2억 4,500만 파운드로 증가한다.[17] 계속되는 전쟁 때문에 군사비 증가율은 항상 공공지출 증가율보다 높았다.[18]

16 ‘t Hart, "The Devil or the Dutch", 44-45.
17 Cain and Hopkins, *The British Imperialism I*, 74.

사실 영국과 네덜란드의 갈등은 주로 상업적인 것이었다. 이와 달리 프랑스와의 대립은 어느 나라가 세계를 지배하느냐의 문제였다. 에스파냐 계승전쟁 이후 영국은 유럽 제일의 해군국으로 자리 잡았고, 지브롤터를 장악하여 지중해와 대서양의 연결고리를 통제할 수 있었다. 그럼에도 유럽 대륙에 대해서는 프랑스가 더 강력한 영향력을 가지고 있었다. 실제로 1700년 당시 영국의 국력은 프랑스와 비교하면 보잘것없었다. 프랑스는 영국 경제 규모의 2배, 인구의 경우 3배에 이르렀다. 해외 식민에 뒤처졌던 프랑스도 아메리카와 인도에 적극적으로 진출하기 시작했다. 북아메리카의 루이지애나와 퀘벡뿐만 아니라, 서인도제도와 인도 등의 여러 지역에 진출하여 식민지를 개척했다. 해외에서 영국과 프랑스 간의 이러한 경쟁은 7년 전쟁에서 전례 없는 규모로 폭발하기에 이르렀다. 당시 영국 정치를 지배한 인물은 윌리엄 핏(William Pitt)이다. 그의 전략은 영국이 우월한 함대에 의존하는 것이었다. 대륙에서 프로이센이 프랑스를 압박하는 동안에, 영 해군은 대양에서 프랑스 식민지를 나누어 공격할 필요가 있었다. 1755년 12월 그는 하원에서 다음과 같이 연설한다.

우리는 선전포고하기 전에 가능한 한 우리 해군을 좋은 인력으로 완전히 충원해야 합니다. 전쟁이라는 낭떠러지에 몰렸기 때문에 우리가 원기왕성하고 전문적인 능력이 있는 선원을 해군으로 복무할 수 있도록 유도하는 온갖 수단을 동원하는 것이 필요합니다. 이미 전쟁은 시작되었습니다. 프랑스군이 제국의 북아메리카 군대를 공격했지요. 이번에는 해군이 그곳에서 프랑스 해군을 공격했습니다. 이게 전쟁이 아닌가요?[19]

18 1720~1820년간 정부의 전체 공공지출은 350퍼센트 증가한 반면, 군사비 지출만 보면 450퍼센트, 정부부채는 750퍼센트 증가하였다. Philip Harling and Peter Mandler, "From Fiscal-Military State to Laissez-Faire State, 1760-1850", *Journal of British Studies*, 32/1 (1993), 49.

핏은 의회의 동의를 얻어 해군을 5만 5,000명 규모로, 그리고 함선을 105척으로 증강했다. 이를 위해 왕립조선소(Royal Dockyards)는 세계에서 가장 거대한 작업장으로 바뀌었다. 영국의 우월한 산업인 조선업과 야금업이 7년 전쟁의 승리를 위한 교두보였다. 핏의 연설 직후 시작된 7년 전쟁은 18세기판 세계대전이라고 할 수 있었다. 유럽에서 아홉 나라가 서로 편을 갈라 대립하였고,[20] 전장은 유럽 대륙뿐만 아니라 북아메리카, 서인도제도, 서아프리카, 인도, 심지어 필리핀까지 이르렀다. 유럽인은 물론 식민지에 진출한 백인과 인도, 아메리카 및 아프리카의 원주민까지 여러 형태로 전쟁에 참여했다.

7년 전쟁의 경과는 잘 알려져 있다. 실제로 전쟁의 전 기간에 걸쳐 영국은 그 해군력을 가장 효율적으로 이용할 수 있었다. 인도양에서 프랑스 해군을 격파하고 세인트 로렌스강을 거슬러 올라가 퀘벡을 공격했으며 그동안 프랑스 해안을 효과적으로 봉쇄했다. 1759년 프랑스 해군은 돌파구를 마련하기 위해 브리튼섬에 대한 직접 공격에 나섰지만, 에드워드 호크(Edward Hawke)가 지휘하는 영국 함대는 이를 기다렸다가 브르타뉴(Bretagne) 남부 해안에서 프랑스 해군을 격침했다. 전쟁의 승패는 인도에서도 마찬가지였다. 전쟁이 끝난 후에 영국은 북미의 루이지애나, 서인도 제도의 설탕 산지 등을 식민지로 편입하였고 인도 지배권을 더욱 강화할 수 있었다.[21]

---

19 Niall Ferguson, *Empire: How Britain Made the Modern World* (London: Penguin, 2003), 35에서 재인용.

20 공식적으로 영국·프랑스·프로이센·오스트리아·에스파냐·포르투갈·러시아·스웨덴·작센 등이 참여했다.

21 7년 전쟁으로 프랑스 해외 경제의 토대가 완전히 무너지지는 않았지만 그 영향은 실로 파국적이었다. 전쟁은 삼각무역과 면직물 제조업자를 연결하던 프랑스 대서양 연안 공업지대의 쇠락을 가져왔다. 낭트와 같은 대서양 항구도시들 또한 해상봉쇄로 타격을 받았다. 전비 부담에 따른 재정 혼란은 프랑스 혁명기까지 그대로 이어졌다.

그렇다면 물품세와 국채에 바탕을 둔 재정-군사국가의 행정구조에도 변화가 나타났을까. 왕권의 약화, 상시적인 전쟁, 조직의 확대 등을 고려하면 이전과는 좀 더 다른 통치의 관행이 정립되었으리라고 생각할 수 있다. 이는 추밀원의 위상 변화에서 분명하게 드러난다. 전통적으로 영국 정부의 핵심기관은 추밀원(Privy Council)이었다. 이 기구는 적어도 왕정복고 이후 명예혁명기까지 국내의 각종 정보를 장악하면서 정부의 모든 활동에 직간접으로 간여했다. 흉작에서 역병까지, 무역에서 불황까지 모든 현안에 관해서 추밀원은 지방정부에 훈령을 내리고 지시하거나 보고를 받았다. 물론 어떤 경우에는 순회판사(circuit judge)가 추밀원과 지방정부 사이의 의사소통 통로이기도 했다.

그러나 18세기에 중앙정부 조직에 변화가 일었다. 정부의 지배력이 이전보다 더 강해졌음에도, 권력의 중심은 분산되는 특징을 보여 준다. 추밀원은 여전히 특정한 분야에 관해 훈령과 지시를 내리는 권한이 있었지만, 정책 결정과 행정 집행권은 다른 기관으로 넘어갔다. 중요한 정책 결정과 집행 권한은 총리를 비롯하여 재무부, 해군성, 2~3명의 장관(secretary)에게 맡겼다.[22] 여러 제도에 분산되어 나타나는 이러한 다중심적(multi-centered) 권력은 매년회기제(4~7월)와 같은 의회의 권한 강화와 표리관계를 이룬다. 18세기 의회는 이전 시대보다 훨씬 더 활동적이었다.[23] 요컨대 이 시대의 영국 정치는 중앙의 각 부처가 정책 결정 및 집행을 맡고, 이를 위해 의회의 동의와 협조를 얻는 관행이 정착되었다. 각 부처의 책임자들은 정기적으로 각의(cabinet)를 열어 일반적인 국사를 논의하고

---

22 Joanna Innes, "The Domestic Face of the Military-Fiscal State: Government and Society in Eighteenth-Century Britain", in Lawrence Stone, ed., *An Imperial State at War: Britain from 1689 to 1815* (London: Routledge, 1993), 99~102.
23 중앙정보기구의 소멸로 18세기 정부 활동을 완벽하게 재구성하기란 불가능하다. 여러 부처의 단편적인 기록과 정보만으로는 한계가 있기 때문이다. 오히려 중앙정부의 전략과 의도는 의회 개원연설, 의회에 제출한 법안, 추밀원의 훈령 등을 통해 짐작할 수 있을 뿐이다.

의회 대책을 세웠다. 대체로 5명의 각료가 각의에 참석해 주요 정책을 결정하는 관행은 특히 프랑스와의 전쟁 시기에 자리 잡았다.

18세기 전 시기를 살펴보면, 프랑스를 비롯한 대륙의 국가들에서는 지방정부에 대한 중앙정부의 장악력이 갈수록 높아지고 있음을 알 수 있다. 이러한 통제 강화는 군대 증강과 재정 압박에서 비롯되었다. 정부 내에 군대 또는 징세를 관장하는 새로운 기구들이 나타났는데, 이들은 대부분 이전 기구보다 훨씬 더 강력한 권한을 행사할 수 있었다. 이와 달리 영국의 지방정부는 중앙정부로부터 어느 정도 독자성을 유지할 수 있었다. 그것은 지방정부가 주민을 감독하고 통제하는 장치를 갖추고 있었기 때문에 가능했다. 치안판사(Justice of the Peace), 법집행관(Sheriff), 징모관제도 등은 기존의 법체계 안에서 운영되고 있었다. 이러한 제도를 기반으로 하여 재정-군사국가는 대륙의 다른 나라보다 더 효율적으로 전쟁에 대처하고 제국을 경영할 수 있었다. 제5대 셀커크 백작(Earl of Selkirk) 토머스 더글러스(Thomas Douglas)의 다음과 같은 언명은 재정-군사국가의 이데올로기를 그대로 보여 준다고 할 것이다.

영제국은 대륙의 파국에 즉각 휩쓸리지는 않았지만, 정책이 주위 환경의 광범위한 변화에 영향을 받지 않을 수 없다. 대륙의 나라들뿐 아니라 우리에게 이는 새로운 시대(era)가 되어야 한다. 우리의 국내외 협약들은 새로운 상황에 맞게 고쳐야 한다. 브리튼은 인구가 두 배이고 자연의 이점 면에서 훨씬 더 우월한 국가와 오랫동안 경쟁해 왔다. 물적 점유의 불균형과 달리 우리는 지금까지 밀리지 않는 대결을 해왔는데, 이는 전적으로 섬나라의 이점 탓만은 아닐 것이다. 정규군의 열세는 우리 국가의 독립을 즉각 위협한다. 대륙의 강대한 군사력은 우리의 상대국을 위압적으로 만들고, 우리의 적에 대해 우리의 힘을 완전히 발휘하지 못하도록 할 것이다.[24]

그러나 18세기 말에 이르면 이전보다 훨씬 더 비대해진 재정-군사국가
는 더 이상 탄력적으로 운영되기 어려웠다.[25] 18세기 후반에 이르러 종래
의 재정-군사국가 체제는 이제 효율적으로 작동되지 않는 것처럼 보였다.
전쟁기구로서의 영국 정부는 엄청나게 값비싸고 낭비적이라는 확신이 널
리 퍼졌다.[26] 나폴레옹 전쟁기에 식자층은 국가가 국민의 세금을 후견제
로 얽힌 소수 과두지배체제의 몫으로만 독점하고 있다는 비판을 가하기
시작했다. 윌리엄 코빗(William Cobbett)은 이것을 '오랜 부패의 관행(Old
Corruption)'이라 불렀다. 당시 사람들에게 이 관행은 귀족과 지주층을 중
심으로 하는 소수 지배세력의 통치와 궁극적으로는 재정-군사국가 체제
를 지탱하는 중요한 전략이었다. 그것은 지배층이 보상을 주거나 영입할
만한 인사들에게 부조금, 명예 직책, 공짜 수당 등을 부여하여 끌어들이
는 관행을 가리켰다.[27] 그런데 이는 역설적으로 지주세력의 취약함을 보여
주는 것이었다. 18세기에 그들은 단일한 지배구조를 이루고 있었지만, 그
것은 금융혁명과 더불어 사회적으로 상승하는 집단, 즉 '금전적 이해관계'
를 가진 사람들의 협조를 얻어서만 지탱할 수 있는 체제였다. 말하자면
이 관행은 지주세력과 중간계급 일부를 연결하는 끈이었다.

급진파 인사들의 비판에 따르면, 전쟁기의 조세 부담과 막대한 국가

---

24 Thomas Douglas, *On the Necessity of a More Effectual System of National Defence and the Means of Establishing the Permanent Security of the Kingdom* (London, 1808), 2-3.

25 특히 나폴레옹 전쟁기에 정부기구가 확대되면서 관료의 수가 급증했다. 1797년 1만 6,267명에서 1816년 2만 4,598명으로 증가하였다. *Parliamentary Papers*, 1830-1, 7, "Return of Persons Employed", [1830. 12. 30], 299.

26 상이군인에 대한 원외연금의 경우 그 숫자가 대략 1713년 4,000명, 1750년 8,000명, 1760년 1만 4,000명, 미국독립전쟁 직후 2만 명에 이르렀다. 이들은 모두 일당 5펜스를 지급 받았다. Innes, "The Domestic Face of the Military-Fiscal State", 111.

27 W. D. Rubinstein, "The End of the Old Corruption in Britain 1780-1860", *Past and Present*, 101 (1983), 55.

채무는 기실 불평등한 사회적·정치적 특권을 영속화하려는 수단에 지나지 않는 것이었다. 비단 급진파뿐만 아니라 온건한 중간계급 출신 지식인 사회에서도 비판의 분위기가 나타나기 시작했다. 시골의 지주들도 급진파의 정치적 수사에 공감하지는 않았지만, 과세 부담이 힘들다는 데 동의했다. 상인과 제조업자들도 고율의 조세 체제를 반대하기 위해 급진파와 손을 잡지는 않았으나, 그들 또한 국가가 전쟁보다는 교육과 생산 분야에 적절한 역할을 맡아야 한다는 주장에는 수긍하지 않을 수 없었다. 구 런던시, 즉 '시티'의 금융가들이야말로 다른 사회집단과는 달리 재정-군사국가에 더 밀접한 이해관계를 맺고 있었지만, 나폴레옹 전쟁 후에는 이들 역시 금융개혁에 동의했다.[28]

나폴레옹 전쟁이 끝난 후 재정-군사국가 체제는 기구 자체의 팽창과 더불어 더욱 비효율적인 통치기구로 변모했다. 이미 19세기 초 의회는 효율적인 행정개혁과 절약적인 행정관료제를 위한 수십여 보고서를 내놓았다. 1807~12년 사이 의회의 공공지출조사위원회(Select Committee on Public Expenditure)는 총 13건에 달하는 일련의 조사보고서를 제출하였고, 그 밖에도 해군 및 군사비 또는 행정조직의 실태에 관한 일련의 왕립위원회가 구성되어 정부 재정 진단을 시도하였다.[29]

물론 이들 보고서의 주된 기조는 일반의 오해와 달리 정부 재정의 낭비가 심각하지 않다는 점을 보여 주려는 것이었지만, 이와 같은 일련의 움직임 자체가 그만큼 재정-군사국가 체제의 비효율성이 논란거리였음을 알려준다. 보고서에서 제시된 대안들은 명예직 폐지, 하사금 대신 봉급과 연금 도입, 재무부의 재정 통제, 세무부처의 통합 등이었다. 이러한 제안

---

28 Harling and Mandler, "From Fiscal-Military State to Laissez-Faire State", 67-68.
29 Commission of Naval and Military Inquiry, Commission for Revising and Digesting the Civil Affairs 등을 들 수 있다.

들이 그 후에 행정개혁의 물꼬를 튼 것이다. 19세기 영국 정부가 국가의 재정 및 행정상의 전문성과 효율성을 강조하고 일련의 개혁을 단행한 것은 이러한 맥락에서 바라보아야 한다. 그것은 근대화 모델이 말하는 것과 달리, 정부 역할의 확대가 아니라 축소를 위한 것이었다. 그런 만큼 의회 회기는 더 연장되었다. 그러니까 전문성과 효율성이라는 그 시대의 구호는 18세기 국가 체제의 발전 과정을 나타내기보다는 그 체제에 대한 반성에서 비롯된 것이었다.

신사 자본주의의 개념

한 세대 전까지만 하더라도 제국의 역사는 영국사와 별개의 분야로 취급되었다. 영국사학계에서는 브리튼섬 내부의 역동성에 따른 근대사의 전개 과정을 강조했을 뿐 중심부와 주변부의 관계나 상호 영향을 중시하지 않았다. 주변부 역사에 관심을 쏟는 경우도 대부분 지배와 종속의 시각에서 중심부 정책에 대한 주변부 대응이나 저항이라는 맥락에 초점을 맞췄을 뿐이다. 그러나 브리튼섬과 주변부는 다 같이 영제국의 일부이다. 둘은 느슨하지만 서로 연결된 체계로 보아야 한다. 특히 근대 이후 영제국의 발전은 서로 영향을 주고받는 중심부와 주변부의 관계 속에서 이루어진 것이며, 영국사 연구도 기본적으로 이러한 전제를 받아들여야 한다는 주장이 설득력을 얻고 있다.[30]

오랫동안 제국주의 연구는 홉슨-레닌 식의 경제적 해석이 주류를 이루

---

30 기존 역사학을 비판하고 새로운 패러다임을 주장한 글로는 다음을 참조. A. G. Hopkins, "Back to the Future: From National History to Imperial History", *Past and Present*, 164 (1999), 198-243.

었다. 이 해석은 제국주의 팽창의 원인을 독점자본의 자본수출에서 찾는다. 이전의 역사가들은 19세기 전반에 식민지 진출이 비교적 적었고, 1870년대 이후 영국 등 여러 산업국가에서 2차 산업화가 전개되었다는 사실에 미루어 이 해석을 매우 당연한 것으로 받아들였다. 홉슨-레닌의 견해는 19세기 전반 영국을 비롯한 몇몇 나라가 본격적인 산업화 과정을 겪었다는 것을 전제로 한다.

그러나 경제사 분야의 실증적 연구가 진척되면서 경제적 해석의 설득력은 줄어들었다. 우선 식민지 지배의 경제적 수익성이 보잘것없었다는 점을 입증함으로써 독점자본의 경제적 동기를 낮추어 보는 연구들이 나타났다.[31] 한편, 이보다 더욱 중요한 것은 19세기 전반까지 진행된 영국의 산업혁명이 매우 점진적인 과정이었으며 기술혁신과 생산조직의 혁신도 미미한 수준에 그쳤다고 보는, 이른바 수정주의 연구였다.[32] 이와 함께 영국 경제사에서 산업자본은 대부분의 시기에 부차적인 중요성만을 가지고 있었고, 근대 초 이래 19세기 말까지도 영국의 경제성장을 주도한 것은 금융-상업자본이었다는 견해 또한 산업혁명 이후 산업자본의 독점자본화와 그 자본수출을 중시하는 경제적 해석을 비판적으로 바라보는 데 이바지했다.[33]

제국사 연구에서 주변부 이론은 경제적 해석의 문제점을 극복하려는 시도이다. 이전의 경제적 해석에서 19세기 전반은 제국주의 시대와 뚜렷

---

31 Sidney Pollard, "Capital Exports 1870–1914: Harmful or Beneficial?", *Economic History Review*, 2nd ser., 38/4 (1985), 489–514; P. K. O'Brien, "The Costs and Benefits of British Imperialism, 1846–1914", *Past and Present*, 120 (1988), 163–200.

32 수정론은 이영석, 「산업혁명은 신화인가」, 『다시 돌아본 자본의 시대』 (소나무, 1999), 17–53 참조.

33 W. D. Rubinstein, "Wealth, Elites and the Class Structure of Modern Britain", *Past and Present*, 76 (1977), 99–126; idem, *Capitalism, Culture and Decline in Britain* (London: Routledge, 1993).

하게 구별되는 제국 팽창의 휴지기였다. 그러나 주변부 이론은 이것이 공식적인 식민지 확장만을 제국주의로 간주하는 오해에서 비롯했음을 강조한다. 이 시기에 영국이 식민지를 확대하지 않은 것은 '자유무역'을 통해 제국정책을 실현할 수 있었기 때문이다. 주변부 이론을 제시한 연구자들은 19세기 후반에 새롭게 신제국주의가 나타난 것이 아니라 전 시기에 걸쳐 제국정책이 이어졌으며, 다만 이전에는 그 정책이 비공식적 제국(inform empire)의 형태로 표출되었을 뿐이라고 주장한다.[34]

특히 갤러거와 함께 자유무역 제국주의론을 처음 설파한 로빈슨은, 후일 19세기 후반 제국 팽창이 주변부 상황에서 비롯했으며 제국 경영의 동력 또한 주변부 특정 세력의 협력에 힘입은 것이라고 주장했다. 결국, 제국주의 팽창은 중심부보다 주변부 정세의 영향을 받아 이루어진다. 이와 아울러 토착세력의 협력이 적은 비용으로 제국을 꾸려나갈 방안이며, 이 협력관계야말로 "제국주의를 규정하는 메커니즘"이라는 것이다.[35] 주변부 이론은 제국의 확대가 의도되고 계획된 것이라기보다는 주변부의 상황에 따라 이루어진 결과라고 본다. 이 이론은 제국주의 팽창을 주변부 자체의 위기와 연결지어 해석하지만, 왜 19세기 말이라는 특정한 시기에만 세계 곳곳에서 위기가 집중적으로 나타났는지를 설명하지 못한다. 또 주변부 특정 지역에 위기가 발생했다고 하더라도 그것이 곧바로 팽창과 연결되리라고 가정하는 것은 옳지 않다.

케인과 홉킨스의 방대한 연구서 『영국 제국주의』(1993)는 경제적 해석과 주변부 이론이 지닌 딜레마를 넘어서려는 시도이다. 이들은 주변부 이론

---

34 J. Gallagher and R. Robinson, "The Imperialism of Free Trade", *Economic History Review*, 2nd ser., 6/1 (1953), 1-15; 이태숙, 「제국주의 주변부 중심론」, 71-73.

35 R. Robinson, "Non-European Foundations of European Imperialism", in R. Owen and B. Sutcliffe, eds., *Studies in the Theory of Imperialism* (London: Longman, 1972), 120-22; 이태숙, 「제국주의 주변부 중심론」.

의 한계를 분명하게 지적하면서도 그와 함께 경제적 해석이 19세기 후반 영제국의 팽창을 설명하는 데 약점을 가지고 있음을 인정한다. 그러면서 도 이들은 영국 내부의 사회경제적 변화와 특정한 사회세력의 이해 속에 서 팽창의 동기를 찾아야 한다고 주장한다. 이런 점에서 홉슨-레닌으로 이어지는 고전적 제국주의론의 지적 전통을 부분적으로 계승했다고 할 수 있다. 이들은 '독점자본' 대신에 '신사 자본주의'라는 개념을 내세운다.

케인과 홉킨스는 주변부 이론과 경제적 해석을 비판하면서도 두 이론 이 다 같이 산업혁명의 혁명성을 전제로 삼고 있음에 주목한다. 경제적 해석이 제국주의를 산업자본의 진화단계에 연결지었다면, 주변부 이론은 산업화가 해외 지역의 확대를 촉진했다고 본다. 자유무역의 대두와 제국 의 성장을 산업화의 결과로 바라보는 것이다. 이들은 여기에 깃들어 있는 문제점을 지적하면서 영국 제조업의 느리고 불안정한 발전과 해외 팽창의 속도, 이 둘 사이의 관계를 재검토할 필요성을 제기했다. 케인과 홉킨스 는 제조업자보다는 오히려 상업-금융자본에 관한 새로운 연구에 눈길을 돌렸다. 그들은 18세기 금융혁명 및 같은 시기 지주층의 적극적인 경제활 동과 19세기 후반 백인 자치령의 급속한 성장을 서로 연결함으로써 제국 팽창과 이들 세력 간의 상호관계를 다룬 주목할 만한 논문을 발표했다.[36] 『영국 제국주의』는 이를 좀 더 심화시킨 결산서인 셈이다. 그들은 이와 같 은 방향 전환을 다음과 같이 말한다.

1986년에 우리는 이른바 '신사 자본주의'의 발전에 토대를 둔 좀 더 분명한

---

36 P. J. Cain and A. G. Hopkins, "Gentlemanly Capitalism and British Expansion Overseas I: The Old Colonial System, 1688-1850", *Economic History Review*, 2nd ser., 39/4 (1986), 501-25; idem, "Gentlemanly Capitalism and British Expansion Overseas II: New Imperialism, 1850-1945", *Economic History Review*, 2nd ser., 40/1 (1987), 1-26.

논지를 전개함으로써 [주변부 이론]의 결함을 메우려고 했다. 이러한 전개는 백인 자치령과 구 런던시(The City)를 다룬 최신 연구가 출간된 데 크게 힘입었다. 지금 이용할 수 있는 증거를 바탕으로, 1850년 이후 백인 자치령의 급속한 성장이 영국의 해외 팽창과 제국주의의 특수한 본질을 더 잘 이해하는 열쇠라는 점을 주장할 수 있었다. 상업과 금융이 해외로 향하는 경제적 쇄도에서 가장 역동적인 요소라면, 공업의 쇠퇴보다 서비스의 대두를 강조하는 것이야말로 제국주의에 대한 관점을 불가피하게 변화시키는 것이다. 아프리카 분할을 포함한 공식적 영토 획득의 중요성을 어느 정도 낮추고, 그 반면에 활력 있고 팽창하는 비공식적 지역, 특히 백인 자치령에 더 초점을 맞추기에 이르렀다.[37]

신사 자본가를 중심으로 영국의 경제발전을 검토할 경우 영국 자본주의는 어떤 성격을 띠고 있으며 또 그 사회구조의 특징은 무엇인가. 케인과 홉킨스에 따르면, 영국 경제사에서 무엇보다도 중요한 것은 지대 자본주의(rentier capitalism)이다. 근대 초기 이래 이 나라에서 부의 축적의 가장 중요한 부분은 대토지를 소유한 소수 지배 엘리트를 중심으로 이루어졌다.[38] 이는 그들이 상업적 농업의 발전을 주도하는 과정에서 자본주의적 지대(rent)를 소득원으로 하는 경제 범주로 성장해 왔음을 뜻한다. 물론 영국의 귀족과 신사층은 아직도 봉건적 전통의 계승자였다. 그들은 질서·권위·신분과 같은 전 자본주의적 가치관의 지배를 받고 있었다. 그런

---

37 Cain and Hopkins, *The British Imperialism I*, 12.
38 영국의 토지소유는 대륙보다 훨씬 더 집중되어 있다. 1870년대 7,000명의 지주가 브리튼 사유지의 80퍼센트를 소유했고, 잉글랜드의 경우 1만 에이커 이상을 소유한 대토지 귀족 360명의 토지를 합산하면 전체 사유지의 25퍼센트에 이르렀다. 이상은 다음을 볼 것. F. M. L. Thompson, "Englished landed society in the nineteenth-century", in P. Thane, G. Crossick and R. Floud, eds., *The Power of the Past: Essays for Eric Hobsbawm* (Cambridge: Cambridge University Press, 1984), 195-214.

데도 17세기 말에 그들은 봉건귀족의 삶에서 벗어나 '시장의 철학'을 기꺼이 받아들였다.[39]

지주세력은 부재지주로서 농업 이윤이나 지대뿐 아니라 도시화와 경제 활성화에 따른 열매까지도 거두어들였다. 광산 개발의 이득과 도시 지역의 각종 임대소득이 이에 해당한다. 이들 소득의 특징은 일상생활에서 부의 축적에 하루 내내 매진하지 않더라도 일정한 수준 이상의 수입이 보장된다는 점이었다. 그들은 자본주의적 부를 중시하면서도 일상적인 부의 추구를 경멸했으며 여가를 보낼 수 있는 각종 기예와 그 철학으로서 아마추어 정신을 귀중하게 여겼다. 이러한 태도와 분위기는 자본주의적 부를 축적한 귀족과 지주층을 넘어서 다른 사회세력에까지 영향을 미쳤다. 근대 초기에는 "어떤 경력이나 소득원이 토지귀족의 생활양식과 비슷한 것을 만들어낼수록, 더 높은 위신과 더 강력한 힘을 지녔다."[40]

이러한 분위기의 영향이야말로 영국 경제사에서 중요한 의미를 지닌다. 근대 초기에 부의 축적의 주류를 형성한 신사 자본가들은 시장경제를 이해하고 이윤 추구의 방법에 밝으면서도 그와 동시에 "일상의 품위 없는 노동 세계"를 멀리했다. 신사적 규범의 지배를 받는 질서 아래서 생산은 낮은 평판을 얻을 뿐이었다. 돈을 벌어들이는 것은 중요한 일이지만, 그렇다고 해서 돈을 위해 삶 전체를 투입하는 것은 그 사람의 "의존성과 문화적 열등성"을 반영하는 것이었다.[41]

여기에서 신사적 규범을 지켜나갈 수 있는 경제활동 영역을 상정할 수 있다. 그것은 우선 토지 및 다른 형태의 자산에서 소득의 대부분을 얻을 수 있어야 한다. 시장 또는 재화의 생산에 적극적으로 참여하는 경제활동

---

39 Cain and Hopkins, *The British Imperialism I*, 24.
40 Cain and Hopkins, *The British Imperialism I*, 24.
41 Cain and Hopkins, *The British Imperialism I*, 24-25.

영역은 대부분 신사적 직종의 외부에 해당했다.[42] 신사 자본주의란 '신사적 규범'을 유지하면서 시장을 통해 부를 축적하는 경제활동을 의미한다. 이 활동이야말로 영국 경제발전의 주된 동력이었다. 귀족과 지주 외부로부터 다양한 자산가들이 이 활동 무대에 스스로 등장했다. 18세기에 화폐자산을 소유한 부유층이 대거 이 대열에 끼어들었으며, 19세기 후반에는 금융 및 서비스 분야의 부유층이 여기에 합류했다.[43]

신사 자본가, 경제발전, 제국

1688년 명예혁명 이후 영국 사회는 귀족과 신사, 이른바 대지주가 거의 완벽하게 정치와 경제활동의 주역이었음을 보여 준다. 이들의 지배력은 봉건적 전통에만 근거한 것이 아니었다. 그들은 경제적으로도 능동적인 역할을 맡았다. 당시만 하더라도 국민경제에서 농업의 비중은 압도적으로 높았다. 지주들은 시장을 통한 부의 축적의 비밀을 깨달았기 때문에 시장을 위해 토지를 효율적으로 이용하는 방식을 다투어 실험했다. 18세기 상업적 농업의 발전과 농업 생산성 향상은 대체로 이들의 영향 아래 진행되었으며, 특히 영국 동남부의 농업 번영은 유럽을 비롯한 해외 농산물의 수요 증가에 힘입은 것이었다. 이와 함께 그들은 기회만 닿으면 그들의

---

42 Cain and Hopkins, "Gentlemanly Capitalism and British Expansion Overseas I", 505-06.

43 마틴 위너가 19세기 후반 영국 경제의 쇠퇴를 산업자본가의 젠트리화(gentrification)에서 찾은 것도 이와 맥락을 같이한다. 그에 따르면, 이 시기 산업정신의 쇠퇴는 상당수 제조업자들이 자신의 경제활동 영역에 자긍심을 갖지 못하고 오히려 신사적 생활스타일을 모방하거나 그러한 생활규범을 보장하는 분야로 진출하는 데 관심을 두었기 때문에 나타난 현상이었다. M. J. Wiener, *English Culture and the Decline of the Industrial Spirit 1850-1980* (Cambridge: Cambridge University Press, 1981); 이영석, 「영국 경제의 쇠퇴와 영국 자본주의의 성격, 1870-1914」, 『경제와 사회』 27 (1995), 232-39.

토지를 확대하는 데 열심이었다. 18세기의 경제발전은 지주에 의해 주도된 상업적 농업이 이끌었다. "농업 부문의 지대 및 임금에서 비롯된 구매력이야말로 국내 제조업 상품과 식민지 생산물을 포함한 수입품에 대한 소비자 수요의 원천이었다."[44]

근대 영국에서 귀족과 지주의 지배라고 하는 단조로운 정치경제적 지형도(地形圖)에 새로운 변화를 가져온 것은 17세기 말 이래 진행된 일련의 금융혁명이었다. 구 런던시에서 금융과 관련된 직종이 사실상 전문직으로 인정받게 되었고, 이 분야를 무대로 활동해 온 화폐자산 보유자들도 지주층의 반열에 올랐다. '토지와 화폐의 결합'이 전혀 낯설지 않게 된 것이다. 케인과 홉킨스에 따르면, 이러한 결합이 "영국 근대화의 전통"이자 그 자체가 "전통의 근대화"의 산물이었다.[45] 18세기 영국의 해외 팽창은 강력한 해군을 육성하고 대륙의 경쟁국으로부터 독자적인 지역을 조성함으로써 명예혁명 이후 기존 체제를 방어하려는 전략이 깃들어 있었다. 이와 아울러 그것은 해외투자자를 지원하고 금융 및 상업 서비스(해운·신용·보험 등)에서 영국의 우월한 해군력을 이용해 세계무역의 좀 더 많은 몫을 차지하려는 정책의 산물이었다. 18세기 백인 정착지의 확대는 이런 맥락에서 이해해야 한다.

그러나 앞에서 언급했듯이, 재정-군사국가는 나폴레옹 전쟁기에 특히 위기에 직면한다. 과도한 재정지출을 더는 감내할 수 없었기 때문이다. 19세기 전반에 이루어진 일련의 개혁은 당파적인 차이를 넘어서 다 같이 재정-군사국가의 위기를 타개하려는 의도에서 비롯되었다. 이 개혁의 흐름은 같은 세기 중엽 자유당 집권기에 제도적으로 굳어진다. 이 시기 자유당의 개혁노선을 대변하는, 이른바 글래드스턴주의는 두 가지 신사적

---

44 Cain and Hopkins, *The British Imperialism I*, 59.
45 Cain and Hopkins, *The British Imperialism I*, 101.

제도의 출현에 기여한다. 첫째, 재무부를 정부 재정지출의 주무부서로 일원화한다. 윌리엄 글래드스턴은 예산 결정을 중앙으로 집중하고 재무부가 개별 정부 부처의 예산 집행을 감독하도록 했다. 둘째, 잉글랜드 은행을 금본위제도의 중심축으로 삼는다. 이는 화폐 공급의 원칙을 정하기 위한 것이었다.[46]

이와 같은 개혁은 정부가 구 런던시의 상업-금융자본가들에게 과도하게 의존하는 상태를 벗어나기 위한 것이었다. 지금까지 구 런던시의 투자자들은 정부가 발행하는 국채 대부분을 소화했으며 그들의 사업에서 '낡은 부패 관행'의 연줄망이 매우 중요했다. 개혁 이후 황금알을 낳는 연줄이 잘리는 것은 구 런던시의 금융자본가들에게 불편하면서도 고통스러웠다. 그런데도 위기는 또 다른 기회를 가져다주기도 한다. 균형예산을 추구한 정부 개혁의 궁극적인 수혜자 역시 이들 금융세력이었다. 국채시장이 줄어들자 이미 팽창 과정에 들어선 상업-금융자본은 그 압력을 해외로 발산시켰고, 이는 국내 금융에서 발전한 정교한 상거래 기법과 견고한 화폐제도에 크게 힘입었다. "언제나 고정된 교환비율로 금을 공급할 수 있는 능력이야말로 구 런던시의 신용에 대한 신뢰의 기초이자 그 사업의 활력이었다."[47]

이제, 빅토리아 시대 후기 구 런던시의 금융 및 서비스업은 그때까지만 하더라도 적절한 자본시장이 형성되지 못한 세계 여러 나라를 통합하는 역할을 맡게 되었다. 구 런던시의 금융자본가와 투자자들은 새로 국제경제에 편입된 지역을 일깨우고 차관을 제공하며, 투자처를 찾아 헤매는 다른 나라 부유층의 화폐자본을 처리해 주었다. '시티'의 스털링화는 국제 지불체계의 중심으로 떠올랐다.[48] 런던과 그 인근 지역은 이제 '세계의

---

46 Cain and Hopkins, *The British Imperialism I*, 143-44.
47 Cain and Hopkins, *The British Imperialism I*, 146.

공장'을 넘어서 '세계의 상점', 세계의 금융 중심지가 되었다. 식량과 공업 원료의 중계지로서, 세계 투자 자본의 처리기지로서 런던은 은행·투자· 해운·해상보험·도매무역·중개업 등 무수한 서비스 부문을 창출했다. 이 부문에서 얻어지는 무역외 소득은 엄청난 규모였고 영국의 국제수지 균형 에 크게 이바지했다.[49] 이러한 성장의 중심에 항상 구 런던시의 금융자본 가들이 자리 잡고 있었다.

18세기 이래 영국 사회는 '토지와 화폐의 결합'이라는 틀을 유지해 왔다. 지주와 화폐자산가층의 동맹은 18세기에는 '낡은 부패 관행'으로, 19세기 에는 값싼 정부와 자유무역주의로 변모했지만, 그 동맹은 언제나 영국 의 경제발전과 해외 팽창의 동력으로 작용했다. 19세기 후반 신사적 자본 가층이 외연적으로 확대되면서 그 내부의 역학관계에 중요한 변화가 있 었다. 동맹의 균형추가 경제개혁의 주된 수혜자였던 금융세력에 기울어 진 것이다. 이러한 재편성 과정에서 신사적 자본가들은 적극적인 제국주 의로 나아가면서도 영국 사회에 대한 지배 이데올로기로는 '보수적 진보 (conservative progress)'를 내세웠다. 케인과 홉킨스의 표현에 따르면, 그 구호는 "전통과 특권을 보호하면서도 또한 '자유인으로 태어난 영국인 (free-born Englishman)'의 권리를 지지하고 물질적 향상의 전망을 제시한다."[50]

요컨대 19세기 후반 영제국의 새로운 팽창은 구 런던시 서비스 부문의

---

48 Cain and Hopkins, *The British Imperialism I*, 468.

49 19세기 후반 영국 제조업과 서비스업은 대조적인 변화 추이를 보여 준다. 연평균 상품 수 출 증가율은 1856~73년간 4.7퍼센트에서 1873~99년간 0.1퍼센트로 하락한다(*The British Imperialism I*, 162). 제조업은 19세기 말 사실상 정체상태에 빠지고 있다. 이와 달리 서비 스 부문은 활력을 보여 준다. 해운 수입은 1851~75년간 35퍼센트, 1876~1900년간 58퍼 센트 증가한다. 해외투자 소득은 이보다 훨씬 빠르게 증가한다. 같은 기간 그 증가율은 각 기 26퍼센트, 80퍼센트에 이르고 있다. 이는 해외투자에 따른 이전소득 증가율이 높다는 것을 뜻한다(*The British Imperialism I*, 170). 해외투자액을 추정하면, 1850년대 약 1억 9,500만 내지 2억 3,000만 파운드, 1870년경 7억 파운드, 1900년경 19억 파운드, 1913년 40억 파운드로 급증한다(*The British Imperialism I*, 173).

급속한 성장에 기반을 둔 것이었다. 사실 공업화 이후 서비스 부문이 확대되는 것은 보편적인 현상이다. 그러나 영국의 특이성은 런던이 세계의 어음교환소이자 무역중심지로서 광대한 해외 지역과 연결되어 있었다는 점이다. 이 시기에 구 런던시의 은행·보험·투자·해운업과 직접 관련된 부유한 인사들이 신사 자본가의 주류를 형성하기에 이른다. 신사 자본가층의 이 같은 재편성이 가능했던 것은 전통적 엘리트의 인식에 변화가 있었기 때문이다. 그들은 영국이 자유무역을 주도하기 위해서는 '세계의 공장'보다는 "국제적 서비스 중심지로서의 위상"이 필요하다는 점을 깨달았다.[51] 19세기 후반 제국주의는 신사 자본주의의 새로운 변화와 맞물려 있었던 것이다. 신사 자본가의 새로운 주류로 등장한 상업-금융자본은 국가의 대외정책에 깊숙이 개입하거나 영향력을 행사함으로써 새로운 제국 팽창의 길로 나아갔다. 케인과 홉킨스는 이렇게 말한다.

서비스 부문을 검토하면 경제와 정책 결정 사이의 중요한 상호관계도 알수 있다. 고위 관료가 서비스 부문에서 충원되었고 그들은 불가피하게 그 부문의 관점과 가치에 젖어 있었기 때문이다. 달리 말하면, 우리는 이제 '체면이 서는' [신사적] 사업의 세계와 엘리트 정치가와 그리고 국민적 이해에 대한 그들의 인식을 따로 떼어놓을 수 없다는 확신을 세워 논의를 시작한다. 주요 정치가들이 분명 신사층 출신이라면, 그들은 또한 영국 자본주의의 가장 성공적인 부문의 산물인 셈이다. 그들 가운데 일부는 국내외 비제조업 형태의 기업을 주도하는 사람들이었다. 그렇기에 영국 경제 및 사회와 영국 제국주의 사이의 관계를 상세하게 이해하기 위해서는 신사 자본주의를 깊이 있게 다뤄야 한다고 확신하는 것이다.[52]

---

50 Cain and Hopkins, *The British Imperialism I*, 467.
51 Cain and Hopkins, *The British Imperialism I*, 39.
52 Cain and Hopkins, *The British Imperialism I*, 13.

2장

네트워크로서의 제국

 '제국'이란 "세계적 규모에서 자원을 동원하기 위해 만들어진 초국가적 조직"이다.[1] 역사적으로 제국은 주로 유럽과 아시아 대륙에서 자국의 경계를 넘어 인접한 다른 지역들을 병합함으로써 성립되었다. 그러나 19세기 영제국은 기존의 제국과 매우 달랐다. 식민지는 전 세계 곳곳에 흩어져 있었고, 당시 기술 수준으로는 효율적인 통치가 쉽지 않았다. 해외 식민지도 백인 정착지와 자치령, 보호령, 공동통치령, 직할식민지, 군 요새지, 점령지 등 다양한 범주로 이루어져 있었다.[2]

 일찍이 애덤 스미스(Adam Smith)는 이렇게 말했다. "영제국은 지금까지

---

1 A. G. Hopkins, "Back to the Future: From National History to Imperial History", *Past and Present*, 164 (1999), 205.

2 A. N. Porter, "Introduction: Britain and the Empire in the Nineteenth Century", P. Marshall, ed., *The Oxford History of the British Empire, Vol. 3: The Nineteenth Century* (Oxford: Oxford University Press, 1999), 16.

제국인 적이 없었다. 다만 한 제국을 기획(project)한 것일 뿐이다. 금광 자체가 아니라 금광의 기획인 것이다."[3] 여기에서 '기획'이라는 표현은 제국이 구체적인 실체로 등장하지 않았으며, 다만 모호한 의도에 지나지 않았다는 것을 뜻한다. 영제국의 팽창 문제는 오랫동안 역사가들의 중요한 화두가 되었다. 전통적인 해석은 경제적·군사적 측면에서 팽창의 원인을 찾는다. 해외투자 자본의 이익과 국제무역의 지배권을 유지하기 위한 정책이라는 홉슨-레닌 식의 해석이나, 나폴레옹 전쟁 이후 항구와 군사적 요충지를 병합함으로써 인도항로를 안정적으로 확보하려는 전략에서 비롯했다는 견해가 이에 해당한다.[4]

다른 한편, 근래 영제국을 중심과 주변의 수직적 관계라기보다 서로 영향을 주고받는 수평적 연결망(네트워크)으로 이해하는 경향이 두드러지고 있다. 제국을 네트워크로 이해할 경우 19세기 이후 전개된 세계화 현상은 영제국의 역사와 밀접하게 관련된다는 점을 강조하게 된다. 이 장에서는 19세기 영제국을 일종의 네트워크 연결망으로 이해하려는 근래의 연구 경향을 고려하면서, 빅토리아 시대 제국의 팽창 과정과 제국 경영의 성격, 제국 네트워크를 통해 전개된 국제질서와 경제 교류, 그리고 그 연결망을 합리화하는 제국 이념의 형성 등을 살피려고 한다. 마지막으로, 지구적 차원에서 영제국과 연결망을 방어하고 유지하려는 군사적 전략과 대응은 어떠했는지를 검토할 것이다.

---

3 A. Smith, *The Wealth of Nations* (London: J. M. Dent, 1919), 430.
4 이들 견해에 관해서는, 박지향, 『제국주의: 신화와 현실』(서울대출판부, 2000), 63-84 참조.

19세기 제국 경영의 성격

원래 서양에서 '제국(empire)'은 로마 공화정 집정관의 명령권을 나타내는 'imperium'이라는 말에 어원을 두고 있다. 강력한 명령권을 가진 지배자(황제)가 통치하는 국가를 뜻했을 것이다. 후대에는 한 민족이 자국의 경계를 넘어 지배하는 광대한 영토를 가리켰다. 19세기 영제국도 이런 맥락에서 사용된다. 겉으로 보면 영제국은 두 차례에 걸쳐 급속하게 팽창했다. 우선 7년 전쟁 이후 프랑스의 영향력 아래 있던 해외 지역을 흡수한다. 다음으로, 1880년대 이후 제국주의 시대에 독일, 프랑스와 경쟁적으로 아프리카 분할에 가담한다.

그 사이의 시기, 즉 미국 독립 이후 19세기 중엽까지는 팽창의 열기가 약해졌는가. 공식적인 제국 지배 지역만 살피면 그 같은 결론에 이르게 된다. 그러나 영제국의 실질적인 지배력과 영향력은 더 강력해졌으며 오히려 세계적인 규모로 확대되었다. 갤러거와 로빈슨이 주목한 '비공식적 제국'은 이를 가리킨다. 이 시기 비공식적 제국은 물론 산업혁명 이후 영국의 세계시장 확대와 직접 연결된 것이었다. 1840~60년간 영국의 대외무역액은 3배 증가했다.[5] 영국의 산업자본가들은 자기 나라 철도, 상선, 보험, 은행 서비스를 기반으로 해외시장에 공산품을 팔 수 있었다. 그들은 대신에 다른 세계로부터 원료와 식량을 사들였다. 국제무역과 상업 간의 이러한 이해관계가 제국 팽창의 기본 동력이었다.

사실 상황에 따라 비공식적 제국은 공식적 제국으로 순식간에 바뀔 수 있었다. 빅토리아 시대 후기의 제국주의는 이러한 움직임이 가속되어 나타난 결과이다. 19세기 중엽에 주로 비공식적 제국을 추구했다고 해서

---

5   B. R. Mitchell and P. Deane, *Abstract of British Historical Statistics* (Cambridge: Cambridge University Press, 1962), 283.

군사력을 동원한 팽창이 없었던 것은 아니다. 그러니까 공식적 제국과 비공식적 제국의 경계는 고정되지 않았다. 필요하다면 그동안 버려둔 지역을 공식적으로 간섭하기 시작해 언제든지 병합하고 보호령으로 바꿀 능력이 있었다. 예컨대 영국은 1840년과 1860년 두 차례에 걸쳐 중국과 전쟁을 치렀으며, 그 결과 홍콩섬과 주룽반도를 장악하고 더 나아가 다섯 항구의 개항을 요구했다. 중국 정부가 대외무역에 보수적인 태도를 보이자 무력을 통해 자유무역을 강요한 것이다. 말레이반도에서 동인도회사는 페낭, 말라카, 싱가포르 등 무역항을 보호하기 위해 인근 배후지를 병합하려는 정책을 취했다. 1860년대에는 중앙아시아 진출이 본격적으로 이루어졌다. 겉으로는 러시아에 맞선 전략으로 보이지만, 궁극적으로는 인도 및 그 주변 세계에서 영국의 이익을 보전하는 데 초점을 맞춘 것이었다. 투르키스탄을 병합하고 아프가니스탄에 진출한 것은 이 지역이 전략적으로 인도의 정원이라 불렸기 때문이다. 서아프리카 황금해안의 경우 토착 지역의 정치 체제가 너무 취약해 상업활동의 안정을 확보할 수 없다는 영국 상인들의 요구 때문에, 원주민 사회에 이전보다 더 강력한 통제권을 행사하기도 했다.

당시 자유당이나 보수당 모두 자국의 이익을 위해 군사력을 동원해도 좋다는 태도를 공유하고 있었다. 1860년 자유당 정부의 총리 파머스턴(Lord Palmerston; Henry J. Temple)은 서아프리카 통제 강화를 다음과 같이 옹호했다. "대포알을 쏘아 무역을 강화해서는 안 되지만, 다른 한편으로 안전하지 않고서는 무역이 번창할 수 없다는 것, 그리고 안전은 종종 물리력 과시 없이는 얻을 수 없다는 것 또한 사실이다."[6] 1863년 2월 5일 보수당 지도자 벤저민 디즈레일리(Benjamin Disraeli)는 하원에서 물리력의

---

6 J. D. Hargreaves, *Prelude to the Partition of West Africa* (London: Macmillan, 1963), 33에서 재인용.

중요성을 이렇게 강조한다. "학자와 언변가는 항상 식민지를 없애야 할 이유를 찾겠지만, 의원 여러분은 영제국의 운명을 잔소리꾼과 공론가에게 맡기지 않으시리라고 저는 믿습니다. 일반인들은 부를 유지하는 최상의 방법이 힘이라는 것을 알고 있지요."[7]

이와 같이 19세기 영제국은 공식적인 식민지와 자치령 외에도 실질적인 영향력을 행사할 수 있는 비공식적인 지배 영역 등으로 이루어져 있었다. 최근 존 다윈은 '영제국'보다는 '영국 세계 체제(British World-System)'라는 표현을 쓰고 있다. 그는 이렇게 말한다. "영국 세계 체제라는 말은 영제국주의가 전 세계적인 현상이고, 그 영역이 지구적 조건의 지배를 받으며, 그리고 세계에 미치는 그 영향력이 제국 중심부의 의도보다는 서로 뒤얽혀 있으면서도 서로 다른 여러 구성요소에서 나온다는 뜻을 내포한다."[8] 19세기 영제국 또는 영국 세계 체제의 구성요소는 무엇인가. 다윈에 따르면, 그것은 브리튼, 인도, 시티(the City)의 금융자본, 백인 자치령으로 이루어진다. 그의 분석에서 각지에 산재한 다른 식민지들은 위의 구성요소와 비교하면 부차적인 중요성만을 가질 뿐이다. 여기에서 브리튼은 특히 제조업과 재정 및 석탄자원을 의미하고, 인도는 그 경계를 넘어 아덴에서 미얀마까지 이르는 광대한 지역과 해양, 즉 페르시아만, 이란, 아프가니스탄, 티베트, 말레이반도, 그리고 동아프리카 해안 지역 등 인도양 인근에 영향을 끼칠 수 있는 전략 지역이었다.[9] 물론 이외에도 태평양의 여러

---

7 *Hansard's Parliamentary Debates* [Commons], 3rd ser., 1863, vol. 169, c. 96.
8 John Darwin, *The Empire Project*, xi. 다윈은 1830년대부터 영국 세계 체제가 작동하기 시작했다는 근거로 다음과 같은 점을 꼽는다. 첫째, 이 시기에 영국 세계 체제가 상업 및 군사적 힘을 세계 각 지역에 행사하기 시작했다는 것, 둘째, 각지에 흩어져 있던 자치령과 식민지를 군사적·경제적 측면에서 통합하려는 시도가 있었다는 점, 셋째, 세계 체제의 구축은 영국인들의 전략과 정책뿐 아니라, 당시의 세계사적 조건들, 즉 아시아 변화, 청제국의 위기, 나폴레옹 몰락 이후 유럽의 변화, 북미 영 자치령의 성공적인 존속 등에 의존해 이루어졌다는 점에서 세계 체제의 성격을 보여 준다는 것이다. Darwin, *The Empire Project*, 2.
9 Darwin, *The Empire Project*, 9-10.

도서, 그리고 세계 곳곳의 군 요새지나 교역 항구도 속령으로 편입되어 있었다.[10]

영제국에 속한 각 지역이 백인 정착지(white settlement), 자치령(dominion), 왕실령(crown colony), 속령(dependency), 보호령(protectorate), 공동통치령(condominium), 신탁통치령(mandate) 등 다양한 이름으로 불린 것 못지않게, 그 식민지를 담당하는 부서 또한 복잡했다. 19세기 중엽 외무부(Foreign Office)는 유럽 대륙 국가와 외교 사건을 주로 맡으면서 다른 한편으로 비공식적 제국에 해당하는 지역들, 이를테면 이집트·수단·중국·서아프리카·지중해 지역, 열대 아프리카 지역에 관한 업무를 맡았다. 식민부(Colonial Office)는 왕실령, 속령, 보호령, 백인 자치령 관련 업무를 담당하는 부서였다. 인도정청(India Office)의 관할지는 인도를 비롯해 미얀마, 페르시아만 일대, 아덴, 기타 동남아시아 지역 등이었다. 이 밖에 각지에 흩어져 있던 군 요새지는 해군성(Admiralty) 혹은 육군성(War Office)이 맡았다.

여러 부서들이 식민지 경영에 참여했기 때문에 지배 방식에서 어떤 일관성을 찾기도 어려웠다. 식민지 지배는 현지 사정과 상황에 따라 다양하게 이루어졌다. 버나드 포터에 따르면, 19세기 중엽 아프리카 황금해안은 영국에서 파견된 관리가 다스렸다. 캐나다는 외교를 제외하고는 모든 일을 자치정부가 맡았다. 런던의 통제권은 아주 모호했다. 나이지리아는 한 상업회사가 지배했고, 오스트레일리아의 여러 자치주는 주민들 스스로 선출한 수상이 행정을 맡았다. 시에라리온은 총독 한 사람이, 사라와크는 세습권을 지닌 영국인 라자(Raja)가, 소말리아는 인도정청의 지휘를 받는 총독(consul general)이 통치했다.[11] 1857년 이전 인도의 통치는 더욱

---

10 군 요새지나 항구도시로는 지브롤터·몰타·포클랜드·케이프타운·아덴·콜롬보·페낭·말라카·싱가포르·홍콩 등을 들 수 있다.

복잡한 형태를 띠었다. 겉으로는 동방 전제군주국가였지만, 실제로는 수백여 군주국의 집합체였다. 벵골 지방은 동인도회사가 직접 통치했고, 그 밖의 지역에서는 지방 제후(nawab)가 빅토리아 여왕으로부터 권한을 위임받은 영국인 부왕(viceroy)의 지원을 받아 자신의 영역을 지배했다.[12]

백인 정착지와 속령

19세기 영국 세계 체제는 복잡한 구조를 보여 주지만, 크게 단순화하면 백인 정착지에서 비롯된 자치령과 기타 속령 및 보호령으로 나눌 수 있다. 먼저, 백인 정착지의 실태를 살펴보자. 그동안 제국사 연구는 백인 자치령을 배제하고 속령과 보호령, 특히 인도, 남아시아, 아프리카 연구에 초점을 맞췄다. 자치령은 오히려 각국의 국가사(國家史) 분야로 간주하는 경향이 있었다. 그러나 자치령의 존재야말로 영국과 유럽 다른 나라의 제국 경영을 구분짓는 중요한 특징이었다. 영국인 이민을 근간으로 형성된 백인 정착지는 북아메리카, 오스트레일리아, 그리고 남아프리카 일부 지역에 분포해 있었다. 19세기 전반에 남아프리카 케이프타운을 비롯해 특히 광대한 북아메리카 지역에 6곳, 오스트레일리아에 7곳의 정착지가 차례로 세워졌다.[13] 초기에 이들 정착지는 글자 그대로 백인의 '전진기지

---

11 Bernard Porter, *The Lion's Share: A Short History of British Imperialism 1850-1995* (London: Longman, 1996), 1-2.

12 Porter, *The Lion's Share*, 2. 바이스로이(viceroy)는 흔히 부왕(副王)으로 번역된다. 'vice'는 라틴어 접두사 '대신하여(in place of)'라는 뜻이고 'roy'는 왕이라는 뜻을 가진 프랑스어에서 왔다. 영국은 1858년 인도정부법(Government of India Act)을 제정해 이전 동인도회사 관할식민지를 왕령지로 통합하면서 현지의 총독(governor-general)을 '바이스로이'로 표기하기 시작했다.

13 북미의 백인 정착지는 뉴펀들랜드, 노바 스코샤, 뉴브런즈윅, 프린스 에드워드 아일랜드 (Prince Edward Island), 캐나다(온타리오와 퀘벡), 브리티시 컬럼비아, 오스트레일리아에

(bridgehead)'로 불렸다.

당시 영국 정부나 정치인들은 백인 정착지를 제국의 이익에 가장 중요한 지역이라고 생각하지 않았다. 북아메리카의 경우 대서양 연안의 항구 도시들은 경제적으로 중요했지만, 캐나다는 오히려 장래에 미국에 흡수될 지역이라는 인식이 강했다.[14] 백인 정착지의 영국인 이민들은 영국 문화의 정체성을 유지하고 있었고, 영국 정부 쪽에서는 이들 지역에 대한 경제적 부담을 덜기 위해서라도 자치정부를 구성하는 편이 낫다는 공감대가 형성되고 있었다. 영국 정부는 1840년대 이후 정착지의 자치를 폭넓게 인정하기 시작했다. 북아메리카 지역의 경우 1848년 노바 스코샤에 자치정부가 들어선 이래 불과 수년 사이에 여러 지역에 형성된 모든 정착지가 자치령으로 바뀌었으며, 오스트레일리아와 남아프리카도 마찬가지였다.[15] 이제 정착 후에 어떤 토지를 분배하고 누구로부터 재판매용 토지를 매입할 것인가를 결정하는 번거로운 일은 모두 자치정부가 맡게 되었다. 주민에 대한 과세도 이제 자치정부 스스로 결정하고 또 자치령의 사회간접자본에 투자할 수 있었다. 심지어 자치령은 영국 상품과 경쟁하기 위해 관세 조치를 통해 자국의 기업을 보호할 수 있었다. 이러한 전환은 글래드스턴주의로 불리는 영국 정부의 개혁조치와 관련될 터였다.

는 뉴사우스웨일스, 태즈메이니아, 웨스턴오스트레일리아, 사우스오스트레일리아, 빅토리아, 퀸즐랜드(Queensland), 뉴질랜드가 있었다.

14 1825년 『에든버러 리뷰』의 한 기고자는 "상식 있는 사람이라면 캐나다가 가까운 시기에 미국에 흡수되리라는 것을 알 것이다"라고 말했다. C. A. Bodelsen, *Studies in Mid-Victorian Imperialism* (Constable, 1924), 15에서 재인용. 당시 영국 정부는 미국의 위협을 심각하게 고려했으며 그에 따른 군사비 지출 부담이 높아지지 않을까 우려하기도 했다. P. J. Cain and A. G. Hopkins, *The British Imperialism I: Innovation and Expansion 1688-1914* (London: Longman, 1993), 260.

15 정착지가 자치령으로 바뀐 시기는 다음과 같다. 노바 스코샤와 캐나다 1848년, 프린스에드워드 아일랜드 1851년, 케이프타운 1853년, 뉴펀들랜드 1854년, 뉴브런즈윅 1855년, 오스트레일리아 각 정착지 및 뉴질랜드 1860년.

백인 정착지로 이주한 영국인 이민들은 대체로 개인의 자유, 독립, 평등에 기초를 둔 사회를 형성함과 동시에 영국 문화의 정체성을 이어나갔다. 사실 백인 정착지는 국왕의 하사장(charter)을 받은 이주민들에 의해 형성된 사회였다. 이주민 집단은 국왕에게서 위임받은 왕령지에 자신의 독자적인 사회를 형성했다는 현실을 그대로 인정했다. 그에 따라 자치령의 정치모델은 대의제와 책임정부의 전통을 갖춰나가는 한편, 영국 왕실과 밀접한 관계를 지닌 형태를 취했다. 자치령의 모국 지향성은 외교관계에서도 그대로 나타난다. 백인 정착지들은 18세기 초부터 런던에 대표부를 개설했는데, 이는 이민과 재정 문제 해결을 위한 것이었다. 자치정부가 수립된 후에도 영국 정부는 자치령의 대표들에 대해서는 외교관 신분이 아니라 고등판무관(high commissioner)이라는 전통적인 칭호를 부여했다.[16] 자치령에 관한 업무는 이전과 마찬가지로 외무부가 아니라 식민부에서 맡았는데, 그런데도 자치정부들은 별다른 이의를 제기하지 않았다. 자치령이 영제국의 일부라는 암묵적인 합의에 따른 결과였다.

백인 정착지 또는 소수라도 백인이 경제적 지배권을 가진 곳은 대의제도에 기반을 둔 자치정부를 수립하는 방향으로 나갔지만, 이와 달리 속령과 보호령은 정반대의 길을 걸었다. 인도에 진출한 동인도회사나 아프리카 진출 세력은 구 국가모델, 즉 재정-군사국가 시스템의 복제판이었으며, 근본적으로 식민지 원주민에 대한 약탈기구였다. 우선 인도의 경우는 어떠했는가. 17세기 이래 영국 동인도회사는 경쟁국의 회사보다 훨씬 더 강력한 기구였다. 회사가 지배하는 지역의 모든 원주민은 영국 법의 지배 아래 있었다. 동인도회사는 기존 카스트제도의 사회적 위계를 깨뜨리지 않았지만, 처음부터 인도인의 자율적인 영역 지배권은 배제했다. 7년 전쟁

---

16 Lorna Lloyd, "'Us and Them': The Changing Nature of Commonwealth Diplomacy, 1880-1973", *Commonwealth and Comparative Politics*, 39/3 (2001), 11 참조.

이후, 회사는 델리의 무굴제국 황제가 하사한 권리인 '디완(diwan)'을 근거로 벵골 지방에서 토지세(subah)를 거뒀다.

사실 동인도회사가 무굴제국 황제로부터 받은 하사장이 처음부터 이와 같은 배타적 지배권을 포함하지는 않았다. 즉 황제의 칙령을 통해 특정 지역을 지배하는 지주(zamindar)가 된다고 하더라도, 인도 관습에서 이는 단순한 영예일 뿐 토지에 대한 독점적 지배권을 갖지는 않았다. 인도에서 전통적인 토지지배권은 지주와 농민 간의 공생 원리에 기초를 둔 것으로서, 농민들의 토지 점유와 공동 이용이라는 하위 권리를 배제하지 않았다. 그런데도 영국인들은 지주의 권리를 배타적 토지소유권과 똑같은 것으로 인식했다. 18세기 후반에 영국이 점령지에서 토착민의 강력한 반항에 직면하기 시작한 것은 바로 그들의 다양한 하위 권리를 인정하지 않았기 때문이었다.[17] 이와 함께 동인도회사는 인도의 수공업 경제도 수탈했다. 인도는 적어도 섬유업 분야에서 18세기 당시 세계의 공장이었기 때문이다.[18] 이러한 관행은 인도 합병 이후에도 그대로 유지되었다.

19세기 초까지 동인도회사나 영국인 관리들은 경제적 수탈에 초점을 맞추었고, 인도 고유의 이국적인 제도들은 가능한 한 방치하는 정책을 폈다. 1826년 뭄바이 총독 존 맬컴(John Malcolm)은 다음과 같이 말했다. "과거 경험에서 얻어낸 가장 중요한 교훈은, 우리 토착 인도인의 습관과 사고방식에 맞지 않는 조치들은 천천히, 그리고 조심스럽게 시행해야 한다는 것이다."[19] 다른 한편, 기존 제국의 전제적이고 부패한 지배구조를

---

17 C. A. Bayly, "The British Military-Fiscal State and Indigenous Resistance: India, 1750-1820", in Lawrence Stone, ed., *An Imperial State at War: Britain from 1689 to 1815* (London: Routledge, 1993), 330.

18 동인도회사의 지배 방식에 관해서는 다음을 볼 것. L. Subbramanian, "Banias and the British", *Modern Asian Studies*, 21 (1987), 473-510.

19 E. Stoke, *The English Utilitarians and India* (Oxford: Oxford University Press, 1959), 23에서 재인용.

타파해야 한다는 목소리도 점차 높아졌다. 1830년대 인도에 파견된 토머스 매콜리와 그의 동료들은 인도 통치의 효율성을 높이기 위해 인도의 '영국화'에 관심을 기울였다. 일종의 문명화 작업이라고 할 수 있다. 그 궁극적인 목적은 인도 원주민과 영국인 사이의 매개자이자 통역자로서 중간층을 육성하는 데 있었다. 인종은 다르더라도 영국적 정신을 갖춘 이들은 문화 전파(cultural dissemination)의 전위가 될 것이다. 1830~50년대에 이들에 의해 일련의 개혁조치가 이어졌다. 토지제도, 조세제도, 법률제도, 행정 및 교육제도에 이르기까지 다양한 조치가 뒤따랐다.[20] 인도인의 전통적인 삶 대신에 영국 중간계급의 삶과 가치체계를 복제하는 작업이었다.

영국화 시도는 1857년 세포이 항쟁(Sepoy Mutiny)과 함께 실패로 끝났다. 이제 전제적인 지배구조 타파 대신에 오히려 그 지배구조를 이용해 식민통치를 강화하는 방향으로 바뀌었다. 특히 카스트제도를 "인도 사회의 필수적인 특징"으로 파악하고, 이 제도가 깊이 뿌리내리지 않았던 지역에도 카스트를 중심으로 사회질서가 재편되기를 기대했다.[21] 카스트는 영국인 지배자들이 인도를 계층화된 전통적 사회로 바라보는 도구인 셈이었다. 카스트가 영국 지배기에 더욱 심화했다는 비판이 있는 것은 이 때문이다.[22]

---

20 Porter, *The Lion's Share*, 21-23.

21 S. Bayly, "The Evolution of Colonial Cultures: Nineteenth Century Asia", in A. N. Porter, ed., *The Oxford History of the British Empire, vol. 3: The Nineteenth Century* (Oxford: Oxford University Press, 1999), 448. 1901년 인구센서스에서부터 카스트 신분은 조사의 기본 범주가 되었다. D. A. Washbook, "India, 1818-1860", in *Oxford History of the British Empire, vol.* 3, 415 참조.

22 근래 캐너다인은 인도 지배세력을 우대하며, 카스트제도를 유지한 영국의 식민정책을 다른 관점에서 해석한다. 영국인들은 인도의 신분제도를 자국의 위계질서와 동일한 시각에서 바라보았다는 것이다. 그들은 식민지의 전통 지배세력까지도 같은 반열로 인정했다는 것을 뜻한다. 영국 지배자들은 주변부의 같은 반열에 해당하는 인사들에게 공식·비공식적인 예우를 갖추고 각종 칭호를 수여함으로써 제국의 정체성을 형성함과 동시에 그들의 협조를 얻었다는 것이다. 그는 이러한 정책을 '장식주의'라는 조어(造語)로 표현한다.

영제국의 약탈적 성격은 인도뿐 아니라 서인도제도, 아프리카, 동남아시아 등 다른 식민지에서도 다 같이 나타난다. 서인도제도에는 해방된 흑인 노동자와 아시아계 이민자들이 정착하자 플랜테이션 백인 농장주들은 노동력으로 흡수할 수 없는 대상자에 대해서는 가혹한 추방을 단행했다. 자메이카 등지에서 일어난 흑인 소요에 대해서는 농장주와 주둔 병력이 철저하게 진압했으며, 1850년대에 이 지역 대부분은 왕실령으로 전환되었다. 말레이반도에서도 영국인들은 주석과 향료 수출의 중계항으로 싱가포르·말라카·페낭 등의 항구도시를 개발했는데, 이들 도시는 수에즈 운하 개통 이후 더 중요해졌다. 이 시기에 말레이반도 내륙지방은 지방 토호들의 갈등, 말레이 왕조의 내분, 중국인 이민 증가로 무정부상태에 빠졌다. 영국은 지역 안정을 구실로 말레이반도 대부분 지역을 식민지로 편입했다.[23]

백인 정착지를 확대하는 과정에서 원주민에 대한 수탈도 강화되었다. 예를 들어 1860~63년 뉴질랜드 마오리족(Maori)의 저항은 이러한 수탈에 자극받아 일어난 것이었다. 여기에서도 백인과 원주민 사이에 토지 문제를 둘러싸고 갈등이 있었다. 원주민의 토지제도는 공동체적 소유에 바탕을 둔 것이었고, 이것이 백인의 사적 토지소유 관념과 충돌을 빚었다. 저항 실패 후 한 세대에 걸쳐 백인 정착민들은 구매, 협박, 추방 등의 방법을 동원해 북섬의 비옥한 지역 대부분을 장악할 수 있었다.[24] 사실, 마오

David Cannadine, *Ornamentalism: How the British Saw Their Empire* (Oxford: Oxford University Press, 2001). 캐너다인은 사이드 이래 탈식민주의 역사서술을 비판한다. 그의 조어 역시 '오리엔탈리즘'에 대비되는 표현이다. 결국, 이런 해석은 영제국의 수탈적 성격을 은폐할 위험이 있다. 이런 위험에 관해서는 다음을 볼 것. Tony Ballantyne, "Introduction: Debating Empire", *Journal of Colonialism and Colonial History*, 3/1 (2002). http://muse.jhu.edu/journals/journal_of_colonialism_and_colonial_history/v0003/3.1b.

23 Porter, *The Lion's Share*, 58.
24 Porter, *The Lion's Share*, 51-52.

리족 학살의 비극은 이미 그 이전에 하원조사위원회에서 예견된 것이기도 했다. 1837년 하원의 백인 정착지 원주민조사위원회는 백인들이 "원주민을 야만인으로 분류하고 그들에게 영국인과 똑같은 의무는 필요하지 않다"는 생각을 가졌다고 비판한다.[25] 보고서는 원주민에 대한 백인의 태도를 다음과 같이 지적한다. "우리는 어느 땅이든지 그 원주민이 자신의 토지에 대해 자명한 권리를 가진다고 여길 수 있다. 그러나 이 명백하고 신성한 권리는 받아들이지 않았던 것 같다. 유럽인들은 그들의 경계를 허락받지도 않고 들어가서 그곳에서 마치, 자신이 그 토지의 의심할 바 없는 지주인 것처럼 행동하지 않았는가."[26]

제국 네트워크

19세기 영제국의 팽창은 물론 런던 금융자본의 위력과 제조업 경쟁력에 기반을 둔 것이지만, 당시 국제 정세에 크게 힘입었다고 할 수 있다. 우선 유럽과 아시아 대륙에 걸쳐 있던 기존 제국들이 활력을 잃거나 쇠퇴하고 있었다. 이란, 오스만제국, 청제국 등이 그러했다. 영국을 비롯한 유럽 여러 나라의 산업화가 전개되면서 국제적인 교역량이 증가했으며 이에 따라 내륙교통과 해운활동이 활성화되었다. 1815년 이후 영국의 국제적 지위는 지정학적 측면에서 좀 더 유리해졌다. 나폴레옹 전쟁기에 협조한 네덜란드에 인도네시아의 이해관계를 양보했지만, 그 대신에 지중해의 몰타, 실론, 케이프타운을 완전히 장악했고, 중남미의 해안 지역도

---

25 *Parliamentary Papers*, 1837 (425) 7, "Report of Select Committee on Aborigines in British Settlements", 3.
26 "Report of Select Committee on Aborigines in British Settlements", 5.

속령으로 만들었다. 인구나 경제적 측면에서는 보잘것없었지만, 지리상으로는 매우 중요한 요충지였다. 영국의 이러한 팽창은 에스파냐·포르투갈·프랑스·네덜란드·영국 등 유럽 국가들 사이에 아메리카와 아시아 해상무역을 분할해 온 중상주의 질서의 종국을 나타내는 신호였다. 기존의 영국 지배 영역과 새로운 식민지들은 전략적으로 아메리카·아프리카·오스트레일리아·남아시아·중국·태평양 등 전 세계에 걸친 연결망을 갖출 수 있는 조건을 마련해 준 셈이었다. 19세기 전 시기에 걸쳐 중요한 전략 지역은 영제국에 계속 편입되었다. 케이프타운·몰타·지브롤터·수에즈 운하·아덴·실론·싱가포르·홍콩·밴쿠버 아일랜드·포클랜드·노바 스코샤 등은 영국 해군의 세계 항로 지배를 위한 전략적 요충지에 해당했다. 오직 영국만이 해상을 통한 전 지구적 연결망을 구축할 수 있었다.

전 세계에 흩어져 있는 자치령과 식민지, 그리고 복잡한 정부기구를 하나로 묶는 연결망은 어떻게 강화·유지되었는가. '영국 세계 체제'라는 표현을 즐겨 쓰는 다윈은 세 가지 측면에서 이를 설명한다. 우선 신문·전신·증기선·철도·상품·정보인력 이동 등 기술진보와 변화가 제국 연결망을 강화했고, 다음으로 다른 지역에서는 찾기 어려운 이윤·상품·서비스·문화로 구성된 '영국적 세계'라는 독자적인 정체성이 형성되었으며, 마지막으로 이러한 세계를 보호하고 유지해야 한다는 자의식 또한 강력해졌다는 것이다.[27]

제국 연결망과 관련된 기술진보를 살펴보자. 우선 신문이 있다. 19세기 국민정체성 형성에서 인쇄언어의 중요성을 강조한 이는 베네딕트 앤더슨(Benedict Anderson)이다. 그는 특히 신문이 인쇄언어와 정체성 형성의 매개 고리 역할을 한다고 본다. 인쇄자본주의는 자신만의 별도의 시장을 형성한다. 시장의 독자는 거의 동시적으로 신문을 소비하는 과정에

27 Darwin, *The Empire Project*, 25-26.

서 "놀라운 대중적 의례"에 참여한다. 이들은 자신의 의례가 무수한 사람들에 의해 동시에 재현되고 있음을 알고 있다. 이러한 인식이 정체성 형성에 결정적인 역할을 한다는 것이다.[28] 19세기 영국에서 여러 종류의 신문과 정기간행물이 발간되었다는 것은 잘 알려져 있다. 해외 식민지에서도 소도시를 중심으로 각종 신문이 등장했다. 대부분 소규모 인쇄업을 겸했으며, 이 때문에 당시에 신문발행인은 '저널리스트'가 아니라 '출판업자(publicist)'로 불렸다. 신문은 식민지 사회에서 배경과 출신이 다른 백인 정착민 집단에 '영국적인 것(Britishness)'이 공동의 관심사로 떠오르는 데 이바지했다. 신문 구독은 어느덧 식민지인들의 중요한 의례가 되었다. 동시에 본국 또는 다른 식민지에 관한 소식을 접할 수 있다는 사실 자체가 제국의 일원이라는 정체성을 형성하는 데 영향을 미쳤다.[29]

여기에서 영국 런던의 신문과 식민지(또는 자치령) 신문의 관계를 특히 주목할 필요가 있다. 그 무렵 신문배달은 매우 느렸다. 대부분 한 달 또는 격주로 운항하는 선편을 이용했기 때문이다. 식민지 신문들은 본국 소식을 재인쇄하기 위해 본국에서 나오는 신문을 기다려야 했으며, 함께 배달된 한 묶음의 신문에서 다시 보도할 가치가 있는 뉴스들을 가려내어 인쇄했다. 런던의 신문 또한 식민지에서 발행되는 신문이 도착한 후에 재편집할 수밖에 없었는데, 식민지 신문 상당수가 매달 한 번씩 중요한 소식을 발췌한 요약지를 발행했다. 이 요약지가 런던에서 발행되는 신문들의 해외 뉴스 자료가 되었다. 사이먼 포터(Simon Potter)는 이 같은 뉴스 교환의 중요성을 다음과 같이 강조한다. "이런 상황에서 영국과 식민지 신문

---

28 B. Anderson, *Imagined Communities: Reflections on the Origin and Spread of Nationalism* (London: Verso, 1991), 35.

29 Simon Potter, "Webs, Networks and Systems: Globalization and the Mass Media in the Nineteenth and Twentieth-Century British Empire", *Journal of British Empire*, 46/3 (2007), 623.

들은 매우 편리하게 제국 연결망의 목적에 이바지하게 되었으며, 다른 지역 정착민 집단들의 '영국적 관점(British viewpoints)'을 내세웠다."[30]

그러나 중심부와 주변부에서 간행되는 신문이 다른 지역의 소식을 전하기까지는 상당한 시일이 걸렸다. 소식은 제시간에 전해지지 않으면 중요성과 사회적 관심을 잃는다. 최근 19세기 중엽 이후 전신망과 해저 케이블을 주목하는 연구가 나타나고 있다.[31] 아마 이 시도는 영제국을 최초의 지구화라는 맥락에서 설명하려는 근래의 추세와 밀접하게 관련된 것 같다. 이런 시각은 전신과 더불어 영제국이 멀리 떨어져 있던 지역들의 연결을 가속했고 기존의 정치·경제·사회·문화 등 모든 영역에서 급속한 변화를 초래했다는 점을 강조한다.

전신기술이 처음 상용화된 것은 1851년의 일이다. 이때 영국과 프랑스 사이에 전신망이 설치되었다. 그 후 영국 주도로 제국 영토를 연결하기 위해 해저전신망을 깔기 시작했다. 1866년 영국-캐나다, 1870년에 이르면 영국-싱가포르-자바, 1890년 영국-오스트레일리아, 1879년 영국-케이프타운, 1901년 영국-필리핀을 연결하는 해저전신망이 개통되었다.[32] 전 세계를 전신망으로 연결한 것은 영제국의 필요성 때문이었다.[33] 이 전신망에 힘입어 영국 또는 식민지 신문들이 이전보다 더 신속하게 다른 지역 소식을 전할 수 있었을 것이다. 전신을 이용한 신속한 신문 보도는 다양한 지역에 흩어져 있는 영제국을 동시적인 세계로 묶어주는 새로운

---

30 Potter, "Webs, Networks and Systems", 627-28.
31 Tom Standage, *The Victorian Internet: The Remarkable Story of the Telegraph and the Nineteenth Century's Online Pioneers* (London: Walker and Company, 1998).
32 Potter, "Webs, Networks and Systems", 628.
33 1892년 당시 세계 10대 해저전신회사 중 영국 회사가 4곳이었고, 특히 영국의 동방전신회사(Eastern and Associated)가 운영하는 해저전신망은 전 세계 케이블의 45.5퍼센트에 이르렀다. D. R. Heatrick and P. Griset, "Submarine Telegraph Cables: Business and Politics, 1838-1939", *Business History Review*, 75/3 (2001), 560 〈표〉 참조.

네트워크를 실현했다는 것이다.

물론 이러한 연구는 너무나 기술결정론의 시각에 치우쳐 있는 것처럼 보인다. 처음 전신망으로 대륙을 연결했을 때 영국과 다른 주변부 지역 사이의 소통만 가능했으며, 주변부 여러 지역 간 소통이 이루어진 것은 상당한 시일이 지난 후의 일이었다. 당시 기술 수준에서 시간당 송신량은 미미했기 때문에 신문이 전신망을 일상적으로 이용하는 데에는 한계가 있었다. 더욱이 해저전신망은 주로 개인 회사들이 가설했으므로 이용료가 매우 비싼 편이었다. 통신사를 이용한 뉴스 공급 방식이 정착된 것도 이런 이유 때문이다. 20세기에 이르러서야 신문 관계자들 사이에 이러한 문제가 초미의 관심사가 되었던 것 같다. 영제국 신문인협회가 송고비용 인하를 통신회사에 요구한 것은 1909년의 일이었다.[34] 그렇다고 하더라도 장기적으로 전신과 해저 케이블이 신문의 속보성을 높였던 것은 분명하다. 제국과 관련된 여러 소식과 풍문이 인쇄언어로 동시에 제공될 수 있었다. 이에 따라 제국은 더욱더 밀접하게 연결되고 특유의 문화적 정체성을 형성해 나갔을 것이다.

증기선(steamer)의 이용 또한 제국 네트워크에 긴요한 기술진보였다. 1880년대 이집트의 중요성이 높아진 것은 증기선의 보급이라는 기술혁신 측면에서 재해석해야 한다. 이 시기에 제국 연결망을 강화한 중요한 동력은 실제로 증기선의 개량과 혁신에 힘입은 것이었다. 19세기 중엽만 하더라도 증기선은 기존의 목제 범선과 비교하면 경쟁력이 높지 않았다. 목제 범선과 철제 증기선은 거의 한 세대 이상 서로 경쟁 관계였다. 그렇더라도 여기에서 중요한 것은 처음 증기선이 출현했을 때 기술적 결함이 있었음에도 영국 회사들이 이를 적극적으로 이용하기 시작했다는 점이다. 영국에서 증기선을 이용하기 시작한 것은 1812년의 일이다. 그 후 선박량은

---

34 Potter, "Webs, Networks and Systems", 630-31.

지속적으로 증가했다. 1843년 동인도회사의 증기선 실태를 조사한 의회 보고서에 따르면, 1838~42년간 회사 선적 증기선은 콜카타, 뭄바이를 거쳐 수에즈에서 화물을 하역하고 있다. 따라서 운하의 필요성은 이미 이때에 나타났을 것이다. 1838~39년에는 8척의 증기선으로 인도-수에즈까지 총 12회 운항했다.[35]

1850년대에 이르면 철제 증기선의 승리는 명백해졌다. 이 승리를 주도한 나라는 물론 영국이었다. 1870년 영국에 등록된 증기선은 총 110만 톤에 이르렀는데, 다른 유럽 국가 가운데 프랑스만이 15만 톤의 증기선을 보유하고 있을 뿐이었다.[36] 특히 대양 항해에서 철제 증기선이 비교우위를 갖게 된 것은 외륜(外輪)으로 추진하던 기존 방식을 스크루로 대체한 이후의 일이었다. 이 방식으로 증기기관의 효율성이 급속하게 높아졌고, 범선에 대한 경쟁력을 갖추게 되었다. 영국, 여러 백인 자치령 및 식민지 사이의 연결망이 긴밀해진 것은 물론이다. 증기선의 전성시대에 세계무역은 이전과 같이 계절에 따라 변화하지 않고 지속적이고도 정규적인 추세를 유지할 수 있었다. 우편, 여객운송, 화물수송에 이르기까지 제국 각 지역간 이동 속도가 빨라졌다. 증기선의 대형화, 전신기술의 보급과 더불어 해운 분야에서 여객과 화물을 나르는 정기선이 지배적인 추세가 되었다. 요컨대 이러한 추세는 무엇보다도 영제국의 네트워크화를 촉진하는 기폭제가 되었다고 할 수 있다.

---

35 *Parliamentary Papers*, 1843 (399) 35, "Returns of the Steam Vessels employed by the East India Company", 82-83.

36 어니스트 페일, 『서양해운사』, 김성준 옮김 (혜안, 2004), 303.

경제 교류와 무역

빅토리아 시대 정치가와 식자층은 제국을 어떤 시각에서 바라보았을까. 그리고 제국이 어떤 방향으로 나아가야 한다고 생각했을까. 일단, 미국의 독립이라고 하는 북아메리카 식민지의 경험이 오랫동안 영국인의 기억에 자리 잡고 있었다. 갤러거와 로빈슨이 강조한 비공식적 제국 또한 바로 동시대 사람들의 이런 정서를 반영한 것이다. 19세기 중엽 자유무역 옹호자들은 다음과 같이 말했다. "해외 영토는 우리에게 가치 있는 식민지가 될 수 있다. 그들을 통치할 책임을 우리에게 부과하지 않는다면 말이다."[37] 1839년 파머스턴은 영국 정부의 목적이 "세계 곳곳에서 이 나라 상업을 확대하는 데 있다"고 명쾌하게 규정했다.[38] 카를 마르크스(Karl Marx) 또한 이 점을 예리하게 간파한 바 있다. "그 생산물을 위해 끊임없는 팽창이 필요한 시장이 지구 모든 곳에서 부르주아지를 뒤쫓는다. 그것은 어느 곳이나 다가가서 정착하고 어느 곳에서나 관계를 맺는다."[39] 이는 바로 영국을 가리킨 것이다. 이런 방식의 제국 경영은 결국 영국의 우월한 상업과 산업을 통해 세계를 지배하는 것을 뜻한다.

사실 상업사회의 도래가 갖는 중요성을 역사 변화의 단계 속에서 거시적으로 바라본 것은 스코틀랜드 지식인들이었다. 애덤 퍼거슨(Adam Ferguson)과 애덤 스미스는 유목문명, 가부장적 지방문명, 전제정치의 단계를 지나 유럽만이 덕과 선한 정치를 기반으로 '품위 있는(polite)' 상업사회로 들어섰다는 메타 서사를 내세웠다. 물론 그 상업사회의 전형이 영국

---

37 B. Semmel, *The Rise of Free Trade Imperialism* (Cambridge: Cambridge University Press, 1970), 8에서 재인용.

38 *Hansard's Parliamentary Debates* [Commons], 3rd ser., 1839, vol. 49, c. 1391.

39 Karl Marx, *The Manifesto of the Communist Party* (Moscow: Foreign Languages Publishing House, 1959), 50.

임은 두말할 나위가 없다. 19세기 영국이 각 대양을 잇는 연결점에 항구를 개항하고 군 요새지를 확보한 저변에는 이러한 인식이 깃들어 있었다. 상업사회를 이룩한 영국인이야말로 문명 위계의 정점에 있을 것이다. 이는 19세기 말에 열렬한 제국 옹호론자였던 세실 로즈(Cecil Rhodes)의 언명에서 명확하게 드러난다. "영국인은 세상에서 가장 훌륭한 인종이며, 그들이 세계에 더 많이 거주할수록 인류에게 더 좋을 것이다."[40]

19세기 중엽 영제국 네트워크의 확대와 함께 해외무역액은 당연히 급증했다. 해외무역 거래 상품의 구성을 보면 최초 산업국가의 면모가 여실히 나타난다. 수출상품 대부분이 공산품인 반면, 수입품은 원료와 식량이 절대적인 비율을 차지했다.[41] 면공업의 경우, 1859~61년 평균 국내에서 생산된 면제품 7,700만 파운드의 68.3퍼센트를 해외에 수출했다.[42] 런던·리버풀·글래스고를 비롯해 영국인이 진출한 세계 곳곳의 항구도시들이 다 같이 중계무역항이자 상업 중심지로서 번영을 누렸다. 여기에서 중요한 것은, 19세기 무역 및 상업 연결망을 확대한 주체는 정부가 아니라 런던·리버풀·글래스고에 산재한 상인 가문이라는 점이다. 1840년대에 영국의 1,500여 상인 가문 가운데 3분의 2가 유럽 이외 지역의 도시들에 진출하여 무역과 금융 분야에서 활동을 펼치고 있었다. 특히 소아시아와 동아시아의 진출이 이전보다 훨씬 더 활발해졌다. 1825~60년 사이에 이들 상인 가문이 전체 수출에서 차지하는 비중은 11퍼센트에서 26퍼센트로 증가하고 있다. 상인 가문은 대부분 수출 대행업자(commissioner) 역할을 맡았다. 국내 제조업자의 위탁을 받아 수출상품을 취급했으며, 해외

---

40 Cannadine, *Ornamentalism*, 5에서 재인용.

41 1854~57년 당시 수출품의 경우 완제품 85.1퍼센트, 원료 8.5퍼센트, 식량 6.4퍼센트, 수입품은 완제품 7.3퍼센트, 원료 61.2퍼센트, 식량 31.5퍼센트로 나타난다. Porter, *The Lion's Share*, 4.

42 P. Deane and W. A. Cole, *British Economic Growth, 1688-1959* (Cambridge: Cambridge University Press, 1962), 187.

의 대리인(agent)에 상품을 넘기면서 판매액의 일정 부분을 대행료로 받았다. 이들 상인 가문 출신들은 경쟁적으로 해외무역 항구로 진출했다.[43] 콜카타, 타밀나두, 아덴, 홍콩, 싱가포르가 이들의 주무대였다. 이들의 상업활동에 힘입어 국제무역의 세계적인 연결망이 창출되었으며, 영제국 네트워크 또한 이와 병행해 형성되었다.

상인 가문의 진출과 동시적으로, 또는 그에 뒤이어 런던 시티에 근거를 둔 해운, 보험, 기타 금융서비스 분야의 자본이 해외 지역에 진출했다. 처음에는 백인 정착지와 자치령 위주로, 그리고 19세기 후반에는 영제국 네트워크에 속한 거의 모든 지역이 진출 대상이 되었다. 영국의 주요 항구를 통과한 수화물 가운데 영 국적 상선에서 하역한 비율은 1848년 70퍼센트, 1858년 60퍼센트, 1890년 70퍼센트에 이르렀다. 세계 해운 수입에서 영국이 차지하는 비중 또한 1860년대 30퍼센트였다.[44] 런던과 리버풀은 전 세계의 1차 상품 교역창고이자 모든 상품의 재거래 중심지였다. 이 때문에 런던 시티는 국제신용대부 중심지였으며, 시티를 중심으로 전 세계 은행망을 연결한 결제수표제도가 발전했다. 런던 집중 현상은 특히 19세기 후반에 더 심화되었다.

1870~1914년 사이에 영국은 세계 자본수출액의 40퍼센트를 차지했다. 이 해외투자의 중심은 시티의 금융자본과 결합한 신사 자본가들이었다. 런던과 그 인근 지역을 중심으로 하는 고도의 금융 및 서비스 경제는 영국 경제가 '세계의 공장'이라기보다 '세계의 상품창고'이자 '세계의 어음교환소'라는 점을 좀 더 분명하게 보여 주었다.[45] 실제로, 19세기 후반 시티의 금융 및 서비스 경제와 밀접하게 결합한 신사 자본주의는 북서부의

43 Darwin, *The Empire Project*, 37-38.
44 Cain and Hopkins, *The British Imperialism I*, 171.
45 이에 관해서는 이영석, 「영국 경제의 쇠퇴와 영국 자본주의의 성격, 1870-1914」, 『경제와 사회』 27 (1995), 223-52를 볼 것.

공업지대에 투자하기보다는 해외투자에 더 관심을 기울였다. 이 시기에 영국의 무역수지 적자 폭이 점진적으로 늘어났는데, 그 결손을 메워 수지 균형을 이룬 것은 바로 해외투자에 따른 배당소득의 증가였다. 영국의 해외투자액은 1850년대 중엽 2억 파운드, 1870년 7억 파운드, 1913년 35~40억 파운드에 이르렀다.[46] 시티는 신사 자본과 백인 자치령에서 동원된 자본을 해외로 연결하는 통로였다. 신사 자본가들은 해외에서도 농업·광산·철도를 비롯한 사회간접자본 등에 투자했으며, 일부 인사들은 백인 자치령의 상업은행, 공공시설, 도시 건설 등에 대규모 자본을 투입했다. 이 때문에 케인과 홉킨스는 19세기 후반 영국 경제에서 서비스 부문의 중요성을 강조한다. 신사 자본의 해외투자가 증가하면서 이들 지역은 경제적으로 빠르게 성장했으며, 신사 자본가들에게는 본국의 경우보다 더 높은 배당소득을 보장해 주었다는 것이다.[47]

이주와 이민

영국의 식민지 경영이 다른 경쟁국과 달랐던 점은 바로 백인 정착지의 건설이었다. 이들 정착지를 중심으로 영제국의 연결망이 나타났다. 그러나 19세기 영국의 상업, 무역, 금융 활동이 세계적 규모로 확장되면서 다시 이민의 물결이 일었다. 제국 네트워크를 강화하는 일종의 선순환구조가 성립된 셈이었다. 〈표 2-1〉에서 나타나듯이, 19세기 전 시기에 걸쳐 영국인 해외 이민자 수는 총 2,212만 6,047명이었다. 지역별로 보면 미국 62퍼센트, 북미 자치령 19퍼센트, 오스트레일리아 및 뉴질랜드 10.7퍼센트, 기타 9퍼센트로 나타난다.[48]

---

46 Cain and Hopkins, *The British Imperialism I*, 173-74.

| 표 2-1 | **19세기 백인 자치령 영국인 이민 추이**[49]

연도	미국 (명)	비율 (%)	북미 자치령(명)	비율 (%)	오스트레일리아 및 뉴질랜드(명)	비율 (%)	남아공 (명)	비율 (%)	전체 (명)
1815-30	150,160	40.2	209,707	56.0	8,935	2.3	-	-	373,338
1831-40	308,247	43.8	322,485	45.8	65,882	9.5	-	-	703,150
1841-50	1,094,556	65.0	429,044	25.5	127,124	7.5	-	-	1,684,892
1851-60	1,495,243	65.4	235,285	10.3	506,802	22.1	-	-	2,287,205
1861-70	1,424,466	72.4	195,250	9.9	280,198	14.2	-	-	1,967,570
1871-80	1,531,851	68.7	232,213	10.4	313,105	14.0	9,803	0.4	2,28,395
1881-90	2,446,018	70.8	395,160	11.4	383,729	11.1	88,991	2.5	3,455,655
1891-1900	1,814,293	68.2	328,411	12.3	131,629	4.9	215,590	8.1	2,661,532
1901-14	3,449,173	51.0	1,865,807	27.6	540,557	8.0	447,120	6.6	6,764,310
총계	13,714,007	62.0	4,213,362	19.0	2,359,961	10.7	761,504	3.4	22,126,047

　　19세기 영국인들 사이에는 이민이 자기 향상의 길이라는 생각이 널리 퍼져 있었다. 이 또한 제국 네트워크의 활성화에 영향을 받았을 것이다. 식민화운동(colonialisation movement)은 공식적이면서 동시에 비공식적인 운동이었다. 공식적으로 영국 정부는 1840년에 이르러서야 '식민지토지이민위원회(Colonial Land and Emigration Commission)'를 설치하고 특히 오스트레일리아에 수십여 정착지를 조성했다. 그러나 민간 차원에서는 이미 19세기 초부터 여러 토지회사가 활발하게 활동했다. 이들 회사는 이민 신청을 받아 응모자금으로 식민지에 정착촌을 건설하는 활동을 펼쳤다. 북아메리카, 오스트레일리아, 뉴질랜드 백인 정착지는 이들의 활동으로 조성된 경우가 더 많았다.[50] 정착촌의 가장 강력한 연결망은 영국 본토에

---

47 Cain and Hopkins, *The British Imperialism I*, 240.

48 Darwin, *The Empire Project*, 42.

49 A. N. Porter, ed., *Atlas of British Overseas Expansion* (London: Routledge, 1991), 85.

50 뉴질랜드, 오스트레일리아 등지의 식민운동에 관한 국내 연구로는 다음을 볼 것. 이태숙,

있는 이민 1세대의 고향과 인근 지역이었다. 이들 마을과 지역은 새로운 정착촌에 인력과 자본, 그리고 종교 정체성 같은 삶의 중요한 요소들을 공급하는 문화적 원천이기도 했다.

영제국 네트워크에서 그동안 간과된 것은 인도양 연안의 활발한 인구 이동이다. 한 연구에 따르면, 1846~1940년간 인도 및 중국 남부로부터 동남아시아와 인도양 연안으로 이동한 이민 수는 대략 4,800만 명에서 5,200만 명에 이르렀다. 이는 같은 시기 유럽에서 북아메리카로 향한 이민 규모에 못지않은 숫자이다. 구체적으로 인도인 2,900만 명, 중국인 1,900만 명이 이들 지역으로 이동했는데, 주로 영제국 네트워크에 속했다. 말레이반도, 실론, 미얀마, 필리핀, 아프리카 동부 해안 및 기타 태평양 도서 등이었다.[51] 이들 이민의 상당수는 플랜테이션 노동력 수요에 따른 것이었다.

1842년 2월 영국 의회는 벵골 지역 원주민이 인도양 모리셔스 제도로 이주하면서 빚어진 여러 혼란을 수습하기 위해 훈령 및 규제조치를 취했다. 이는 당시 너무 많은 이민자가 몰려들어 규제가 필요하다는 현지 백인의 청원에 따른 것이었다. 이는 이미 그 이전부터 제국 네트워크를 통한 인도인 노동력 재배치가 광범하게 이루어지고 있음을 알려준다. 당시 모리셔스 거주 백인들은 경제적 필요성, 특히 플랜테이션 농장에 필요한 인도인 이주를 장려하다가 오히려 그 부작용 때문에 곤란을 겪었다. 훈령은, 벵골 현지에 이민 담당관을 충원해 이민 적격자와 부적격자를 엄격하게 심사해야 한다는 내용을 담고 있다. 특히 심사를 효율적으로 진행하기 위해 승선 직전에 심사를 시행하도록 했다.[52]

「E. G. 웨이크필드와 식민체계화운동」, 『서양사론』, 27 (1986), 73-108; 이태숙, 「19세기 중기 영국의 식민지 팽창정책」, 『서양사론』, 29·30 (1988), 205-42.

51 Adam McKeown, "Global Migration, 1846-1940", *Journal of World History*, 15/2 (2004), 156-58.

벵골 지역 인도인들은 심지어 남아메리카의 가이아나까지 진출했다. 1843년 의회문서에는 가이아나 인도인 이민노동자에 관한 보고서가 실려 있다. 이들 보고서는 이민노동자 가운데 부적격자 송환에 대해 관계자들의 서한과 논의내용을 모은 것이다. 1842년 11월 한 농장은 30명의 이민노동자를 받았는데 그중에 19명이 부적격자로 판정받았다. 다음 해 4월 3개 농장에서 송환된 인도인 노동자는 121명, 또 다른 3개 농장의 송환자는 70명 규모였다. 영제국 네트워크를 통한 이민은 이미 19세기 초부터 광범하게 이루어진 것이다.[53] 이 밖에도 오스트레일리아 금광개발, 밴쿠버 아일랜드의 온대우림 벌목, 북미 대륙횡단철도에 수많은 중국 남부 이민 노동력을 동원했으며, 이들이 그 지역 중국인 이민의 기원을 이룬다는 것은 잘 알려진 사실이다.

제국 방어의 문제

최초의 산업국가라는 이미지가 너무 강했기 때문에 19세기 중엽 영국의 경제 규모가 다른 열강보다 월등했다고 생각하기 쉽다. 그러나 영국은 인구, 영토, 1차 산업 생산액에서 인접한 프랑스와 독일은 물론, 미국이나 러시아에 미치지 못했다. 예를 들어 1897년 국민총생산을 살펴보자. 미국을 100으로 놓았을 때 중국 98, 영국 60, 러시아 58, 인도 57, 프랑스 37, 독일 35로 나타난다.[54] 영국은 미국과 중국에 미치지 못하고 러시아의

---

52 *Parliamentary Papers*, 1843 (148) 35, "Regulations and Orders by the government of Bengal for the Protection of Coolies", 127-28.

53 *Parliamentary Papers*, 1843 (404) 35, "Extracts of Correspondence relating to the Return of Colonies from British Guinea to India", 190-94.

54 Edward Ingram, *The British Empire as a World Power* (London: Frank Cass, 2001), 21.

경제 규모와 비슷한 수준이었다. 만일 인도의 국민총생산을 합산할 경우 미국을 추월한다. 19세기 영제국에서 인도가 갖는 중요성은 바로 이 점이었다. 풍부한 인구와 농업생산이야말로 영제국에 가장 중요했다. 특히 군사적인 측면에서 그 중요성은 거의 절대적이었다. 인도군은 영 육군의 작전 수행에서 필수적인 요소였다. 인도군은 이미 1801년 이집트에 대한 군사작전에 동원되었고 2차 세계대전기까지 중국, 뉴질랜드, 미얀마, 말라야, 투르키스탄, 오스만제국, 몰타, 남아프리카, 유럽 서부전선 등 일련의 전쟁에 참전했다.[55]

인도가 중요한 만큼 전 세계에 걸친 영국 육군의 작전계획에서 인도가 차지하는 비중 또한 매우 높았다. 1848년 영국 육군의 배치상황을 보면 분명하게 드러난다. 당시 육군 병력 12만 9,726명 가운데 해외 주둔병력 규모는 6만 1,625명이었다. 이 병력 중에서 인도에 2만 8,700명이 배치되었다.[56] 이외에 인도인 출신(sepoy) 병력이 23만 5,000명 규모였다. 이들이 19세기 영국이 참전한 여러 전쟁에 영국군 휘하부대로 동원된 것이다. 그로부터 20여 년이 지난 1872년 해외 주둔 실태를 보여 주는 의회보고서가 있다. 이 보고서는 실제 전투 병력의 증강 및 해외 주둔방식을 개선하는 데 초점을 맞추고 있다. 기존 영국 육군 병력은 141개 대대(battalion)로 편성되어 있었다. 이 가운데 인도에 50개 대대, 기타 식민지 22개 대대가 주둔하고 나머지 병력은 영국에 배치했다. 보고서는 영국 본토와 해외 간의 균형을 맞추기 위해 해외에 주둔 중인 2개 대대를 본국에 송환, 국내와 해외 부대 비율을 71 대 70으로 편성한다고 밝혔다.[57] 그런데도 편제

---

55 Ingram, *British Empire as a World Power*, 34-35. 19세기 영제국의 군사력과 전략에 관해서는 다음을 볼 것. 조용욱, 「제국의 유지와 방어: 영국의 군사력과 군사정책」, 『미국학』, 28 (2005), 61-83.

56 인도 2만 8,700명 외에 해외 주둔 병력은 캐나다 5,576명, 지브롤터 3,021명, 실론 2,954명, 뉴펀들랜드 및 그 인근 지역(프린스 에드워드 아일랜드 등) 2,346명, 몰타 2,285명, 이오니아해 군도 2,343명 등이었다. Darwin, *The Empire Project*, 34.

개편 내용에는 해외 주둔 병력의 비중이 오히려 이전보다 높아지고 있다. 기존 전투 병력 규모는 6만 8,590명이었다. 개편안에서는 총 7만 5,530명 중 해외 주둔 병력이 5만 90명에 이른다. 왜 이러한 결과가 나타났는가. 해외 주둔 전투대대 가운데 인도 및 중국에 배치한 57개 대대는 각기 최대 병력 820명 수준이었지만, 국내 주둔 부대 중에서는 오직 18개 대대만이 그 규모를 유지하도록 했기 때문이다.

물론 보고서는 국내 방어의 취약점을 보완하기 위해 주민 10만 명당 1,000명 규모의 지방 의용병대대를 편성할 것을 제안한다. 이 경우 잉글랜드에만 20만 명의 병력을 추가 운용할 수 있다는 것이다.[58] 이 때문에 전쟁 발발로 국내 병력을 추가로 해외에 보낼 경우 정규군 3개 연대와 예비군 1개 연대를 1개 사단으로 편성해 파병하기로 하고, 그에 따른 각 부대 간의 조직 및 지휘체계에 관한 지침을 육군 총사령관의 명의로 하달했다. 이는 해외 파병 시 예비군 동원의 난점을 해결하려는 조치로 보이지만, 동시에 해외 식민지 파병이 증가하고 있음을 말해 준다.[59] 19세기 후반에 영국의 세계전략에서 인도와 동아시아의 중요성이 그만큼 높아졌음을 보여 준다.

해외에 군부대를 주둔시키고 병영을 유지함에 따라 그만큼 재정 부담이 늘었다. 특히 군 요새지와 전략적 중요성이 높은 지역이 증가함에 따라 주둔군 병영 수도 늘었다. 경비를 절감하기 위해 하원은 간헐적으로 군비

---

57 *Parliamentary Papers*, 1872 [C. 493] 37, "Report on memorandum by the Committee assembled by order of the Secretary of State for War", 386.

58 "Report on memorandum by the Committee assembled by order of the Secretary of State for War", 389. *Parliamentary Papers*, 1872 [C. 493] 37, "Memorandum be Commander-in-chief on the Secretary of State's Proposals for Organization of Military Land Forces", 385.

59 "Memorandum be Commander-in-chief on the Secretary of State's Proposals for Organization of Military Land Forces", 385.

지출실태조사위원회를 구성하곤 했다. 예컨대 1834년 2월 4일 하원은 대령급 고위 장교와 의원으로 조사위원회를 구성해 지브롤터, 몰타, 이오니아해, 서아프리카 해안, 희망봉, 실론 등지에 산재한 식민지 군사시설의 실태를 조사했다. 조사는 6개월 이상 걸렸다. 위원회는 의욕적으로 과다 지출 부문을 감사했지만, 지적할 만한 사례는 거의 발견할 수 없었다. 지브롤터 사무실 축소, 이오니아해 군사기지 지출 삭감을 요구하는 수준에 머물렀다. 그나마 몰타 및 서아프리카 주둔 병력 감축 문제는 여러 사정을 고려해 바람직하지 않다는 결론을 내렸다.[60] 1834년 군비지출 총액은 179만 1,569파운드였다.[61]

분쟁이나 갈등이 심해져 현지에 병력을 직접 투입할 경우 육군의 필요성이 높아지지만, 역시 전 세계에 걸친 제국과 제국 네트워크를 유지하는 데 가장 중요한 것은 해군이었다. 19세기 후반 특히 경쟁국인 러시아 및 독일의 대두에 따라 해군력 또한 계속 강화된다. 1875년 운행 중인 해군 함정 수는 총 241척이었고, 그 가운데 전함은 20척, 보조 및 노무인력을 포함한 병력은 3만 4,000명 규모였다. 1898년 해군 함정은 287척으로 급격하게 증가하지는 않았다. 그러나 그 가운데 전함은 52척으로 늘었다. 병력 또한 9만 7,000명 규모로 급증한다. 1848년 이후 기존 해군기지 외에 알렉산드리아, 라고스(서아프리카 해안), 몸바사, 잔지바르(동아프리카 해안), 케이프 요크, 알바니(오스트레일리아), 피지 군도 등에 새롭게 해군기지가 신설되었다.[62] 이는 19세기 말 아프리카, 태평양 분할 경쟁을 반영한다.

영국은 제국 연결망을 강화하는 데 해군에 크게 의존했지만, 그것만으로 모든 것을 해결할 수는 없었다. 나폴레옹 전쟁 당시 인접한 프랑스 해안

---

60 *Parliamentary Papers*, 1834 (570) 6, "Report of the Select Committee on the Colonial Military Expenditure", 3-5.

61 "Report of the Select Committee on the Colonial Military Expenditure", 300.

62 이상은 Porter, ed., *Atlas of British Overseas Expansion* 참조.

봉쇄는 매우 성공적이었다. 그러나 러시아 같은 대륙 국가에 영향력을 행사하는 데에는 한계가 있었다. 상대국이 해양으로 진출하려는 제국이 아닐 경우 그 팽창을 제어할 수 있는 수단이 없었다.[63] 물론 러시아 남진정책에 영국이 예민하게 반응했다는 것은 잘 알려져 있다. 1880년대에 영국 해군은 지중해에 전함 6척을 배치했다.[64] 1890년대에 그 숫자는 10척, 1902년에는 14척으로 증가한다. 이는 흑해를 통해 진출하려는 러시아 함대를 제어하고 수에즈 운하를 방어하기 위한 것이었지만, 군비지출 규모를 고려하면 그 효과는 적었다고 할 수 있다.

영제국의 이익을 방어하고 제국 연결망을 유지하는 과정에서 영국은 자주 국제분쟁과 전쟁을 치렀다. 영국은 원래 대규모 육군 병력을 유지할 만한 국가가 아니었다. 우월한 해군력이 있다고 하더라도 당시의 기술 수준으로는 대규모 전투를 수행하는 데 여러 난점이 있었다. 예컨대 1840년에 발발한 아편전쟁의 경우, 처음 영국은 인도에 주둔 중인 3개 연대 병력을 동원해 전쟁 초기에 청나라 군대를 격파할 수 있었다. 그러나 1841년 다시 전쟁이 재발했을 때 병력 수송과 배치에 어려움을 겪었다. 인도에 주둔 중인 다른 병력을 곧바로 동원하기가 어려웠기 때문이다. 1843년에 제출된 전쟁보고서에는 해군의 현지 해군지휘관 조지 엘리엇(George Elliot, 1784~1863), 찰스 엘리엇(Charles Elliot, 1801~75), 인도 총독 및 본국 사이에 오고간 서한들이 수록되어 있다. 1841년 3월 18일 찰스 엘리엇은 본국 정부에 광저우 점령에 필요한 육상 병력이 부족하므로 타밀나두 주둔 94보병연대를 파견해 달라는 서한을 발송했다. 이것이 어렵다면 실론 등 다른 지역 주둔군을 증파해 달라는 요구였다.[65] 그러나 같은 해 5월 10일 인도

---

63 Ingram, *British Empire as a World Power*, 40.
64 Darwin, *The Empire Project*, 77.
65 *Parliamentary Papers*, 1843 (596) 35, "Correspondence and Returns relative to Supply of Troops, Vessels and Munitions of War", 611; Letter from Charles Elliot to

총독 오클랜드 백작(Earl of Auckland)[66]이 정부 실무자에게 보낸 서한에는 육상 병력 이동배치가 불가능하다는 내용이 담겨 있다. 그 대신 해군 함정을 증파할 수 있다는 내용이었다.[67] 같은 해 10월에 이르러서야 영국 정부는 인도 등 각지에 주둔 중인 병력 4개 연대를 신규로 중국에 파견하였다. 물론 대규모 병력 증파[68]에 힘입어 아편전쟁에서 최종 승리를 거두었지만, 그 과정에서 영국의 군사작전에 적지 않은 난관이 있었음을 짐작할 수 있다.

1857년 인도에서 일어난 세포이 항쟁의 경우는 어떠했는가. 그 원인은 잘 알려져 있다. 그 이전부터 시행된 '문명화 작업'이 항쟁의 계기를 만들었다. 문명화의 주된 내용은 과부 화형(sati) 폐지, 미망인 재혼 허가, 여성 교육, 기독교 계통 학교에 대한 보조금, 세포이 부대 내에서 카스트 표지 금지, 개종자에 대한 유산 상속권 인정 등이었다. 문명화 작업 주도자들은 물론 인도주의적 입장을 나타내기는 했지만, 힌두교도나 무슬림 모두 이런 조치들을 각기 반힌두교, 반이슬람교 정책으로 받아들였다. 세포이 항쟁의 직접 계기는 탄약통에 기름칠하는 문제에서 비롯했다. 소기름이나 돼지기름이라는 소문을 들은 한 병사가 기름칠한 탄약통 수령을 거부했다는 이유로 투옥당하자, 삽시간에 세포이의 저항이 전개된 것이다. 힌두교에서 소는 신성한 대상이었고, 이슬람교에서 돼지는 불결한 존재였다. 어쨌든, 이 조치는 두 종교 모두를 모독하는 것으로 간주됐다.

Palmerston (1841. 3. 28.).

66 본명은 George Eden(1784~1849): 1836~42년간 인도 총독을 지냈다.

67 "Correspondence and Returns", 612; Despatch from Earl of Auckland to John Hobhouse (1841. 5. 10.).

68 전쟁에 관한 최종 통계를 살펴보자. 영국은 전쟁기간 18, 26, 49, 55, 98연대를 동원, 총 8,611명의 육군을 파병했다. 야포의 경우 전쟁 발발 당시 36문, 1842년 107문으로 증가했다. 해군 함정은 1840년 15척, 함포 436문, 병력 3,044명, 1842년 함정 37척, 함포 784문, 병력 7,069명이었다. "Correspondence and Returns", 645.

디즈레일리는 바로 이 문명화 작업의 모순을 예리하게 지적한다. 매콜리로 대변되는 문명화론자들은 너무 성급했다. 이는 기름칠한 탄약통의 문제가 아니라 자신들의 제도와 문화를 무시하는 데 따른 불만이 쌓여 폭발한 것이다. 그는 인도의 관습과 국민성을 존중해야 한다고 질타했다.[69] 당시 인도에 주둔 중인 영국군은 27만 7,746명 규모였으나, 4만 5,522명을 제외한 나머지 병력은 모두 인도 토착인 출신이었다.[70] 영국군이 항쟁을 진압하는 데에도 당연히 어려움이 뒤따랐다. 항쟁은 2년 이상 계속되었다.

19세기에 확립된 영제국은 기본적으로 취약한 네트워크 연결망에 지나지 않았다. 상당수 식민지는 경쟁자가 없는 상태에서 영국이 무임승차한 경우가 많았다. 19세기 중엽 이래 유럽 여러 나라에서도 동시에 산업화가 진행되면서, 영국의 우월한 지위는 상대적으로 약해졌고 영제국 네트워크는 그만큼 외부의 자극에 취약성을 드러냈다. 다윈은 최근 연구에서, 영제국의 중심부인 런던의 '수동적 태도'를 강조한다. 그만큼 주변에 대한 중심부의 지배력은 한계를 지녔다는 것이다. 이러한 한계를 보완해 준 것이 토착 엘리트의 협조와 19세기 이래 지정학적인 요인이었다.[71] 그러나 영국인들이 실제로 자국의 한계를 깨달은 것은 다음 세기에 들어서의 일이었다.

19세기 제국의 기억

오늘날 영국인들 사이에 제국에 관한 기억은 급속하게 희미해졌다. 1997년 갤럽의 사회조사는 이를 단적으로 알려준다. 7년 전쟁의 영웅 로

---

69 *Hansard's Parliamentary Debates* [Commons], 3rd ser., 1857, vol. 147, cc. 440-80.
70 Porter, *The Lion's Share*, 30.
71 John Darwin, *After Tamerlane: The Global History of Empire Since 1405* (London: Allen Lane, 2007), xi-xiii.

버트 클라이브(Robert Clive)가 어느 나라 사람인지 모르는 사람의 비율이 65퍼센트였다. 제국주의자 세실 로즈의 경우 77퍼센트, 시인이자『정글북』의 작가 조지프 러디어드 키플링(Joseph Rudyard Kipling)을 모르는 비율은 79퍼센트였다. 이와 반대로 아직도 오스트레일리아가 식민지라고 생각하는 사람도 47퍼센트에 이르렀다. 미국이 과거에 영국의 식민지였다는 사실을 알지 못하는 사람도 50퍼센트를 넘었다.[72] 19세기 영국의 제국 경영과 그 경험은 사람들의 기억 속에서 점차 사라진 것이다.

19세기 영제국의 팽창과 제국 네트워크의 출현은 영국 정부의 분명한 기획의 결과가 아니라, 당시 국제 정세와 특히 지정학적 조건과 요인에 힘입은 것이었다. 즉 다윈이 적절하게 지적한 대로, "수동적인 동아시아, 유럽 대륙의 세력균형, 그리고 강력하면서도 비호전적인 미국"이라는 국제 상황이 영제국 세계 체제의 성립에 도움을 주었다.[73] 여기에 시티 금융 자본의 자기 이익 추구 경향과 상인들의 적극적인 활동이 제국의 활성화를 가져왔다. 수에즈 운하 자체가 이 지정학적 요인을 더 강화한 지렛대였다. 이 운하를 통해 유럽과 아시아를 연결하는 해상 네트워크를 완벽하게 지배할 수 있었기 때문이다.

그러나 20세기 들어서 지정학적 조건이 변하면서, 그 요인은 오히려 제국 해체를 가속하는 방향으로 작용했다. 일찍이 존 실리가 지적했듯이, 대륙의 거대국가가 성장할수록 영제국의 활동공간은 위축될 수밖에 없었다. 20세기 미국과 러시아의 대두는 영국이 자체의 힘으로 대처할 수 있는

---

72 Stuart Ward, ed., *British Culture and the End of Empire* (Manchester: Manchester University Press, 2001), 128. 세실 로즈(1853~1902)는 남아프리카 케이프 총독을 지내면서 다이아몬드, 금광 등을 개발해 부를 쌓았다. 인접 북부 지역을 공격해 점령지를 그의 이름을 따 로디지아로 명명한 전형적인 제국주의자로, 보어전쟁 중 사망했다. 조지프 키플링(1865~1936)은 인도에서 태어난 영국 시인이자 소설가로 영어권에서 최초로 노벨 문학상을 받았다.

73 Darwin, *The Empire Project*, 5.

도전이 아니라 제국의 출현과 해체에 항상 영향을 미치는 상수였던 셈이다. 영국 세계 체제의 성공과 실패는 모두 지정학적 요인의 영향 아래 이루어졌다. 그렇더라도 제국 네트워크는 오늘날 지구화 현상의 초석을 깔았다. 다윈은 다음과 같이 말한다. "영국 세계 체제는 비유럽 세계를 속박하는 전 지구적 지배구조는 아니었기 때문에 지정학적 조건의 성격이 변할 경우 그 영향을 직접 받는 구조였다. 그럼에도 이 체제는 오랫동안 광범위한 영역에서 정치·외교·상업·문화적인 연결망을 포함했다.[74]

---

[74] Darwin, *The Empire Project*, 1.

3장

제국과 '대영국'에 관한 담론

영국에서 제국과 제국 네트워크에 대한 지식인의 관심이 높아진 것은 19세기 후반의 일이다. 이전에도 정치가들이 외교 또는 애국 차원에서 제국의 존엄과 제국 유지의 필요성을 강조했지만, 체계적인 제국 담론이라고 보기 어렵다. 영국의 산업 경쟁력과 해양 지배의 우위가 당연하게 여겨지던 시기에는 굳이 제국 지배의 당위성을 언급할 필요도 없었을 것이다. 그러나 19세기 후반 산업화의 국제적 확산과 더불어 새로운 상황이 전개되기 시작했다. 독일·미국·러시아 등 다른 나라의 산업 경쟁력이 영국을 뒤쫓거나 추월하기 시작한 것이다.[1]

표트르 크로폿킨(P. Kropotkin)에 따르면, 공업 분야 최초 진입자의 독점은 사라졌다. 독점을 누리던 그 과거는 이제 사라진 것이다. 그는 특히

---

1 영국 경제의 쇠퇴에 관한 연구사적 정리는 다음을 볼 것. 이영석, 「영국 경제의 쇠퇴와 영국 자본주의의 성격」, 『경제와 사회』 27 (1995), 223-52.

독일 공업의 발전을 경이로운 눈으로 바라본다. "보불전쟁 이래 독일 산업은 완벽한 재조정을 겪었다. 기계류가 완전히 개량되었고 새로 지은 공장에는 기술진보(technical progress)라는 최신 언어를 잘 대변하는 기계를 공급한다. 독일은 뛰어난 기술 및 과학 교육으로 다수 노동자와 기술자를 보유하게 되었다. 국가 부문에서 일자리를 구하지 못한 교육받은 화학자나 물리학자 또는 기술자들이 지식 면에서 민간 산업에 엄청난 이바지를 하고 있다. 독일의 현재 속도를 감안하면, 이 나라의 경쟁력은 현재보다 미래에 훨씬 더 강력해질 것이다."[2]

우선 전 세계에 걸친 제국 속령과 자치령의 방어 문제가 관심사로 떠올랐다. 이와 함께 1880년대 영국의 일부 지식인들은 위기의 시대에 영국의 힘을 늘릴 방안으로 영국과 해외 자치령의 연방제를 주장했다. 이들은 제국(empire)보다는 '대영국(Greater Britain)'이라는 표현을 즐겨 사용했으며,[3] 이들의 영향 아래 실제로 영국을 비롯해 해외 자치령에 '제국연방연맹(Imperial Federation League)'이라는 조직이 결성되기도 했다. 역사가 존 실리(John R. Seeley)의 『잉글랜드의 확장』[4]은 이 운동에 상당한 영향을 미쳤다. 이 책에서 실리는 역사학의 실천적 목적을 전제로, 제국의 과거와 현재, 새로운 지향성 등을 언급했는데, 특히 백인 정착지를 단순한 자치령이 아니라 영국 국민과 국가의 확장으로 인식해야 한다는 주장은 많은 사람의 호응을 얻었다.

---

2 P. Kropotkin, "The Breakdown of Our Industrial System", *The Nineteenth Century*, 23 (April, 1888), 502-03.

3 이 책에서는 1707년 이후 Great Britain을 관행상 '영국'으로, 그 이전의 England는 잉글랜드로, 그리고 실리의 책에 나오는 'Englishness'의 경우 '영국성' 또는 '영국적인 것'으로 표기한다.

4 John R. Seeley, *The Expansion of England* (London: Macmillan, 1883). 여기에서는 1895년 제2판을 참조했다.

존 실리와 영국 근대사 인식

1869년 실리는 당시 영국 총리 윌리엄 글래드스턴의 추천을 받아 케임브리지대학 근대사 흠정교수(regius professor)에 임명되었다. 실리는 런던 출생으로 케임브리지대학 크라이스츠 칼리지에서 수학했으며 1863~69년간 런던 유니버시티 칼리지(UCL) 고전어 교수를 지낸 후 케임브리지대학으로 옮겨 역사를 가르쳤다. 당시 역사학은 아직 학문적 정체성이 분명하게 확립되지 않았다. 비록 런던대학에서 몇 년간 라틴어를 가르쳤지만, 그의 역사연구 이력은 논문 두 편을 발표한 정도에 지나지 않았다.[5] 케임브리지 시절 그는 근대 영국정치사를 연구하면서, 그동안 역사가들이 외면해 온 외교 및 국제관계사를 역사학에 넣었다. 이와 아울러 역사교육 강화를 통해 직업학문으로서 역사학을 확립하고 대학교육을 개혁하는 데 각별한 노력을 기울였다.[6] 그 가운데서도 실리가 식자층 사이에 널리 알려지게 된 것은 『잉글랜드의 확장』 때문이었다.[7]

---

5   실리는 『잉글랜드의 확장』 외에 다음과 같은 저술을 남겼다. *Ecco Homo: A Survey of the Life and Work of Jesus Christ* (London: Macmillan, 1866); *Lecture and Essays* (London: Macmillan, 1870); *Life and Times of Stein* (Cambridge: University Press, 1878); *The Growth of British Policy* (Cambridge: University Press, 1895); *Introduction to Political Science: Two Series of Lectures* (London: Macmillan, 1895).

6   실리의 생애와 역사관에 관해서는 다음을 참조. Richard Shannon, "John Robert Seeley and the Idea of a National Church: A Study in Churchmanship, Historiography, and Politics", in Robert Robson, ed., *Ideas and Institutions of Victorian Britain: Essays in Honour of George Kitson Clark* (London: Bell, 1967), 236-67; Peter Burroughs, "John Robert Seeley and British Imperial History", *Journal of Imperial and Commonwealth History*, 1/2 (1973), 191-211; J. G. Greenlee, "A Succession of Seeleys", *Journal of Imperial and Commonwealth History*, 4/2 (1976), 266-82; Deborah Wormell, *Sir John Seeley and the Uses of History* (Cambridge: Cambridge University Press, 1980); John L. Herkless, "Seeley and Ranke", *The Historians*, 43/1 (1980), 1-22.

7   실리의 '대영국'론에 관해서는 다음을 볼 것. Daniel Deudney, "Greater Britain or Greater Synthesis? Seeley, Makinder and Wells on Britain in the Global Industrial Era", *Review*

실리는 영제국을 역사서술의 장으로 끌어들인 역사가로 잘 알려져 있다. 국민국가의 경계를 넘어 전 세계에 진출한 영국인의 활동을 어떤 맥락에서 바라보아야 할 것인가. 『잉글랜드의 확장』에서 실리는 영국식 이름, 영어 및 영국인의 세계적 확산을 새롭게 관찰한다. 인종·국민·제국 사이의 연결점이 무엇인가를 탐색한다. 영국인은 전 세기부터 세계의 여러 지역에 영국식 지명을 붙이고 그곳에 정착해 영어를 전파했다. 이는 영국의 역사가 이미 브리튼섬에 국한되지 않고 아메리카와 아시아를 포함한다는 것을 뜻하지만, 영국인들은 이 확산의 의미를 실제로 깨닫지 못하고 있다는 것이다. 그러나 이 같은 인식은 동시대 지식인들에게서 흔히 나타나고 있다. 19세기 말 영국은 겉으로는 절정을 구가하고 있었지만, 다른 한편으로 새로운 경쟁국의 추격을 받아 위기의식이 고조되고 있었다. 이 시기에 일부 지식인들이 국가와 국민 문제를 새롭게 탐색한다. 브리튼섬을 넘어 새로운 정체성을 모색하기 시작한 것이다.

『잉글랜드의 확장』은 1881~82년 실리가 케임브리지 학생들을 대상으로 강의한 내용을 편집한 것이다. 처음에 실리는 강의안을 출판하려는 의도가 없었지만, 간행된 후에 이 책은 대단한 인기를 끌었다. 출간 2년 만에 8만 부 이상이 팔렸으며, 조지프 체임벌린, 세실 로즈, 로즈버리 경(Lord Rosebery), 윌리엄 스테드(W. T. Stead) 등 저명한 제국주의 옹호자들이 책의 내용에 찬사를 보냈다.[8] 후일 허버트 피셔(H. A. L. Fisher)는 그를 추도하면서 이렇게 말했다. "어떤 역사서도 이 책만큼 한 국민의 정치적 사고에 그렇게 커다란 영향을 미치지는 못했다."[9]

of *International Studies*, 27/2 (2001), 187-298; Duncan S. A. Bell, "Unity and Difference: John Seeley and the Political Theology of International Relations", *Review of International Studies*, 31/3 (2005), 559-79.

8 Deborah Wormell, *Sir John Seeley and the Uses of History*, 154-55.
9 H. A. L. Fisher, "Sir John Seeley", *Fortnightly Review*, 60 (1896), 191.

흔히 실리는 제국주의자로 분류된다. 카마 나불시(Karma Nabulsi)에 따르면, 19세기 말 영국 정치사상사에서 빼놓을 수 없는 중요한 전통이 호전주의(martialism)이다. 이는 "전쟁과 군사적 복속"과 상무정신을 고양하며, 이러한 전통이 당시 군인과 관료들에게 영향을 주었다. 이런 이념은 토머스 칼라일(Thomas Carlyle), 제임스 프로드(J. A. Froude) 등의 글에서 뚜렷하게 나타나며 실리도 같은 부류의 인물이라는 것이다.[10] 물론 이와 달리, 그를 자유주의적 민족주의자로 평가하는 견해도 있다. 실리는 1880년대 영국의 미래를 비관적으로 바라보았다. 이러한 전망은 선거권 확대 및 경쟁국 대두에 대한 우려에서 비롯한 것이었고 이 비관론에서 벗어나기 위해 그는 이념적으로 영국과 해외 자치령 모두를 연방 형태로 엮은 '대영국' 이념을 내세웠다는 것이다.[11]

사실 실리의 책이 열띤 호응과 주목을 받은 것은 당시 사회여론의 분위기가 새로운 양상으로 변하는 시기와 맞물려 떨어졌기 때문이다. 특히 1878년 보수당 집권기 빅토리아 여왕의 인도 여황제(empress) 즉위는 자유당의 반발을 불러일으켰다. 당시만 하더라도 왕실을 높이려고 새롭게 도입한 의례는 낯설었고 사람들은 때로는 조롱 어린 눈으로 바라보았다. '여황제'라는 말 자체도 영국인에게는 오리엔트적이고 전제적인 이미지를 상징하는 낯선 말이었다. 자유당의 제국 반대파는 이 정책을 '제국주의(imperialism)'라고 불렀다.[12] 글래드스턴은 1880년 총선 유세에서 디즈레일리의 제국정책을 비판하고 국제정치의 도덕성을 강조함으로써 대승을

---

10 K. Nabulsi, *Traditions of War: Occupation, Resistance and the Law* (Oxford: Oxford University Press, 1999), 115-16.

11 Bell, "Unity and Difference", 566-67.

12 이 시기 자유당 인사들의 반제국 논설로는 다음을 볼 것. R. Rowe, "Imperialism", *Fortnightly Review*, 24 (Oct. 1878), 453-65; W. E. Gladstone, "England's Mission", *Nineteenth Century*, 4 (Sep. 1878), 560-84; F. Seebohm, "Imperialism and Socialism", *Nineteenth Century*, 7 (April 1880), 726-36.

거둘 수 있었다.

실리가 주장한 '대영국'과 연방은 기실 독창적인 내용이 아니다. 이들 표현은 이미 1870년대 지식인들의 논설에 등장한다.[13] 다만 실리는 좀 더 긴 역사적 관점에서 이 논의를 바라보고 있다. 제국 문제를 구체적 실천이나 편의성이라는 측면에서 살피기보다는 그 문제에 학문적 성격을 부여하고 영국사 및 영국 국가의 미래에 관한 자신의 견해를 포함시킨 것이다. 피터 버로스(Peter Burroughs)에 따르면, 실리의 저술 의도는 1870년대 제국주의에 대한 양극단의 접근을 벗어나 제국의 지지가 자유당의 가치와 양립할 수 있음을 보여 주는 데 있었다. 제국 경영을 단순히 악으로 재단하지 않고, 영국 근대사의 전개 과정에서 식민지, 특히 백인 정착지의 중요성을 강조하면서 영국적 가치의 확산이 근대 세계의 발전과 관련된다는 인식을 나타낸다는 것이다. '대영국'과 '제국연방(imperial federation)'은 이런 인식을 나타내는 구호였다.[14]

실리는 그 시대의 다른 역사가들과 마찬가지로 역사에서 과학적 방법을 중시하면서도, 그 유용성 또한 강조했다. 과거와 현재의 상호작용을 이해하면서 가능하면 미래를 푸는 열쇠를 찾아야 한다는 것이다. 그가 내세운 역사학의 좌우명은 "방법 면에서 과학적이어야 하지만 실천적인 목적을 추구하는 것"이다. 여기에서 실천적 목적이란 "과거에 대한 독자의 호기심을 단순히 만족시키는" 것에서 더 나아가 "현재에 대한 관점과 미래에 대한 예견"을 변화시키는 데 있다.[15] 그가 말한 과학은 당시 지배적

---

13 J. Vogel, "Greater or Lesser Britain", *Nineteenth Century*, 1 (July 1877), 809-31; J. Vogel, "The British Empire", *Nineteenth Century*, 3 (April 1878), 617-36; W. R. Greg, "Foreign Policy of Greater Britain-Imperial or Economic?", *Nineteenth Century*, 4 (Sep. 1878); J. E. Jenkins, "Imperial Federalism", *Contemporary Review*, 16 (Jan. 1871), 165-88.

14 Peter Burroughs, "John Robert Seeley and British Imperial History", 204-05.

15 Seeley, *The Expansion of England*, 1.

서술 형태였던 서사적 역사 대신에 "문제 제기식 서술로의 전환"을 뜻한다.[16] 그 때문에 그는 역사학의 대상이 국가라는 점을 분명히 하면서도 정치가, 의회, 위인들의 전기적 사실이나 도덕적 훈계가 지배적인 역사서술을 비판한다.

정치란 관련 세력과 정파의 단순한 투쟁으로 수렴된다고 보는 속설이 있다. 역사에 대해서도 문학적 표현만을 목적으로 삼아, 시와 산문 사이를 오가는 심미적 서술을 내놓아야 한다는 고답적인 견해도 있다. 나는 이 왜곡이 서로 겹치는 이 두 분야를 부자연스럽게 떼어놓는 데서 비롯한 것이라고 본다. 정치는 역사를 통해 자유로워지지 않을 때 속류가 된다. 그리고 역사는 실제 정치와 관련성에 대한 시각을 상실할 때 단순한 문학으로 전락한다.[17]

역사학은 무엇보다도 "국가의 대두와 발전, 국가의 상호 영향, 국가의 번영과 몰락을 가져온 원인" 등 거시적 주제를 다뤄야 할 것이었다.[18] 그는 기존의 역사서술에서 지배적 경향인 내국사, 특히 헌정사 중심 연구란 당대의 문제에 어떤 지혜도 주지 않는다고 비판한다. 의회의 발전, 개인의 자유 신장에 초점을 맞춘 휘그(Whig)사학은 미래에 대해서도 어떠한 해석의 여지도 남기지 않는다. 그가 보기에, 영국 근대사에서 가장 중요한 현상은 18세기 잉글랜드의 확장이다.[19] 이것이야말로 내국사의 다른 어떤 주제보다도 훨씬 더 중대한 영향을 끼쳐온 것이다. 전통적 역사서술은 이 자명한 사실을 외면하고 있다.

---

16 Seeley, *The Expansion of England*, 174.
17 Seeley, *The Expansion of England*, 183.
18 Seeley, *The Expansion of England*, 175–76.
19 Seeley, *The Expansion of England*, 167.

역사가들은 18세기를 논하면서 진정한 관점을 놓치는 것 같다. 그들은 의회 논란과 자유를 둘러싼 소요만 주로 다룬다. 이런 문제들에서 영국의 18세기는 17세기의 희미한 반영에 지나지 않는다. 그들은 18세기에 잉글랜드의 역사가 잉글랜드만이 아니라 아메리카와 아시아에 관련된다는 점을 인식하지 못하고 있다. 나는 현재 국가 문제를 바라보고 나아가 미래를 바라볼 때에, 우리가 잉글랜드를 단지 최전방에 내세우고 이른바 영국의 속령을 그 무대의 뒷배경에 방치한 채 쳐다보지도 않는지 유의해야 한다고 믿는다.[20]

영국 근대사를 돌이켜보면, 가장 주목할 만하고 중요한 경향은 제국의 발전이다. 17세기 이래 유럽 국가들의 신대륙 점유 및 경쟁 과정에 참여해, 영국은 점차로 고립된 섬나라에서 주도적인 해상국가, 즉 식민국가로 발전했다. 실리는, 실제로 영국의 번영이 해외 백인 정착지 및 속령과 밀접하게 연결되어 있음에도, "영국이라는 나라와 영국의 새로운 영토"가 확장된 것이라고 여기지 않았다. 식민지는 "잉글랜드 외부의 존재"였을 뿐이다.[21] 왜 이러한 분위기가 형성되었을까. 우선 해외 진출이 뚜렷한 계획 없이 진행되었다는 점을 지적할 수 있다. "우리는 무심결(absence of mind)에 세계의 절반을 정복하고 옮겨 살게 된 것 같다. 18세기 우리가 그 일을 하는 동안 우리의 상상력에 영향을 주거나 또는 어느 정도 사고방식을 변화시키려 하지 않았다."[22] 다음으로, 미국독립전쟁은 이러한 태도를 더욱 고착시켰다. 미국의 독립은 "영국인의 정신적 태도에 의심과 우려감"을 불러일으켰다. 그것이 "잉글랜드의 미래에 대한 사람들의 전반적인 예견"에 영향을 주었다.[23] 결국, 미국의 경험은 후대의 영국인에게 제국

---

20 Seeley, *The Expansion of England*, 10.
21 Seeley, *The Expansion of England*, 71.
22 Seeley, *The Expansion of England*, 10.
23 Seeley, *The Expansion of England*, 17.

이란 일단 식민지가 성숙해지면 분열될 수밖에 없다는 확신을 심어주었다는 것이다.

백인 정착지가 아닌 식민지 가운데 가장 중요한 것이 인도였다. 『잉글랜드의 확장』 2부는 인도에 관한 서술이다. 그는 인도에 대한 지배력을 확대한 계기가 프랑스와의 전쟁이라는 점을 명시한 뒤에, 신대륙 발견 이후 "그 지역의 부에 대한 서유럽 국가들의 경쟁"이라는 맥락에서 서술한다.[24] 여기에서 그는 인도 지배를 영국의 계획된 의도보다는 우연하고도 정치적인 일련의 사건과 계기에 의해 이루어진 과정으로 이해한다. 영국의 확장을 정당화하고 변명하며, 인도인을 고려하는 태도는 전혀 보이지 않는다. 그가 보기에, 당시 인도는 "누군가에게 먹히기를 기다리는" 상태와 같았다.[25] 따라서 인도는 외부 정복이 아니라 내부 문제로 식민지가 된 것이다.[26]

그가 표방한 '대영국'은 영국인의 세계적 확산이라는 근대사의 전개에 부응한 것이다. 인도는 영국의 정복으로 획득한 것이지 정착의 결과가 아니다. 그는 현재 영국의 제국정책이 모순되어 있다는 점을 인정한다. "어떻게 똑같은 나라가 거리낌 없이 아주 다른 두 정책, 아시아에서는 전제, 오스트레일리아에서는 민주적인 정책을 추구할 수 있을까? 동양에서는 세계에서 가장 많은 무슬림 인구와 수천에 이르는 사원 재산의 안내자로서, 그와 동시에 서양에서는 자유사상과 영적 종교의 옹호자로 나타난다."[27] 그는 궁극적으로 '대영국'에서 인도가 배제되는 편이 낫다고 생각했는데, 이는 문화적 공유점이 없기 때문이다.

---

24 Seeley, *The Expansion of England*, 305.
25 Seeley, *The Expansion of England*, 247.
26 Seeley, *The Expansion of England*, 241.
27 Seeley, *The Expansion of England*, 205.

우리는 인도 지배에서 이룩한 모든 공적에도 불구하고 그 인도인이 행복한지 어떤지를 의심한다. 우리의 통치가 그들에게 더 행복한 상태를 예비해 주고 있는지, 아니면 그 통치가 그들을 더욱 비참한 상태로 떨어뜨리고 있지 않은지 의심한다. 우리는 아마 순수한 아시아인의 정부, 그리고 힌두 주민, 그 속에서 솟아나오는 훨씬 더 민족적인 정부가, 결국 더 유익할 수 있다고 생각한다. 왜냐하면 그런 정부는 우리 자신의 정부 같은 외국인의 비동정적인 정부보다 덜 개화되었겠지만 그런데도 훨씬 더 동질적일 것이기 때문이다.[28]

실리의 책이 사람들의 관심을 끌었던 이유는, 백인 정착지가 영국의 일부라는 주장 때문이었다. 애국주의와 국민적 단합의 경계는 이들 정착지까지 확대되어야 한다는 것이다. 물론 이러한 주장은 이전에도 있었다.[29] 실리는 영국인들이 백인 정착지를 잉글랜드와 다른 사회로 보는 분위기를 우려한다. 더욱이 당대에 정치인과 식자층 사이에 식민지 방어의 책임이 영국에 있는가, 아니면 자치정부에 있는가라는 문제를 둘러싸고 논란이 일었다. 해외 이민에 관해서도 마찬가지이다. 영국에서 태어나 자랐음에도 해외 정착지로 이민을 떠난 사람들에 대해 더 이상 영국 사회의 일부로 생각하지 않는 분위기는 식민지를 소유물로 생각하는 과거의 관행에서 비롯한다고 본다.[30] 여기에서 실리는 발상의 전환을 요구한다. 캐나다·오스트레일리아·뉴질랜드·남아프리카 등의 정착지와 자치령의 확장을 미국의 사례와 견주어보라고 권한다.

이는 분명히 대규모 이민을 반대하는 논의에서 나온 것이다. 즉 이민은

---

28 Seeley, *The Expansion of England*, 273-75.
29 James A. Froude, "England and Her Colonies", *Fraser's Magazine*, 1 (1870), 1-17; idem, "The Colonies Once More", *Fraser's Magazine*, 2 (1870), 269-87.
30 Seeley, *The Expansion of England*, 75.

좋을 수도 있겠지만 영국에 분명 해가 된다는 것이다. 인구 중에서 최상의 일부가 사라진다. 그 이민은 영국인으로 남아 있지도, 영제국에 이바지하리라고 생각되지도 않는다. 이민에 대한 이러한 견해와 인구가 끊임없이 서부로 이동하는 미국의 사례를 비교해 보자. 그 나라에서 건국 이후 새로운 영토에 계속 정착한 것이 쇠락의 징후나 요인, 또는 활력의 상실로 여겨지지 않으며, 그와 반대로 엄청난 활력의 증거이거나 그 활력을 높일 수 있는 최상의 수단으로 여기는 것이다.[31]

영국에서 '대영국'으로

'대영국(Greater Britain)'이라는 말은 1860년대 이래 일부 지식인들이 거론하고 있다.[32] 실리는 특히 백인 정착지를 영국이 아니라 단순한 속령으로 보는 견해를 비판한다. 대중의 인식에 영국(Great Britain)은 브리튼 군도로 각인되어 있다. 백인 정착지를 '영국의 확장'으로 바라보려는 시도는 없었다. 실리에 따르면, 이런 태도는 편협한 섬나라 근성(insularity)일 뿐이다. 이 편협성은 해외 이민이 영국의 가치를 훼손하므로 제한해야 한다는 논란에서도 나타난다.[33] 그러나 달리 생각하면, 지난 수 세기 동안 계속된 영국의 진보가 영국인의 끊임없는 해외 진출을 통해 이루어졌다는 사실을 알게 된다. 실리는 "영국식 이름이 지구상의 다른 나라에까지 널리 퍼지는 이 단순하고 명백한 사실"이야말로 '대영국'의 기초라고 생각한다.[34]

---

31 Seeley, *The Expansion of England*, 71.
32 Charles Dilke, *Greater Britain: A Record of Travel in English-Speaking Countries* (London: Macmillan, 1869); J. A. Froude, *Oceana, or England and Her Colonies* (London: Longman, 1886).
33 Seeley, *The Expansion of England*, 71.

'대영국'의 개념은 영국인의 세계적 확산이라는 '단순하고 명백한' 사실을 바탕으로 하면서도, 19세기 후반 대륙을 기반으로 팽창한 강대국들의 등장에 자극받아 나타난 것이었다. 제국(empire)이라는 표현을 피한 것은, 그 말이 함축한 전제적이고 군국적인 의미가 영국인의 자유에 걸맞지 않는다고 생각했기 때문이다. 실리 이전에 제임스 프로드가 이미 새로운 강력한 국가들에 맞서 영국과 백인 자치령을 연결하는 "군살이 없고 좀 더 효율적이며 응집력이 강한" '대영국'의 이상을 설파했다. "다른 나라의 인구증가, 제국적 에너지, 막강한 정치 발전을 고려할 때, 그리고 러시아, 미국 또는 독일에 속하는 광대한 영토와 우리 브리튼섬의 보잘것없는 면적을 비교할 때, 우리가 식민지를 우리 자신과 동일하게 생각해서 영국인을 그곳까지 확산시키고 영토를 배가하지 않는다면 경쟁국 속에서 한 국가로서 우리 위치가 사라질 것이라는 점은 어떤 선입견으로도 감출 수 없다."[35] 러시아와 미국은 대륙 국가이다. 이들의 국력이 비약적으로 발전할 수 있었던 것은 대륙을 연결하는 철도 때문이었다. 실리는 이들 대륙 국가의 대두를 경고한다.

  광대한 정치 연합을 가능케 한 발명 때문에 크기가 옛날 규모에 지나지 않는 국가들은 이제 불안정해지고 중요성을 상실했으며 이류 국가로 전락하게 되었다. 미국과 러시아가 이후 반세기 동안 존속할 경우 이들 두 나라는 종국에는 프랑스와 독일 같은 구 유럽 국가들을 왜소하게 만들고 이들 나라를 이류 국가로 떨어뜨릴 것이다. 영국도 자신을 단순히 한 유럽 국가로 여긴다면 결국 이에 해당될 것이다.[36]

---

34 Seeley, *The Expansion of England*, 9.

35 J. A. Froude, "England's War(1871)", in idem, *Short Studies on Great Subjects, 1867-84* (London: Longman Green, 1894), vol. 2, 500. 프로드(1818~94)는 빅토리아 시대에 활동한 작가이자 역사가이다. 오랫동안 *Fraser's Magazine*의 편집장을 지냈다.

새로운 경쟁국에 맞서 영국이 계속 번영을 누릴 수 있는가. 실리는 대륙 국가 미국의 발전을 주목한다. "여러 대양에 의해 갈라져 있는 영국인은 근대 과학의 발명을 십분 활용해 미합중국과 같은 그런 국체(國體)를 고안할 수 있을까? 그리하여 완전한 자유와 굳건한 지역 간 통합이 무한정의 영토 확장과 조화를 이룰 수 있을까?"[37] 사실 서구 정치사상사에서 공화국은 자유와, 그리고 제국은 전제와 동일시되었다. 플라톤·아리스토텔레스·마키아벨리·몽테스키외 등은 넓은 영토를 가진 제국에서 시민의 자유를 보장하는 정치체가 나타나기 어렵다는 견해를 드러냈다. 예를 들어 몽테스키외는 전제에 대비되는, 개인 자유와 결합한 대의정부는 오직 크지 않은 영토, 고대 그리스 도시국가나 르네상스기 이탈리아에서 개화했다고 주장한다.

공화국은 그 본질상 작은 영토만 갖게 마련이다. 그렇지 않으면 존속할 수 없다. 거대한 국가에서는 공공의 복지가 무수한 개인의 이익을 고려해 희생된다. 그것은 여러 예외를 갖게 되고 우연한 일에 의존한다. 그와 대조적으로, 작은 공화국에서는 공공의 복지가 좀 더 잘 체감되고 더 잘 알려져서 시민들 바로 곁에 있다.[38]

그러나 미국이야말로 새로운 교통수단과 통신의 발전에 힘입어 합중국 형태로 시민적 자유를 보장하는 정치 체제를 확립했다. 미국은 연방주의를 통해 광대한 대륙을 통합할 수 있었다. 미국의 성공은 2차 산업혁명 이후 기술발전에 크게 힘입은 것이다. 미국의 성공은 경쟁국의 등장으

---

36 Seeley, *The Expansion of England*, 88.
37 Seeley, *The Expansion of England*, 195.
38 몽테스키외, 『법의 정신』, 이명성 옮김 (홍신문화사, 1988), 129-30.

로 위기에 직면한 영국의 미래에 새로운 시사점을 던져준다. 실리가 보기에, 당대 영국의 선택은 두 가지로 제한되어 있다. 하나는 이들 대륙 국가와 마찬가지로 대영국의 길로 나가는 것, 다른 하나는 순전히 유럽 열강의 수준으로 위축되는 것이다.[39] 유럽의 다른 국가와 달리 영국은 인구, 영토, 자원 면에서 대륙 국가 못지않은 잠재력을 갖추고 있다. 그러나 지금까지는 이들 요소를 통합하고 결합할 의지도, 정책도 갖지 않았다. 영국인 스스로 "단지 유럽 대륙 북서 해안에 떨어져 있는 섬에서 살아가는 국민"으로 자처했을 뿐이다.[40] 브리튼과 백인 자치령을 통합하려는 기획과 일관성과 응집성이 없었다.

실리는 브리튼섬과 백인 자치령을 결속할 수 있는 물적 기반이 다가왔다고 단언한다. 지금까지 영국의 자치령과 속령은 전 세계에 흩어져 있는 비효율적인 영토였다. 19세기 철도의 시대에 접어들면서 해운활동에 근거한 영국의 이점은 위축되는 대신 준대륙 국가인 미국과 러시아가 등장했다. 그러나 증기선·전신·전기 등 새로운 기술혁신과 더불어 이제 영국을 중심으로 하는 해상 네트워크가 이전보다 훨씬 더 강화될 수 있는 기술적 조건이 무르익었다. 영국과 해외 자치령이 정치적으로 밀접하게 통합할 기회를 제공하고 있다.

인도를 고려 대상에서 제외한다면, 우리는 하나의 제국이 될 수 있다. 증기와 전기의 시대 이전에 여기저기 흩어져 있어서 인종과 종교의 강력하고도 자연스러운 결합이 실제로는 거리 때문에 해체될, 그런 국가가 이제는 아니다. 거리가 과학에 의해 소멸되고, 그다음에 광대한 지역에 걸친 정치적 연합의 가능성이 미국과 러시아의 사례에서 입증되자마자, 이제 곧 '대영국

---

39 Seeley, *The Expansion of England*, 350.
40 Seeley, *The Expansion of England*, 10.

(Greater Britain)'이 출범하는 것이다. 현실이 아니라 강고한 현실로, 그것은 좀 더 강력한 부류의 정치 연합에 속할 것이다.[41]

근대 과학이 여기저기 흩어진 영토의 결합을 공고하게 만든다. 이제 원거리는 증기력과 전기로 상쇄된다. '거리의 소멸(abolition of distance)'이 가시화된 것이다.[42] 이 추세에 관해 실리는 다음과 같이 단언한다. "과학은 정치조직에 증기력을 이용하는 새로운 유통망, 그리고 전기라고 하는 새로운 신경체계를 제공했다. 이 새로운 조건 때문에 식민지 문제 전반을 다시 성찰할 필요가 있다. 우선 '대영국'이라고 하는 옛 유토피아를 실제 현실로 만들 수 있게 되었다."[43] 실제로 실리가 활동하던 시대에 영국은 해외 자치령과 속령을 신속하게 연결하는 해상 네트워크는 물론, 해저전신망을 갖췄다.[44] 실리는 해상교통망과 통신망으로 밀접하게 연결된 새로운 '대영국'의 이미지를 '세계의 베네치아(world-Venice)'라는 말로 표현한다.

내가 소개한 두 국가[미국과 러시아]가 거대한 정치적 통합체로 나아가는 근대적 경향의 대표적인 사례이다. 이들은 시간과 공간의 난점을 줄여준 현대 발명이 없었다면 불가능했을 것이다. 두 국가는 육지로 연속된 강국이다.

---

41 Seeley, *The Expansion of England*, 88-89.
42 근대 과학기술의 충격을 나타내는 '공간의 붕괴(collapse of space)'나 '거리의 소멸' 같은 표현은 1870년대 미국의 에머슨(Ralph Waldo Emerson)이 썼다고 알려져 있다. 그는 유럽과 아메리카 대륙을 철도편으로 여행한 후 "철도는 거리를 없앴다"고 말했다. Deudney, "Greater Britain or Greater Synthesis?", 191 참조. 19세기 말 공간 관념의 변화는 다음을 볼 것. Stephen Kern, *The Culture of Time and Space, 1880-1918* (Cambridge, MA: Harvard University Press, 1983).
43 Seeley, *The Expansion of England*, 87.
44 실제로 19세기 후반 해저전신망 구축은 영국이 주도한다. 해저전신망 개통 연대기는 다음과 같다. 1851년 영국-프랑스, 1866년 영국-아일랜드-뉴펀들랜드, 1868년 영국-캐나다, 1870년 영국-호주, 영국-싱가포르-자바, 1879년 영국-케이프타운, 1890년 호주 동부-서부해안.

그 두 나라 사이에, 그에 못지않게 광대하지만 연결되지 않은, 여러 방향으로 그 대양이 흐르는 국가가 있다. 그러나 세계의 베네치아, 바다가 도로로 이용되는 거대 영국이 있다.[45]

그렇다면 실리가 '대영국'의 중요한 부분으로 간주한 백인 정착지는 당시 어떤 상태에 있었는가. 19세기 중엽 북아메리카 자치령은 캐나다(온타리오와 퀘벡), 뉴펀들랜드(Newfundland), 노바 스코샤(Nova Scotia), 뉴브런즈윅(New Brunswick), 프린스 에드워드 아일랜드(Prince Edward Island), 브리티시 컬럼비아(British Columbia) 등이었다. 이들은 각기 1848~55년 사이에 자치령으로 바뀌었다.[46] 1860년대에 이들 자치령을 연방 형태로 통합하려는 움직임이 나타났으며, 1867년 통합법(Act of Union) 이후 퀘벡, 온타리오, 뉴브런즈윅, 노바 스코샤, 브리티시 컬럼비아, 프린스 에드워드 아일랜드 등이 차례로 연방에 가입해, 뉴펀들랜드를 제외한 모든 자치령이 캐나다 연방을 구성하기에 이르렀다.[47] 오스트레일리아의 경우 백인 정착지로는 뉴사우스웨일스, 태즈메이니아, 퀸즐랜드, 사우스오스트레일리아, 빅토리아, 뉴질랜드 등이 있었고 이들은 1860년 동시에 자치령으로 바뀌었다. 그 후 곧바로 자치령을 모두 포함한 연방국을 구성하는 논의가 활발하게 전개되었다.[48]

45 Seeley, *The Expansion of England*, 334.
46 자치령으로 바뀐 연도는 다음과 같다. 1848년 노바 스코샤, 캐나다, 1851년 프린스 에드워드 아일랜드, 1854년 뉴펀들랜드, 1855년 뉴브런즈윅, 브리티시 컬럼비아.
47 통합을 유도한 요인은 특히 각 자치령을 잇는 철도 건설, 그리고 후에는 대륙횡단철도 건설이었다. 이 철도 건설에 영국 정부의 지원과 상당 규모의 영국 자본투자가 잇달았다. 이 문제에 관한 당대 논설로는 다음을 볼 것. Harry Moody, "The Canadian Pacific Railway", *Quarterly Review*, 164 (Jan. 1887), 119-43. 뉴펀들랜드는 자치령이면서도 1934년까지 영국 직할속령으로 존속하다가 캐나다연방에 편입되었다.
48 이에 관한 당대 논설로는 다음을 참조. W. H. P. Greswell, "England and her Second Colonial Empire", *Quarterly Review*, 158 (July 1884), 134-61.

실리는 '대영국'의 구체적인 구현체로서 '제국연방(Imperial Federation)'을 언급한다. 제국연방운동은 실제로 '제국연방연맹'이라는 조직에 의해 전개되었다. 실리 자신도 제임스 브라이스(James Bryce), 프루드, 에드워드 프리먼(Edward Freeman) 등과 함께 이 단체의 회원으로 가입했지만 그 단체에서 영향력을 발휘하거나 두드러진 역할을 맡지 않았다. 그는 '대영국'을 국가들의 기계적 연합보다는 오히려 일종의 유기적 연합체로 바라보았다. 다양한 나라에 도덕적 단일성을 부여하는 데 관심을 기울였다. 이 도덕적 단일성은 물론 잉글랜드적 가치를 여러 나라가 공유하는 방식을 뜻했다. 제국연방의 구체적인 행정기구와 기제를 마련하는 것은 자신과 같은 이론가의 몫은 아니라고 생각했다.[49]

'제국연방연맹'은 1884년 이래 영국·캐나다·오스트레일리아·뉴질랜드·바르바도스, 영령 가이아나 등에 설립되었다. 이 연맹은 영국과 백인 자치령을 미합중국과 같은 연방제 국가 또는 국가연합으로 통합하는 데 목적을 두었다. 여기에서 제국연방의 핵심 개념은 영국과 백인 자치령이 평등한 관계를 맺어야 한다는 것이다. 일단 영국은 잉글랜드, 스코틀랜드, 웨일스, 아일랜드가 각기 자신의 의회를 구성하며, 그 지위는 각 백인 자치령 의회와 동일한 것이어야 했다. 이를 기반으로 각 의회가 웨스트민스터 제국회의 대표를 선출해 제국연방의 전반적인 문제를 담당케 하는 방안이었다.[50] 이 운동은 식민주의의 대안으로 여겨졌고 그만큼 일반 사람들에게 호소력이 있었다.

---

49 Burroughs, "John Robert Seeley and British Imperial History", 205-07.
50 제국연방운동에 관해서는 다음을 볼 것. Seymour Cheng, *Schemes for the Federation of the British Empire* (New York: Columbia University Press, 1931); M. D. Burgess, "Imperial Federation: Edward Freeman and the Intellectual Debate on the Consolidation of the British Empire in the 19th Century", *Trivium*, 13 (1978), 77-94; Duncan Bell, *The Idea of Greater Britain: Empire and the Future of World Order, 1860-1900* (Princeton: Princeton University Press, 2007).

백인 정착지와 대영국론의 확산

실리의 '대영국론'은 백인 정착지를 대상으로 한 것이었다. 19세기 백인 정착지의 상황은 어떠했는가. 흔히 백인 자치령은 본국과 동질적인 문화, 전통, 정체성을 가졌으리라고 여기기 쉽다. 그러나 영국인들에게 영웅적인 개척과 모험으로 가득한 자치령 발전의 서사는 이주민들이 일상생활에서 직면한 가혹한 환경과 현실을 고려하지 않은 것이다. 이주민의 일부는 죄수였고 많은 사람이 여러 가지 형태의 속박 상태 아래서 삶을 영위했다.[51] 그들 다수의 삶은 끊임없는 노역의 연속이었다.

특히 오스트레일리아는 영국령 북아메리카와 다른 의도로 개척되었다. 18세기 후반과 19세기 초에 영국 사회는 심각한 사회적 혼란을 겪었다. 산업화 초기의 급속한 변화와 양극화가 광범위한 민중의 불만을 초래했다. 중형을 선고받은 죄수들이 증가했고 이들을 해외 속령에 영구적으로 추방하자는 방안이 거론되었다. 처음에는 간헐적으로 아메리카로 죄수를 이송하기도 했다. 예를 들어 1783년 영국 재무부는 상인 조지 무어(George Moore)와 죄수 143명을 아메리카로 이송하는 계약을 맺었다. 그러나 그 상인은 죄수를 자유민으로 위장시켜 볼티모어와 노바 스코샤에 이송하려다가 실패했으며, 죄수들은 선상반란을 일으켜 모두 탈출하고 말았다. 두 번째 항해는 어느 항구에서도 입항을 허락하지 않아 중앙아메리카로 향할 수밖에 없었다.[52]

1790년대에 새로운 유형지로 떠오른 곳은 오스트레일리아였다. 유럽에서 가장 멀리 떨어져 있어서 그들을 고립시키는 데 적절한 곳으로 여겨졌

---

51 Bill Schwarz, *The White Man's World: Memories of Empire*, Volume I (Oxford: Oxford University Press, 2011), 68.

52 이 에피소드에 관해서는 다음을 볼 것. A. Loger Ekirch, "Great Britain's Secret Convict Trade to America, 1783-84", *American Historical Review*, 89/5 (1984), 1285-91.

기 때문이다. 그 후 대략 15만 명의 죄수가 오스트레일리아로 유형을 떠났다. 일반인의 이주가 시작된 것은 19세기 초의 일이다. 1820년대까지도 유형자 출신이 자유민보다 3배 많았다. 이러한 현상은 1830년대에 이르러 변한다. 영국 정부가 왕실령 매매자금으로 여성, 직인, 농업노동 이민자에게 보조금을 지급했을 뿐 아니라 뉴사우스웨일스 등 자치령 정부도 뒤따라 보조금제도를 도입했기 때문이다.[53] 영국 정부가 이민을 장려한 것은 국내의 빈민(pauper) 문제 해결을 위해서였다. 그 후 금광 개발로 이민자가 급속하게 증가했다.

19세기 초 뉴질랜드 항해도 매우 위험했다. 가족 이민의 경우 상당수 어린이는 항해 중에 질병으로 목숨을 잃었다. "심지어 1870년대에도 여러 자녀를 둔 가족이 뉴질랜드로 가는 도중에 운이 좋은 경우에도 자녀 중 하나를 잃기 마련이었다."[54] 정착지에서 삶은 고되고 폭력적일 뿐 아니라, 이주민 사회 자체가 무질서했다. 1850년대 영국에서 브리티시 컬럼비아까지 여정은 3~6개월이 걸렸다. 당시만 하더라도 영국에서 온 이주민뿐 아니라 중국인, 아프리카계 미국인 등 다양한 인종이 금광 개발의 열기를 타고 이주해 왔다. 음주, 도박, 폭력이 일상적인 사회였다. 그 후 성직자, 평판 좋은 가문, 시민 지도자들이 절주운동, 도서관·학교 등의 설립을 주도하고 백인과 원주민 여성의 통혼을 금지함으로써 도시 지역을 중심으로 백인과 유색인의 분리가 이루어졌다.[55] 19세기 전반만 하더라도 백인 정착지 대부분은 본국 사람들이 '해외 잉글랜드'라고 상상할 만한 이상을 찾을 수 없었다.

다른 대륙의 백인 정착지는 19세기 전반에 주로 형성되었다. 가혹한 생

---

53 이상은 Alexander Murdoch, *British Emigration 1603-1914* (Basingstoke: Palgrave Macmillan, 2004), 74-75 참조.
54 Schwarz, *The White Man's World*, 69.
55 Schwarz, *The White Man's World*, 69-70.

활환경과 무질서는 이주민의 증가와 더불어 완화되었지만, 정착지의 사회구조는 영국의 위계적인 특징이 그대로 이식되었다. 정착사회에서 권위와 주도권을 장악한 세력은 본국에서 새롭게 이주한 귀족과 신사였기 때문이다. 크리스토퍼 베일리(Christopher A. Bayly)는 19세기 백인 정착지를 중심으로 하는 제국 팽창의 동력이 바로 이 귀족 세력과 그들이 동원한 이주민들이었다고 주장한다. 초기 정착지는 근본적으로 권위적이고 보수적인, "느슨하게 연결된 일종의 귀족적 분봉제도"에 지나지 않았다.[56]

다른 식민지와 별로 다를 게 없었던 백인 정착지를 자유로운 자치령으로 바꾸어야 한다는 정치적 이상은 1833년 노예제 폐지 이후에 나타났다. 본국에서 자유노동(free labour)이라는 표현은 정책결정자들의 구호가 되었고, 그 자연스러운 결과로서 해외 영국인 정착지를 바라보는 인식과 태도에도 영향을 끼쳤다. 백인이 주도하는 정착지를 자유노동에 근거한 자치령으로 바꿔야 한다는 주장이 설득력을 얻게 되었다. 정착지의 위계적 질서는 토지 소유의 규모와 관련되었지만, 그런데도 백인 소토지 소유자 또는 노동자까지도 자유노동의 이상에 포함되었다.[57] 사실 백인 정착지로 이주한 사람들 가운데 일부는 토지 엘리트 출신이었으나, 대다수는 영국 사회의 주변층에 속했다. 정착지에 대한 본국 사람들의 경시는 여기에서 비롯했다. 그러나 19세기 후반에 자유노동의 이상에 근거를 두고 새롭게 확장된 정착지 사회는 영국을 모델로 한 것이었다. 정착지 확장에 따른 개인 권리의 보장, 이를 관리하기 위한 공적 기관, 그리고 종래의 위계적 질서는 입헌정치와 접목되었다. 책임정부의 등장은 자치령으로 연결되는

---

56 C. A. Bayly, *Imperial Meridian: The British Empire and the World, 1780-1830* (London: Longman, 1989), 6, 8.

57 Schwarz, *The White Man's World*, 65. 이러한 견해는 특히 다음을 볼 것. Fredrick Cooper, "African Workers and Imperial Design", in Philip D. Morgan and Sean Hawkins, eds., *Black Experience and the Empire: Oxford History of the British Empire* (Oxford University Press, 2004), 286-316.

통로였다.[58]

자치령 국가의 물꼬를 튼 것은 이른바 더럼보고서(Durham Report)이다. 원래 캐나다는 독립전쟁 당시 영국 왕실을 지지해 온타리오로 이주한 세력을 중심으로 형성되었다. 이에 따라 이전부터 퀘벡주를 중심으로 정착한 프랑스계 주민과 갈등이 잇따랐고, 식민지 사회에서도 식민지 관료와 주민 사이에 적대감이 조성되었다. 1838년 식민지 소요사태 직후, 더럼 백작(Earl of Durham, John Lambton)은 고등판무관 자격으로 캐나다에 파견되었다. 그는 몇 개월간의 조사 끝에 영국령 북아메리카 사회를 안정시킬 수 있는 대안을 제시했다. 그의 제안은 온타리오[Lower Canada]와 퀘벡[Upper Canada] 및 다른 자치령을 통합한 연방국가 수립, 민주적 선거를 통한 의회와 자치정부 구성 등 과감한 내용을 포함하고 있었다.[59] 그는 영국에서 캐나다에 이민을 떠나도록 장려할 것을 권고했는데, 이는 기존 프랑스계 주민을 소수로 만들려는 의도였다.[60] 그의 제언은 후일 1867년 영국령 북아메리카법(British North American Act)으로 실현되었다. 프랑스계 캐나다인에게도 그들 고유의 종교와 언어를 보장해 줄 필요가 있었다. 식민지인이 대의제 의회와 자치정부를 운영하고 그들 스스로 입법과 행정의 주체가 된다면, 장래의 소요나 반란 가능성을 없애리라 판단했던 것이다.

19세기 중엽 영국 정부 각 부처의 행정개혁, 이른바 '글래드스턴주의'로 불리는 일련의 개혁조치[61]가 이루어진 이후, 영국과 백인 자치령 사이

---

58 A. G. Hopkins, "Back to the Future: From National History to Imperial History", *Past and Present*, 164 (1999), 218-19 참조.

59 Earl of Durham, *Report on the Affairs of British North America* (London, 1839), 109.

60 Earl of Durham, *Report on the Affairs of British North America*, 110.

61 정부 부처에서 종래의 연줄에 의한 고위직 임용 대신 경쟁임용제도 도입, 재무부의 공공지출 감독기능 강화, 재정지출의 투명성 제고, 잉글랜드 은행의 금본위제 정착 등을 주된 내용으로 한다. P. J. Cain and A. G. Hopkins, *The British Imperialism I: Innovation and Expansion 1688-1914* (London: Longman, 1993), 143-44; 이영석, 「19세기 영제국의 형성 요인과 사회적 성격에 관한 검토」, 『역사학연구』 31 (2007), 259.

에 자유무역에 바탕을 둔 교류와 무역이 급속하게 증가했으며, 제국의 경계 안에 있는 여러 지역은 왕실을 매개로 긴밀하게 서로 연결되었다. 왕실은 영국과 백인 자치령 모두에게 국가(또는 지역) 정체성의 상징으로 여겨졌다. 원래 백인 정착지는 국왕의 하사장(charter)을 받은 이주민들에 의해 형성된 사회였다. 이민집단은 국왕에게서 위임받은 왕령지에 그들 자신의 독자적인 사회를 형성했다는 현실을 받아들였다. 이러한 의식은 백인 정착지의 정체성을 형성하는 데 큰 영향을 미쳤다.

이제 캐나다를 비롯한 '백인 자치령(white dominion)'[62]은 더 이상 속령으로 간주되지 않았다. 자치령의 책임정부와 의회, 자유무역, 자유노동을 보장하는 법령은 영국적 전통을 이어받은 것이며, 다른 속령과 구별되었다. 이런 구별은 백인국가이기 때문에 가능했다고 여겨졌다. 결국, 백인 자치령의 출현은 비백인으로 구성된 속령 및 식민지의 팽창과 관련되어 자리 잡은 것이다. 역사가 빌 슈워츠(Bill Schwarz)는 이렇게 말한다. "상상된 백인 혈통에 근거한 자치령을 관대하게 바라보는 태도는 인종적 위계라는 똑같이 상상된 관념에 토대를 둔 다른 지역에 대한 멸시와 함수관계였다."[63]

'대영국'에 관한 담론은 백인 정착지에 대한 영국인들의 인식이 전환되는 시기에 나타났다. 대영국을 설파한 대변자들은 실리 외에도 찰스 딜크(Charles Dilke), 제임스 프루드, 헨리 매킨더(Henry J. Mackinder), 제임스 브라이스 등을 꼽을 수 있다.[64] 딜크는 '대영국'이라는 말을 처음 사용한

---

62 19세기에 자치령은 'self-governing colony'로 표기하였다. 'dominion'이라는 말이 정착된 것은 1907년 제국회의(Imperial Conference) 이후의 일이다. 식민지(colony)를 대신한 이 표현은 자치령 정부의 긍정적인 반응을 얻었다. Andrew Stewart, *Empire Lost: Britain, the Dominions and the Second World War* (London: Continum, 2008), 2. 그러나 그 이전에도 개별적으로 이 말이 사용되었다. 특히 실리는 캐나다·오스트레일리아 등을 'dominion'으로 표기한다. Seeley, *The Expansion of England*, 56.
63 Schwarz, *The White Man's World*, 66.

인물이다. 초기에는 군주제 폐지와 공화정 도입을 주장한 급진파 인사였으나, 점차 강한 민족주의를 드러냈다. 그는 영국인의 자유가 본래적인 것이라 생각했다. 노르만 정복 이전부터 앵글로색슨 세계는 개인이 자유를 누리고 있었다는 것이다.[65] 그는 오스트레일리아와의 공식적인 합병을 주장하면서 영국인이야말로 가장 문명화된 민족임을 내세운다. 열등민족에 대한 우위는 영국인들에게 거의 운명적인 것이다.[66] 그는 경쟁하는 유럽 각국이 영국적인 전통을 따르고 영국적인 것으로 흡수되어야 한다고 주장한다.[67]

한편, 프로드는 잉글랜드와 다른 '잉글랜드들(other Englands)'을 대비한다. 그에게 백인 정착지는 갈수록 약해지고 전락하는 본국 잉글랜드와 비교하면 영국적인 것을 보존해 온 '순수한 잉글랜드(pure England)'로 나타난다. 영국 문명의 힘은 본국보다 오히려 다른 잉글랜드에서 찾을 수 있다는 것이다.[68] 이 '대영국'론이 20세기 초 정치가 조지프 체임벌린의 관세개혁운동의 이념적 기반이 되었다는 것은 잘 알려져 있다. 1887년 체임벌린은 토론토를 방문한 자리에서 이렇게 말한다.

앵글로-색슨 인종이 가진 우월성, 그 위대함과 중요성, 당당하고 끈질기고 단호하며 결연한 품성은 기후대나 환경의 변화에도 달라질 수 없다. 그것은 분명코 미래 세계의 역사와 문명에 주도적인 영향력을 발휘할 것이다. …… 진정한 민주주의를 향한 관심은 무정부 상태나 제국의 해체를 향하는 것이 아니라 오히려 비슷한 목표를 지닌 친족적 인종의 통합을 향해야 한다.[69]

---

64 Dilke, *Greater Britain*; Seeley, *The Expansion of England*; Froude, *Oceana, or England and her Colonies*.

65 Dilke, *Greater Britain*, Preface.

66 Dilke, *Greater Britain*, 573.

67 Dilke, *Greater Britain*, 224.

68 Froude, *Oceana*, 3, 5.

매킨더는 한 세대 전에 증기선과 수에즈 운하가 영국 주도의 해상 네트워크 형성에 미친 중요성을 언급하면서, 이제 육상교통의 광범한 개량, 특히 철도망의 혁신과 발전이 자원을 더 효율적으로 동원하는 수단이 되었다고 주장한다. 러시아와 미국의 발전은 이에 힘입은 것이었다.[70] 새로운 제국주의 국가의 등장과 더불어 이들 국가의 영토 확장을 위한 변경이 사라졌다.[71] 이 새로운 상황에서 영국이 무엇보다도 필요로 하는 것은 해양 네트워크를 실질적으로 강화할 수 있는 새로운 정체성이다.

옥스퍼드 역사가이자 열렬한 제국주의자였던 브라이스는 인종과 종교를 역사 변화의 추동력으로 보았다. 이는 앵글로색슨인과 프로테스탄티즘을 뜻한다.[72] 브리튼섬 국경을 넘어 이 두 요소를 영제국 정체성의 근거로 삼는다면, 캐나다·남아공·오스트레일리아·뉴질랜드, 그리고 전 세계에 흩어져 있는 요새지의 주민들이 해당될 것이다. 인종주의자였던 그는 인도를 비롯한 다른 속령을 제국 정체성의 구성요소에서 근본적으로 배제한다. 19세기 말 영제국의 경쟁국이 대두하던 시기에 보수적 이론가들이 제창한 새로운 정체성은 브리튼섬 국경을 넘어선다고 하더라도 오직 백인 자치령에 국한된 것이었다.

69 Peter March, *Joseph Chamberlain: Entrepreneur in Politics* (New Haven: Yale University Press, 1994), 294.

70 H. J. Mackinder, "The Geographical Pivot of History", *Geographical Journal*, 23/4 (1904), 434.

71 Mackinder, "The Geographical Pivot of History", 432.

72 J. Bryce, "The Roman Empire and the British Empire in India", in idem, *Studies in History and Jurisprudence* (Oxford: Clarendon Press, 1901), vol. 1, 51, 61.

대영국론, 이상과 현실 사이

실리는 서구 문명의 우월성과 백인 세계의 무한한 가능성을 의심하지 않은 인물이었다. 다만 서구 세계에서 영국 못지않게 강력한 경제 강국과 패권국가의 등장에 주목하고 그 대응책을 고심했을 뿐이다. 그러나 당대에 영국인을 포함한 백인과 서구 문명의 미래를 비관적으로 바라본 지식인도 있었다. 찰스 피어슨(C. H. Pearson)이 그 대표적인 사례이다. 그는 1868년 미국을 여행하면서 강대국으로 급속하게 성장하는 미국의 실체를 목격했지만, 더 나아가 그 나라에서 오히려 흑인을 비롯한 유색인종의 증가율이 훨씬 더 높다는 사실에 주목한다.[73] 1871년 그는 영국 생활을 청산하고 오스트레일리아로 이주해 그곳에서 역사가와 정치인으로 활동하면서 유색인종의 급속한 증가와 서구 문명의 위기를 연결짓는 비관론을 체계화했다.[74]

그가 활동했던 19세기 후반은 백인의 세계 지배가 절정으로 치닫는 듯했다. 고등 인종이 다른 인종에 대해 곳곳에서 승리를 거둔다. 아메리카 대륙과 오스트레일리아는 물론, 중앙아시아에는 러시아인이 진출하고 있다. 오스만제국은 유럽 문명의 기세에 눌려 후퇴를 거듭한다. 아프리카 대륙 전체가 유럽인들에 의해 분할되고 있다.[75] 그러나 이런 절정기의 추세에서 피어슨은 서구 문명의 낙조를 예견한다. 극단적인 백인우월론자인 그는 백인이 온대 기후지대에서 문명을 꽃피웠기 때문에 다른 기후대

---

73 Charles H. Pearson, "On the Land Question in the United States", *Contemporary Review*, 3 (Nov. 1868).

74 Charles H. Pearson, *National Life and Character: A Forecast* (London: Macmillan, 1893). 이 책의 1장은 특히 1868년의 논설을 보완한 것이다. 피어슨은 옥스퍼드대학에서 수학한 후 케임브리지대학에서 근대사 교수를 지냈으나, 학교생활에 적응하지 못하고 1871년 오스트레일리아로 이주한다. 그는 자치령 주민의 시각에서 서구 문명을 성찰한다.

75 Pearson, *National Life and Character*, 32.

와 풍토에 적응하기 어렵다고 생각한다. 유색인종은 그런 제약을 받지 않는다. 그가 특히 주목하는 것은 세계 도처에 진출한 중국인들이다. 그들의 이주는 갈수록 증가하고 있다.

말라카 해협 영국인 정착지의 역사는 중국인들이 어떻게 확산되고 있는가를 보여 주는 낯익은 사례가 될 것이다. 그들은 이미 싱가포르와 페락(Perak) 지방 거주민의 절반을 넘어섰으며 최상의 능력을 갖춘 목격자라면 말레이 사람들이 그들을 배제하고 스스로 지탱할 수 없다는 것을 수긍할 것이다. 그들은 보르네오와 수마트라에 정착하기 시작했으며, 하와이 같은 태평양의 작은 섬들에서도 원주민을 대체하고 있다.[76]

중국인을 비롯한 동아시아 인구는 이미 오래전부터 증가해 왔고 앞으로도 그 추세는 계속될 것이다. 서구 문명이 세계를 주도하고 있지만 이들의 증가와 해외 이주를 막을 수 없다. 강제적인 방법을 동원한다면, 서구 문명이 자신을 정당화하기 위해 내세운 휴머니즘 자체에 위배된다. 중국인·일본인·인도인은 자신의 원래의 영토에 강고하게 자리잡고 있을 뿐만 아니라 백인보다도 더 급속하게 해외로 이주하고 있다. 이들은 온대만이 아니라 세계의 어떤 기후대에서도 잘 적응할 수 있는 능력을 갖추었다.[77] 피어슨은 온대기후대에 백인이 진출할 수 있는 여지가 줄어들었다는 점에서 서구 문명이 절정기를 지났다고 단정한다. 그는 여기에서 더 나아가 근대 사회의 여러 변화, 이를테면 도시화, 전통적인 가족제도의 변화, 대중 민주주의 확산 등의 현상에서도 서구 문명의 조락을 예견한다. 그가 보기에, 현대화라고 불리는 온갖 사회변동이 실제로는 문명의 위기를

---

76 Pearson, *National Life and Character*, 50.
77 Pearson, *National Life and Character*, 33.

보여 주는 징후인 것이다.

　　우리가 좀 더 관심을 기울여야 할 것은 고등 인종이 지구의 일부에만 국한되어 거주한다는 사실도 아니고 새로운 사회 형태의 진보—개인 주도의 범위를 자유롭게 부여하는 국가 대신에 독재적이고 모든 부문을 관장하는 국가의 대두—도 아니다. 인간 자신이 정치생활의 변화된 환경 아래서, 그리고 피할 수 없는 다른 변화의 영향 아래서 무엇이 될 것인가에 관심을 기울여야 한다. 도시가 시골을 누르고 지배적인 것이 된다면, 국가가 주로 삶의 지침(direction)에서 교회를 대신하고 가족의 양육에서 부모를 대신한다면, 지적 작업의 새로운 조건이 창조성에 해롭다면(unfavorable), 그래서 한마디로, 인간들의 연합이 강력해지고 중요해짐에 따라 개별 인간이 위축된다면, 그 미래를 목전에 둔 사람에 대한 관심이 없을 수는 없다.[78]

　　백인 문명의 불길한 미래를 예상한 피어슨은 19세기 말 영국 지식인 가운데 예외에 속한다. 그 당시 사람들은 영국과 경쟁국들의 대두에 주로 관심을 쏟았다. 여기에서 주목할 것은 경쟁국가의 대두에 자극을 받아 영국과 백인 자치령에서 '제국연맹운동'을 주도한 인물은 보수당이 아닌 자유당 인사 또는 지지자들이었다는 사실이다. 실리의 경우도 글래드스턴 정부 당시 케임브리지대학 근대사 흠정교수로 임명되었다. 그는 제국주의적 열광을 우려함과 동시에 제국의 확장을 외면하는 양극단의 정치적 태도 사이에서 균형을 취하려는 의도를 지녔다. 그러나 자유당 인사들 가운데 실리의 책에 비판적인 논설을 기고한 사람들이 있었다. 존 몰리(John Morley)와 골드윈 스미스(Goldwin Smith)도 그에 해당한다.[79]

---

78 Pearson, *National Life and Character*, 26.
79 존 몰리는 옥스퍼드대학 링컨 칼리지에서 수학하고 1867~82년간 *Fortnightly Review*의

몰리는 장문의 서평에서 실리의 책이야말로 '역사와 정치의 결합'의 좋은 사례라고 찬사를 보낸다. 그는 역사와 정치에 관한 실리의 '경구'를 서두에 소개하면서, 『잉글랜드의 확장』이 그 시대의 분위기에 시의적절할 뿐만 아니라 "학문 연구에 정치적 팸플릿의 현실성을 부여하려는" 시도라고 본다.[80] 그는 영국인으로서의 친숙한 감정이 이민사회에서도 오래 지속된다는 것을 인정한다. 영국 출신으로서의 민족적 자긍심 또한 이민사회의 분위기를 형성하는 데 영향을 줄 것이다. 그렇다고 해서 백인 자치령과 영국을 포함하는 연방국가 또는 합중국이 가능할 것인가. 그는 실리의 '대영국'이 하나의 이상에 지나지 않는다고 본다.

우리의 이상이 세계에 그 의지를 강요하려는 함대와 육군에 의해 유지되는 로마제국을 지향한다면, 그것은 도달할 수 없는 것이라고 생각하는 편이 좋다. 이런 목적을 가지고 시도한 영제국의 어떤 밀접한 연합도 분명 실패할 것이다.[81]

실리의 이상은 왜 현실화할 수 없는가. 우선 실리는 백인 정착지로 영국 이민이 증가하는 사실에서 제국연합의 가능성을 본다. 그러나 실리는 중요한 사실을 외면한다. 19세기에 걸쳐 백인 자치령과 속령으로 250만 명이 이민을 떠난 반면, 미국으로 이민을 떠난 영국인은 450만 명을 상회한다. 실리는 이들에 대해서는 언급하지 않는다.[82] 실리는 '대영국'이 어떤

편집장을 지냈다. 볼테르, 루소, 디드로, 버크, 콥든, 크롬웰, 글래드스턴 전기로 널리 알려졌다. 1883년 글래드스턴의 권유로 정계에 입문해 자유당 의원을 지냈으며, 아일랜드 장관, 인도 장관, 추밀원 의장을 지냈다.
스미스는 옥스퍼드대학 모들린 칼리지를 졸업한 후, 이 대학 근대사 흠정교수를 지냈으며 자유당을 지지했으나 글래드스턴의 아일랜드 자치법안에는 반대했다. 1968년 미국으로 건너가 코넬대학 사학과 교수를 지내고 만년에는 캐나다에서 활동했다.

80 John Morley, "The Expansion of England", *Macmillan's Magazine*, 49 (Feb. 1884), 241.
81 Morley, "The Expansion of England", 258.

정부 형태와 연합 형태를 취해야 하는가에 관해서는 기술하지 않는다. 미국과 같은 합중국을 피상적으로 언급할 뿐이다.[83] 더 나아가, 몰리는 기존의 내국사 중심의 연구와 잉글랜드의 확장을 구분하려는 실리의 시도를 비판한다. 종래 역사가들이 영국 내부의 정치와 사회에 치중했다고 하지만, 원래 영국 사회 내적 요소와 대외 팽창 또는 확장은 밀접하게 관련된 것이다. 예를 들어 18세기의 확장은 인구증가 압력이 자연스럽게 외부로 분출된 것이다.

옥스퍼드대학 근대사 흠정교수를 지낸 스미스는 실리의 논지를 더 신랄하게 비판한다. 그는 캐나다 자치령 시민의 입장에서 실리의 잉글랜드 중심주의의 오류를 지적한다. 제국주의자들은 미국이 영국에서 떨어져 나간 것이 단순히 구식민정책의 결함 때문이라고 믿는다. 식민정책의 결함이 없었다면 역사는 달라졌을 것이라고 믿는다.

나는 대영국이라는 말을 즐겨 사용하지 않는다. 그 말은 지구가 태양계의 중심이라는 믿음처럼 궤변에 속하거나 궤변논리를 포함하고 있는 것으로 보인다. 유구한 역사를 지닌 자신의 섬을 고수하면서, 팽창주의자는 같은 인종이 세운 해외 모든 사회가 자기들을 중심으로 돌아가고 있다고 생각하며, 이들 사회가 오직 자기 자신과 관계를 맺어왔고 또 앞으로도 그럴 것이라는 착각에 빠져 있다.[84]

제국주의자들은 제국 지배에 반대하는 사람들을 향해 국민정신이 결여되었다고 비난한다. 도대체 국민정신이란 무엇인가. 실리는 백인 정착지

---

82 Morley, "The Expansion of England", 247.
83 Morley, "The Expansion of England", 247.
84 Goldwin Smith, "The Expansion of England", *The Contemporary Review*, 45 (April 1884), 531.

로 건너간 이민자들이 영국적 정신과 가치를 견지해 오고 있다고 믿는다. 그렇다면 미국에 이민 간 영국인은 어떤가. 영국인 이민자, 프랑스나 다른 유럽 국가 출신의 이민자들 모두가 성조기를 통해 새로운 국가에 대한 태도와 감정의 순화를 겪는다. 어떤 백인 정착지는 범죄자의 유형지였고, 때로는 영국 사회 빈민층을 청소하는 역할을 맡았다. 그곳 주민들이 영국적인 정체성을 계속 유지했으리라고 믿는다면 그것은 궤변에 지나지 않는다. 결국, '대영국'이라는 구호는 잉글랜드 거주민의 시각이며 영국 중심주의의 산물일 뿐이다.[85] 더욱이 연방제국가 또는 국가연합을 추진할 때, 국방·관세·의회제도·인종 문제 등 해결해야 할 무수한 문제에 대해 실리는 눈길을 돌리지 않는다는 주장이다.[86]

그러나 전반적으로 백인 정착지 자체의 독자적인 정체성은 1880년대의 시점에서는 아직 강력하게 분출하지 않았다. 당시 영국인들은 브리튼과 백인 자치령 사이에 관세나 국방 같은 문제에 깃들어 있는 기본적인 입장 차이를 심각하게 고려하지 않았다. 실리 또한 이런 문제를 간과할 수밖에 없었다.

보수적 역사 인식의 영향

'대영국'론은 시대착오적인 이념이었는가. 대영국이라는 슬로건도, 제국연방운동도 별다른 결과를 낳지 못했다는 점을 고려하면, 현실성이 없는 이상론에 지나지 않았다고 할 수 있다. 그러나 실리의 책은 20세기 전반기에도 판을 거듭하며 팔렸다. 그만큼 다수 영국인들의 호응을 얻었던

---

85 Smith, "The Expansion of England", 532.
86 Smith, "The Expansion of England", 529.

것이다.

딜크, 실리, 프로드 등이 제창한 '대영국'론이 단순히 구호에 그쳤던 데에는 기술적인 문제가 영향을 미쳤다. 실리가 입론의 근거로 삼았던 기술 발전이 그 자신의 예상과 달랐다. 그가 내세운 '거리의 소멸'은 한 세기 후에나 비로소 실현될 수 있었다. 적어도 반세기 이상 해상 네트워크와 통신을 통한 연결은 대륙 국가의 그것과 비교할 수 없었다. 그는 근대 기술 문명의 추세를 감지했지만, 오히려 기술적 난점이 '대영국'을 추진할 수 있는 계기를 만들지 못했다. 영국 정체성의 문제 또한 너무 단순하게 취급하고 있다. 그는 영국인, 영국식 이름 및 지명의 세계적 확산과 영국성의 확장 가능성을 연결한다. 그러나 이민자들에게 태어난 나라의 문화와 삶의 방식에 대한 친숙성과 새로운 환경에 적응하면서 스스로 형성해 나간 정체성은 차원이 다른 것이다. 실리는 앵글로색슨인의 확산이라는 측면만을 강조한 나머지 영국성의 확대를 통해 다양하고도 새로운 정체성을 포섭하는 것이 거의 불가능하다는 점을 생각하지 않았다.

미국 문제도 고려의 대상이 된다. 실리에게 미합중국의 정치와 국가발전은 '대영국'론을 주창할 수 있는 배경이었다. 실리 자신도 미국이 장래에 강력한 국가로 떠오르리라는 것을 예견했다. 그럼에도 다음 세기에 미국이 영국의 미래를 좌우하는 상수로 작용하리라는 것을 예상하지는 못했다. 다윈에 따르면, 19~20세기 영국의 세계 체제는 외적 압력, 즉 '지정학적·경제지리적 측면'의 직접적인 영향 아래 유지되었다. 19세기에는 외적 압력이 제국의 발전에 기여했다. 다윈은 "수동적인 동아시아, 유럽 대륙의 세력균형, 그리고 강력하면서도 비호전적인 미국"이라는 국제 상황이 영국 세계 체제의 성공을 가져왔다고 주장한다.[87] 그러나 20세기에

---

[87] John Darwin, *The Empire Project: The Rise and Fall of the British World-System 1830–1970* (Cambridge: Cambridge University Press, 2009), 5.

들어와서 지정학적 요인은 영제국에 불리하게 작용하기 시작했다. "영국 세계 체제는 비유럽 세계를 속박하는 전 지구적 지배구조가 아니었기 때문에 지정학적 조건의 성격이 변하면 그 영향을 직접 받는 취약한 구조였다. 특히 미국의 대두에 직접 영향을 받았다."[88] 실제로 캐나다·뉴펀들랜드·오스트레일리아 등 자치령은 20세기에 들어와 정치와 문화는 물론, 경제통상과 방어 문제에 이르기까지 영국 못지않게 미국의 영향을 받은 것이다.

'대영국'론은 현실로 나타나지 않았더라도, 영국의 정치인과 식자층에게 오랫동안 영향을 미쳤다. 가정에 지나지 않지만, 대영국론은 1926년 제국회의와 이후 영연방의 확대 과정에서도 중요한 지적 자산으로 작용했을 가능성이 있다. 더욱이 적어도 1950년대까지 영국의 정치가들은 여전히 '대영국론'의 분위기에 익숙해 있었다. 그들 다수는 2차 세계대전 3대 전승국의 하나로서 영국이 미국이나 서유럽에 예속되지 않고 영연방 네트워크와 동맹관계를 통해 전 지구에 걸쳐 중요한 영향력을 행사할 수 있으리라고 믿었다.

---

88 Darwin, *The Empire Project*, 1.

2

전쟁과
불황

4장

전쟁과 동원

    1914년 8월 4일, 영국왕 조지 5세는 전날 벌어진 독일군의 벨기에 침입을 비난하면서 독일에 선전포고를 했다. 곧이어 영국 의회는 국왕의 선전포고를 지지하는 결의안을 만장일치로 가결했다. 의회의 결의에 앞서 국왕이 전쟁을 선언한 것은 영제국 전체가 독일에 대항해 싸우겠다는 의지를 보여 주는 데 목적이 있었다. 이후 약 4년간 영국군은 유럽 대륙에 수백만 명의 병력을 파병했고, 전 세계의 대양과 해역에서 독일과 싸웠다. 영국뿐 아니라 캐나다·오스트레일리아·뉴질랜드·남아프리카공화국 등 백인 자치령 국가(white dominion)와 인도, 서아프리카 황금해안 지역 등 속령도 전쟁에 적극 참여했다.

    영국 정부와 의회는 당시 자치령 국가들의 참전과 지원을 당연하게 생각했다. 그러나 자치령 정치가들에게 참전은 니콜러스 맨서프(Nicholas Mansergh)가 지적했듯이, "형성 과정에 있는 국가"임을 명백히 표명하는 행위였다.[1] 자치령의 참전은 물론 자국(自國) 국민의 적극적인 동의를 거친 자발적 결정이었지만, 그 배후에는 "이주한 지 오래되지 않은 영국계 주민의 모국에 대한 정서적 연대의식"과 "독일 측 움직임의 광범위한 영향에 대한 우려감"이 반영된 결과이기도 했다.[2]

전쟁기 자치령의 지원이 필요한 영국 정부는 전시 제국회의(Imperial War Conference)와 전시 제국내각(Imperial War Cabinet) 등을 운영했다. 그러나 전쟁의 장기화에 따라 사상자가 급증하면서 백인 자치령 사이에 독자적인 국가 운영과 국가의식을 강조하는 분위기가 짙어졌다. 참전을 옹호한 자치령 정치가들 또한 자국에서 정치적 입지를 유지하기 위해 독립적인 국가 운영을 중요한 의제로 삼지 않을 수 없었다. 전쟁은 이전까지 모호하게 여겨졌던 영국[모국]과 자치령 국가 간의 관계를 다시 성찰하고 좀 더 명확히 하는 결정적인 계기가 되었다.

19세기 후반과 20세기 초에 백인 정착지가 의회제와 책임정부를 갖춘 자치령 국가로 재편된 이후, 영국과 이들 국가의 관계 설정을 둘러싸고 여러 논의가 있었다. 같은 시기 독일·미국·러시아의 대두를 우려한 일부 지식인과 정치인들은 위기의 시대에 영국의 세계 지배력을 강화할 방안으로 영국과 해외 자치령 국가들의 연방제를 구상했다. 역사가 존 실리를 비롯한 대영국론자들은 백인 정착지를 단순한 자치령이 아니라 영국 국민과 국가의 '확장(expansion)'으로 인식해야 하며 궁극적으로 미합중국과 같은 연방 체제를 수립해야 한다고 주장했다.[3] 원래 1907년 이후 정기적으로 개최하기로 한 '제국회의'는 이 새로운 이상을 바탕으로 한 것이었다. 그러나 '대영국'의 이상은 전쟁기에 영국과 개별 자치령 국가들의 정

1 Nicholas Mansergh, *The Commonwealth Experiences* (London: Weidenfeld & Nicolson, 1969), 9.
2 Paul Hayes, "British Foreign Policy and the Influence of Empire, 1870-1920", *Journal of Imperial and Commonwealth History* 12/1 (1984), 113-14.
3 John R. Seeley, *The Expansion of England* [1883](London: Macmillan, 2nd ed., 1895).

치적·군사적 균열이 깊어지면서 점차 호소력을 잃었고, 그 대신에 자치령 국가의 정체성과 자치령 민족주의가 폭넓게 자리 잡았다.[4] 1차 세계대전 전후, 식민지회의, 제국회의, 전시 제국회의 및 전시 제국내각 체제를 겪으면서 영국과 자치령 국가들의 균열이 어떻게 깊어졌는가. 그리고 이 균열이 어떻게 자치령의 독자적인 국가의식으로 이어졌는가.

식민지회의에서 제국회의로

19세기 중엽까지만 하더라도 영국의 정치가와 지식인들 사이에 본국과 백인 정착지의 관계를 진지하게 성찰하려는 움직임은 별로 나타나지 않았다. 영국 지식인들은 미국 독립 이후 이런 문제를 의식적으로 멀리했던 것 같다. 그러나 19세기 후반 이래 백인 자치령 정부들이 차례로 수립되면서, 이들 정부와 본국의 헌정(憲政) 관계를 어떻게 설정할 것인가라는 현실적인 문제가 나타났다. 특히 독일과 미국 등 후발 산업국가의 경제 발전, 그리고 국제정치의 장에서 영국 헤게모니의 쇠퇴에 대한 우려가 커지면서, 본국과 다른 대륙에 산재한 자치령 국가의 협조가 중요하게 되었다. 식민지회의(Colonial Conference)는 이런 배경 아래서 소집되었다.

1887년 이래 식민지회의는 1911년 그 이름을 '제국회의'로 바꾸기 전까

---

4 1차 세계대전기 국가정체성 형성 문제는 오늘날 캐나다·오스트레일리아·남아공·뉴질랜드 역사학계에서 정통론으로 자리 잡고 있다. P. Mein Smith, *A Concise History of New Zealand* (Melbourne: University of Melbourne Press, 2005), 124-28; J. D. Omer-Cooper, *A History of Southern Africa* (London: James Currey, 1987), 166-67; R. M. Bray, "Fighting as an Ally: The English Canadian Patriotic Response to the Great War", *Canadian Historical Journal*, 61/1 (1980), 141-68; Stephen Garton, "Demobilization and Empire: Nationalism and Soldier Citizenship in Australia after the First World War", *Journal of Contemporary History*, 50/1 (2015), 124-43.

| 표 4-1 | 식민지회의, 1887-1907

개최연도 및 기간	개최국	개최장소	의장
1887.04.04-05.06	영국	런던	로버트 개스코인 세실(Robert Gascoyne-Cecil)
1894.06.28-07.09	캐나다	오타와	매켄지 바웰(Mackenzie Bowell)
1897.06.24-07.08	영국	런던	조지프 체임벌린(Joseph Chamberlain)
1902.06.30-08.11	영국	런던	조지프 체임벌린(Joseph Chamberlain)
1907.04.15-05.14	영국	런던	헨리 캠벨-배너먼(Henry Campbell-Bannerman)

지 5회 개최되었다. 2차 회의만 예외적으로 캐나다 오타와에서 열렸고, 나머지 회의 장소는 런던이었다. 1906년 4월 20일 영국의 식민장관 앨프리드 리틀턴(Alfred Lyttelton)은 자치령 총독(governor-general) 모임 개회사에서 식민지회의의 역사를 간략하게 회고한다.[5] 1887년 1차 회의는 당시 식민장관 에드워드 스탠호프(Edward Stanhope)의 제안에 따라 열린 것이다. 스탠호프는 그 전해 11월 25일자 전신문에서 회의 개최의 목적을 이렇게 밝혔다. "회의는 순수하게 자문 성격을 띨 것이며, 그러므로 식민지들이 동등하게 또는 그 크기에 비례해 대표들을 파견하는 것도 아닙니다."[6] 이어서 그는 식민지 총독, 자치령 정부 관계자 및 여론 주도 인사가 부담 없이 자유롭게 영국에 와서 논의 과정에 참여하고 또 중요한 역할을 맡을 수 있다고 덧붙였다. 1차 회의에서 제국 방어, 우편, 전신, 태평양 연안국 문제, 특허 공유, 식민지 간의 경계, 설탕 생산 투자 등의 문제를 논의하고 있지만, 어디까지나 빅토리아 여왕 즉위 50주년을 기념하는 의례적인 성격이 강했다.[7]

---

5 *Parliamentary Papers*, 1906, 77, Cd. 2785 "Colonial Conference. Correspondence Relating to the Figure Organization of Colonial Conference", 1-5.
6 Cd. 2785 "Colonial Conference", 1.

1897년 식민지회의는 당시 식민장관 조지프 체임벌린의 제안으로 열렸다. 체임벌린은 실리, 찰스 딜크, 제임스 프로드 등 일단의 지식인들이 주장한 '대영국'론의 옹호자였다. 대영국론은 브리튼과 해외 백인 정착지 모두를 포괄하는 연방 체제를 수립해, 미국·독일·러시아 등 새롭게 발전하는 다른 경쟁국들의 위협에 대처할 것을 촉구하는 보수적 정치 담론이었다.[8] 체임벌린의 적극적인 노력에 힘입어 거의 모든 백인 자치령과 정착지 대표들이 참석해 성황리에 개최되었다.[9] 1897년 회의는 비록 원칙론 수준이기는 하지만, 대영국론의 이상을 결의안에 표명하기도 했다.

첫째, 여기 모인 자치령 총리들은 현재 상태 아래서 영국과 식민지 자치정부 간의 정치적 관계가 대체로 만족스럽다고 생각한다. 둘째, 우리는 이들 식민지가 지리적으로 연합된 '연방체(federal union)' 아래 함께 모이는 것이 바람직하며, 언제 어디서나 실현 가능하리라고 본다.[10]

영국과 백인 자치령 정부 인사들의 단순한 협의체가 상당한 변화를 맞이한 것은 1907년 식민지회의 때부터이다.[11] 이 회의는 이전보다 훨씬 더

---

7 Cd. 2785 "Colonial Conference", 2.
8 Seeley, *Expansion of England*; Charles Dilke, *Greater Britain* (London: Macmillan, 1869); J. A. Froude, *Oceana, or England and her Colonies* (London: Longman, 1886). '대영국'론은 3장을 참조.
9 캐나다·뉴질랜드 자치정부 총리, 연방 수립 이전 오스트레일리아의 5개 백인 자치령 총리, 남아프리카의 케이프 및 나달 자치령 총리 등이 참석했다. Cd. 2785 "Colonial Conference", 2.
10 Cd. 2785 "Colonial Conference", 2.
11 1907년 4월 15일부터 1개월간 열린 이 회의에는 다음과 같은 정치인이 참가했다. 영국 식민장관 빅터 브루스(Victor Bruce, 9th Earl of Elgin), 캐나다 총리 윌프리드 로리에(Wilfrid Laurier), 오스트레일리아 총리 앨프리드 디킨(Alfred Deakin), 뉴질랜드 총리 조지프 워드(J. G. Ward), 케이프 콜로니(Cape Colony) 총리 린더 제임슨(Leander S. Jameson), 나달 총리 F. R. 무어(F. R. Moor), 트란스발(Transvaal) 총리 루이스 보타(Louis Botha). 이 밖에 총리 이외의 정치인으로 캐나다의 F. W. 보든(F. W. Borden), 오스트레일리아

구체적인 결의안을 작성했다. 우선 회의의 정식 명칭을 '제국회의(Imperial Conference)'로 정하고 향후 4년마다 개최하기로 했다. 참석 회원은 영국 및 자치령 정부의 총리와 영국 식민장관으로 하고 그 밖에 각국 정부가 지명한 다른 장관들도 정식 회원으로 참석할 수 있도록 했다(1조).[12] 결의안 내용 가운데 특히 제국 내 무역과 상업에 관한 논의가 상당한 비중을 차지한다. 결의안은 "영국과 해외 자치령 사이의 호혜무역 원리가 상호 상업 교류를 자극하고 용이하게 하며, 여러 곳의 자원과 산업 개발을 촉진함으로써 제국 전체를 강화할 것"(6조)이라고 천명한 후에,[13] 영국 공산품 및 영국 해운 우대(8조), 각종 통계 단일화(14조), 회사법 통일(15조), 국제전신망(18조), 제국 교통·여행·수송 촉진(20조) 등을 언급하고 있다.[14] 특히 결의안에서 제국 방어 문제가 명시된 것 또한 흥미롭다. 이는 당시 독일·일본 등 새로운 열강의 해외 팽창에 대한 우려를 반영한다.

식민지는 전문가의 도움이 바람직하다고 여겨지는 지역 문제들을 자문이 필요하면 식민장관을 통해 제국방어위원회에 위임하기로 한다. 필요할 때면 언제나, 자문을 원하는 식민지 대표는 현안 문제를 논의하는 동안 그 위원회 참석 회원으로 출석 요구를 받을 수 있다.[15]

이후 1911년 제국회의 또한 이전 회의에서 논의한 내용을 재확인하거

의 W. 린(W. Lyne), 케이프콜로니의 T. W. 스마트(T. W. Smartt) 등이 함께 참석했다. 이전과 달리, 회의의 의전적 성격도 달라진 것으로 보인다. 개회식에는 영국 총리 헨리 캠벨-배너먼을 비롯한 각료 전원이 참석하기도 했다. *Parliamentary Papers*, 1907, 55, Cd. 3403 "Published Proceedings and Précis of the Colonial Conference", 3.

12 *Parliamentary Papers*, 1907, 55, Cd. 3523 "Minutes of Proceeding of the Colonial Conference, 1907", v.

13 Cd. 3523 "Minutes of Proceeding of the Colonial Conference", vii.

14 Cd. 3523 "Minutes of Proceeding of the Colonial Conference", viii-x.

15 Cd. 3523 "Minutes of Proceeding of the Colonial Conference", v.

나 보완하는 수준의 결의안을 이끌어냈다. 추가된 내용이 있다면, 자문기관으로서의 제국회의 성격 규정(1조), 통상조약의 통일(19조), 자연자원 이용과 무역 증진을 위한 왕립위원회 구성(20조), 수에즈 운하 이용(26조) 등이다.[16] 1907년과 1911년 회의의 결의안은 좀 더 현실성 있고 실현 가능한 의제를 주로 명시했지만, 제국의 이념과 운영, 본국과 자치령의 관계, 제국을 둘러싼 헌정상(憲政上)의 문제 등은 두 차례의 회의에서 줄기차게 논의된 중요한 의제였다. 이들 토론과 논의는 의회보고서로 남아 있으나,[17] 지금까지 이를 상세하게 분석한 연구는 거의 없다.

두 차례의 회의에서 특히 제국의 정체성에 관련된 토론과 논의 과정을 살펴보자. 우선 '식민지(colony)'를 대신할 새로운 단어를 찾는 문제가 있었다. 앞에서 언급했듯이, 1907년 회의 결의안에서 매 4년마다 열릴 회의의 정식 명칭을 '제국회의'로 한다는 합의가 있었다. 아마도 식민지 주민의 열등의식을 줄이려는 의도가 있었을 것이다.[18] 명칭 변경은 자치령 정부 모든 참석자의 호응을 얻었다. 그렇다면 속령이나 자치령 구분 없이 흔히 사용되던 '식민지'라는 말 자체는 어떻게 할 것인가. 1907년 결의안 1조에서 "국왕 폐하의 정부[영국 정부]와 자치령 정부들(His Majesty's government and His majesty's governments of self-governing dominions)"이라는 구절이 나온다.[19] 여기에서 '도미니언(dominion)'이라는 단어가 '콜로니(colony)' 대신 사용되고 있다. 결의안의 원래 초안에서 이 구절은 "모국과

---

16 *Parliamentary Papers*, 1911, 65, Cd. 5745 "Minutes of Proceeding of the Imperial Conference, 1911", 15-19.

17 Cd. 3523; Cd. 5745.

18 이에 관해서는 다음을 볼 것. Mansergh, *Commonwealth Experiences*, 84-89; Donald C. Gordon, *The Dominion Partnership in the Imperial Defense, 1870-1914* (Johns Hopkins University Press, 1965), 194; Andrew Stewart, *Empire Lost: Britain, the Dominions and the Second World War* (London: Continuum, 2008), 4.

19 Cd. 3523 "Minutes of Proceeding of the Colonial Conference", v.

해외 국왕 폐하의 자치령들(the Mother Country and His Majesty's Dominions over the Seas) 간의 관계"라고 쓰여 있었다.[20] 당시 하원의원 겸 식민차관으로 회의에 참석한 윈스턴 처칠(Winston Churchill)은 초안의 그 구절에서 '모국'이라는 표현이 어색하다는 점을 지적함과 동시에, '콜로니' 대신에 '도미니언'이라는 표현을 굳이 사용할 필요가 있는지 되묻는다.[21] 이는 본토인의 시각을 반영한다. 이런 질문에 캐나다 총리 윌프리드 로리에(Wilfrid Laurier)는 이견을 제시한다.

저는 자치 식민지와 기타 식민지 사이에 구별을 두는 그런 표현을 쓰기를 원합니다. 이 회의에 참석한 식민지에 관한 한, 우리는 식민지(colony)라는 말을 버리고 좀 더 우리의 상상을 일깨우는 새로운 표현을 고안하는 게 좋다고 봅니다.[22]

로리에는 원래 캐나다의 완전한 독립국 위상을 강조하면서도 영국과 제국적 협조관계를 중시한 인물이었다. 이미 1900년 보어전쟁을 비판하는 연설에서도 그는 그러한 균형감을 피력한 바 있다. "나는 캐나다가 영국의 모든 전쟁에 동참해야 한다는 것을 받아들일 수 없는 반면, 또 영국의 어떤 전쟁에도 동참하지 않겠다는 주장을 펴지도 않습니다."[23] 로리에가 '도미니언'을 선호한 까닭은 무엇인가. 회의에서는 '도미니언'의 의미에 관해 몇몇 참석자가 자신의 견해를 밝혔다. 대체로 그 말은 제국 내의 자치국가(self-governing community)를 의미한다거나, 또는 '책임정부를 갖춘

---

20 Cd. 3523 "Minutes of Proceeding of the Colonial Conference", 78.
21 Cd. 3523 "Minutes of Proceeding of the Colonial Conference", 78.
22 Cd. 3523 "Minutes of Proceeding of the Colonial Conference", 80.
23 A. F. Madden and J. Darwin, eds., *Select Documents in the Constitutional History of the British Empire and Commonwealth, vol. 4: The Dominions and India since 1900* (London: Greenwood, 1993), 6에서 재인용.

(possessing responsible government)' 국가로 받아들여졌다.[24] 이는 자치령 국가를 이전의 식민지적 시각과 다른 시각에서 바라보려는 의도를 반영한다.

그렇다면 영국과 해외 자치령 국가의 헌정상의 관계를 어떻게 정립할 것인가. 자치령 국가 또한 영국왕의 지배를 받는 형식을 취하고 있다. 앞에서 지적했듯이, 영국의 보수적인 지식인들은 영국왕의 지배 아래 통합된 정치체, 즉 '대영국'을 내세웠다. 이는 제국연방을 지향하는 일종의 구심력을 나타낸다. 그러나 자치령 국가 정치인들은 영국에 의존하면서도 제국 내에서 독자적인 위상을 추구했다. 이는 제국 질서의 원심력을 나타낸다. 사실 '도미니언'이라는 표현은 이보다 더 일찍이 자치령 국가 정치인들이 제시한 바 있다. 1901년 1월 에드워드 7세 즉위 당시 식민장관 체임벌린은 국왕의 공식 칭호를 정하기 위해 자치령 정부의 견해를 묻는 전보를 발송했다. 이 전신의 수신자는 물론 캐나다와 오스트레일리아 총독이었지만, 그들에게 자치령 정부 총리의 견해를 확인해 보고해 달라는 내용이었다. 체임벌린은 전신에서 "그레이트 브리튼, 아일랜드 및 해외 대영국(Greater Britain)"의 국왕이라는 표현을 미리 밝혔다.[25] 그의 제안은 분명 '대영국'론의 정치적 이상을 보여 주는 것이다. 그가 자치령 정부의 견해를 물어본 까닭은 무엇일까. 전신 내용에 따르면, '대영국'보다는 각 자치령 정부가 국왕의 공식 칭호에 자국 이름 표기를 원하지 않을까 하는 우려감 때문이었다. 그는 이렇게 말한다.

일부 자치식민지들(self-governing colonies)은 캐나다 국왕이나 오스트레

---

24 Cd. 3523 "Minutes of Proceeding of the Colonial Conference", 81.
25 영어 표현은 다음과 같다. "King of Great Britain and Ireland and of Greater Britain beyond the Seas, and Emperor of India." *Parliamentary Papers*, 1901, 46, Cd. 708 "Correspondence relating to the proposed alteration of the Royal Style and Title of the Crown", 3.

일리아 국왕 같은 더 특별한 표기를 원할 수도 있습니다. 그렇지만 이렇게 되면 여러 곤란한 문제들을 낳을 겁니다.[26]

체임벌린의 우려와 달리, 일부 자치령 국가 총리들은 '대영국'이라는 표현에 거리감을 드러냈다. 캐나다와 오스트레일리아 측의 답변에는 '해외 대영국'이 다른 표현으로 바뀌어 있다.[27] 19세기 후반 20세기 초에 새롭게 등장한 자치령 정부와 이를 주도한 정치가들은 대체로 영국에 관해 이중적 태도를 가졌던 것으로 보인다. 그들은 영국적 전통, 영국과 협조 및 의존관계를 존중하면서도, 다른 한편으로는 자치령 국가의 독자성을 추구하는 경향이 있었다. 1907년 식민지회의와 1911년 제국회의에서 중요한 의제였던 자치령 국가의 독자 외교를 둘러싼 논의 또한 이런 이중적인 태도를 보여 준다.

1911년 제국회의에서 참가자들은 결의안 초안을 검토하는 도중에 1조의 "자치령 국가들은 런던 선언을 고려해 볼 때 영국 대표의 자문을 통해 미리 승인을 받아서는 안 된다"는 표현에 유감을 나타냈다. 특히 오스트레일리아 총리 앤드루 피셔(Andrew Fisher)는 "조약과 협정의 경우 영국 모국과 다른 나라들이 관련되는 교섭에서 미리 자문받지 않는다"는 표현에 이의를 제기했다.[28] 이는 자치령의 독자성을 인정하는 것으로 보이지만,

---

26 Cd. 708 "Correspondence relating to the proposed alteration of the Royal Style and Title of the Crown", 3.
27 해외 자치령에 관련된 원래 표현 'King of Greater Britain beyond the Seas'가 캐나다 측 회신에는 'Sovereign of all the British Dominions beyond the Seas'로, 그리고 오스트레일리아 측 회신에는 'Sovereign Lord of the British Realms beyond the Seas'로 바뀌었다. 결국 캐나다 측 의견을 참조해 해당 부분은 'King of all the British Dominions beyond the Seas'로 확정되었다. Cd. 708 "Correspondence relating to the proposed alteration of the Royal Style and Title of the Crown", 4.
28 *Parliamentary Papers*, 1911, 65, Cd. 5741 "Précis of the Proceedings, Imperial Conference 1911", 23.

실제로는 영국이 자치령 국가와 상의 없이 그 이해에 영향을 미치는 외교 활동을 할 수도 있다는 우려 때문이었다. 최종적으로 결의안 1조의 해당 표현은 다음과 같이 수정된다.

자치령 국가들은 다음 헤이그 회의에서 영국 대표에게 전하는 사항을 마련할 때 자문 기회를 부여받을 수 있으며, 자치령 국가에 영향을 미치는 교섭의 경우 영국은 교섭 합의 이전에 그 내용을 회람하여 자치령 정부의 숙의를 거친다.[29]

1차 세계대전 참전과 영제국의 자원 동원

1914년 8월부터 1918년 11월까지 계속된 1차 세계대전은 이전의 전쟁과 달리 참전국들의 모든 인적 자원을 총동원한 소모전이자 참호전이었다. 전쟁의 원인에서 경과와 영향에 이르기까지 많은 연구가 축적되어 있다. 여기에서는 1차 세계대전의 전개 과정보다는 전쟁기에 자치령 국가들의 인적·물적 자원 동원이 어떻게 이루어졌고, 투입 과정에서 어떤 갈등이 있었는지를 살피는 데 초점을 둔다.

1차 세계대전은 초기 독일군의 전격적인 벨기에 및 프랑스 침입이 마른(Marne) 전투에서 영국 파견군과 프랑스군의 반격을 받은 후에, 장기간 교착상태에 빠졌다. 말하자면 독일 슐리펜 계획(Schlieffen-Plan)의 기본 전략이 차질을 빚게 된 것이다. 4년간의 전쟁에서 인적·물적 자원의 손실은 전례없는 규모였다. 1, 2차 이프르(Ypres) 전투, 갈리폴리(Gallipoli) 전투, 솜(Somme) 전투, 베르됭(Verdun) 전투, 1, 2차 아라스(Arras) 전투, 독일군

---

29 Cd. 5741 "Précis of the Proceedings, Imperial Conference 1911", 15.

의 무제한 잠수함전, 1918년 독일군 춘계 대공세 등, 독일군에 맞서 영국 파견군이 자치령 군대와 함께 싸운 대규모 전투마다 수많은 사상자가 발생했다.[30]

1914년 독일의 팽창정책이 노골적으로 드러나면서 영국은 전쟁 발발 시 프랑스에 투입할 6개 군단을 유지하고 있었다. 전쟁 발발 후, 이 가운데 4개 군단을 아미앵에 투입했다.[31] 영국 파견군(British Expeditionary Force)은 그 후 4년간 계속 증강되었다. 1918년 4월 미군 참전 직전까지만 하더라도 영불 연합군은 군사적으로 상당한 열세에 빠져 있었다. 독일군은 서부와 동부에서 두 개의 전쟁을 치르면서도 1915년 이후 동부전선에서 승세를 굳혔고, 특히 러시아 혁명 이후 군사력을 서부전선에 집중하면서 대대적인 공세를 가했다. 1917년에는 무제한 잠수함전을 다시 감행해 영국군의 사기를 꺾었다. 특히 그해 상반기에만 매월 60만 톤 이상의 선박이 대서양에서 격침당했다. 주영 미국대사 월터 페이지(Walter H. Page)는 대통령에게 보낸 8월 14일자 편지에서 이를 심각하게 우려한다.

---

30 1차 세계대전의 경과와 주요 전투에 관해서는 다음 개설서를 볼 것. 마이클 하워드, 『제1차 세계대전』, 최파일 옮김 (교유서가, 2012).

31 1914년 봄 프랑스와 긴밀한 연락을 맡은 인물은 헨리 윌슨(Henry Wilson) 장군이었다. 그는 6개 파견군 가운데 본토 방어를 위해 2개 군단을 남겨야 한다는 제국방어위원회 (Committee of Imperial Defence)의 건의를 수용한 당시 총리 에드워드 그레이(Edward Gray)를 설득해, 파견군을 1개 군단 더 증강하는 계획을 허락받았다. 8월 4일 선전포고 직후 그는 프랑스 측에 5개 군단을 파견할 것임을 통고한다. Keith Jeffrey, *Field Marshal Sir Henry Wilson: A Political Soldier* (Oxford University Press, 2006), 131-32. 그러나 8월 6일 국방장관 허레이쇼 키치너(Horatio H. Kitchener)는 계획을 변경, 4개 군단을 아미앵에 투입한다. Richard Holmes, *The Little Field Marshal: The Life of Sir John French* (London: Weidenfeld & Nicolson, 2004), 198. 윌슨은 초기 영 파견군(NBEF) 부참모장 (Sub-Chief of Staff)을 지냈으며, 참모총장 존 프렌치(John French)의 중요한 측근이었다. 1916년 군단 사령관으로 야전군을 지휘했고, 1917년 신임 로이드 조지 총리의 군 자문관을 거쳐 파리강화회의 영국 대표단 일원이었다. 1918년 영 육군 총사령관을 지냈다. 제대 후 북아일랜드 정부 군사고문관을 지내다 암살당했다.

세계의 미래가 다음 질문에 대한 답변에 달려 있는 것처럼 보입니다. 즉 잠수함 활동에도 불구하고 전쟁에서 승리할 수 있는가, 또 대규모 미 육군을 유럽에 파견하고 그에 뒤이어 대규모 보급선을 충분히 안전하게 방어할 수 있는가라는 질문입니다. 현재 상황으로는 매일 3척꼴로 영 해군 대형 함정이 가라앉고 있습니다. 다른 나라 함정이 얼마나 많이 침몰하는지 저는 알지 못합니다. 어떤 대가를 치르더라도, 우리 육군과 보급물자가 안전하게 도착해야만 오래 버텨서 궁극적으로 승리를 거머쥘 수 있겠지요. 하지만 이 과정에서 현재와 같은 함정 격침이 계속되면 연합군은 버티지 못할 것입니다.[32]

보름 후인 9월 3일자 편지에서도 그는 여전히 잠수함 공격에 따른 연합군 전력 약화를 걱정한다.

제가 아는 바로는, 잠수함 작전은 계속 가장 중대한 위협이 될 것입니다. 호위함이 안전하게 도착한다면, 그것은 우리가 군대와 물자를 프랑스에 보낸 데 성공을 거두는 셈인데. 잠수함이 계속해서 호위받지 않는 화물선을 격침시키면 해운상의 곤란한 문제를 야기하겠지요. 모든 화물선을 호위함으로 보호해야 하니까요.[33]

무제한 잠수함 작전에 뒤이어 1918년 독일군의 춘계 대공세 또한 영국 파견군 지휘부에 깊은 좌절을 안겨주었다. 그해 3월 독일군은 서부전선에 200여 사단을 투입해 대대적인 공격을 감행한다. 아미앵 동쪽에 주둔한 영국군에 포격을 가한 후에 기동력 있는 부대들을 동원해 돌파작전을

---

32 Burton J. Hendrick, *The Life and Letters of Walter Hines Pages* (London: W. Heinemann, 1924), 387.
33 Hendrick, *Life and Letters of Walter Hines Pages*, 390.

폈다. 전 전선에서 영국 파견군은 65마일 이상 후퇴할 수밖에 없었다. 당시 영 육군 총사령관 헨리 윌슨(Henry Wilson)의 일기는 이 절망적이고 급박한 전황을 잘 보여 준다. 3월 24일 아침 7시 그는 로이드 조지 총리관저에서 전시내각 회의에 참석해 전황을 보고한다. 영 파견군과 프랑스군 지휘부에 특별한 실수도 없었고 부적절한 조치도 없었다. 그런데도 독일군의 공격으로 전황은 불리하게 돌아갔다. 모임 도중에 파견군 사령관 더글러스 헤이그(Douglas Haig)의 긴급 전화를 받는다. 파견군 제3군이 앙크르(Ancre)로 퇴각 중이라는 보고였다. 오후에 전황은 더 급박해졌다.

오후 1시 30분, 나는 독일군(Boches)이 세이-세이셸(Sailly-Saillisell)을 점령했다는 소식을 들었다. 이는 대규모 공격에 따른 가공할 위험을 알려주는 것이다. 5시에 다시 콩블(Combles)과 페트론(Pétronne)을 잃었으며 우리 군대가 퇴각하고 있다는 전화 메시지를 받았다. 나는 급히 월턴(Walton)에 머물고 있는 로이드 조지 총리에게 전화를 걸었다. 5시 30분, 프랑스군 페르디낭 포슈(Ferdinand Foch) 사령관으로부터 전화가 왔다. 그는 전황에 대한 내 생각을 물었고, 우리는 누군가 방안을 강구해야 하며 그렇지 않으면 우리가 패배할 것이라는 데 의견을 같이했다.[34]

독일군이 서부전선에서 결정적인 우세를 가질 수 있었던 까닭은 잘 알려져 있다. 러시아와 브레스트-리토프스크(Brest-Litovsk) 휴전조약을 맺은 이후 독일군이 전 군사력을 서부전선에 집중해 대규모 공격을 감행할 수 있었기 때문이다. 3월 이후 영 파견군 가운데 제3군과 제5군이 연이어 퇴각했다. 불과 1주일간의 전투로 제5군 사상자가 11만 4,000명에

---

34 Charles E. Callwell, *Field Marshall Sir Henry Wilson: His Life and Diaries* (London: Cassell, 1927), vol. 2, 75-76.

이르렀다. 절망적인 전황을 지켜보면서 윌슨은 4월 12일자 일기에 이렇게 적었다. "우리 군대는 급속하게 위축되고 있다. 이는 참으로 심각한 일이다." 페이지 미국 대사 또한 자신의 일기에, "미국은 정말, 너무 늦었다"라고 탄식하고 있다.[35] 그러나 절망적인 위기 속에서 반전은 있는 법이다. 4월부터 미 육군부대가 대규모로 투입되기 시작했다. 한 달에 30만 명 규모로 증파되었다. 서부전선에 투입된 대규모 미군과 함께 연합군은 7월부터 본격적인 반격을 할 수 있었다.[36]

영국 본토가 1차 세계대전에 동원한 군 병력의 규모는 어떠했는가. 1911년 현재 영국 인구는 4,529만 7,114명, 그 가운데 남성은 2,201만 7,000명이었다.[37] 1918년 11월 영국 본토 주둔군과 영 파견군을 포함해 총 병력 규모는 533만 6,943명이었고, 본토 출신은 356만 3,466명이었다.[38] 이 두 수치를 단순 계산하면, 군 입대한 인적 자원 비율은 영국 남성 인구의 16.2퍼센트로 나타난다.[39]

영제국의 자원 동원을 살펴보자. 1차 세계대전 당시 영제국은 면적 3,328만 제곱킬로미터, 인구 5억에 이르는 세계적 규모의 연결망을 이루고 있었다. 전 세계에 흩어져 있는 자치령 국가와 속령에서 130만 명 이상의 군 병력이 유럽 전선과 세계 각지에 파병되었다. 사실 원칙상으로

---

35 Callwell, *Field Marshall Sir Henry Wilson*, vol. 2, 90; Hendrick, *Life and Letters of Walter Hines Pages*, 391.

36 하워드, 『제1차 세계대전』, 180-82 참조.

37 John Kershow, "The New Army and the Recruiting Problem", *Fortnightly Review*, 97/578 (Feb. 1915), 309-10.

38 War Office, *Statistics of the Military Effort of the British Empire during the Great War, 1914-1920* (London: HMSO, 1922), 30. 총병력은 비전투 노무인력 55만 8,143명을 합산한 것이다. 이에 비해 전쟁 직전 영국군 규모는 정규군, 예비군(14만 5,347명), 식민지 주둔군, 식민지 예비군을 모두 합해 73만 3,514명이었다.

39 근래 연구에 따르면, 이 수치는 당시 성인 남성의 27퍼센트에 이른다. John Darwin, *The Empire Project* (Cambridge: Cambridge University Press, 2009), 729.

보면 자치령 정부는 후방에서 영국군을 후원하거나 형식적으로만 영국을 지원할 수도 있었다. 캐나다와 뉴질랜드에서 이런 분위기도 있었다. 그러나 전쟁이 진행되면서 자치령 국가들은 더 깊숙이 전쟁에 휩쓸렸고, 모든 자원을 총동원해 전선에 투입했다. 전쟁 초기부터 영국 정치인들은 자치령 정부의 적극적인 참전과 지원을 당연하게 여겼다. 1914년 국방장관 허레이쇼 키치너는 상원에서 다음과 같이 답변했다.

대 자치령 국가들이 보여 준 반응에서 강력한 군대자원을 기대할 수 있다는 것이 분명해졌습니다. 인도·캐나다·오스트레일리아·뉴질랜드 모두 우리에게 강력한 전투부대를 파견하고 있고, 속령들도 의무를 다하라는 단호한 명령에 충성심으로 응답하고 있습니다. 이 때문에 추가 병력을 확보하게 되었습니다. 해외로부터 70개 이상의 전투부대가 들어왔는데, 이들은 모두 강렬한 애국심을 지닌 자원병으로 구성되었지요. 훈련받고 대형부대로 편성되면 전선에서 그 나름의 역할을 수행할 것입니다.[40]

물론 상원에서 의원들의 우려감을 불식하려는 의도가 깃들어 있겠지만, 영국에 대한 자치령 국가의 후원과 지지를 전해 주고 있다. 여기에서 주목을 끄는 것은 자치령 국가의 자발적인 동원 태도를 높이 평가하는 반면에, 속령에 대해서는 강제적인 징발을 뜻하는 표현을 쓰고 있다는 점이다. 이는 자원 동원 방식의 차별성을 보여 준다. 자치령 정부가 적극적으로 영국을 지원하려는 태도를 가졌다는 것은 선전포고 직전 캐나다와 오스트레일리아 총독이 본국에 보낸 전신문에서도 확인할 수 있다. 이들은 자치령 정부 관계자와 다가올 전쟁에 관해 의견을 나눴다. 1914년 8월 2일자 캐나다 총독의 전신문은 정부가 본국에 해외 파견군을 보내기 위

---

40 *Hansard's Parliamentary Debates* [Lords], 5th ser., vol. 17, c. 504 (25 Aug. 1914).

해 캐나다 제국 해군과 육군 당국의 지원 제안을 언제나 환영하며, 이미 제국 군대로 특정 기간에 파견할 육군 연대들을 등록시킬 것이며 그 모든 비용은 자치령 정부가 부담할 예정임을 밝히고 있다.[41] 8월 3일자 오스트레일리아 총독 전신문 또한 정부가 "오스트레일리아 해군 함정을 영국 해군 지휘 아래 둘 준비"를 끝냈으며, 우선 2만 명 규모의 전투 병력을 파견하기로 결의했음을 보고한다.[42] 이와 함께 자치령 국가들은 본국에 대대적으로 군수물자를 지원하고 있다. 1914년 11월 18일 하원에서 셜리 벤(Shirley Benn) 의원이 자치령에서 보낸 다양한 군수물자 지원 현황을 묻자, 당시 하원의원 신분으로 왕령지 담당장관(Chancellor of the Duchy of Lancaster) 직책을 맡고 있던 허버트 새뮤얼(Herbert Samuel)은 이렇게 답변하고 있다.

오트밀, 건초, 쇠고기, 연유, 기타 식량이 해군 및 육군용으로 들어왔고, 벨기에인 구호를 위해 중미 및 중남미 대사관을 통해 원조물자를 모으고 있습니다. 우리나라 병원에 입원한 부상병과 해병에게 줄 과일이며 포도주가 답지하고 있고, 자발적인 기부금의 도움으로 상당량의 과일을 부상병 수용 병원에 전달해 왔습니다.[43]

이어서 새뮤얼 장관은 자치령 국가의 물자 지원 현황을 보고한다. 캐나다에서 밀가루 100만 부대, 온타리오로부터 밀가루 15만 부대, 매니토바 5만 부대, 퀘벡에서 치즈 400만 파운드, 뉴브런즈윅에서 감자 10만 부셸,

---

41 *Parliamentary Papers*, 1914, 101, Cd. 7607 "European war. Correspondence regarding the naval and military assistance afforded to His Majesty's government by His Majesty's oversea dominions", 1.
42 Cd. 7607 "European war. Correspondence", 4.
43 *Hansard's Parliamentary Debates* [Commons], 5th ser., vol. 68, c. 414 (18 Nov. 1914).

프린스 에드워드 아일랜드에서 치즈, 브리티시 컬럼비아에서 연어통조림을 보냈다. 오스트레일리아의 원조물자도 곧 도착할 예정이었다.[44] 그는 본국의 위기를 맞아 자치령 주민들이 보여 준 성원에 감사하고 있다.

전쟁의 피해와 사상자들

캐나다·오스트레일리아·뉴질랜드·남아공 등 자치령 국가는 광활한 국토와 비교하면 인구가 적었다. 그런데도 전쟁기 영국 못지않게 성인 남성 가운데 상당수를 군 자원으로 소집해 유럽 전선에 투입했다. 오스트레일리아의 경우 터키의 갈리폴리 작전에 참전하기도 했다. 1918년 12월 31일 현재 캐나다군 병력 규모는 62만 8,964명이었다. 이 가운데 영국에 파견된 군 병력은 42만 2,405명에 이르렀다. 영국에서 유럽 대륙 전선에 투입된 캐나다군 규모는 40만 1,191명이었다.[45] 오스트레일리아, 뉴질랜드 또한 인구 규모에 비해 막대한 인력을 동원해 전선에 투입했다. 성인 남성 대비 참전군인의 비율은 캐나다 13퍼센트, 오스트레일리아 13퍼센트,

---

44 *Hansard's Parliamentary Debates* [Commons], 5th ser., 1914, vol. 68, cc. 414-15. 사실 생필품과 군수물자는 전쟁 직후부터 자치령 국가에서 대대적으로 지원하였다. 한 의회 보고서에 따르면, 1914년 8월만 하더라도 자치령 국가의 물자지원량이 급증한다. 위에서 새뮤얼 장관의 답변은 캐나다 지원기록을 참고한 것으로 보인다. 1914년 8월 7일 밀가루 100만 부대, 8월 17일 앨버타주에서 오트밀 50만 부셸, 8월 21일 노바 스코샤에서 석탄 10만 톤, 8월 25일 프린스 에드워드 아일랜드에서 오트밀 10만 톤, 8월 26일 온타리오주에서 밀가루 25만 부대 등. *Parliamentary Papers*, 1914, 101, Cd. 7608, "European war. Correspondence relating to gifts of food-stuffs and other supplies to His Majesty's government from the oversea dominions and colonies", 1-3.

45 War Office, *Statistics of the Military Effort of the British Empire*, 758. 당시 캐나다 인구는 814만 4,000명으로 추산된다. 전 인구의 7.7퍼센트가 군병력으로 소집된 셈이다. 인구 통계는 다음을 참조. Statistics Canada, "Estimated population of Canada, 1650 to the present." (http://www.statcan.gc.ca)[2016. 10. 10]

뉴질랜드 19~20퍼센트에 이르렀다. 물론 영국은 더 높아서 27퍼센트에 이르렀다.[46] 자치령 국가는 대규모 군대를 동원해 파견했을 뿐 아니라 모든 전쟁비용을 자체 부담했다. 이를테면 오스트레일리아가 전쟁 초기부터 1919년 6월 30일까지 부담한 비용은 총 2억 6,926만 1,196파운드였다.[47]

| 표 4-2 | **1차 세계대전기 영국 및 자치령(및 인도) 사상자 수**[48]

국가	전사자 수	부상자 수
영국	702,410	1,662,625
캐나다	56,639	149,732
오스트레일리아	59,330	152,171
뉴질랜드	16,771	41,317
남아프리카 공화국	7,121	12,029
뉴펀들랜드	1,204	2,314
인도	66,735	69,214

서부전선은 4년간 참호전과 총력전으로 계속되었기 때문에 이전의 다른 전쟁보다도 훨씬 더 엄청난 사상자가 발생했다. 1차 세계대전을 단순히 '대전쟁(Great War)'이라고 부르는 것도 이 때문일 것이다. 이프르, 갈리폴리, 베르됭, 솜, 엔 등지의 주요 전투마다 영국 파견군의 사상자는 수만 명을 헤아렸다.[49] 〈표 4-2〉는 영국 및 자치령 국가의 사상자 수를 추계한

---

46 이상 개략적인 통계는 다음을 볼 것. Darwin, *The Empire Project*, 333; Stewart, *Empire Lost*, 3.

47 War Office, *Statistics of the Military Effort of the British Empire*, 761.

48 War Office, *Statistics of the Military Effort of the British Empire*, 237.

49 몇몇 주요 전투의 전사자 또는 사상자를 살펴보자. 1914년 10월 1차 이프르 전투에서 영국군 전사자는 5만 4,000명, 1915년 4~5월의 2차 이프르 전투에서 연합군 전사자 약 6만 명, 특히 캐나다군 전사자는 5,000명이었다. 1915년 갈리폴리에서도 연합군(영국·오스트레일리아·뉴질랜드) 사상자 20만 5,000명, 1916년 솜 전투 첫날 영국군 사상자 5만 8,000명, 4개월간 100만 명으로 추산된다. 이상은 다음을 볼 것. 하워드, 『제1차 세계대전』; 이내주,

것이다. 인구 규모를 감안하면 백인 자치령 국가의 경우 막대한 인적 자원의 손실을 입었다. 특히 참전군인 대비 사상자 비율은 캐나다 50퍼센트, 뉴질랜드 59퍼센트, 오스트레일리아 65퍼센트에 이른다.[50]

값비싼 희생을 치르고도 자치령 정부와 정치지도자들이 영국과 불평등한 관계를 참아가면서 전쟁에 적극 동참한 까닭은 무엇인가. '영국성(Britishness)'에 대한 자치령 주민들의 복합적인 정서에서 그 해답을 찾아야 할 것 같다. 캐나다에서는 전전의 영국인 이민 증가와 함께 두 나라 사이의 감정상의 유대감이 더 짙어졌다. 유럽 전선에 파견된 캐나다군의 70퍼센트가 영국 출신이었다. 1918년 당시 동원 가능한 인적 자원의 절반이 영국계였다.[51] 물론 신규 이민이 참전의 열광을 모두 설명해 주지는 않는다. 정치가들 또한 참전에 적극적이었다. 당시 보수당 총리 로버트 보든(Robert Borden)은 아마겟돈이 다가오고 있으며 캐나다가 영국을 돕는 적극적인 역할을 해야 한다고 생각했다. 그 짐을 나눠 맡는 것이 "제국적 국가 관계(imperial nationhood)"를 위해 최선이라는 것이었다. 영국계 이민의 전쟁 열광과 대조적으로 프랑스계 주민들은 비교적 냉담한 편이었다. 오히려 캐나다에서 전쟁 참가를 둘러싸고 사회적 갈등이 일었다. 결국 모병제의 한계를 느낀 캐나다 정부는 1918년 징병법을 통과시키기에 이른다. 이 과정에서 영국계와 프랑스계 주민 사이에 사회적 갈등이 고조되기도 했다.

오스트레일리아 또한 새로운 영국계 이민자를 중심으로 친영국 여론이 조성되었다. 영국계 이민자 수는 1914년경 절정에 이르렀다. 이뿐만 아니라 전쟁기 총리를 역임한 정치가들 모두가 영국 태생이었다. 더욱이 아시아에서 일본의 대두에 대한 우려감이 높아지면서 안보 문제는 오스트레일

「처칠, 키치너, 그리고 해밀턴의 삼중주」, 『영국연구』 20(2008), 245-69.

50 Darwin, *The Empire Project*, 333.
51 Darwin, *The Empire Project*, 336.

리아의 중요한 이슈이기도 했다. 오스트레일리아는 이미 1903년 자국 방위를 위해 징병제도를 도입한 국방법을 통과시켰고 1911년부터 젊은이에게 군사훈련을 실시했다. 이러한 친영국 열광에 힘입어 오스트레일리아는 제국군을 구성하는 데 별다른 어려움을 겪지 않았다. 1914년 말 50만 명 이상의 자원자가 징병대장에 등록을 마쳤던 것이다. "우리는 첫째 영국인이고, 둘째 오스트레일리아인"이라는 구호는 가식적인 것이 아니었다.[52] 물론 전쟁이 길어지고 특히 갈리폴리 전투에서 무수한 사상자가 발생한 후에 참전 지지의 열기에 대한 비판의 목소리가 높아졌다. 1915년 총리를 맡은 윌리엄 휴스(Willima M. Hughes)는 원래 열렬한 참전파였다. 1916년 런던의 전시 제국회의 참석 후에 그는 국내 방어를 위해서라도 징병제가 필요하다는 점을 강조했다. 그는 두 차례에 걸쳐 징병제 법안을 관철하려 했으나 실패한다.[53]

일부 사회적 갈등이 있었음에도 자치령 국가들은 전쟁 동원에 적극 협조했다. 그렇다고 해서 자치령 국가의 적극적인 협조를 친영국적 정서로만 설명할 수는 없다. 영국과 인종적·문화적 전통을 공유한다는 인식에는 군주제, 대의제 헌정, 시민적 자유 등 그들이 공통의 선진적 정치제도를 공유하고 있다는 긍지 또한 중요한 요인이었던 것이다. 당대의 정치평론가 아치볼드 허드(Archibald Hudd)에 따르면, 당시 독일 측 정세분석가들은 자치령 국가들이 유럽 전쟁에 참전하지 않으리라고 판단했다.[54] 그들은 자치령 국가와 식민지를 구별하지 못한 것이다. 자치령 국가의 친영국적 정서는 인종성을 넘어서 그들이 민주적인 정치제도를 공유하고 있다는

---

[52] 이상은 Darwin, *The Empire Project*, 339 참조.
[53] 1916년 10월과 12월 징병제 찬반을 묻는 국민투표를 실시했으나 모두 패배한다. 이후 휴스는 노동당을 탈당해 국민당(National Party)을 창당한다.
[54] Archibald Hudd, "The British Empire after the War", *Fortnightly Reivew*, 100/598 (Oct. 1916), 567.

인식에서 비롯한다. 그 제도의 요체는 시민적 자유를 토대로 하는 군주제와 대의제 헌정(representative constitution)이었다. 대의제 헌정이란 구체적으로 의회(parliament)와 책임정부(responsible government)로 구현된다. 그들은 전쟁을 자신의 제도에 대한 중대한 위협으로 간주했기 때문에 참전한 것이다.

사라예보의 암살 이후 사건의 전개를 가장 주의 깊이 살펴본 사람들조차도 아마 한 가지 사실은 거의 깨닫지 못했을 것이다. 영국이 전쟁에 돌입한 후 자치령 국가를 전선으로 이끈 것은 모국이 아니라, 그들의 새로운 자유를 향유하는 자치령 국가 자신이라는 사실이다. 이들 국가는 다우닝가의 내각이 아직도 그 위기 문제를 논의만 하고 있을 때 모국에 오히려 모범을 보여준 것이다. 영국의 선전포고 나흘 전에 이미 캐나다 각료들은 휴가지로부터 오타와에 급히 돌아와 비상대책위원회를 소집한 다음, 영국이 개입할 경우를 대비해 캐나다의 참전계획을 세웠던 것이다.[55]

시민적 자유와 대의제 헌정, 이 두 키워드야말로 실제로 자치령 주민과 영국을 이어주는 정신적 유대감의 원천이었다. 친영국 감정은 그들이 인종적·문화적 전통을 공유한다는 인식뿐 아니라, 선진적이고 자랑스러운 정치제도를 공유한다는 자긍심에 기반을 두었다. 문제는 이러한 자긍심이 영국을 향하는 구심력보다는 영국과 좀 더 대등하고 동등한 관계를 요구하는 원심력으로 나타날 가능성이 있었다는 사실이다.

---

55 Hudd, "The British Empire after the War", 569.

제국 질서를 둘러싼 갈등과 타협

1907년 식민지회의 결의안은 향후 '제국회의'를 매 4년마다 개최한다고 표명했다. 전쟁기에 영국 정부는 회의 연기를 계획했지만, 그 문제를 상세하게 밝히지 않았다. 1915년 4월 14일 하원에서 길버트 파커(Gilbert Parker) 의원이 회의 연기 여부를 질문하자, 식민장관 루이스 하코트(Louis Harcourt)는 자치령 국가들에 전신을 보내 회의 개최 또는 연기 여부를 타진하고 있다고 답변했다. 그는 오스트레일리아 피셔 총리의 답신을 소개한다. 정상적인 개최가 불가능하지는 않겠지만, 연기한다면 그 안에 동의한다는 답장을 보냈다는 것이다.[56]

전쟁이 장기화하고 사상자 수가 급증하면서, 자치령 정부 사이에 영국 정부 및 군 지휘부의 작전을 불신하는 목소리가 높아졌다. 새로 구성된 로이드 조지(David Lloyd George) 전시내각은 이 같은 분위기를 바꾸기 위해 '전시 제국회의'를 개최해 자치령 국가의 협조를 요청했다.[57] 당시 자치령 국가 정치가들 사이에 영국 정부의 독단을 비판하고 전쟁 수행 능력을 불신하는 분위기가 조성되었다. 로이드 조지는 이러한 불신을 해소하려는 의도로, 1917~18년간 영국과 자치령 국가가 공동으로 참여하는 '전시 제국내각'을 운영했다. 전시 제국내각 참여 인사는 〈표 4-3〉과 같다.

전시 제국회의와 전시 제국내각 운영은 영국과 자치령 국가의 결속을

---

56 *Hansard's Parliamentary Debates* [Commons], 5th ser., vol. 71, cc. 15-16 (14 April 1915). 4월 20일 하원 질의에서 식민장관은 제국회의 연기를 재확인하고 있다(c. 172).

57 전시 제국회의는 1917년 3월 21일부터 4월 27일까지 런던에서 열렸다. 참석자는 〈표 4-3〉과 같다. 이 밖에 캐나다 국방장관 및 해군장관, 뉴질랜드 재무장관 등이 합석했다. *Parliamentary Papers*, 1917-8, 23, Cd. 8566 "Extracts from Minutes of Proceedings and Papers laid before the Conference", 8. 당시 오스트레일리아 총리 윌리엄 휴스는 징병법안을 둘러싼 국내 정치적 갈등으로 참석하지 못했다. 2차 전시 제국회의는 1918년 6월 12일부터 26일까지 다시 개최된다.

| 표 4-3 | **전시 제국내각 각료**

이름	파견 국가	자국 정부 지위
데이비드 로이드 조지(D. Lloyd George)	영국	총리
커즌 경(Lord Curzon)	영국	상원 대표
보나 로(A. Bonar Law)	영국	하원 대표
로버트 보든(Robert Borden)	캐나다	총리
루이스 보타(Louis Botha)	남아공	총리
얀 스뮈츠(Jan Smuts)	남아공	국방장관 → 총리
윌리엄 휴스(W. M. Hughes)	오스트레일리아	총리
윌리엄 마서(William Masser)	뉴질랜드	총리
조지프 워드(Joseph Ward)	뉴질랜드	부총리
에드워드 모리스(Edward Morris)	뉴펀들랜드	총리
제임스 메스턴(James Meston)	인도	총독
강가 싱(Ganga Singh)	인도	군주(maharaja)

다지는 계기가 되었다. 그러나 전시 제국내각은 자치령 국가 지도자들에게 희망과 동시에 더 큰 실망을 안겨주었다. 아마 자치령 정치가들은 전시 제국내각을 원탁회의(round table)와 같은 동등한 토론과 정책 결정의 장으로 생각했을 것이다. 그러나 실제로는 영국 정부의 자문기관에 지나지 않았다. 영국의 전시내각이 전쟁에 관한 모든 정책을 결정하고 주도했으며, 이에 따른 자치령 정치가들의 불만은 오히려 더 높아졌다.[58] 영제국에서 본국과 자치령 국가들 사이에 구심력과 원심력이 동시에 작용했다는 것은 1917년 전시 제국회의 결의안 9조를 둘러싼 논의에서 살필 수 있다. 결의안 9조는 영제국의 헌정 관계를 다룬 것이다.

---

58 이에 관해서는 다음을 참조. Bernard Porter, *The Lion's Share: A Short History of British Imperialism, 1850-1995* (London: Longman, 3rd ed., 1996), 228; Stewart, *Empire Lost*, 3-4.

전시 제국회의가 제국을 구성하는 나라들의 헌정 관계(constitutional relations)를 재조정하는 것은 전시에 다루어야 할 아주 중요하고 복합적인 의제이다. 종전 후에 가능한 한 신속하게 특별 제국회의를 소집해 안건으로 다루어야 한다. 우리는 다음과 같은 견해를 기록으로 남기는 것이 우리 의무라고 여긴다. 즉 자치령 정부의 모든 기존 권한과 국내 문제에 대한 완전한 지배력을 유지하는 한편, [헌정 관계의] 재조정이 '도미니언'을 제국연합 (Imperial Commonwealth) 내의 자치국가로 인정하고 또한 인도를 동일 주요 구성국으로 인정하는 데에 기초를 두어야 한다. 도미니언과 인도는 외교정책과 외교관계에서 적절한 주장을 할 수 있다. 제국 공통의 주요 관심사에 대해 지속적으로 협의하고 또 필요할 경우 일치된 행동을 하기 위해 효과적인 조정을 해야 하며, [제국 내] 여러 정부가 결정을 내릴 때에는 그런 협의에 바탕을 두어야 한다.[59]

인용문에서 "제국을 구성하는 나라들의 헌정 관계를 재조정한다"라는 구절은 구체적으로 무엇을 뜻하는가. 우선 자치령 국가는 제국 내의 독립적인 국가이며 그에 따라 외교정책에서 적절한 자기주장을 할 수 있다는 것이다. 또 제국 공통의 이해관계가 걸린 문제들에 대해 지속적인 협의를 거쳐야 한다는 표현은 영국의 일방적인 주도권 행사를 제한하려는 의도를 함축하고 있다. 따라서 현재의 전쟁에 자치령 국가가 참전한 것은 영국의 일방적인 요구 때문이 아니라, 제국 내 국가들의 상호협의에 따른 것이라는 주장이다. 이렇게 보면 결의안 9조는 "참전의 대가로 영국이 자치령 국가의 요구를 더 진지하게 존중할 것"[60]임을 약속한다는 선언적

---

59 Cd. 8566 "Extracts from Minutes of Proceedings and Papers laid before the Conference", 5.
60 Stewart, *Empire Lost*, 4.

의미를 지닌다.

물론 전시 제국내각에 참석한 자치령 국가 정치가들이 모두 한목소리를 냈던 것은 아니다. 영국과 자치령의 헌정 관계에 대한 그들의 견해는 다양한 층위를 보여 준다. 예를 들어 남아공 국방장관 얀 스뮈츠(Jan Smuts)에 따르면, 영제국(British Empire)은 역사상 존재한 정부 가운데 가장 중요하면서도 매력적인 존재이다. 그는 영제국의 독특하고 자랑스러운 이념과 정체성을 언급하면서, 참전은 그 제국적 가치를 지키기 위한 투쟁이라고 주장한다.[61] 뉴질랜드 재무장관 조지프 워드(Joseph Ward)는 영제국의 다양성을 인정한다. 공통된 이념의 테두리 밖에서는 영국과 자치령 국가의 이해가 상충되는 점이 많다는 것이다. 그렇다고 하더라도 이해가 공통된 영역, 즉 외교정책과 해상 방어 문제에 한정해 제국 헌정 문제를 재조정할 필요가 있다고 본다. 그는 이런 영역에서 '대영국'론의 수용 가능성을 조심스럽게 언급한다.[62] 일종의 절충론이다.

그러나 자치령 정부들의 견해를 주도한 인물은 캐나다 총리 로버트 보든과 오스트레일리아 총리 윌리엄 휴스(W. M. Hughes)였다. 그들은 '대영국'론에 관심을 두지 않았으며, 전쟁에 기여한 만큼 외교정책 문제에서 식민지적 지위라고 하는 불평등한 상태를 벗어야 한다고 주장했다. 특히 1911년 이후 총리직을 맡아온 보든은 이미 전쟁 초기부터 자치령 군대의 도움을 당연하게 생각하는 영국 정부의 태도에 분통을 터트렸다. 그는 캐나다군이 영국군의 직접 지휘를 받는 것을 싫어했으며 국가 단위의 부대 편성을 주장했다. 그는 자국 대표부에서 "캐나다는 전쟁 수행을 위한 일반 정책 결정에 관해 충분한 정보와 협의의 권리를 가질 수 있다"고 선언

---

61 Cd. 8566 "Extracts from Minutes of Proceedings and Papers laid before the Conference", 46.

62 Cd. 8566 "Extracts from Minutes of Proceedings and Papers laid before the Conference", 53.

했다. 1917년 제국회의 결의안 9조는 토론 과정에서 그의 주장을 크게 받아들인 것이다. 결의안 원래 초안에서 9조는 다음과 같은 내용을 담고 있었다. "제국 공동의 방어에 직접 관련된 외교정책과 외교관계는 영국 의회에 책임을 지는 영국 정부의 직접적인 통제 아래 두어야 한다."[63] 그는 이 표현을 신랄하게 비판하면서 수정을 요구했다. 결의안 9조는 그의 주장에 따라 수정되었다. 그 토론에서 그는 영국과 자치령 국가의 평등한 관계에 기초를 둔 발전을 기대한다.

자치령 국가(Dominion)의 우리 모두는, 그리고 저는 이렇게 봅니다. 이제 [영국의 통제하에 이루어진] 그러한 정책이 엄청난 불행을 가져오고 더 나아가 파국적인 결과를 초래할 수 있다는 것을 브리튼섬 국민들이 깨달아야 한다고 생각합니다. 제국을 약화시킬 것이라는 우려를 불러일으키는 정책이 실제로는 제국을 강화시킵니다. 저는 미래에 자치령 국가와 모국의 평등한 지위를 향해 나아가는 발전이 있기를 고대하고 있습니다.[64]

'영연방'으로의 길

전쟁기에 자치령 국가들은 인내 수준을 상회할 만큼 엄청난 인력을 동원해 연합군의 일원으로 참전했다. 그러나 전쟁의 전 과정에서 영제국의 헌정 관계에 구심력과 원심력이 동시에 작용했다. 영국계 이민의 친영국적 정서와 문화적 유대감은 영국과 자치령 국가의 연대를 강화하는 구심

---

63 Cd. 8566 "Extracts from Minutes of Proceedings and Papers laid before the Conference", 41.

64 Cd. 8566 "Extracts from Minutes of Proceedings and Papers laid before the Conference", 41-42.

력이었다. 그러나 전쟁의 장기화와 사상자의 급증에 직면하면서, 자치령 국가들은 참전과 희생의 대가로 제국의 새로운 헌정질서를 요구하고 독자적인 국가로서의 정체성을 강화시켜 나갔다. 전쟁은 독립된 자치국으로서의 정체성 확립에 중요한 계기였던 것이다. 이는 영제국 네트워크의 원심력이라고 할 수 있다.

전쟁 이전에 '대영국'론은 영국과 해외 자치령 지식인 및 정치인들 사이에 폭넓게 받아들여졌던 정치적 이상이었다. 강대국들의 국제 경쟁이 심화되던 시기에 대영국론은 영제국 네트워크를 강화하는 현실적인 방안으로 호소력을 발휘하기도 했다. 그러나 참전과 그에 따른 막대한 희생이 제국의 원심력을 강화하는 방향으로 영향을 미쳤다.

1차 세계대전 직후 자치령 국가들은 이전 제국 질서의 변화를 요구했다. 캐나다와 오스트레일리아를 비롯한 자치령은 전후에 파리강화회의나 국제연맹에도 독자적인 주권국가로 참여하기를 희망했다. 당시 영국 정부로서는 국제기구나 회의에 자치령 국가들의 참여를 인정하지 않을 수 없었다. 이에 따라 영국과 자치령 사이에서만 통용되는 특정한 '제국의 원리'를 고안했다. 영국왕이 "영연방 개별 국가들을 결속하는 초석"이라는 원리였다.[65] 단일한 군주를 중심으로 상징적으로 맺어진 네트워크야말로 개별 국가들의 협조와 발전의 기초가 되는 셈이었다. 1926년 제국회의는 그 변화를 공식적으로 수용한 마침표였다.

---

65 C. E. Carrington, "A New Theory of the Commonwealth", *International Affairs*, 34/2 (1955), 139.

5장

경제불황과 제국

　1920년대 영국 경제는 전쟁 직후의 호황기를 끝으로 장기간 침체에 빠졌다. 1925년 금본위제 복귀가 영국 경제의 안정을 의미하지는 않았다. 미국과 독일이 내구소비재 산업의 발전에 힘입어 이 시기에 상대적으로 호황을 누린 것과 달리, 영국은 경기침체 국면을 벗어나지 못했다.[1] 불황은 특히 전통적 수출산업인 섬유·제철·석탄·조선 분야에서 두드러졌다. 1920년대 초 이들 분야는 전 노동인구의 25퍼센트, 수출액의 75퍼센트를 차지했다. 그러나 양차대전 사이에 이들 산업의 수출시장은 경쟁국들에 의해 점차 잠식당했다. 면공업, 조선 분야 모두 일본·인도·미국·이탈리아와 경쟁으로 수출시장에서 고전했다. 면사 생산량은 1913년 70억 야드에서 1939년 15억 야드로 감소했다. 조선 분야의 경우 세계시장에서 영국

1　세계경제에서 1920년대 후반은 그 전후 시기에 비해 호황을 누렸다는 뜻에서 '상대적 안정기'라 불린다.

의 점유율은 1913년 39.2퍼센트에서 1937년 26.5퍼센트로 낮아졌다. 이외에 탄광업에서도 석유 사용 증가에 따른 수요 감소로 생산량이 격감했다.[2]

1930년대 초 영국 경제는 대공황으로 더 커다란 어려움을 겪었다. 이미 1920년대부터 경기침체와 실업으로 경제적 활력을 상실한 영국은 미국과 유럽 대륙을 휩쓴 국제적인 신용위기에 휩쓸려 마침내 금본위제를 포기하기에 이르렀다. 그러나 근래 수정주의 해석은 양차대전 사이의 영국 경제가 이전 시기와 비교할 때 특별히 나쁘지 않았다는 점을 강조한다. 한 통계에 따르면, 1920~37년간 연평균 산업생산 증가율은 3.1퍼센트에 이르렀으며 이는 1877~1913년의 증가율보다 2배 높은 수준이었다.[3] 특히 1930년대에 산업생산과 대외무역에서 경기회복의 흐름이 완만하게나마 분명하게 나타났다는 것이다. 물론 수정주의 해석도 대공황 이전에 이미 전통적인 수출산업이 해외시장을 둘러싼 경쟁에서 밀려나고 그와 더불어 실업률이 높아져 궁극적으로 재정 악화에 이르렀다는 점을 중시한다. 그렇더라도 실업자의 증가는 노동시장의 유연성 결여에 덧붙여 고정임금제와 실업수당(dole), 그리고 집세보조금 등으로 더 악화된 것이었다. 1930년대 초 재정위기도 그 이전 시기 영국 정부의 잘못된 통화 및 실업정책에

---

2 Eric Hopkins, *The Rise and Decline of the English Working Classes 1918-1990: A Social History* (London: Weidenfeld and Nicolson, 1991), 13 참조.

3 K. S. Lomax, "Production and Productivity Movements in the United Kingdom since 1900", *Journal of the Royal Statistical Society*, ser. A, 122 (1959), 9-10. 올드크로프트에 따르면, 전간기의 경제는 "19세기 초엽 및 중엽을 특징짓는 높은 성장률로의 회귀"를 보여 준다. D. H. Aldcroft, "Economic Growth in Britain in the Inter-War Years: A Reassessment", *Economic History Review*, 2nd ser., 20/2 (1967), 316. 이외에 이러한 시각에서 양차대전 사이의 영국 경제를 개괄한 연구로는 다음을 볼 것. C. H. Feinstein, *National Income, Expenditure, and Output of the United Kingdom, 1855-1965* (Cambridge: Cambridge University Press, 1972); R. C. O. Mathews, et al., eds., *British Economic Growth, 1856-1973* (Oxford: Oxford University Press, 1982); D. H. Aldcroft, *The British Economy between the Wars* (Oxford: Oxford University Press, 1983).

따른 결과였을 뿐이며, 그 이후의 정책 전환과 더불어 영국 경제는 곧바로 회복 국면에 들어섰다는 주장이다.[4]

수정주의 견해와 함께 주목을 받는 것은 피터 케인과 앤서니 홉킨스의 영제국주의 연구이다.[5] 그들의 연구는 특히 양차대전 사이의 영국 경제에 대한 수정주의 해석과 맞닿아 있다는 인상을 준다. 이 시기 영국 경제는 겉으로는 이전보다 좀 더 적대적인 환경에 직면한 것처럼 보인다. 장기간의 경제침체, 수출산업의 쇠퇴, 미국의 대두 이후 세계은행으로서 영국의 위상 추락, 금본위제 복귀와 포기 등으로 이어지는 영국 경제의 전개 과정은 제국의 쇠퇴를 그대로 나타내는 것으로 받아들여졌다. 그러나 케인과 홉킨스는 이러한 시각이 영국 경제에 깃들어 있는 전통적이고 지속적인 요소, 즉 '신사 자본주의'의 힘을 너무 과소평가했다고 주장한다. 전통적 수출산업(staple industry)의 쇠퇴와 대조적으로 동남부를 중심으로 하는 신산업과 소비재산업의 발전, 대공황 이후 자치령과 식민지 네트워크에 토대를 둔 블록경제 형성 등은 결코 무시할 수 없는 측면이며 이러한 활력은 신사 자본주의의 지속성과 밀접하게 관련된다는 것이다. 케인과 홉킨스는 이 점을 다음과 같이 강조한다.

영국 제국주의의 지속적인 활력에 대한 우리의 강조는 잉글랜드 동남부에서 부를 견지한 서비스 및 소비재산업 복합체가 1차 세계대전 이후에도 계속 번영을 누렸고 그에 따라 신사적 가치, 지위 및 위력을 지킬 수단을 제공했다는 점을 주목하는 데서 시작한다. 런던 '시티'는 해외투자 수입의 감소와 영국

---

4 이런 점에서 수정주의 해석은 통화주의(monetarism)나 합리적 기대가설 등, 이른바 케인스식 정책 대안을 비판하는 새로운 경제이론의 영향 아래 이루어졌다고 할 수 있다. P. K. O'Brien, "Britain's Economy Between the Wars: A Survey of a Counter-Revolution in Economic History", *Past and Present*, 115 (1987), 109 참조.

5 P. J. Cain and A. G. Hopkins, *The British Imperialism II: Crisis and Deconstruction 1914-1990* (London: Longman, 1993).

거대기업의 대두에도 불구하고, 전간기 전 시대에 걸쳐 영국인의 경제생활에서 독자성을 가졌으며 핵심적인 위치에 있었다. 시티는 독일과 미국의 은행들이 거대산업과 연결되는 방식으로 제조업의 지배를 받는 그 같은 독점자본주의 구조에 흡수되지 않았다. 시티의 이해를 우선시하는 경향은 전쟁 이전과 마찬가지로 전후 경제정책과 제국에 각인되었다. …… 이런 점에서 보면, 영국의 미래가 1914년 이후 뒤처졌다는 것을 정책결정자들이 왜 받아들이지 않았는지, 그 이유를 좀 더 쉽게 이해할 수 있다.[6]

1920년대 전후 '정상'으로 복귀하려는 정치인과 정책결정자들의 줄기찬 노력은 영국의 신사 엘리트 쪽에서 보면 "역사의 추세를 거스르는 퇴행적인 활동이라기보다는 오히려 적절한 선택"이었다는 것이다.[7] 과연 그랬을까. 여기에서는 금본위제도 복귀에서 블록경제권 형성에 이르기까지 영국 경제의 전개 과정을 과연 이런 시각에서 설명할 수 있는지 재검토한다.

제국 네트워크와 경제

1차 세계대전 이후 세계 여러 지역에서 나타난 탈식민 움직임에 대해서는 영국 정치가와 지식인들도 예민하게 느끼고 있었다. 1919년 외무장관 아서 밸푸어(Arthur J. Balfour)는 이런 움직임이 "다양한 지역에서 다양하게 나타나고 있지만, 모든 대륙과 모든 나라에서 감지할 수 있는 세계적인 운동"이라고 술회했다.[8] 국제 문제를 풀어나가는 데 영국의 힘이 한계

---

6 Cain and Hopkins, *The British Imperialism II*, 5.
7 Cain and Hopkins, *The British Imperialism II*, 5.
8 L. James, *The Rise and Fall of the British Empire* (London: Abacus, 1995), 371에서 재인용.

에 이르렀다는 느낌은 저명한 정치인, 지식인, 극단적인 파시스트에 이르기까지 많은 사람들이 감지하고 있었다. 예를 들어 1차 세계대전 당시 로이드 조지 거국내각에서 비서관으로 일했던 레오폴드 아머리(Leopold S. Amery)[9]는 영국과 제국 네트워크가 변화하는 세계에 대응하는 데에는 상당히 취약한 구조를 가졌다고 생각했다.

제국 내에 있는 자치령들은 인구가 너무 희박해서 심각한 해전 또는 육전의 위협에 스스로 대처할 수 없다. 또 인도는 인구가 엄청나게 많지만, 근대 열강 중의 어느 한 나라가 자행하는 공격에 맞설 수 있는 노력을 기울일 만한 경제적·정치적 발전 단계에 이르지 못했다. 다음 세대에 이 지역의 안전을 확보하기 위해 해상에서 모든 적대국가 해군기지를 일소하고 육군의 침입을 받을 소지를 가능한 한 줄이며 제국 각 지역들을 해상뿐만 아니라 철도와 항공으로 연결한 상호교통망을 발전시킬 필요가 있다.[10]

어쨌든 제국의 취약성을 넘어서기 위해서는 제국 연결망을 이전보다 더 강화할 필요가 있었다. 후일 해군장관을 맡았을 때도 그는 제국 연결망(네트워크)이야말로 강대국이 지배하는 세계질서 아래서 영국 고유의 경제

---

9 레오폴드 아머리(Leopold Amery, 1873~1955): 인도 태생으로 해로스쿨을 거쳐 옥스퍼드대학 베일리얼 칼리지에서 수학했다. 외국어에 능통해 불어·독어·이탈리아어·불가리아어·투르크어·세르비아어·헝가리어를 구사했다. 대학 졸업 후 저널리스트로 활동했으며, *The Observer, The Times* 편집자를 거쳐 1911~45년 버밍엄 선거구 하원의원을 지냈다. 1922~24년 해군장관, 1924~29년 식민장관, 1940~50년 인도 및 미얀마 담당장관을 지냈다.
10 The National Archives (Kew), CAB 24/10, GT-448. Memorandum by Amery, "Notes on possible terms of peace" (11 Apr. 1917). 이 글에서 인용한 모든 정부문서는 다음 사료집을 참조했다. S. R. Ashton and S. E. Stockwell, eds., *Imperial Policy and Colonial Practice 1925-1945* (London: HMSO, 1996), 2 vols; Anne Thurton, ed., *Records of the Cabinet, Foreign Office, Treasury and Other Records* (London: HMSO, 1998); Ian M. Drummond, *British Economic Policy and the Empire, 1919-1939* (London: George Allen & Unwin, 1972), Appendix, 143-237.

적 수단이기도 하다는 점을 강조했다. "어떤 산업에서 완전한 시장개방을 완료할 나라는 사실상 없다. 우리가 제국 내에서 완전히 그렇지는 않더라도 상당한 사회개혁을 단행하고 직접무역을 발전시킬 경우 이 수준에 이르게 될 것이다."[11] 제국 연결망을 더 강화함으로써 국제 경쟁에서 우위를 차지해야 한다는 발상은 그 시대에 아주 낯익은 담론이었다. 1929년 11월 12일 영제국 각지에서 참가한 제조업자들은 제국화학(ICI) 회장 자택에서 회의를 가진 다음 공동 결의문을 발표했는데, 여기에서도 제국의 유기적인 결합을 강조한다.

대규모 경제 단위로 나아가는 경향은 미국의 가속화된 발전으로 강조되었다. 유럽의 가장 탁월한 인사와 사상가들 사이에 유럽합중국 건설을 바라는 경향, 그 이상의 움직임이 있었다. 이러한 사상이 좀 더 구체적인 사실로 발전할 때가 되었는지도 모른다. 그런 생각에 집착하는 것을 비판할 수는 없다. 그러므로 영국은 다른 유럽과 결합해 경제공동체를 이룰 것이냐, 아니면 제국 내 다른 지역과 경제적 통합 관계를 발전시킬 것이냐 양자택일의 분명한 문제에 직면해 있는 것이다.[12]

영국 정치인이나 기업인들이 이구동성으로 변화된 제국의 연결망을 새롭게 강화하는 데 관심을 기울인 것은 1차 세계대전 이후 미국의 대두와 밀접하게 관련된다. 미국의 위력은 전쟁기에는 엄청난 군수물자와 재정 차관 공여로, 전후에는 영국을 비롯해 서유럽 국가들이 장악한 수출

---

11 The National Archives (Kew), CAB 24/75, GT-6887. Notes by Amery "Shorthand notes of a conference of ministers at 10 Downing Street on unemployment and the state of trade", 10 (25 Feb. 1919).
12 *The Times*, 13 November 1929. 이틀 후 이들은 '제국경제연합'의 결성을 발표했다. *The Times*, 15 November 1929.

시장의 잠식과 활발한 해외 자본투자로 더욱더 실감할 수 있었다. 캐나다 출신으로 영국에서 활동한 저술가 맥스웰 에이킨(Maxwell Aitken, Lord Beaverbrook)은 누구보다도 미국의 힘을 잘 알았다. "미합중국은 50여 개 다른 단위로 구성된 하나의 제국이다. 오늘날 지구상의 나라 가운데 가장 강력하며 번영을 누리고 있다. 그 번영은 국민들이 국경 안에서 누리는 완벽하면서도 거칠 것 없는 무역의 자유와 외부 간섭으로부터의 보호이다." 이에 비해 영국은 영연방의 수장이기는 하지만, 영토나 자원 면에서 상대가 되지 않는다. 몇몇 중심도시의 공업 발전은 제국의 다른 세계에서 생산되는 값싼 식량과 원료에 힘입은 것이다. 그는 미국에 대항하기 위해서는 제국의 자유무역을 창출하고 제국 내 경제통합이 필수조건이라는 점을 강조한다.[13]

그러나 미국 번영의 비밀은 광대한 영토와 인구, 그리고 풍부한 자연자원에만 있는 것이 아니었다. 미국인들은 무엇보다도 생산과 경제 운영에서 뛰어난 기획력을 보여 주었다. 거대시장에 대응해 산업생산의 표준화를 이룩함으로써 생산성을 높였다. 이러한 발전은 분명 영국의 모델이 될 수 있었다. 1929년 11월 14일자 『이코노미스트(The Economist)』는 미국식 모델의 충격을 이렇게 기술하고 있다. "유럽의 산업 상태에 관해 진지하게 생각해 본 사람이면 누구나 의심할 바 없이, 미국의 대량생산, 대서양에서 태평양까지, 오대호에서 리오그란데강까지 단일한 관세로 개방된 거대한 시장의 요구에 대처할 수 있는 그 생산 체제에 깊은 인상을 받을 것이다."[14] 1920년대 영국 지식인에게 미국의 대두와 발전은 한마디로

---

13 Charles McCurdy, *Empire Free Trade: A Study of the Effects of Free Trade on British Industry and of the Opportunities for Trade Expansion within the Empire* (London: Hutchinson & Co., 1930), xi (Lord Beaverbrook의 서문); R. W. D. Boyce, "America, Britain and the Triumph of Imperial Protectionism in Britain, 1929-30", *Millenium: Journal of International Studies*, 3 (1974), 60 참조.

14 *The Economist*, 14 September 1929, 468.

충격적이고 인상적이었다. 이와 달리 영국은 생산·투자·해외무역 등에서 상대적으로 부진을 면치 못했다. 당시 미국을 방문했던 금융전문가 에번스 클라크(Evans Clark)는 한 기고문에서 그 충격을 다음과 같이 술회했다.

> 와트와 스티븐슨은 인간 이성과 창조적 재능을 기계류 제작에 쏟아부어 최초의 산업혁명을 일으켰다. 프레더릭 테일러와 그를 추종하는 사람들은 경영 문제에 똑같은 방법을 사용함으로써 두 번째 산업혁명을 가져왔다. 공장은 와트의 발명의 직접적인 후손이며, 거대기업은 테일러의 상상력에서 나왔다.[15]

1920년대 후반 유럽의 경제호황은 전적으로 미국에 의존한 결과였다. 이전까지 자본수입국이었던 미국은 이 시기에 유럽 여러 나라에 적극적으로 투자하기 시작했다. 유럽의 중앙은행들도 미국 달러화에 의존하는 정도가 더 높아졌다. 클라크에 따르면, 미국의 번영은 미국적 방식의 승리였다. 유럽 각국이 미국의 도전에 대응하려면 바로 이 미국적 방식을 받아들여야만 가능했다. 일반 미국 시민은 자신의 나라가 세계에서 차지하는 위치가 갑자기 높아졌다는 사실을 쉽게 받아들이지 않는다. 그들이 보기에, 미국인의 일상생활은 이전과 크게 달라지지 않았다. 조금 더 좋은 차를 사고 라디오를 구입한 정도에 지나지 않는다. 이전과 마찬가지로 단조로운 일상생활을 지내는 동안에 갑자기 "세계의 관심을 받는 중심지"가 되었다는 것을 실감하지 못한다.[16] 실제로 미국적 방식은 유럽 지식인과 기업가들 사이에 놀라울 만큼 널리 알려져 있었다. 그 방식을 상징적으로 알려주는 슬로건이 '과학적 관리'였다. 클라크는 이렇게 말한다.

---

15 Evans Clark, "Americanised Europe", *European Finance*, 7/8 (May 1928), 2.
16 Clark, "Americanised Europe", 2.

과학적 관리라는 말은 프레더릭 테일러의 특별한 공헌, 그 이상의 상징성을 갖는 표현이다. 그것은 공장, 광산, 농장 생산량의 증가를 가져와, 영국·프랑스·독일·이탈리아·벨기에를 합친 인구의 절반에 지나지 않는 미국이 이들 나라 모두가 연간 생산한 상품 및 서비스 총액의 두 배를 산출하는 이 미국적 성취를 대변하게 된 것이다. 과학적 관리란 기업합동과 결합, 경제 및 산업 탐구, 원가 계산, 표준화, 낭비 제거, 효율성과 절약 등의 모든 기법, 미국이 최근 세계에 가져다준 최대의 기여를 표현한다.[17]

그렇다면 미국의 위상이 높아지는 현실에서 제국 네트워크를 어떻게 강화할 것인가. 1895년 조지프 체임벌린은 영국인을 "거대한 영지를 소유한 지주"로 표현했다. 이는 해외 식민지 개발이 영국에 번영을 가져다주리라는 믿음을 표현한 것이다. 식민지의 농업과 광업 개발이 식민지의 진보와 영국의 번영을 동시에 이룩할 수 있는 지름길이었다. 실제로 1차 세계대전 이전 10년간 제국무역 증가율이 세계무역보다 더 높았다.[18] 말레이시아의 고무와 주석, 실론의 차와 고무, 서아프리카의 카카오, 카리브해 연안국의 설탕 산업에 대한 투자와 무역이 계속되었다. 물론 해외 지역 투자를 강조하는 분위기가 있었다고 하더라도 정책적 뒷받침은 별로 없었다.[19]

그러나 1차 세계대전 이후 영국의 국제무역 상황은 이전과 다르게 전개되었다. 캐나다는 미국 경제권과 더 밀접하게 관련되었고, 미국의 흡인력은 오스트레일리아와 뉴질랜드까지 미쳤다. 영국과 무역관계에 대해

---

17 Clark, "Americanised Europe", 3.
18 D. Meredith and M. Havinden, *Colonialism and Development: Britain and Its Tropical Colonies* (London: Routledge, 1993), 116 〈표 6-1〉을 볼 것.
19 다만 19세기 말 Colonial Act (1899), Colonial Stock Act (1900) 등 두 입법이 이루어졌는데, 앞의 법은 왕령지에 저율의 재무부 보증 융자금을 제공하는 것이고, 뒤의 것은 식민지 정부에 채권발행권을 부여한 법이었다.

이들 자치령은 대부분 제각기 보호 장벽을 높이고자 했다. 영국의 처지에서도 자치령 및 식민지와의 교역에만 치중할 경우 그보다 더 커다란 시장인 유럽 대륙을 놓칠 위험이 있었다. 식민지무역 못지않게 유럽대륙무역도 중요했다.

1920년대 말 영국의 실무 관리와 지식인들은 미국의 대두에 따른 영국의 대응전략에 관해 두 가지 가능성을 언급하고 있다. 하나는 유럽 대륙과의 공조 또는 유럽 경제권에 대한 관심사이고, 다른 하나는 경제적 맥락에서 제국 네트워크를 강화하는 것이었다. 이러한 전략 선택에서 중요한 것은 이들 논의가 다 같이 자유무역론에 대한 비판에서 출발하고 있다는 점이다. 미국이 아직 경계의 대상으로 떠오르기 전에는 자유무역의 원칙은 타당한 것이었다. 그러나 시대는 변했다. 1910~23년간 자유당 의원을 지냈던 찰스 매커디(Charles McCurdy)는 후일, 영국이 상업 및 산업상의 우월한 지위를 이미 미국 기업가들에게 양도했다는 사실을 지적한다. 미국이야말로 "세계에서 가장 풍요로운 국내시장을 신장시킴과 동시에, 해외 국가에 대한 공산품 수출국으로서 영국과 동등하거나 이미 추월할" 수 있게 되었다는 것이다. 그가 보기에, 아직도 자유무역론에 집착하는 사람들은 이러한 시대 변화를 인식하지 못했다.[20]

자유무역론을 넘어 대공황기의 경제 불안을 극복하려면 결국 공통의 기반을 가진 국가들과 협조가 필수적이다. 이 경우 유럽 경제권과 제국 경제, 두 가지 선택 가능한 경제블록을 상정할 수 있다. 문제는 두 경제권 모두 미국에 대한 대응전략이면서도 각기 서로 다른 약점을 보여 준다는 사실이었다. 유럽 경제권의 공조를 강조하는 데에는 영국·프랑스·독일이 상호보완적인 경제 특징보다는 경쟁적인 특징을 많이 가지고 있다는 점에서 한계를 드러낼 것이고, 영제국은 국제분업의 효율성을 보여 주면

---

20 McCurdy, *Empire Free Trade*, 30.

서도 제국 네트워크의 취약성과 미국 영향력 증대라는 약점을 가지고 있었다.

영국이 직면한 이 같은 곤경은 1829년 7월 20일자 『이코노미스트』의 한 논설에서 극명하게 드러난다.[21] 논설은 유럽 관세통합운동의 동기에 관해서, 우선 미국의 고율관세에 대처하려는 방어적인 노력임과 동시에 유럽 경제권의 통합에 따른 상호이익을 추구하려는 것이라고 분석한다. 달리 말하면, 미국을 비롯한 비유럽 세계에 대해서는 관세를 높이고 역내 국가들의 교역에서 상호주의 원칙에 따라 관세를 낮춤으로써 공동의 이익을 추구한다는 것이다. 이어서 이 논설은 미국 및 아메리카, 유럽 경제권을 사이에 두고 영제국 네트워크라는 또 하나의 경제권을 상정하면서 영국의 선택을 묻는다.

세계[경제의] 3분할 개념을 고려하지 않는다면, 우리는 유럽 통합에 대해 어떤 태도를 지녀야 할 것인가. 제국과 연결고리를 끊고 미래의 언젠가 3~4억 명에 이르는 유럽시장에 우리 제조업이 자유롭게 진입할 것이라는 희망을 품고 새로운 경제권에서 선도적인 자리를 차지하려는 노력을 기울일 것인가.[22]

물론 논설은 유럽 경제권을 향한 영국의 접근 가능성을 부정적으로 바라본다. 그렇다면 제국 네트워크는 어떤가. 백인 자치령은 영국 공산품에 대해 지금까지 고수해 온 보호관세정책을 포기하지 않을 것이다. 설령 관세장벽을 조정하더라도 유럽 대륙과 비교하면 지리적 거리 등 모든 면에서 불리하게 작용하지 않을 수 없다. "지리적·정치적·경제적으로 우리는 영제국의 모국이자, 그에 못지않게 유럽의 일부이다. 우리 섬을 들어올려

21 "Britain, Europe and the Empire", *The Economist*, 20 July 1929, 107-08.
22 "Britain, Europe and the Empire", 107.

대서양 한가운데로 옮겨 닻을 내리기 전까지는 우리는 구세계와 신세계를 잇는 운명에 처해 있는 것이다."[23] 이런 운명을 탓하면서도 논설은 '자유무역권 영제국'이라는 이상을 가지고 유럽도 미국도 아닌, 제국 네트워크의 독자적인 경제권 형성에 노력을 기울여야 한다고 결론 내린다.

실제로, 해외투자 측면에서 자치령과 식민지는 영국과 밀접하게 관련되어 있었다. 1920년대 말 영국은 세계 최대의 해외투자국이었다. 1차 세계대전 직전 영국 시티의 투자자금 규모는 35~40억 파운드에 이르렀으며, 이 가운데 40퍼센트는 제국에 대한 투자였다. 당시 투자 수입 2억 파운드는 영국 국민소득의 10퍼센트에 해당할 정도였다.[24] 영국 경제가 침체를 벗어나지 못해 해외투자를 억제하는 조치를 취했던 1920년대 후반에도 이런 추세는 이어졌다.[25] 예를 들어 1924~30년간 영국의 신규 해외투자 규모는 5억 4,200만 파운드에 이르렀으며 장기 투자를 위해 유럽의 다른 은행에서 단기 차입을 시도하는 때도 있었다.[26] 1920년대 영국의 국제수지도 급격하게 악화되었는데, 이를 보충한 것이 바로 해외투자 소득을 비롯한 무형무역(invisible trade)이었다.

그러나 무형무역, 특히 자본투자도 뉴욕이 구 런던시의 강력한 경쟁자로 등장함으로써 위기에 직면했다. 1920년대 후반 영국 정부는 경제위기를 벗어나기 위해 제국의 경제통합과 식민지에 대한 런던의 경제 및 행정상의 책임을 강조하는 태도를 보여 주었다. 이전까지 체계화되지 않았던

---

23 "Britain, Europe and the Empire", 107.

24 P. J. Cain and A. G. Hopkins, *The British Imperialism I: Innovation and Expansion 1688-1914* (London: Longman, 1993), 173-78 참조.

25 이 시기 영국 국내 경제를 고려해 해외 자본투자를 규제하려는 재부무(당시 장관은 처칠)의 시도에 관해서는 다음을 볼 것. M. J. Daunton, "Britain and Globalisation since 1850: II. The Rise of Insular Capitalism, 1914-1939", *Transactions of the Royal Historical Society*, sixth ser., Vol. 17 (2007), 13-21.

26 Cain and Hopkins, *The British Imperialism II*, 47.

식민지 개발에 관한 법령을 정비해 '식민지 개발법(Colonial Development Act 1929)'을 제정했다. 이 법은 식민지 정부가 개발을 위한 재정상의 도움을 영국에 공식적으로 요청할 수 있도록 허용한 것이다.[27] 사실 이 방안은 아머리가 1920년대 초부터 주장한 내용이었으며, 법 제정 이후 식민지에 대해 체계적인 개발 투자가 시행되기 시작했다.[28] 이와 아울러 1920년대 실업률을 낮추기 위해 정부는 제국으로 이민을 권장하는 정책을 폈다. 1922년 제정된 제국정주법(Empire Settlement Act)은 자치령으로 이민을 희망하는 영국인을 지원하는 내용을 담고 있다. 1920년대 제국 네트워크를 강화하려는 이런 일련의 노력이 대공황기에 블록경제 결성까지 이어졌다고 할 수 있다.

금본위제 논란: 영국과 미국

전후에 영국은 전례 없는 인플레이션으로 사회적 혼란을 겪었다. 그러나 1920년대에 접어들어 경제침체가 계속되면서 물가는 진정 국면을 나타냈다.[29] 이 시기 국제경제와 관련해 가장 중요한 현안은 1차 세계대전으로 붕괴된 금본위제도를 복원하는 일이었다. 영국과 미국 정부는 세계경제를 재건하는 일이 해외무역과 국내경제의 번영에 필수적이라고 생각했다. 이러한 재건은 국가재정의 건전화, 전시 부채 및 보상금 문제의 해결,

---

27 기존 법령은 '식민지 개발법(Colonial Development Act, 1929)'으로 일원화되었다.
28 예컨대 1924년 동아프리카위원회는 케냐의 교통망 확충을 위해 재무부 보증차관 1,000만 파운드를 제공할 것을 제안했으며, 이는 그대로 시행되었다. *British Parliamentary Papers*, 1924-25, Cmd. 2387, "Report of the East Africa Commission", 10, 19.
29 1914년 물가 수준을 100이라 할 때, 1918년 200, 1920년 248, 1922년 181, 1924년 176, 1926년 171로 나타난다. 찰스 페인스틴 외, 『대공황 전후 유럽 경제』, 양동휴 등 옮김 (동서문화사 2001), 64 〈표 3-1〉을 볼 것.

균형예산, 그리고 금본위제도 복원에 토대를 두어야 했다. 이런 점에서 전후 세계경제 복원을 위한 대략적인 계획에 관해서는 두 나라 사이에 커다란 차이가 없었다. 그러나 이러한 목표를 실현할 구체적인 방법론을 둘러싸고 이견이 있었다. 이러한 이견은 두 나라가 직면한 경제 상황을 반영하는 것이기도 했다.

1920년대 미국은 경제적 번영을 누렸고 영국은 그 반대였다. 미국은 풍부한 자원과 경제 호황을 배경으로 자유시장에 기초를 둔 세계경제 재건에 관심을 기울였다. 모든 규제와 보호조치를 배제하고 자유경쟁과 시장개방을 지향했다. 반면, 영국은 국제금융시장에서 시티의 강력한 경쟁자로 등장한 뉴욕을 경계하지 않을 수 없었다. 국제자본의 런던 집중을 유도함과 동시에 그 과정에서 세계경제의 완만한 회복을 원했다. 영국 정부는 금본위제 도입을 늦추는 대신, 국제통화 결제를 파운드 스털링화와 달러화에 연계해 이루어지도록 함으로써 세계경제를 회복시킬 수 있다고 주장했다. 미국과 비교하면 영국은 그만큼 선택의 폭이 좁았다.[30]

1922년 4월 제노바 국제회의는 영국 정부의 이러한 전략이 반영된 회의였다.[31] 이 회의는 당시 가장 중요한 국제경제 문제를 논의했다. 각국 정상들이 참석하면서 열띤 논란이 된 의제는 동유럽 재건, 유럽 자본주의 경제와 러시아 경제 사이의 교류, 금본위제도 복원 등이었다. 당시 미국만이 풍부한 금을 보유하고 있었으므로, 영국은 오히려 동유럽 재건과 러시아와의 경제 교류에 주안점을 두고자 했다. 특히 유럽의 경제적 분열을 극복하고 런던이 주도하는 금융공동체를 건설하려는 의도를 드러낸 셈이었다. 컨소시엄 형태로 러시아와 무역을 재개한다면 런던이 중심이 되리

---

30 금본위제를 둘러싼 두 나라의 갈등과 이견은 다음을 볼 것. F. C. Costigliola, "Anglo-American Financial Rivalry", *Journal of Economic History*, 37/4 (1977), 911-34.
31 이 국제회의는 1922년 4월 10일부터 5월 19일까지 열렸으며 34개국 대표가 참가했다.

라는 기대가 있었다.

이들 의제 가운데서도 가장 논란을 불러일으킨 것은 역시 금본위제도였다. 영국은 금본위제도에 관해서는 이중적인 입장을 드러냈다. 우선 금본위제도를 복원해야 한다면 세계적 수준의 금본위제도를 시행해야 한다는 것이었다. 이는 두 금본위제 국가인 미국과 영국, 두 나라 가운데 어느 한 나라에 각국이 지불준비금으로 마련한 금 보유금을 예탁하는 방식을 뜻했다. 한편, 세계 수준의 금본위제도 시행이 어렵다면 과도적인 조치로 각국 통화를 우선 달러화나 파운드화와 연계할 것을 대안으로 내놓았다.[32] 영국 재정 전문가들의 속셈으로는 세계적 수준의 금본위제야말로 금 보유량이 미흡한 영국이 "국제금융의 주도권을 살리면서 세계경제에서 '사자의 몫'을 차지할 방안"이었다.[33] 잉글랜드 은행장 몬태규 노먼(Montagu Norman)과 재무장관 랠프 호트리(Ralph G. Hawtrey)는 이러한 방식에 견해를 같이했다. 미국만이 금본위제로 복귀하고 다른 나라들이 국제결제를 위해 달러화와 자국 통화를 연계한다면, 시티의 영향력은 급격하게 쇠퇴할 것이 분명했다. 한편, 영국의 방안은 전시 부채 문제와도 관련된다. 즉각적인 금본위제가 시행될 경우 금 보유량이 적은 영국은 부채 해결에 어려움을 겪을 수밖에 없다. 그럴수록 미국의 영향력에 종속되리라는 두려움이 있었다. 그러나 미국은 즉각적인 금본위제 시행을 주장함으로써 영국의 제안을 거부했다.

제노바 회의 이후 국제통화 결제를 위한 제도는 미국의 금화본위제(gold coins standard)와 그 밖의 다른 나라들이 택한 금환본위제(gold exchange

---

[32] Costigliola, "Anglo-America Financial Rivalry", 917-20. 이 밖에 제노바 회의에 관해서는 다음을 참조. Stephen V. O. Clarke, "The Reconstruction of the International Monetary System: The Attempts of 1922 and 1933", *Studies in International Finance*, 33 (Princeton, 1973), 4-18.

[33] The National Archives (Kew), T 172/1499B. Memorandum by R. G. Hawtrey, "The Genoa Currency Proposals" (3 Feb. 1925).

standard)로 시행되었다. 미국의 금화본위제는 금본위제와 동일한 것이다. 금환본위제에서 금환(gold exchange)이란 금본위국의 금과 태환이 가능한 채권, 즉 그 나라의 통화로 표시된 환어음이나 예치금을 뜻한다. 금환은 언제나 금본위국의 금화와 교환이 가능하기 때문에 이 제도를 채택한 나라는 이를 바탕으로 통화를 발행할 수 있었다. 1925년 이후 영국은 금지금본위제(gold bullion standard)를 택했는데, 이는 금본위제이면서도 금화가 아니라 지금(地金) 형태의 태환만을 인정함으로써 실제로 자유로운 금태환을 억제하는 제도였다.

1925년 5월 영국은 전격적으로 독자적인 금본위제로 복귀한다. 당시 잉글랜드 은행과 재무부 관리들은 이 문제에 어떤 태도를 지녔는가. 잉글랜드 은행장 노먼은 미국이 원하는 금본위제로 회귀할 것을 동료에게 설득했다. 물론 이러한 조치는 제국의 해체로 연결될 위험이 있었다. 당시 영국은 자치령과 식민지 자원 및 시장에 의존하였는데, 제국 네트워크는 미국 경제력의 신장에 따라 점차 약해지고 있었다. 예컨대 1921~25년간 미국의 연평균 해외무역액은 1910~24년 평균치보다 2배 증가했다. 이와 비교하면 미국과 오스트레일리아 및 뉴질랜드 무역액은 같은 기간에 3배 늘었으며, 남아공의 경우 2.5배(미국의 남아공 수출) 내지 4배(남아공으로부터 수입) 증가했다.[34] 이는 미국과 영국 자치령 사이의 무역관계가 이전보다 훨씬 더 긴밀해지고 있음을 의미했다. 경제적 관계는 정치적 관계 증진으로 이어질 수 있었다. 노먼을 비롯한 재무부 관리는 이러한 현상을 불가피한 것으로 받아들였다.[35]

---

34 이상의 통계는 Costigliola, "Anglo-American Financial Rivalry", 923 참조.

35 1920년대 후반 외무부 관리들은 미국과 자치령의 긴밀한 관계로 결국 제국에서 자치령의 이탈이 발생할 것이라 생각했다. 외무부의 미국통인 제프리 톰슨(Geoffrey Thompson)은 "미국과 영 자치령 간의 관계 증진의 누적된 결과로 자치령이 영국으로부터 떨어져 나갈 것"이라고 적었다. The National Archives (Kew), CAB 24/199. Minute by Geoffrey Thompson (1 Dec. 1928).

재무장관 처칠 또한 취임 당시에는 이러한 견해에 귀를 기울였다. 그러나 그는 점차로 미국이 주도하는 금본위제에 따라야 한다는 잉글랜드 은행과 재무부 관리들의 견해를 비판하면서 독자적인 금본위제 복귀를 선택했다.[36] 그의 결정에 큰 영향을 미친 것은 남아공 정부가 미국 주도하의 금본위제, 즉 금환본위제를 독자적으로 채택하겠다고 공표한 사건이었다. 미국 주도의 이러한 질서에 다른 자치령도 뒤따를 것이라고 여겨졌다. 그해 5월 4일 처칠은 독자적인 금본위제 복귀를 선언했다. 공표 연설에서 그는 그 길만이 제국 내에서 영국의 고립을 벗어나는 유일한 대안이라는 점을 강조했다. 그렇지 않다면 "모든 자치령은 파운드화를 버리고 금본위제에 기초를 둔 미국과 거래할 것이다. 이는 영국의 커다란 재앙이다."[37] 금본위제를 공표하기 일주일 전에 그는 국왕에게 그 불가피성을 다음과 같이 설명했다.

독일과 미국이 이미 금본위제를 시행하고 있습니다. 네덜란드도 영국과 보조를 맞춰 금본위제로 복귀할 것이라고 믿습니다. 영제국에 관한 한, 모두 연합해서 이 조치를 택할 것입니다. 캐나다는 이미 금본위제를 시행 중이고, 남아공·오스트레일리아·뉴질랜드도 모두 영국의 신호를 기다리고 있습니다. 영제국 전역과 세계의 상당한 지역에 걸쳐 모든 거래의 기준이 되는 통화가치의 표준화가 갖는 중요성은 아무리 높이 평가해도 지나치지 않습니다. 그것은 모든 나라에 혜택을 주겠지만, 광대한 세계무역과 금융을 가진 인구가 조밀한 이 섬나라만큼 혜택을 얻지는 못할 것입니다.[38]

36 금본위제 전면 복귀를 강력하게 반대한 두 인물이 있었다. 전임 재무장관 메케너(R. McKenna)와 케임브리지대학의 경제학자 케인스(J. M. Keynes)였다. Martin Gilbert, *Winston S. Churchill, 1922-1939* (London: Heinemann, 1976), 92-93 참조.

37 Costigliola, "Anglo-American Financial Rivalry", 924에서 재인용.

38 Gilbert, *Winston S. Churchill*, 100에서 재인용.

금본위제 채택에서 중요한 문제는 그동안 하락 추세에 있던 파운드화의 환율을 정하는 일이었다. 1파운드당 4.86달러라는 이전 수준의 환율로 되돌아갈 경우 외국 투자자들이 파운드화에 실망하고 뉴욕으로 금융거래를 옮길 위험이 있었다. 반면, 파운드화로 이루어진 해외투자 자본의 가치를 높일 뿐 아니라 미국에 대한 전시 부채 상환도 더 유리해질 것이었다. 처칠은 뒤의 가능성을 더 중시했다.[39] 달러에 대한 스털링화의 가치는 전전 수준으로 결정되었다. 돌이켜보면 1920년대 영국과 미국, 두 나라는 다 같이 자본주의 세계경제의 활력을 되살리기 위해 노력을 쏟았다. 국내경제의 호황을 불러오고 이와 동시에 세계 곳곳에서 나타난 정치적·경제적 동요와 혼란을 수습할 방안을 찾는 데 열심이었다. 그러나 세계무역질서 회복에 가장 중요한 관건이라고 할 수 있는 금본위제 문제를 둘러싸고 갈등을 빚었다. 이는 미국의 번영과 영국의 쇠락에 따른 당연한 결과였다. 제국 네트워크가 미국 주도의 경제질서에로의 편입을 두려워한 영국 정부는 독자적인 금본위제로 복귀한 것이다.

1925년 전격적인 금본위제 복귀는 케인과 홉킨스의 언급대로 시티의 금융자본, 넓게 말해 신사적 자본가들의 경제적 이해를 반영한 조치였을까. 금본위제 복귀 당시 전후 사정을 살펴보면, 신사적 자본가의 이해를 반영하는 위치에 있었던 전문 관료와 잉글랜드 은행 당사자들은 미국 주도의 금본위제에 편입하는 것을 원했다. 오히려 재무장관 처칠이 이들의 주장을 일축하고 독자적인 금본위제 복귀로 정책 방향을 돌렸다. 여기에서 처칠의 조치는 순경제적인 문제라기보다는 오히려 미국의 부상에 대한 대응책으로서, 그리고 제국 네트워크 강화의 필요성에서 비롯한 것이다. 이런 점에서 1925년 금본위제 논란은 신사 자본주의의 이해를 그대로 반영한다고 보기 어렵다. 그렇더라도 그 결과는 수출산업의 위축과 시티

---

39 Costigliola, "Anglo-American Financial Rivalry", 920.

금융자본의 이해를 보전하는 방향으로 흘렀다.

20세기 영국 경제사는 금본위제 복귀가 수출산업 분야에 파국적인 영향을 미쳤음을 보여 준다. 사실 1920년대 전반만 하더라도 영국은 대륙과 비교해서 그다지 심각한 금융 혼란을 겪지 않았다. 잉글랜드 은행과 시티는 이전의 명성을 유지했다. 그러나 금본위제 복귀로 영국은 수출산업의 타격과 노동계급 생활수준 하락이라는 큰 대가를 치렀다. 당시 파운드 환율은 실제보다 10퍼센트 이상 과대평가되었다는 견해가 있다.[40] 물론 수출산업의 붕괴가 단지 파운드 고평가 때문인지는 확실하지 않다. 사실 역사적인 맥락에서 보면 영국 경제의 쇠퇴는 양차대전 사이에 국한되지 않고 그 이전부터 진행된 구조적인 문제였다. 1차 세계대전기까지 영국은 전통적 수출산업이 특화된 경제였으며 이 부문의 생산성은 오랫동안 정체되어 있었다. 1차 세계대전 및 그 이후의 시기에 전통적인 수출산업은 오히려 구조적 변화의 기회를 상실했다. 그에 따라 1920년대 해외시장에서 이들 산업의 경쟁력은 전반적으로 약해졌다. 여기에 스털링화의 과대평가가 어느 정도 나쁜 영향을 주었을 것이다.

오타와 경제회의와 제국 경제

대공황이 단순한 금융공황인가, 아니면 자본주의 고유의 모순이 폭발한 과잉생산 공황인가에 관해서는 여러 논란이 있다. 그러나 1929~30년 당시 세계경제의 실상을 좀 더 자세히 들여다보면, 생산과 소비의 불균형 외에 주요국 중앙은행들의 리더십이 약했고 사태를 해결하려는 국제협력이 부족했으며, 경제 관련 당사자들이 낡은 정치적·경제적 이데올로기에

---

[40] 페인스틴 외, 『대공황 전후 유럽 경제』, 74 참조.

너무 집착했다는 것을 알 수 있다.[41] 이미 이전부터 극심한 불황에 시달리던 영국은 실업보험 급증에 따른 재정위기에 빠졌으며, 1931년 9월 금본위제를 포기했다. 대공황기에 경제자문위원회(Economic Advisory Council) 실무를 맡았던 허버트 헨더슨(Herbert D. Henderson)은 자신의 비망록에서 다음과 같이 기록했다.

금태환을 중지한 영국의 사례를 여러 나라가 뒤따랐다. 그들 대부분은 역설적으로 스칸디나비아 제국처럼 비교적 강한 경제적 지위에 있는 나라들이었다. 현재 금본위제도가 아주 정상적으로 작동되는 나라는 드물다. 누구나 금본위제 이탈 움직임이 가까운 장래에 확산될 것이며 사실상 그것은 전 세계로 파급되리라고 생각한다.[42]

그의 예견대로, 1934년에 이르러 미국·프랑스·스위스·네덜란드 등도 뒤늦게 금태환을 중지함으로써 금본위제를 이탈했다. 그 후 영국·프랑스·미국, 세 나라는 외환 통제를 완화하고 자국 통화의 경쟁적 평가절하를 자제하기 위해 삼국협정(Tripartite Agreement)을 체결했다. 1930년대 초의 서구 여러 나라들을 금본위제 이탈 국가(영국·덴마크·스웨덴·노르웨이·핀란드)와 금본위 블록(미국·프랑스·벨기에·네덜란드·스위스·이탈리아)으로 구분할 경우 금본위 이탈국의 경제성장이 높게 나타난다.[43] 금본위제의 조기 이탈과 경제 회복이 뚜렷한 인과관계를 갖는다고 보기는 어렵지만,

---

41 페인스틴 외, 『대공황 전후 유럽 경제』, 35.
42 H. D. Henderson, "Internal Credit Policy and International" (27 Oct. 1931) in idem, *The Inter-War Years and Other Papers* (Oxford: Clarendon Press, 1955), 87.
43 1929~38년간 연평균 경제성장률 수치를 보면, 이탈국의 경우 영국 1.9, 덴마크 2.2, 스웨덴 2.6, 노르웨이 3.1, 핀란드 3.9, 금블록의 경우 프랑스 -0.4, 벨기에 0.0, 네덜란드 0.3, 스위스 0.6, 미국 -0.6으로 나타난다. 페인스틴 외, 『대공황 전후 유럽 경제』, 32-33 참조.

이탈국 대부분이 1930년대 초부터 스털링화를 중심으로 하는 블록경제를 형성했다는 점은 주목할 만하다.

영국 정부가 금본위제 관리자의 역할을 포기한 후 1년 이내에 24개국이 금환본위제에서 벗어났다. 이들 이탈국 가운데 영제국에 속하지 않으면서도 스털링 통화권에 해당하는 나라는 노르웨이·스웨덴·핀란드·라트비아·리투아니아·에스토니아·포르투갈·이라크·이집트·태국·미얀마·아르헨티나 등이었다.[44] 1930년대 스털링 통화권 국가들은 좀 더 많은 파운드화를 보유하려고 했기 때문에 추가 수요가 발생했다. 이에 따라 환투기가 성행하고 이러한 투기가 통화 안정에 큰 영향을 주었다. 1932년 영국 정부는 재정법(Finance Act)을 제정해 환평형계정(exchange equalisation account)을 설치 운영했다. 이는 환투기를 막으려는 조치였다. 구체적으로는 스털링화 매출의 경우 매입을, 매입의 경우에는 매출의 방법을 동원해 공개조작을 운용하는 것이었는데, 어느 정도 환시세 안정을 가져왔다.[45]

1932년 영국은 제국과 경제 교류를 활성화하고 스털링 블록의 결속을 다질 목적으로 제국 경제회의를 개최했다. 이 회의는 6월 21일부터 8월 20일까지 오타와에서 열렸다. 이 경제회의는 제국 역내의 관세를 낮추는 대신, 기타 국가에 대해 고율의 관세를 부과한다는 데 합의를 이끌어냈다. 당시 거국내각에 참가했던 자유당 정치인 허버트 새뮤얼은 램지 맥도널드(Ramsay MacDonald) 총리에게 보낸 편지에서 이렇게 말했다.

대외무역 가운데 우리 제국 간 무역이 30퍼센트, 기타 세계와 거래하는 무역이 70퍼센트입니다. 산업 부흥과 실업 감소를 위해 다가올 경제회의에서 우리는 영국산 제품에 대한 모든 장벽을 낮추거나 없애기 위한 협정을 자유

---

44 Cain and Hopkins, *British Imperialism II*, 80.
45 환평형 계정과 파운드화 안정에 관해서는 Cain and Hopkins, *The British Imperialism II*, 82-84를 볼 것.

| 표 5-1 | 오타와 경제회의 참가국 및 대표(1932)

참가국	대표	직위	비고
남로디지아	H. W. 모펏(H. W. Moffat)	총리	
남아프리카공화국	니콜라스 하벤가(Nicolaas Havenga)	재무장관	
뉴질랜드	고든 코츠(Gordon Coates)	공공사업장관	
뉴펀들랜드	F. C. 올더라이스(F. C. Alderice)	총리	
아일랜드자유국	신 T. 오켈리(Seán T. O'Kelly)	부통령	
영국	스탠리 볼드윈(Stanley Baldwin)	추밀원 의장	전 총리
오스트레일리아	스탠리 브루스(Stanley Bruce)	부재무장관	전 총리
캐나다	R. B. 베넷(R. B. Bennett)	총리	

롭게 체결해야 합니다.[46]

오타와 경제회의를 주도한 영국은 제국 내 상호 특혜관세의 범위를 가능한 한 확대해 역내무역을 활성화함으로써 경제위기와 저물가 현상에서 벗어나려는 의도를 가졌다. 당시 외무부 실무진이 정부에게 환기한 회의의 주된 목적은 "세계무역 증대, 특히 영제국에 의한 증대와 세계적인 물가 상승을 유도해 국민의 생활수준을 유지하는" 데 있었다. 더 나아가 영국 정부는 제국 내 농축산물 수입에 특혜관세를 적용하는 양보를 취하는 대신, 공산품에 대해서도 점진적으로 보호관세의 장벽을 낮추기를 희망했다.[47] 오타와 회의는 미국 경제권에 편입되어 있던 캐나다까지도 제국 경제블록의 일원으로 인정했다. 회의 직전 실무관료 클라크(William Clark)는 캐나다 수상과의 면담에서 이런 원칙을 확인하고자 했다.[48]

---

46 The National Archives (Kew), CAB 24/233, CP 312(32). "Letter from Samuel to Ramsay MacDonald" (16 Sep. 1932).
47 The National Archives (Kew), CAB 32/105, o.(B)(32)136. "Revised List of Questions suggested for Consideration of H. M. Government" (8 July 1932).

그러나 영국 정부의 의도는 관철되지 않았다. 영국은 궁극적으로 농축산물에 대한 관세를 대폭 낮추는 대신, 자치령이 공산품에 대한 보호장벽을 낮추기를 원했다. 클라크에 따르면, 자신의 원칙은 "국내생산물과 경쟁이 없을 경우 자유로운 수입을 보장해 제국 내 모든 생산자 또는 제조업자에게 이익이 되도록 유도해야 하며, 경쟁이 있는 생산물의 경우 공정한 경쟁을 제공해야 한다"는 것이었다. 이는 공산품에 대한 보호장벽 철폐를 뜻했다.[49] 그러나 오스트레일리아나 캐나다 등은 1차 상품에 대한 영국의 양보를 요구하면서도 공산품 무역에 상응한 조치를 택하는 것을 꺼렸다. 자국 생산자를 보호하기 위해서였다. 당시 『이코노미스트』의 한 논설은 공개된 오타와 협정 내용을 분석하면서, "협정에서 실질적인 관세인하 내용을 찾으려는 사람들은 완전히 실망할 것"이라고 썼다. 자치령에 대한 영국 공산품 수출은 약간 늘어나겠지만, 그 효과는 미미할 것이라는 견해도 덧붙였다. 예를 들어 자동차의 경우처럼 캐나다 공산품 시장은 이미 미국이 장악하고 있었기 때문이라는 것이다.[50]

오타와 회의에 참가한 자치령 정부들은 영국과 자치령 모두 상호인정하기로 합의한 품목에 대해서만 관세를 인하할 것을 요구했다. 영국 정부는 자치령이 관세를 낮추고 제국 내 자유무역을 허용할 것을 촉구했지만, 자치령은 이러한 요구에 동의하지 않았다. 그 대신에 영국 시장에서 자치령 생산품이 특별 우대를 받는 경우 영국 상품에 그에 상응한 우대 조치를 하기로 했다. 영국은 자치령에 무역상의 양보 조치를 취했지만, 그에

---

48 The National Archives (Kew), DO 114/42. "Telegram, Sir William Clark to Dominion Office" (15 June 1932). 그는 캐나다 수상과의 면담에서 다음 원칙을 확인하려 한다고 밝혔다. 1) 영연방 내에서 상호특혜관세 원칙 인식, 2) 기존 및 미래 제국 내 특혜관세의 일반적 적용, 3) 특혜관세 대우에 필요한 비율 결정, 4) 그 밖의 해외 제국에 적용할 우대관세 확대, 4) 제국 내 수출한도 및 반덤핑세.

49 DO 114/42. "Telegram, Sir William Clark to Dominion Office" (26 March 1932).

50 "The Meaning of Ottawa", *The Economist*, 15 Oct. 1932, 671.

상응한 혜택을 누리지는 못했다.

오타와 경제회의는 영국 정부가 구상한 결과를 도출하지는 못했다. 그러나 장기적으로는 참가국들의 부분적인 관세 인하 조치에 힘입어 영제국 경제권의 역내무역을 활성화하는 방향으로 나아갔다. 회의 이후 영국의 무역정책은 자유무역에서 이중적 이탈로 간주된다. 영국은 국제수지 균형과 스털링화 가치 유지 및 자국 농업 보호를 위해 보호관세정책을 추구했다. 그와 함께 대규모 무역 블록의 지도국으로 부상한다. 회원국 사이에는 차별관세를 적용해 최혜국 대우를 보장한 것이다. 이를 흔히 '제국특혜(imperial preference)'라 일컫는다. 그러나 이런 의도가 실현되었는가에 대해서는 논란이 있다.

오타와 회의 이후 제국 내 무역이 계속해서 증가한 것은 사실이다. 1930~38년간에 영국 수출품 가운데 제국으로의 수출 비중은 43.5퍼센트에서 49.8퍼센트로 상승했다. 그런데도 이러한 수치가 영국 수출산업의 회복을 보여 주지는 않는다. 예컨대 1925~29년간 영국의 자치령 수출액은 연평균 1억 4,300만 파운드였지만 1934~38년에는 연평균 1억 1,100만 파운드에 지나지 않았다. 물론 당시 수출가격이 평균 38퍼센트 하락했다는 점을 고려하더라도 이 결과는 실망스러운 것이었다. 이와 비교하면 영국이 자치령으로부터 수입하는 상품은 같은 시기 사이에 연평균 1억 8,300만 파운드에서 1억 8,900만 파운드로 증가했다.[51]

그러나 이 통계는 허점이 있다. 1920년대와 대공황 이후의 시기를 비교하기 때문에 회의 이후 변화의 실태를 정확하게 보여 주지 않는다. 오타와 회의에서 영국이 양보한 결과 무역수지 적자가 확대된 것으로 나타

51 Cain and Hopkins, *British Imperialism II*, 85. 오타와 회의에 관한 상세한 설명은 다음을 볼 것. R. F. Holland, *Britain and the Commonwealth Alliance, 1918-1939* (London: Macmillan, 1981), 138-45.

I 표 5-2 I 영국 상품 수출액 추이(£1,000)		
지역	1930	1937
총 수출액	570,755	521,392
자치령/식민지	248,345	251,940
미국	28,705	31,419
기타 국가	293,705	238,033

I 표 5-3 I 영국 상품 수입액 추이(£1,000)		
지역	1930	1937
총 수입액	1,043,975	1,027,824
자치령/식민지	304,030	405,225
미국	153,479	114,105
기타 국가	586,447	508,495

나는 것이다. 경제침체기인 1930년대의 추이만을 비교하면 장기적으로는 이후 제국 내 무역이 계속해서 활성화되었음을 알 수 있다. 제국무역의 전반적인 호조로 영국의 경제성장률은 꾸준하게 높아졌으며, 수입물가 하락에 따라 영국인의 생활수준 또한 개선되었다. 〈표 5-2〉와 〈표 5-3〉은 1930~37년간 영국의 상품 수출입액 추이를 자치령/식민지, 미국, 기타 국가로 구분해 작성한 것이다.[52] 통계에서 나타나듯이 영제국 내 수출입이 더 활성화되고 있다.

사실 1930년대 초 영국의 정치가들은 오타와 경제회의 협의 내용에 만족하지 않았다. 자국 농업의 보호를 원했기 때문이다. 그러나 자치령 국가 생산자들의 동의 없이 그렇게 할 수 없었다. 그들은 제국 내 특혜관세를 도입하는 것이 파운드화에 대한 자치령 국가 통화의 평가절하 요구를 완화할 수 있다고 여겼다.[53] 어쨌든 1930년대 제국 내 관세 인하를 바탕으로 하는 스털링 블록경제는 제국 내 무역의 활성화와 더불어 영국이 완만한 경제성장을 지속할 수 있는 여건을 마련해 주었다. 제국의 자치령

---

52 표는 다음 자료에 의거해 작성했음. *Parliamentary Papers*, 1939-40, 11, Cmd. 6140. "Statistical Abstract for the British Empire, 1929-1938", 6.

53 이에 대해서는 다음을 볼 것. Ian M. Drummond, *British Economic Policy and the Empire 1919-1939: Studies in Expansion and Protection* (London: George Allen & Unwin, 1972), 290-95.

과 식민지는 영국 수출품의 주된 소비자였다. 그러나 전통적으로 자치령과 식민지는 영국 금융의 중요한 채무국이자 영국의 금융서비스 및 해운에 크게 의존하였다. 그렇기 때문에 영국의 무형무역에 중요한 비중을 차지했다. 1930년대 상황에서 이들 국가는 스털링화에 손쉽게 접근하지 못하면 채무상환 이행과 스털링화 지불준비금 유지에 어려움을 겪을 수밖에 없었다. 그리고 지불유예선언이 뒤따를 경우 파운드화 폭락 위험이 있었다. 영국 정부가 오타와 회의에서 수출입 문제에 관해 자치령 및 식민지에 양보한 것은 이러한 이유 때문이다. 실제로 무역수지 악화가 반드시 파운드화 가치 인하를 가져오지 않을 것이라는 낙관론도 나타났다. 당시 경제자문위원 헨더슨은 다음과 같이 말했다.

우리가 수입을 늘리면 인도와 오스트레일리아 자치령 정부는 새로운 빚을 내지 않고서도 파운드화 부채에 대처하기가 더 쉽기 때문에, 스털링화를 약화시키기보다는 강화하는 경향이 있었다. 이들 나라가 지불유예선언을 할 것이라는 우려를 없앨 수 있다. 이들 자치령은 실제로 영국 금융제도의 내밀한 부분을 이루고 있기 때문이다. 거꾸로 또 마찬가지 이유로, 우리가 인도와 오스트레일리아로부터 수입을 줄인다면, 그것은 스털링화를 강화한다기보다 오히려 약화시키는 경향이 있다.[54]

오타와 회의 이후 경제가 완만한 회복 국면에 들어섰음에도 전통적 수출산업은 그렇지 못했다. 그렇다면 1930년대 영국의 경제정책 또한 신사자본주의 또는 시티(the City)의 경제적 이해, 다시 말해 파운드화의 가치 유지라는 목적과 밀접하게 관련되었다는 케인과 홉킨스의 견해는 타당한

---

54 H. D. Henderson, "Sterling and the Balance of Trade" (28 Jan. 1932) in idem, *The Inter-War Years and Other Papers*, 87.

것인가. 결과적으로 이 시기의 영국 경제는 파운드화의 가치 유지를 토대로 제국 간 무역을 활성화하는 대신, 수출산업의 희생을 감수한 것처럼 보인다.

그러나 당시 영국 공업 문제는 좀 더 면밀하게 살필 필요가 있다. 흔히 전간기 영국 산업은 이중경제모델로 이해된다. 침체에 빠진 전통적 수출산업은 성장률의 저하와 높은 실업률을 보여 주지만 신산업(자동차, 항공기, 전기, 기타 내구소비재 분야)은 좀 더 나은 상태를 나타냈다. 이러한 이중경제의 특징은 그대로 지역적인 이중구조로 이어졌다. 이것은 수출산업의 중심지(Outer Britain)와 신산업 중심지(Inner Britain)가 전체 산업생산에서 차지하는 비중의 변화를 살펴보면 분명하게 드러난다. 1924년에는 수출산업 중심지의 비중이 49.6퍼센트, 신산업 중심지의 경우 28.7퍼센트였으나, 1935년에는 앞의 것이 37퍼센트, 뒤의 것이 37.0퍼센트로 나타났다.[55] 수출산업 중심지가 경제적 활력을 잃고 있다.

1930년대 구산업과 신산업 분야의 상반된 추세는 1907~48년간 광공업 각 분야별 고용인구 비율을 나타낸 〈표 5-4〉에서도 확인할 수 있다. 이 시기에 석탄·섬유·의류 분야의 비중이 낮아졌으며, 제철 및 금속 분야도 정체 상태에 있었다. 조선 분야의 비중이 높아진 것은 신산업에 해당하는 전기기기가 포함되었기 때문일 것이다. 이에 비해 화학, 기계 및 전기, 정밀기기, 자동차 등은 완만하게나마 성장 추세를 보여 준다. 1930년대에 수출산업이 해외시장에서 경쟁력을 회복하는 데에는 디플레이션과 임금 인하가 필요했던 반면, 신산업 분야는 오히려 통화팽창과 소비자 수요 증가가 바람직했다. 1930년대에 경기회복이 어느 정도 이루어졌지만, 그것이 수출산업을 회복시킬 만한 수준은 아니었다. 전통적 수출산업의 쇠퇴

---

55 자료 전거는 J. H. Dunning and C. J. Thomas, *British Industry: Change and Development in the Twentieth Century* (London: Hutchinson, 1961), 36.

분야 / 연도	1907	1924	1935	1948
석탄·기타 광업	21.7	24.3	18.8	14.7
화학	2.3	2.9	3.3	4.5
제철·제강·기타 금속	10.4	9.9	10.2	12.3
기계·조선·전기	5.2	12.1	13.8	21.0
자동차	1.5	4.1	7.2	9.4
정밀계측기기	3.0	3.3	4.4	5.3
섬유	22.9	20.6	16.8	11.0
피혁	1.0	0.8	1.0	0.8
의류	13.8	7.7	8.5	6.3
식음료·담배	8.5	7.2	8.4	7.7
목재·코르크	4.4	2.2	3.3	2.9
제지·인쇄	6.0	5.6	6.5	5.4
기타 제조업	0.9	1.6	2.2	2.7
합계	100	100	100	100

는 파운드화 가치에만 관련된 문제가 아니라 당시 영국 산업의 이중구조
에 따른 필연적인 결과이기도 했던 것이다.

수출산업의 쇠퇴만을 바라보면, 양차대전 사이에 영국의 기업가들이
미국적 생산방식 또는 과학적 관리에 별다른 관심을 쏟지 않았다는 인상
을 받기 쉽다. 그러나 1920년대 후반 유럽 지식인과 기업가 사이에서도
새로운 생산방식에 대한 관심이 높았다. 당시 미국에서 시작된 이 새로
운 방식은 유럽에서는 이른바 '합리화(rationalization)'라는 이름으로 소개

---

56 잉글랜드 및 웨일스 통계이다. N. von Tunzelman, "Britain 1900-1945: A Survey", in
R. Floud and D. N. McCloskey, eds., *The Economic History of Britain since 1700*
(Cambridge: Cambrdige University Press, 1981), 2, 247.

되었다.[57] 1927년 밀라노에서 열린 세계경제회의가 합리화를 주요 의제로 설정한 것도 이 때문이다. 세계경제회의 결의안은 합리화를 이렇게 규정한다. "합리화란 인간의 노동이나 원료의 낭비를 최소한으로 줄이기 위한 기술과 조직의 방법으로 이해된다. 그것은 노동의 과학적 조직화, 원료 및 생산물의 표준화, 공정의 단순화, 그리고 운송 및 판매 체제의 개선을 포함한다."[58] 당시 이 회의를 보도한 『맨체스터 가디언(*Manchester Guardian*)』 기사 또한 합리화를 다음과 같이 정의했다.

합리화란 일반적으로 과학적 방법을 산업조직에 가능한 한 폭넓게 적용하는 것을 표현하는 말처럼 보이며, 다른 것들 가운데서도 특히 산업의 수직적 결합 개념과 직접 연결된다. 이에 따라 제조와 판매의 모든 중간 과정이 단일한 통제 아래 통합되고 의식적으로 공통의 목표를 지향해 나가는 것이다.[59]

합리화라는 말은 미국에서 나타난 슬로건 '과학적 관리'를 의미하지만, 1920년대 말 영국에서 전개된 합리화 담론은 특히 독일의 새로운 움직임에 자극받은 것이었다. 1차 세계대전 이후 독일 정부는 전후 기업인들의 부흥 노력을 체계적으로 후원하는 데 관심을 기울였다. 이 운동의 최전선에는 국가효율국(Reichskuratorium für Wirtschaftlichkeit)이 있었다. 이 부서는 생산조직 혁신의 방향을 세우고 전국 차원의 운동을 주도해 나갔다.

---

57 1920년대 말 합리화라는 이름으로 미국의 과학적 관리에 관한 여러 문헌이 관심을 끌었다. Walter Meakin, *The New Industrial Revolution: A Study for the General Reader of Rationalisation and Post-War Tendencies of Capitalism and Labour* (London: Gollancz, 1928); L. F. Urwick, *The Meaning of Rationalization* (London: Nisbet, 1929); L. J. Barley, *The Riddle of Rationalization* (London: G. Allen and Unwin, 1932).

58 Meakin, *New Industrial Revolution*, 16.

59 Meakin, *New Industrial Revolution*, 12에서 재인용.

독일에서 전개된 이 새로운 혁신 움직임은 독일 경제 부흥의 토대가 되었을 뿐 아니라 영국·프랑스 등 인접 나라 기업인과 지식인들에게 영향을 주었다.[60] 문제는 이러한 움직임이 담론만 무성했을 뿐 영국 산업 분야에서 가시적인 성과를 보여 주지 못했다는 점에 있다.

중심부 경제쇠퇴의 요인

신사 자본주의론에 따르면, 양차대전 사이의 경제침체기에 세계경제에서 차지하는 시티의 위상은 변하지 않았으며 정부의 경제정책 또한 거시적으로는 시티의 이해를 반영하는 방향으로 전개되었다. 그러나 달리 생각하면, 경제정책은 특정한 세력의 이해관계를 직접 반영하는 통로라기보다는 전문가 집단이 당시 상황을 검토하고 분석해 대안을 선택하는 합리적 결정 과정이라고 할 수 있다. 이런 점에서 금본위제 복귀와 이탈, 영제국 블록경제 결성 시도는 시티의 경제적 이해를 직접 반영한다고 보기 어렵다. 그것은 금융자본 또는 산업자본의 이해를 넘어서, 당시 미국 및 유럽 경제권의 틈 사이에서 영국 경제의 새로운 활로를 찾으려는 시도였다.

예컨대 금본위제 복귀의 경우 시티의 이해와 밀접하게 맞닿아 있는 재무부와 잉글랜드 은행은 오히려 미국의 주도권을 인정하는 금환본위제를 선호했다. 처칠의 결정은 시티 금융자본의 이해보다는 보수적이고 전통적인 제국 이데올로기를 반영한 것이었다. 오타와 제국경제회의의 관세 인하 노력 또한 수출산업의 이해를 희생하는 대신 시티의 해외투자 자본의 이익을 꾀한 조치라고 할 수 없다. 그것은 대공황기에 제국 네트워크를 강화해 경제적 혼란을 타개하려는 시도였다. 더욱이 스털링 경제권에서

---

60 Meakin, *New Industrial Revolution*, 26-27.

관세 인하를 통해 무역을 촉진할 경우 신산업 분야는 오히려 수출경쟁력을 높일 수 있었다. 이 분야의 성과가 눈에 띄지 않는 것은 전통 수출산업과 비교하면 영국 제조업에서 차지하는 비중이 적었기 때문이다. 1930년대 후반에 이르면 신산업 분야의 수출 증가는 괄목할 만한 수준을 보여준다.

그렇더라도 한 세대에 걸친 영국 경제의 전개 과정은 결과적으로 시티 금융자본의 이해에 유리하게 작용한 것처럼 보인다. 이는 영국의 전통적 수출산업의 침체와 신산업이 급속한 혁신을 이루지 못한 결과에 따른 것이다. 그렇다면 테일러주의를 비롯한 새로운 생산조직이 영국에서 뒤처진 까닭은 무엇인가. 기업가의 문제를 지적할 수 있다. 당시 기업가들은 전통에 집착했으며 새로운 방식을 도입하려는 혁신적인 노력을 게을리했다. 더 나아가 제도적 관점에서 바라보면, 이러한 현상을 낳은 이유는 영국 대기업이 겉으로는 법인기업이지만, 실제로는 가족기업의 형태를 그대로 유지하고 있었기 때문이다. 당시 기업가들은 전문적인 관리자의 필요성을 느끼지 못했다. 이는 기업들 대다수가 가족기업이었던 데서 비롯한다. 더욱이 기업가들은 가족기업 형태의 한계를 깨닫지도 못했다. 그들이 내리는 결정의 근거가 되는 정보 또한 매우 빈곤하다는 현실을 이해할 수 없었다. 전문 관리자층 양성을 위한 사회적 제도를 마련하라는 압력이나 의견이 별로 나타나지 않았다. 관리자 교육에 비하면 상층 노동자들은 잘 훈련된 숙련공들이었으므로 기업가는 계속 그들에게 의존하는 방식을 고집했다는 것이다.[61]

이 밖에 기술교육의 제도화가 별로 이루어지지 않았다는 점을 주목하

---

61 P. L. Payne, "Entrepreneurship and British Economic Decline", B. Collins and K. Robbins, eds., *British Culture and Economic Decline* (London: Weidenfeld and Nicolson, 1990), 43-45.

는 견해도 있다. 기술교육이 발전하지 않은 것은 기업가 자신의 문제라기보다는 영국의 교육제도, 더 나아가 사회적 인식의 문제였다. 이는 인문교육 위주의 고등교육 전통, 기술 전수는 전통적인 도제제도나 작업현장을 통해 이루어져야 한다는 인식이 2차 산업혁명 이후, 새로운 노동인력이 필요하던 시기에 그 제도화를 가로막는 장애가 되었다는 주장이다.[62]

그러나 이런 장기 지속적이고 제도적인 요인만이 아니라 또 다른 측면을 검토할 필요가 있다. 가족기업 형태라고 해서 기업가들이 무조건 혁신을 외면한다거나, 기술교육의 미비가 과학적 관리의 장애가 되었다는 것은 단순한 논리이다. 그 반대의 경우도 얼마든지 상정할 수 있다. 과학적 관리의 채택 여부는 단기간에 선택해야 할 문제이다. 그리고 생산의 재조직화에서는 무엇보다도 자본과 노동의 관계가 중요하다. 미국의 경우 이민노동자가 다수를 차지하는 노동시장의 특성상, 과학적 관리가 광범하게 적용될 수 있었다. 영국에서 노동운동과 노동조합은 오랜 전통을 지니고 있었고, 특히 1차 세계대전기에 정부가 생산효율을 위해 적극 간섭하는 과정에서 산업민주주의의 대변자이자 후원자가 되었다는 사실도 중요하다. 전후에도 이 전통은 계속 남았으며, 이것이 미국식 생산조직을 도입하는 데 장애가 되었던 것이다.[63]

---

62 이에 대해서는 이내주, 『영국 과학기술교육과 산업 발전』(한울, 2009).

63 W. A. Lewchuk, "The Role of the British Government in the Spread of Scientific Management and Fordism in the Interwar Years", *Journal of Economic Histotry*, 44/2 (1984), 355.

6장

제국 경영의 한계

전후 영국 사회는 한동안 혼란에 빠져 있었다. 전쟁 이전만 하더라도 런던은 상업 및 무역 중심지이자 투자처로서 확고부동한 지위를 누리고 있었지만, 점차 그 지위가 흔들렸다. 전시경제체제에 비교적 협조하는 태도를 보였던 노동계급이 실업과 경제침체에 따른 불만을 한꺼번에 터뜨리기 시작했다. 국내 노사관계의 혼란은 한마디로 수출경쟁력 약화와 파운드화의 위기라는 경제적 요인과 맞물려 증폭되었다. 물론 1920년대 중엽 노동의 위기는 단기간 악화되기도 했지만 점차로 안정을 되찾았다. 금본위제 복귀는 제국 경영에서 영국의 주도권을 다시 찾겠다는 의지를 분명하게 표명했다는 점에서 의미가 있었다.

제국을 어떻게 경영할 것인가. 이 문제는 전후에 영국이 당면한 새로운 과제였다. 자치령 국가들은 전쟁 참여의 대가로 독자적인 목소리를 높이 내기 시작했고 인도를 비롯한 식민지에서 민족주의 움직임이 고조되었다. 이전과 다른 전략, 이전과 다른 대응이 필요한 시점이었다. 영연방이라는 새로운 헌정질서의 대두는 이와 같은 대응의 일환이었다. 여기에서는 전간기 영국이 제국 경영에서 직면한 여러 문제, 이를테면 아일랜드 독립, 백인 자치령과의 관계 설정, 인도와 아프리카 속령, 동아시아와의 관계에 이르기까지 세계적 차원의 다양한 문제를 개괄하고, 마지막으로 혼란스러운 제국 질서에 대한 지식인들의 담론을 간략하게 검토한다.

전후의 사회 혼란과 제국 담론

대전쟁 이후 영국 사회가 극심한 혼란을 겪은 것은 어쩌면 당연한 일이다. 우선 엄청난 인명 손실은 전쟁이 낳은 가장 심각한 후유증이었다. 전쟁에 따른 영국군의 인명 피해는 공식 통계만으로도 사망 70만 명, 부상 160만 명 이상이었다.[1] 특히 장교로 복무한 젊은이들 가운데 사망률이 높았다. 전쟁기에 약 3만 7,000명 이상의 장교가 사망했는데,[2] 그렇지 않았다면 전후에 이들이 정치나 행정 분야에서 중요한 역할을 맡을 엘리트 집단이었다. 전후 사회적 혼란 속에서 사람들은 리더십의 부재를 안타까워했다. 사회 혼란을 지도급 인사들의 죽음에서 찾는 자조적인 한탄도 있었다. "우리나라 태생의 지도자들은 모두 죽었다네."[3]

사회 혼란을 가져온 더 긴박한 문제는 실업자의 급증이었다. 노동인구

---

1 4장 〈표 4-2〉 참조.

2 Gordon Phillips, "The Social Impact", in Stephen Constantine, Maurice W. Kirby and Mary B. Rose, eds., *The First World War in British History* (London: Arnold, 1995), 108.

3 Ronald Hyam, *Britain's Declining Empire: the Road to Decolonisation 1918-1968* (Cambridge: Cambridge University Press, 2006), 30. 1차 세계대전기의 엄청난 인구 손실에 관해서는 다음을 볼 것. J. M. Winter, "Britain's 'Lost Generation' of the First World War", *Population Studies*, 31/1 (1977), 449-61.

가운데 실업자의 비율이 그 문제의 객관적 지표이다. 그러나 실제 사람들의 삶에서 실업은 객관적 지표를 넘어서 주관적 시선에 따라 체감도가 달라질 수 있다. 전쟁기에는 수백만 명의 군 인력을 충원함으로써 경제 전반에 걸쳐 노동력 부족이 심각해졌다. 부녀자 고용이 확대되고 빈민층까지 안정된 일자리를 얻을 수 있었다. 도심을 배회하던 부랑자와 뜨내기 노동자마저 거리에서 사라졌다. 노동운동가 아서 하딩(Arthur Harding)은 전쟁기 이스트 엔드의 한 시구 베스널 그린(Bethnal Green)의 풍경을 이렇게 묘사한다.

1차 세계대전은 이 베스널 그린을 완전히 변모시켰다. 그전에는 이 지역에서 일거리를 찾기란 불가능했다. 그러나 전쟁과 더불어 모든 회사가 바삐 돌아가고 있고, 도저히 고용할 수 없다고 일컬어지는 사람들조차 직업을 갖게 되었다. 지브롤터 빌딩 구석을 배회하던 사람들도 직장을 얻었다. 그들은 전에는 모두가 끔찍한 생활을 하던 날도둑들이었다.[4]

그러나 전쟁이 끝나면서 완전고용은 이내 신기루처럼 사라졌다. 400만 명 이상의 제대군인들이 노동시장으로 대거 들어왔기 때문이다. 1918년 440만 명을 넘어섰던 영국군 규모는 급격하게 감축되어 1922년에는 39만 2,000명 수준에 이르렀다.[5] 가파른 실업률 상승은 군병력의 감축뿐만 아니라 경제불황이 더 깊어짐에 따라 가속되었다. 1920년대에 영국 경제는 전쟁 직후의 호황기를 끝으로 장기간 침체에 빠졌다. 다른 산업국가가 내구소비재 산업의 발전에 힘입어 이 시기에 상대적으로 호황을 누린 것과

---

4 Raphael Samuel, ed., *East End Underworld: Chapters in the Life of Arthur Harding* (London: Routledge & Kegan Paul, 1981), 236.
5 C. H. Feinstein, *National Income, Expenditure, and Output of the United Kingdom, 1855-1965* (Cambridge: Cambridge University Press, 1972), tab. 57.

| 표 6-1 | 잉글랜드-웨일스 주요 업종 종사자 수(단위: 1,000명)[6]

구분	1911	1921	1931
석탄	971	1,133	1,030
제철·제강	166	239	198
기계·조선	637	887	761
면공업	628	596	571
철도	455	549	496
자동차	197	357	382
전기	80	166	286
화학·정유	133	198	211

달리 영국은 본격적인 호황 국면에 진입할 수 없었다. 경제침체는 특히 전통적인 수출산업인 섬유·제철·석탄·조선·기계공업에서 두드러졌다. 1920년대 초 이들 산업은 전 노동력의 4분의 1 이상을 고용했으며 수출액의 75퍼센트를 차지했다. 그러나 이들 산업의 수출시장은 일본·인도·미국·독일 등 경쟁국들에 의해서 점차 잠식당했다. 〈표 6-1〉은 석탄, 제철, 제강, 기계·조선 분야의 고용 인력이 1920년대에 크게 줄어들고 있음을 보여 준다. 신산업에 해당하는 자동차, 전기, 화학 등을 제외하면, 전통적인 수출산업은 대부분 깊은 침체의 늪에 빠져 있었던 것이다.

높은 실업과 경제침체 상태에서 노사관계 또한 혼란에 빠졌다. 종전과 함께 경제활동이 전시동원체제에서 벗어나자 임금 인상과 노동시간 단축을 요구하는 스트라이크와 시위의 물결이 뒤를 이었다. 특히 파업은 철도·탄광·기계공업 등 전시에 정부가 생산과 운영을 통제했던 산업 분야에서 두드러졌다.[7] 1919년 철도노조와 클라이드사이드의 기계공을 중심으

---

6   G. A. Jones and A. G. Pool, *A Hundred Years of Economic Development in Great Britain* (London: Duckworth, 1971), 280.

로 주 40시간 노동을 요구하는 전투적 시위가 발생했는데, 이를 주도한 지도부는 볼셰비키 노선을 받아들였다. 그러나 클라이드사이드의 파업은 볼셰비키 노선의 수용을 둘러싼 지도부 간의 갈등을 심화시켰고, 특히 그들이 내건 급진적인 노선에 대해서 일반 조합원들이 호응하지 않음으로써 실패로 끝났다.[8]

당시 정부는 산업에 대한 개입정책을 축소하면서 우선 철도 운영에서 손을 떼고, 나아가 탄광 또한 완전한 민영화를 서둘렀다. 이에 대해서 노동조합평의회(TUC)는 항만노조, 탄광노조, 철도노조의 이른바 '삼자동맹(Triple Alliance)'을 앞세워 이를 저지했으며 정부는 결정을 유보하는 대신에 조사위원회를 구성하고 그 권고안을 따르기로 하였다. 탄광 실태에 관한 조사위원회(Sankey Commission)에서는 사용자, 고용주, 경제학자 등 다양한 위원이 활동했지만 최종적인 결론을 내리지 못했다. 결국, 위원회의 활동은 정부에 시간을 벌어준 셈이었고 정부는 전투적 파업의 위기에서 벗어났다.[9]

1921년에도 탄광의 민영화 문제를 둘러싼 갈등이 다시 폭발했다. 전후의 호황이 끝나고 불황 국면에 들어서자 로이드 조지 정부는 이러한 변화가 단순한 경기순환이 아니라 전통적 수출산업의 경쟁력 저하에 따른 것이라는 결론을 내렸다. 당시 영국광부연맹(Miner's Federation of Great Britain)은 영국 최대의 노동조합이었다. 탄광노조와 함께 삼자동맹의 세

---

7 산업분쟁 건수는 1916년 532건, 1917년 730건에서 1918년 1,165건, 1919년 1,352건, 1920년 1,607건으로 급증한다. B. R. Mitchell, *British Historical Statistics* (Cambridge: Cambridge University Press, 1988), 142-43.

8 클라이드사이드 파업은 다음을 볼 것. John Stevenson, "The United Kingdom", in S. Salter and J. Stevenson, eds., *The Working Class and Politics in Europe and America, 1929-45* (London: Longman, 1990), 128-29.

9 Patrick Renshaw, "The Depression Years 1918-1931", in Ben Pimlott and Chris Cook, eds., *Trade Unions in British Politics* (London: Longman, 1991), 90-91.

축을 이루는 철도노조와 운수 및 항만노조는 이미 1890년대에 서로 연대하기 시작하였고, 이것은 특히 1911년 철도 파업 이래 굳건한 전통으로 자리 잡았다. 1921년 4월 15일 철도노조와 운수 및 항만노조가 먼저 스트라이크를 일으켰다. 이들은 탄광노조의 지원을 예상했지만, 결과는 다르게 나타났다. 오히려 갈등 당사자라고 할 수 있는 영국광부연맹의 프랭크 호지스(Frank Hodges)를 비롯한 지도부는 정작 연대파업을 감행할 시점에서 오히려 주저했다. 이 '불길한 금요일(Black Friday)'의 실패는 삼자동맹의 종국과 자본의 공세를 예고하는 것이었다. 불길한 금요일 이후 탄광이 전면적으로 민영으로 바뀌면서 광부들의 임금은 50퍼센트 이상 떨어졌으며 실업자가 크게 늘었다. 이 사건 이후 노동조합의 세력도 위축되기 시작했다.[10]

제국 문제와 관련지어 이 시기 격렬한 노동자 항의를 어떻게 볼 것인가. 노동자들은 제국 네트워크를 다시 강화하려는 시도, 특히 상업제국의 활성화를 위한 노동자의 양보와 희생을 거부한 셈이었다. 물론 전후에 일반 여론은 앞으로 영국의 번영이 전쟁 이전 상업제국의 복원에 달려 있다는 것이었다. 런던은 세계 최고의 투자처이자 교역 및 금융 중심지로서 지위를 되찾아야 했다. 금본위제 도입을 통한 파운드화 가치 안정, 수출경쟁력 회복, 수출시장 확대는 제국 운영에 긴요한 조건들이었다. 수출경쟁력 제고는 무엇보다 노동자의 임금 삭감 이외에 대안이 없었다. 전쟁기의 산업 평화에 순응했던 노동자들은 정부의 이 같은 견해에 협조할 수 없었던 것이다. 노사관계의 불안은 제국 경영의 미래에도 불안을 안겨주었다.

1차 세계대전은 여러 제국을 붕괴시켰다. 러시아제국, 오스트리아-헝가리제국, 오스만제국이 전쟁기 또는 전후에 역사 속으로 사라졌다. 특히

---

10 Renshaw, "The Depression Years 1918-1931", 92. '불길한 금요일'에 대해서는 다음을 볼 것. Patrick Renshaw, "Black Friday, 1921", *History Today*, 21/6 (1971), 416-25.

러시아와 독일의 위축이라는 점에서 보면 영국은 자신의 제국을 유지하는 데 이전보다 더 유리한 국제적인 상황을 맞이했다고 할 수 있다. 여기에서 더 나아가 대서양 양안의 협조관계(Atlantic partnership)는 이전보다 더 긴밀해졌다. 이는 특히 범(凡)앵글로-색슨주의라는 모호한 인종주의 정서로 표출되기도 했다. 1차 세계대전 후기 미국의 결정적인 역할을 인정한 영국 정치가들은 정파를 막론하고 이런 정서를 수용해 영미 관계의 중요성을 강조했다.

그러나 새로운 민족국가들의 대두와 민족주의 운동의 대두라는 국제적인 환경은 제국 경영에 불리하게 작용할 가능성이 컸다. 우선 유럽에서 기존 제국들의 붕괴 이후 폴란드·체코슬로바키아·헝가리·세르비아 등 새로운 독립국가의 등장이 민족주의 운동에 활력을 제공했다. 민족주의 열풍은 곧바로 식민지 여러 지역에서 동시다발적으로 고조되었다. 아일랜드·이집트·이라크·실론·수단·인도 북부 등지에서 근대 국가 만들기 열풍이 불었고 이 과정에서 민중 봉기가 일어나기도 했다. 영국인의 문명화 사명에 대한 식민지 지식인들의 본격적인 비판도 나타났다. 1919년 잘리안왈라 공원(Jallianwala Bagh) 학살사건 직후, 노벨문학상 수상 시인 라빈드라나트 타고르(Rabindranaāth Tagore)는 이에 대한 항의의 표시로 조지 5세에게서 받은 기사 작위를 포기했다.[11]

이와 같이 전 세계에 걸친 새로운 민족주의 운동과 영국 국내 정치 및 사회의 혼란이 겹치면서, 영국 정치인과 지식인들 사이에 제국을 둘러싼 찬반 담론이 가열된 것은 어쩌면 당연한 일이었다. 1차 세계대전은 식민지 정치인과 지식인의 각성을 가져왔다. 전쟁의 참혹함과 야만성을 목격

11 1919년 집회금지령을 어기고 펀자브주 암리차르 지방의 잘리안왈라 공원에 군중이 운집하자 경비를 맡았던 인도군이 군중을 향해 발포했다. 공식적으로 사망자 379명, 부상자 1,100명에 달했다. 비공식적으로는 1,000명 이상 사망한 것으로 전해진다. 타고르는 이 학살에 항의해 기사 작위를 반납했다.

한 사람들은 산업화된 서구가 도덕적으로나 사회적으로 인류 번영의 길을 제시하지 못한다는 점을 깨달았다. 간디와 타고르의 글은 이러한 메시지를 전하는 묵시록으로 받아들여졌다. 이들 지식인 비판은 식민지 해방운동의 징후를 나타냈다. 영국 정치가들도 그 시대의 추세를 느끼고 있었다. 1919년 외무장관 아서 밸푸어는 이런 움직임이 "다양한 지역에서 다양하게 나타나고 있지만, 모든 대륙과 모든 나라에서 감지할 수 있는 세계적인 운동"이라고 술회했다.[12] 1차 세계대전 직후 단기간 식민지장관(Secretary of State for the Colonies)을 지낸 처칠 또한 이런 추세를 우려의 눈길로 바라보면서 "문명과 기독교 세계에 엄청난 역습"이 시작되고 있다고 적었다. 그러면서도 그는 "영제국이 더 이상 세계의 경찰이 될 수 없다"는 점을 받아들였다.[13]

전후 영국의 정치·경제·사회적 혼란 속에서 제국주의에 비판적인 목소리가 높아졌다. 특히 식민지 지배가 일종의 약탈 면허이며 그나마 문명화라는 식민지 지배의 인도적 전통도 1890년대 이후 사실상 붕괴되었다는 비관론이 대두했다.[14] 문화적·인종적 전통을 공유하는 백인 자치령 국가들조차 전후의 경제침체에 따라 영국의 이익과 다른 길을 걷게 될 것이라는 예견도 있었다. 윌리엄 그레스월(William Greswell)에 따르면, 민주주의 제도는 영국 문화의 전통을 따른 것이지만, 상업과 무역에 관한 한 자치령은 이제 자국의 이익을 좇게 되었다. 그는 오스트레일리아가 독일과

---

12 L. James, *The Rise and Fall of the British Empire* (London: Abacus, 1995), 371에서 재인용.

13 Martin Gilbert, *Winston S. Churchill, 1917~1922* (London: Heinemann, 1975), 859, 912.

14 반제국 담론을 표명한 동시대 문헌은 다음을 볼 것. J. A. Hobson, *Democracy after the War* (1917); Leonard Woolf, *Empire and Commerce in Africa* (1920); Sydney Oliver, *The League of Nations and Primitive Peoples* (1918); J. M. Keynes, *The Economic Consequences of the Peace* (1920).

금속 원광을 거래하는 데 우려를 표명하면서 그 거래의 단절이 영국과 오스트레일리아 두 나라에 다 같이 이익을 가져다준다고 설득한다. 1920년대 독일 제조업의 새로운 부활과 자치령 국가의 독자적인 국익 추구에 대해 우려하는 것이다.[15]

인종적·문화적 동질성을 공유하지 않는 아프리카와 인도 등지에서는 조만간 터져나올 민족주의 목소리에 대한 경계심이 고조되기도 했다. 원주민 사회에 대한 불간섭과 간접지배, 특히 그곳 사회의 관습을 존중하고 기존 사회적 위계를 토대로 즉각적으로 식민지 자치를 시행해야 한다는 문제 제기가 있었다. 1920년대 이런 문제를 문학적으로 형상화해 많은 공감을 불러일으켰던 작품이 에드워드 포스터(Edward M. Foster)의 『인도로 가는 길(A Passage to India)』(1925)이다. 소설은 인도에서 치안판사 관리직을 맡은 영국인 로니 히슬롭(Ronny Heaslop)을 그의 모친과 약혼녀가 방문하면서 벌어지는 사건으로 구성되어 있다. 인도에서 따분하게 체류하던 로니의 모친 무어(Moore) 부인은 현지의 인도인 의사 아지즈(Doctor Aziz)와 사귀며 인근 동굴 유적지 여행을 함께하는데, 로니는 이 사실을 알고 나서 아지즈를 고발한다. 그러나 약혼녀의 증언으로 아지즈는 무죄 판결을 받고, 로니의 약혼녀는 그의 인종차별주의에 실망한 채 결혼을 포기한다. 인종 간 갈등, 본국과 속령의 충돌을 배경으로 하는 서사 자체가 당시 사회 분위기의 일단을 보여 준다고 할 수 있다.

그런데도 영국과 백인 자치령 국가를 중심으로 하는 제국 경영에 대해서는 낙관적인 견해가 일반적이었다. 시드니 로(Sydney Law)는 전쟁기의 한 논설에서 전후 제국의 미래에 관해 언급한다. 영제국은 군사력으로 세워지지 않았다. 일부 속령을 무력으로 획득한 것은 사실이지만, 영제국은

---

15 William Greswell, "Our Colonies and the War", *Fortnightly Review*, 98/586 (Oct. 1925), 705-06, 709.

모든 주민에게 "질서와 자유와 정의라는 이상"을 부여하는 데 노력을 기울였다.[16] 로는 독일 측이 전쟁이 일어날 경우 영제국은 해체되리라는 환상을 가졌다고 지적한다.

우리의 적은 우리의 자유로운 제도와 자유로운 행정의 전통이 정치적 경쟁자에게 기회를 주기 때문에 영국 왕실의 지배를 받는 예속국가들, 그들은 그렇게 언급하며 즐거워하지만, 그 국가들이 반란을 일으킬 기회를 갖게 되리라고 생각했다.[17]

로가 보기에 그런 예측은 빗나갔다. 전쟁 전에 독일에서 출간된 간행물들은 영국이 참전한다면 오스트레일리아, 뉴질랜드, 캐나다는 그들의 독립을 곧바로 선언할 것이라고 예견했다. 그럼에도 자치령 국가는 물론 속령까지도 그런 움직임보다는 영국의 전쟁에 협조하는 분위기가 높아졌다. 그는 제국 연맹, 제국 정부, 제국 헌법의 가능성까지 언급하였다. 전쟁의 희생이 오히려 영제국의 새로운 변화를 가져다줄 초석이 되리라는 것이다.[18] 당시 촉망받는 보수 정치인 가운데 한 사람인 레오폴드 아머리도 이와 비슷한 견해를 여러 차례 밝혔다. 1919년 7월 30일 하원 발언에서 그는 제국 경영과 식민지 문제에 대한 자신의 견해를 상세하게 밝히고 있다. 우선 전쟁의 피해가 크더라도 제국의 강화가 무엇보다도 중시되어야 한다는 점을 전제로 내세운다. 전쟁에서 미국의 지원이 가장 중요했지만, 백인 자치령은 그 참여 수준으로만 보면 헌신과 노력을 더 기울였고 그만큼 큰 피해를 입었다. 그는 동아프리카, 인도, 로디지아, 서인도제도

---

16 Sidney Law, "The War and the Problem of Empire", *Fortnightly Review*, 99/591 (March 1916), 406.

17 Law, "The War and the Problem of Empire", 407.

18 Law, "The War and the Problem of Empire", 418.

에 이르기까지 여러 식민지에서 8만 이상의 전투 병력을 파병하고 50만 명 이상이 노무자로 동원되었다는 점을 지적하면서, 자치령과 속령 모두에 대해 영국이 가능한 자원을 동원해 재건 노력을 함께함으로써 제국의 결속을 다져야 한다는 것이다.

저는 영국의 식민지 행정이 형식적으로 세계 최고 수준이었다고 서슴없이 말할 수 있습니다. 전쟁 이전 영국의 사회 및 산업 관계 법률 또한 세계 최고였다고 감히 말씀 드릴 수 있습니다. 그러나 전전(戰前)의 사회 입법 수준을 전후 기준으로 받아들이는 것에 대해 동의하지 않습니다. 속령과 보호령의 행정에 관한 한, 전전 수준으로는 충분하지 않습니다. 우리 앞에 산적한 과제와 관련해 새로운 수준의 노력과 성취와 의식을 가져야 합니다.[19]

그는 식민지에 대해서도 기계의 도입, 자치령에서 시행되는 정치적 이상, 즉 자치정부와 대의제도를 도입해야 한다고 본다. 이런 방향으로 나가는 것은 토착사회의 후진성 때문에 지체될 수도 있겠지만 미리 준비하고 확대해야 한다고 주장한다. 기계화, 보건, 상하수도 시설, 교통시설 등의 확충 필요성을 언급한다.[20] 이와 같은 새로운 방향의 정책 수립과 집행을 통해 제국 결속을 강화해 나갈 수 있다는 것이다. 그 10년 후에 아머리는 당시 식민장관 책임을 맡고 있었다. 하원에 출석해 그는 제국 내 무역의 활성화, 후진적인 식민지에 대한 투자를 촉진함으로써 항만·철도·병원 등이 곳곳에 건설되고 있다고 답변한다.[21] 기대 수준에 미치지는 못하겠지만, 제국 간 무역과 교류가 활발하게 전개되고 있다는 것이다.

19 *Hansard's Parliamentary Debates* [Commons], 5th ser., vol. 118, cc. 2174-5 (30 July 1919).
20 *Hansard's Parliamentary Debates* [Commons], 5th ser., vol. 118, cc. 2175-9 (30 July 1919).

제국회의와 새로운 제국 원리

1918년 1월 28일부터 개최된 파리평화회의는 영국·프랑스·이탈리아·미국·일본 등 주요 전승국 대표들이 주도했다. 당시 영국 정치가들의 최우선 목표는 유럽 대륙의 평화와 제국의 유지였다. 그러나 제국의 방어를 위해서라도 제국의 중심이 속해 있는 유럽의 평화 유지가 절대적이었고, 이는 곧 독일의 무장 해제를 의미했다. 독일에 대한 억제는 6월 28일 베르사유 조약이 체결됨으로써 눈에 띄는 성과를 거두었다. 다음으로 미국과의 협조 체제 또한 중요한 조건이었다. 예컨대 외무장관을 지낸 오스틴 체임벌린(Austen Chamberlain)은 미국과의 연대가 영제국에 필수적이라고 생각하였다. 그는 이런 기록을 남겼다. "우리가 미국과의 분쟁에 연루되지 않는 것이 영국 정책의 근본 조건이다."[22] 그러나 미국과 협조 체제를 구축하는 문제는 순조롭게 진행되지 않았다. 전승국의 해군력 군축 문제가 미해결로 남았고 국제평화를 이룩하기 위한 '국제연맹'에 미국이 상원의 반대로 가입할 수 없었기 때문이다.

1차 세계대전은 자치령 국가의 정체성 형성에 중요한 영향을 주었다고 알려져 있다. 자치령 민족주의(dominion nationalism)는 이전의 단순한 백인 정착지 사회의 참전과 더불어 새롭게 등장한 공통의 결과물이었다는 것이다. 영국의 지휘권 아래 배속된 자치령 부대에서 우선 영국과 차이를 점차 인식하게 되었고 제국 유지라는 명분을 위해 막대한 희생을 치렀

---

21 아머리가 밝힌 영국-식민지 간의 단기간 무역액 변화는 다음과 같다. 1924~27년 사이에 식민지로부터 영국으로 수입액은 1억 8,725만 파운드에서 2억 4,570만 파운드로, 같은 기간 영국에서 식민지로 수출은 1억 7,050만 파운드에서 2억 3,825만 파운드로 증가했다. *Hansard's Parliamentary Debates* [Commons] 5th ser., vol. 227, c. 1409 (30 April 1929).

22 W. N. Medlicott, N. Dakin, and G. Bennett, eds., *Documents on British Foreign Policy, 1919-1939*, vol. 27 (London: HMSO, 1986), 316.

| 표 6-2 | 제국회의, 1911-37

개최연도 및 기간	개최국	개최장소	의장
1911.05.23-06.20	영국	런던	애스퀴스(H. H. Asquith)
1917.03.21-04.27	영국	런던	데이비드 로이드 조지(David Lloyd George)
1918.06.12-07.26	영국	런던	데이비드 로이드 조지(David Lloyd George)
1921.06.20-08.05	영국	런던	데이비드 로이드 조지(David Lloyd George)
1923.10.01-11.08	영국	런던	스탠리 볼드윈(Stanley Baldwin)
1926.10.19-11.22	영국	런던	스탠리 볼드윈(Stanley Baldwin)
1930.10.01-11.14	영국	런던	램지 맥도널드(Ramsay MacDonald)
1932.07.21-08.18	캐나다	오타와	리처드 베넷(Richard B. Bennett)
1937.05.14-06.24	영국	런던	S. 볼드윈(S. Baldwin),
			N. 체임벌린(N. Chamberlain)

다는 사실이 오히려 이들 국가에 국제 문제에 대한 독자적인 목소리를 낼 기회를 주었다.[23]

자치령 국가들에서 국민의식 또는 민족주의는 특히 제대한 병사들의 기억과 경험을 통해 확대되고 깊어졌다. 스티븐 가턴(Stephen Garton)에 따르면, 오스트레일리아에서 민족주의는 참전용사들이 시민사회로 복귀하는 데 중요한 수단이었다. 그는 이러한 의식을 '제국 민족주의(empire nationalism)'라 부른다. 자치령 국가 곳곳에 1차 세계대전기에 사망한 참전용사 기념비가 세워졌고, 1차 세계대전 종전일은 이들 국가의 가장 중요한 국경일이 되었다.[24] 전쟁에 능동적으로 참여한 경험과 기억이 그 후

---

23 J. M. S. Careless, *Canada: A Story of Challenge* (Cambridge: Cambridge University Press, 1953), 339-46. 이 밖에 다음을 볼 것. Stephen Garton, "Demobilization and Empire: Nationalism and Soldier Citizenship in Australia after the First World War", *Journal of Contemporary History*, 50/1 (2015), 124-43; R. M. Bray, "Fighting as an Ally: The English Canadian Patriotic Response to the Great War", *Canadian Historical Journal*, 61/1 (1980), 141-68.

에 이들 국가 자체의 독자성을 강조하는 민족주의로 자연스럽게 연결되었다는 것이다.

제국회의는 제국의 성격을 둘러싸고 영국과 백인 자치령 국가 사이에 나타난 파열음을 수습하는 기회인 셈이었다. 특히 1926년 제국회의가 영국과 자치령 국가들의 관계를 새롭게 규정한 중요한 계기가 되었고, 오늘날 영연방(British Commonwealth)의 초석이 되었다고 알려져 있다. 사실 백인 자치령 국가들은 전쟁이 끝나고 나서 이전의 모호한 국제 외교상의 지위 변화를 요구했다. 전쟁기에 자치령 국가들의 인적·물적 기여는 대단한 것이었다. 이미 전시 제국내각, 제국 전시회의 등 협의체에 참가해 영국의 총력전에 기여했다. 그뿐 아니라 파리평화회의, 국제연맹 등에도 대표를 파견했다. 물론 국가들 사이에 분위기의 차이가 있었다. 아일랜드·남아공·캐나다는 독자적인 외교권 확립에 적극적이었고 오스트레일리아와 뉴질랜드는 소극적이었다. 그런데도 모두가 "'독립적 국가'가 되어야 하고 영국과 대등한 관계를 맺어야 한다"는 입장은 분명했다.[25]

| 표 6-3 | **1926년 제국회의 주요 참가자**[26]

국가	참가자
영국	S. 볼드윈(S. Baldwin, 총리), A. 밸푸어(A. Balfour, 추밀원 의장), W. 처칠(W. Churchill, 재무장관), A. 체임벌린(A. Chamberlain, 외무장관), W. 조인슨-힉스(W. Joynson-Hicks, 내무장관), L. 아머리(L. Amery, 식민장관), 워딩턴-에번스(L. Worthington-Evans, 국방장관), S. 호어(S. Hoare, 공군장관), W. 브리지먼(W. Bridgeman, 해군장관), P. 컨리페-리스터(P. Cunliffe-Lister, 상무장관)

---

24 Garton, "Demobilization and Empire", 125.

25 Lorna Lloyd, "'Us and Them': The Changing Nature of Commonwealth Diplomacy, 1880-1973", *Commonwealth and Comparative Politics*, 39/3 (2001), 12.

26 이상은 다음을 참조. *Parliamentary Papers*, 1926, 11, Cmd. 2768. "Imperial Conference 1926. Summary of Proceedings", 4-10.

오스트레일리아	S. 브루스(S. Bruce, 총리), N. 하우스(N. Howse, 국방장관)
캐나다	W. L. 매켄지 킹(W. L. Mackenzie King, 총리), E. 라포인테(E. Lapointe, 법무장관)
인도	버컨헤드 백작(Earl of Birkenhead, 인도담당장관)
아일랜드자유국	W. T. 코즈그레이브(W. T. Cosgrave, 대통령), K. 오히긴스(K. O'Higgins, 부통령), R. D. 피츠제럴드(R. D. FitzGerald, 외무장관)
뉴펀들랜드	L. W. 스탠리 먼로(L. W. Stanley Monroe, 총리)
뉴질랜드	G. 코츠(G. Coates, 총리)
남아프리카공화국	J. B. 허트조그(J. B. Hertzog, 총리)

　　당시 영국 정부로서는 국제기구나 회의에 영제국에 속한 복수의 나라들이 참여하는 것을 인정하지 않을 수 없었다. 이에 따라 영국과 자치령 사이에서만 통용되는 특정한 '제국의 원리'를 고안했다. 영국왕이 "영연방 개별 국가들을 결속하는 초석"이라는 원리였다.[27] 단일한 왕실이야말로 개별 국가들의 협조와 발전의 기초가 되는 셈이었다. 이러한 원칙에 따라 영국과 자치령 간의 커뮤니케이션은 외교적 차원을 넘어 더욱 긴밀한 형식으로 이루어졌다. 1926년 제국회의는 그 변화를 공식적으로 수용한 마침표였다. 이 회의는 영국, 백인 자치령 국가, 인도의 공식 대표만 하더라도 45명, 기타 비공식 대표를 포함하면 100여 명 이상이 참가한 대규모 국제회의였다. 회의는 추밀원 의장(Lord President of the Council) 아서 밸푸어[28]가 주관했다.

---

27 C. E. Carrington, "A New Theory of the Commonwealth", *International Affairs*, 34/2 (1955), 139.

자치령 국가의 성격을 어떻게 규정할 것인가. 그리고 영국과 자치령 국가의 관계를 어떻게 설정할 것인가. 이 문제가 여러 형태로 논의되었지만 단일하게 수렴되는 것은 무척 어려웠다. 1926년 제국회의에서 합의한 새로운 개념의 기초는 당시 식민장관 레오폴드 아머리의 제언에 바탕을 두었다. 실제로 아머리는 밸푸어를 도와 이 회의를 준비했다. 1925년에 이미 그는 한 업무와 관련된 기록에서 자치령 국가의 문제를 다음과 같이 파악하였다.

외무부의 일과 해군성의 일이 다르듯이, 자치령과 속령의 활동은 본질상 그 성격이 다르다. 자치령의 업무는 전적으로 정치적이며 외교적인 것이다. 속령에 관한 업무는 행정적이고 직접적이다. 자치령과 상대하는 일은 깊은 통찰력과 무한한 팩트(fact)를 필요로 한다. 속령과 일하는 데에는 우리의 주도권과 추진력이 필요하다.[29]

밸푸어는 1926년 제국회의를 준비하기 위해 한 소위원회를 이끌었는데, 그 위원회가 영연방의 새로운 질서와 관계에 관한 보고서를 작성했으며 그 가운데 핵심 내용을 공표하기에 이르렀다. 이른바 '밸푸어 선언'이다.[30] 그 핵심 내용은 다음과 같다.

영국과 자치령 국가는 지위 면에서 동등하고 왕실에 대한 공동의 충성으로 연합되어 있다고 할지라도, 그들의 국내 및 대외 문제에 관한 한 어떤 경우에

---

28 아서 밸푸어(Arthur Balfour, 1848~1930): 보수당 정치가. 1874~85년 하원의원, 1902~
   05년 총리, 1915~19년 외무장관, 1925~29년 추밀원 의장을 지냈다.
29 The National Archives (Kew), DO 121/1. "The dominions and Colonial Office—
   Proposals for Reorganisation", Memorandom prepared by Amery (20 Feb. 1925).
30 Balfour Declaration (1926. 11. 18).

도 서로가 서로에게 예속당하지 않으며, 영연방 회원국으로 자유롭게 연합한다.[31]

이 보고서는 자치령의 지위를 명확하게 규정하지 않았다. 다만 영국과 자치령이 다 같이 영연방 회원국 지위를 동등하게 가지고 있음을 천명한다. 요컨대 '밸푸어 정식'이란 1차 세계대전 이후 백인 자치령 국가의 민족주의 대두에 대한 영국 나름의 대응이다. 로널드 하이엄(Ronald Hyam)에 따르면, 1차 세계대전기의 희생을 감수한 자치령 국가들이 독립된 국가로서 지위를 강화하려는 움직임이 겉으로 나타났을 때 이들이 제국에서 이탈하는 것을 막기 위한 일종의 고육책이었다.[32] 이 경우 종래 자치령 국가에 영국왕을 대신해 파견된 총독(governor-general)에 대해서도 새로운 규정이 필요했다. 보고서는 이 문제를 다음과 같이 간명하게 처리한다.

초기에 총독은 런던 정부의 자문역으로 임명되어 정부 대변자로 활동했다. 특정 자치령 국가에 파견된 총독이 영국왕을 대표하며 모든 점에서 국왕이 가진 것과 같은 지위를 갖는 것은 영연방 회원국 간의 지위가 평등해진 데 따른 필연적인 결과이다. 그러나 그는 국왕 폐하의 영국 정부 대표이거나 대리인은 아니다.[33]

여기에서 다음과 같은 추론이 가능하다. 자치령이란 영국과 함께 영국왕에 충성하는 영국 이외 지역의 정치체를 가리킨다. 조지 5세는 영국왕

---

31 *Parliamentary Papers*, 1926, 11, Cmd. 2768, "Report of Inter-Imperial Relations Committee of Imperial Conference of 1926", 14.
32 Hyam, *Britain's Declining Empire*, 69.
33 Cmd. 2768, "Report of Inter-Imperial Relations Committee of Imperial Conference of 1926", 16.

이자 동시에 캐나다·뉴펀들랜드·남아공·오스트레일리아·뉴질랜드 등의 국왕을 겸임한다. 이 경우 영국에게 자치령은 독립국이면서도 일반 해외 국가와 다른 의미를 지닌다. 이들 나라가 '영제국'에 속해 있기 때문이다. 자치령은 특히 외교와 안보 면에서 다른 해외 국가와 구별된다.

자치령의 지위에 적용되는 영국 및 자치령의 동등성과 유사성의 원칙은 포괄적으로 확대되어 작용하지는 않는다. 예컨대 외교 문제와 방어 문제를 다룰 때 우리는 유연한 기제, 즉 때때로 세계의 변화하는 환경에 적용될 수 있는 기제가 필요하다.[34]

보고서는 이어서 "국방 부문에서와 마찬가지로, 외교 분야에서 주된 책임은 영국 정부에 의존하며 상당 기간 계속 그러해야 한다"는 점을 분명하게 밝힌다.[35] 웨스트민스터법은 이런 내용을 다시 명문화한 것이다.[36] 이 법은 영국왕에 충성하는 자치령으로 캐나다·뉴펀들랜드·아일랜드자유국·오스트레일리아·뉴질랜드·남아프리카공화국을 열거하고, 영국과 이들 자치령이 상호 동등성의 원칙을 토대로 각기 독립국가로서 관계를 맺으며, 다만 외교와 국방의 경우 영국의 주도권을 인정한다는 내용을 천명하고 있다.[37]

---

34 Cmd. 2768, "Report of Inter-Imperial Relations Committee of Imperial Conference of 1926", 15.

35 Cmd. 2768, "Report of Inter-Imperial Relations Committee of Imperial Conference of 1926", 25-26.

36 22 Geo. 5, c. 4 (1931. 12. 11). "An Act to give effect to certain resolution passed by Imperial Conference held in the year 1926 and 1930."

37 그러나 1918~32년간 자치령이었던 뉴펀들랜드는 캐나다 연방에 가입했고, 아일랜드자유국은 1834년 연방 탈퇴를 선언해, 이 시기 실제 회원국은 영국을 포함해 5개국이었다.

아일랜드 문제

1926년 제국회의준비위원회는 1901년 국왕칭호법(Royal Titles Act)에서 천명한 국왕 칭호를 변경할 필요가 있다고 보고한다. 1901년에 따른 공식 칭호는 "신의 은총하에 그레이트 브리튼과 아일랜드 연합왕국의 국왕이자 해외 영국 자치령 국왕, 신앙의 수호자, 그리고 인도 황제"였다. 이제 상황이 달라져서 다음과 같이 바뀌어야 한다는 것이다. "신의 은총하에 그레이트 브리튼, 북아일랜드 및 해외 영국 자치령의 국왕이자 신앙의 수호자, 인도 황제."[38] 이 변화된 상황은 물론 1921년 12월 아일랜드 독립을 가리킨다.

1801년 합방 이후 한 세기 이상 줄기차게 이어진 아일랜드 독립운동은 잘 알려져 있다. 대니얼 오코넬(Daniel O'Connell)의 가톨릭 해방운동과 합병철회운동이 19세기 전반에 가장 두드러진 운동이었다면, 같은 세기 후반에는 찰스 파넬(Charles S. Parnell)과 마이클 다빗(Michael Davitt)의 토지전쟁과 자치운동이 아일랜드 사회에 커다란 영향을 미쳤다. 1879~82년간 전국적으로 번져간 이른바 토지전쟁(land war)은 다빗을 중심으로 하는 '아일랜드전국토지연맹(Irish National Land League)'이 이끌었는데, 연맹은 지주에 대한 소작농의 공통된 요구사항인 공정한 소작료, 영속적인 보유기간, 점유권의 자유로운 매매 등[39]을 구호로 내걸고 이를 부인하는 지주세력에 대해 집단으로 저항하는 방식을 취했다. 토지연맹은 지대를 내지 못해 퇴거 명령을 받은 소작농과 그 가족에게 피난처를 제공하고, 연맹활동으로 투옥과 재판을 받는 사람들의 가족을 보살폈으며, 이런 활동에

---

38 Cmd. 2768, "Report of Inter-Imperial Relations Committee of Imperial Conference of 1926", 16.
39 흔히 '3Fs'로 불렸다. Fair rent, Fixity of tenure, Freedom in holding.

소극적인 사람들에 대해서는 일종의 사회적 추방주의(social ostracism)라 할 수 있는 보이콧 운동을 펼쳤다. 파넬은 영국 하원의 아일랜드 독립당을 중심으로 자치운동을 벌였다.

토지전쟁과 자치운동은 1880년대 영국 정치의 가장 중요한 이슈가 되었다. 글래드스턴 정부는 토지법안과 자치법안을 상정해 사태를 진정시키려 했으나, 특히 자치법안은 새로 임명된 아일랜드 수석장관 프레더릭 캐번디시(Frederick Cavendish) 암살사건과 맞물려 의회에서 거부되었다. 이 자치법안을 둘러싼 논란이 영국 정치에서 자유당의 분열로 이어졌다는 것은 잘 알려져 있다.[40] 토지전쟁은 사실상 실패한 운동이지만, 역설적이게도 그 후 아일랜드에서 지주제 약화와 농민소유권 강화에 큰 영향을 주었다. 19세기 말 농업불황기에 토지에 대한 지주층의 관심이 줄어든 탓도 있겠지만, 1885년 이래 소작농의 토지 구매를 위해 국가가 보조하는 구매체계가 등장함으로써 아일랜드 토지제도는 지주제 대신에 경작자 농민이 토지를 소유하는 형태로 점차 바뀌었다.

또 자치법안의 좌절도 오히려 다수 아일랜드인이 자신의 정체성을 다시 성찰하고 복원하려는 움직임에 자극을 가했다. 처음에는 소수의 시인과 문필가들이 이런 움직임에 물꼬를 텄다. 윌리엄 예이츠(William B. Yeats) 등이 주도한 이 새로운 아일랜드 문예운동은 미학적으로도 최고 수준에 이른 아일랜드 민족문학을 꿈꾸었다. 소수 지식인과 문필가에게 한정되었던 문예운동의 정신을 대중에게까지 널리 파급시킨 것은 자국어 보존운동이라고 할 수 있는 게일연맹(Gael League)이다. 더글러스 하이드(Douglas Hyde)와 오언 맥닐(Eoin MacNeill)이 창설한 게일연맹은 여전히 아일랜드어를 사용하는 지역에서 그 언어를 상용언어로 회복시키는 데 초점

---

40 글래드스턴 정부의 자치법안 문제에 관한 국내 연구로는 다음을 볼 것. 김기순, 『글래드스턴과 아일랜드』(한림대출판부, 2009).

을 맞추었다. 이러한 활동이 아일랜드 정체성을 되찾고 탈영국화의 토대를 마련할 것이었다. 존 다윈이 지적했듯이, 아일랜드가 다른 자치령과 달리 후에 격렬한 소요와 투쟁, 그리고 영국과 조약 체결을 통해 자치권을 획득할 수 있었던 동력은 이 문화운동에서 비롯한 것이다.[41]

이 밖에도 20세기 초에 아일랜드 독립 문제와 관련해 큰 영향력을 행사한 정치 세력은 신페인(Sinn Féin)당과 아일랜드공화국형제단(IRB)이었다. 우선 '신페인'은 게일어로 '우리들 스스로'라는 뜻에서 나왔다. 아서 그리피스(Arthur Griffith)는 1800년 합병이 불법이었으므로 그 후 아일랜드 대표들이 영국 의회에 참석한 것도 비합법이며 영국 제국주의 지배라는 범죄에 협조한 셈이라고 비판했다. 아일랜드 출신 의원들이 영국 의회에서 탈퇴해 아일랜드 자치의회와 자치정부를 수립하고 경제적 자립을 시급히 달성해야 한다는 것이었다. 신페인의 이런 분리주의 성향은 IRB의 주장과 가까운 점이 있었다. IRB 또한 노동운동을 지원하면서 자체적으로 무장을 서둘러 일종의 시민군을 거느렸다. 이런 여러 갈래의 운동이 1차 세계대전기 급진적 독립운동의 토대가 된 것이다.

1910년 12월 영국 총선에서 보수당과 자유당은 팽팽하게 경합을 벌였다. 이 때문에 하원 다수당 여부는 존 레드먼드(John Redmond)가 이끄는 아일랜드의회당 의원들의 향배에 달려 있었다. 아일랜드의회당은 이전부터 자치를 선거 이슈로 삼아왔다. 레드먼드는 자치법안 상정을 전제로 자유당 지지를 선언했다. 이어서 레드먼드를 비롯한 아일랜드 의원들은 1912년 자치 청원을 의회에 제출했다. 이에 따라 집권 자유당은 다시 자치법안을 의회에 상정했다. 1912년 4월 11일 법안을 제안하면서 허버트 애스퀴스(H. H. Asquith) 총리는 그 필요성을 다음과 같이 언급한다.

---

41 John Darwin, *The Empire Project* (Cambridge: Cambridge University Press, 2009), 407-08.

글래드스턴 전 총리가 더 나은 아일랜드 통치를 위해 이 자리에 올라 우리 대부분에게 생생한 기억으로 남는 연설을 한 지 19년이 흘렀습니다. 그가 1886년 이전 법안을 상정하는 연설을 보충하는 형식으로 행한 그 연설은 제가 보기에는 영국과 아일랜드 간의 일대 역사적 사건이라 할 만한 고전적 설명을 담고 있습니다. 저는 오늘 글래드스턴이 피력했던 근거를 다시 되풀이하지는 않겠습니다. 감히 오디세우스의 활을 당기려고 하지도 않겠습니다. 그렇지만 그 의도가 제 생각에 포함되어 있고 지금 시도하려는 일과 밀접하게 관련됩니다. 이제 곧 소개할 법안 조항을 설명하기 전에, 저는 글래드스턴이 그 일을 중지할 수밖에 없었던 상황을 떠올리며 의원 여러분께, 이른바 자치법안에 대한 찬반 여론이 1893년 국가 문제의 논란 과정에서 얼마나 심대한 영향을 끼쳐왔는지 심사숙고해 주실 것을 요청합니다.[42]

제1차 세계대전이 발발한 1914년 9월 영국 하원은 아일랜드의 자치를 골자로 하는 아일랜드자치법을 의결했으나 전쟁으로 잠정 연기했다. 그러나 전쟁이 길어짐에 따라 이 법은 사실상 사문화되었다.[43] 어쨌든, 레이먼드는 영국 정부의 약속을 믿고 연합군 측에 가담하기로 했다. 아일랜드 의용군 일부 병력이 영국군에 파견되었지만, 의용군 다수 세력은 파견에 반대하기도 했다.

1916년 4월 부활절 기간에 아일랜드에서는 독립을 요구하는 부활절 봉기가 일어났다. 아일랜드형제단의 패트릭 피어스(Patrick Pearse)가 이끄는 의용군과 제임스 코널리(James Connolly)의 아일랜드 시민군이 4월 24일부터 30일까지 봉기를 주도했다. 부활절 봉기는 더블린을 중심으로 진행되

---

42 *Hansard's Parliamentary Debates* [Commons], 5th ser., vol. 36, c. 1399 (11 April 1912).

43 4 & 5 Geo. V, c. 90. "The Government of Ireland Act 1914."

었으며 영국군에 의해 진압되었다. 영국 정부는 부활절 봉기를 신페인이 주도하였다고 의심했다. 처음 봉기에 대해서 아일랜드 현지 여론은 별다른 지지를 보내지 않았고 오히려 냉소적이었다. 그러나 사태 진압 후 영국 정부의 강력한 대처가 오히려 실패한 봉기에 대한 열광적인 지지를 이끌어냈다. 봉기를 주도한 피어스와 코널리를 비롯해 사형을 선고받은 사람들이 5월 3~12일 사이에 처형당했으며, 일반 대중의 분노를 유발했다. 이 봉기를 주도한 세력이 '신페인'당이라고 잘못 알려졌기 때문에 당에 대한 지지도가 높아졌고, 이에 힘입어 신페인당은 1918년 아일랜드 총선에서 다수당이 되었다. 그러나 신페인은 영국 의회의 출석을 거부하고 아일랜드공화국 수립을 선포하기에 이르렀다.

한편, 영국은 아일랜드의 독립운동을 분쇄하기 위해 왕립 아일랜드 보안대를 주둔시켰다. 아일랜드 의용군이 발전한 아일랜드공화국군은 1919년 1월 21일 보안대원 두 명을 살해하였고 이는 전국적인 독립전쟁의 발단이 되었다. 영국군은 아일랜드공화국군의 색출을 위해 민간인에게 무차별적인 가혹 행위를 벌였다. 이는 오히려 아일랜드인의 독립전쟁 지지를 높이는 원인이 되었으며 대규모 시위가 잇달았다.

마이클 콜린스(Michael Collins) 등이 이끄는 아일랜드공화국군은 시민의 지지를 바탕으로 영국군과 전쟁을 계속할 수 있었다. 영국 의회는 아일랜드정부법을 제정하였으나 이 법의 시행은 이루어지지 않았다. 1921년 12월 6일 영국-아일랜드 조약으로 영국과 아일랜드는 휴전했으며 아일랜드는 자치를 인정받았다. 1921년 12월 영국-아일랜드 조약은 아일랜드자유국을 영연방의 일원으로 간주해 자치를 보장하는 내용을 담았다. 이 조약 내용을 둘러싸고 독립운동 세력 내부에 분열이 있었고 결국 아일랜드 내전으로 이어졌다. 내전의 결과 아일랜드는 남과 북으로 분리되었다. 북아일랜드는 영국 내지로 잔류하게 되었고, 남아일랜드 26개 주는 별도의 공화국이 되었다.

1937년 남아일랜드공화국은 다시 헌법을 제정했다. 이 헌법에서 아일랜드는 자신들의 공식 명칭을 게일어 표현인 에이레(Eire)로 명기했다. 제2차 세계대전이 발발하자 아일랜드는 다시 중립을 선언했다. 그러나 1만여 명의 의용군이 영국군에 자원 입대했으며 정부 역시 공식적으로는 중립을 표방했으면서도 연합군을 비공식적으로 지원했다. 1949년에 아일랜드는 공식적으로 공화국을 선포함과 동시에 영연방에서 탈퇴한다.

백인 자치령 문제

1920년대에 영연방의 개념이 정착되었다고 하더라도 그것은 이미 대의제 의회와 책임정부를 운영하는 백인 자치령만 해당하는 것이었다. 1921년 독립하게 된 아일랜드자유국 또한 이런 범주에 해당했다. 1926년 제국회의에서 전통적으로 국가 또는 국가연합을 뜻하는 'commonwealth of nations'가 영연방을 나타내는 표현으로 표기되었지만, 그 용례를 찾아 올라가면 1884년 로즈버리 경(Lord Rosebery; Archibald Primrose)이 오스트레일리아 방문에서 처음 사용했다고 전해진다. 그러나 이 표현이 일반적으로 사용되기 시작한 것은 남아공 장군이자 전시 제국내각의 각료였던 얀 스뮈츠가 1917년 5월 15일 하원 연설에서 '영연방(British Commonwealth of Nations)'이라는 제목의 연설을 한 이후의 일이다.[44]

스뮈츠는 제국을 구성하는 헌정 관계를 새롭게 정리해야 한다고 말하면서, 그것은 "하나의 제국연합(one imperial commonwealth)의 독립적인

---

[44] 전쟁 중이었기 때문에 이 하원 연설은 홍보용 팸플릿으로 발간하여 널리 배부되었다. J. C. Smuts, *The British Commonwealth of Nations: A Speech made by General Smuts on May 15th, 1917* (London: Hodder & Stoughton, 1917).

국가들"이 외교정책에서 스스로 적절한 결정을 함과 동시에, "제국 공통의 주요 관심사에 대해 지속적인 자문을 서로 나누는 효과적인 조정"의 권리를 원칙으로 한다고 밝혔다. 이를 '영연방(British commonwealth)'이라고 표현했다. 미래에 제국이 지향하는 것은 한 국가가 아니라 왕실을 기초로 맺어진 국가들의 연합(union of nations)이다. 각 나라는 제각기 처한 상황에 따라 스스로 대응하면서도 제국에 관한 공통의 외교를 취할 수 있고, 영국인이 성취한 문명을 다른 세계에 전파할 사명을 갖는다.[45] 이 연설에 많은 정치인이 공감했으며 『데일리 텔레그래프』는 스뮈츠의 연설을 가리켜 "전쟁이 낳은 가장 뛰어나면서도 가장 진정한 정치가다운 발언"이라고 극찬한다.[46]

영국적 문화와 전통을 이으면서도 영국과 평등한, 달리 말해 완전한 자치 및 외교권을 갖는 국가들이라는 추상적인 개념에는 제국 안에서 영국을 포함한 백인 자치령 국가들이 동등하면서도 공동의 이해와 문제들에 대해 영국을 중심으로 협조하고 조정할 수 있다는 여지를 포함하는 것이었다.[47] 양차대전 사이에 이런 차원의 호응이 높은 국가와 그렇지 않은 국가를 분류한다면 오스트레일리아·뉴질랜드·뉴펀들랜드가 가장 높고, 공화정을 지향하는 아일랜드자유국과 남아프리카공화국이 낮은 편이었으며 캐나다는 그 중간에 자리 잡았다고 할 수 있다.[48] 영국적 전통에 집착이 강한 자치령 국가인 오스트레일리아·뉴질랜드·뉴펀들랜드는 내용

---

45 Smuts, *The British Commonwealth of Nations: A Speech made by General Smuts on May 15th, 1917*. 이 밖에 다음을 볼 것. Andrew Stewart, *Empire Lost: Britain, the Dominions and the Second World War* (London: Contium, 2008), 4. 이 하원 연설의 주요 내용은 사실상 1926년 밸푸어 선언의 기본 정신과 동일하다고 할 수 있다.

46 *Daily Telegraph*, 17 May 1917.

47 1926년 제국회의 의장 아서 밸푸어 스스로 제국 내 국가 관계에서 백인 자치령에 영국과 평등한 국가적 지위를 부여한다는 원칙을 가지고 있었다. 이 점은 다음을 볼 것. Denis Judd, *Balfour and the British Empire* (London: Macmillan, 1968), ch. 20.

48 Darwin, *The Empire Project*, 394.

이 무엇이든 헌정질서의 재수립에 독자적인 의견을 내놓지 않았다. 남아공과 아일랜드공화국은 영연방에 소극적이었지만 그렇다고 부정하는 태도를 나타내지도 않았다. 반면, 캐나다는 영제국이라는 국가 관계는 중시하면서도 영국과의 평등성과 독자적인 외교를 특히 강조했다.

왜 캐나다는 중간적인 태도를 보였는가. 자치령 국가들 가운데 파리평화회의에서 독자적인 외교와 교섭을 가장 강조한 나라는 캐나다였다. 그러면서도 영제국의 테두리를 벗어난 완전한 독립 요구에는 거리를 두었다. 사실 1차 세계대전 이전만 하더라도 캐나다 정치인과 일반 여론은 친영국적이고 영제국의 일원으로 참여하는 문제에 별다른 이견이 없었다. 가장 오래된 자치령 국가라는 자의식이 오히려 영제국에 대한 충성도에 영향을 미쳤다고도 할 수 있다. 1910년대 10여 년간 총리를 지낸 로버트 보든은 이런 인식을 전형적으로 보여 주었다. 그는 영제국 공통의 외교정책에 대한 강력한 지지자였다. 1차 세계대전기에는 자치령 국가 가운데 가장 많은 인적 자원을 동원했으며 프랑스계 캐나다 주민의 반대를 무릅쓰고 징병제를 가결하기도 했다. 보든은 자치령 국가들을 대표해 영제국 대표의 일원으로 파리평화회의에 참가했다.

그러나 1920년대에 이와 같은 전통적인 태도에 변화가 나타났다. 그 변화의 중심에는 전간기 대부분의 시기에 총리직을 역임한 매켄지 킹(William L. Mackenzie King)이 자리 잡고 있다.[49] 1921년 총선에서 승리를 거두어 총리직을 맡은 매켄지 킹은 전임자와 달리 독자적인 외교정책 수립과 협상 및 조약 체결 권리를 주장했다. 궁극적으로는 모든 자치령 국가가 영국과 동등하며 독자적인 외교정책을 펼 수 있다는 것이다. 비록 수사적이기

---

49 윌리엄 매켄지 킹(William L. Mackenzie King, 1874~1950): 1921. 12-1926. 6, 1926. 9-1930. 8, 1935. 10-1948. 11의 세 차례에 걸쳐 21년간 총리직을 맡았다. 매켄지 킹 외교의 이중성에 대해서는 다음을 볼 것. Darwin, *The Empire Project*, 406-07.

| 표 6-4 | 1차 세계대전 및 전간기 캐나다 총리, 1911-48

이름	재직기간	소속 정당
로버트 보든(Robert Borden, 1854-1937)	1911.10-1920.07	보수당
아서 미언(Arthur Meighen, 1874-1960)	1920.07-1921.12	자유·보수당 연립
매켄지 킹(William L. Mackenzie King, 1874-1950)	1921.12-1926.06	자유당
아서 미언(Arthur Meighen)	1926.06-1926.09	보수당
매켄지 킹(Mackenzie King)	1926.09-1930.08	자유당
리처드 베넷(Richard B. Bennett, 1870-1947)	1930.08-1935.10	보수당
매켄지 킹(Mackenzie King)	1935.10-1948.11	자유당

는 하지만, 그는 제국 차원을 강조하는 영국 중심적 주장에 대해 적대적인 태도를 보였다. 존 다윈에 따르면, 매켄지 킹의 연설과 수사는 후대 캐나다인에게 캐나다의 독자성을 나타내는 일종의 상징이 되었다. 존 다윈은 이렇게 단언한다.

> 제국적 주장에 대한 그의 분명한 적대감과, 캐나다의 외부 개입에 대해서는 캐나다 정부가 처음부터 끝까지 주도해야 한다는 그의 단호한 결단은 후대에 신화로 쉽게 전화되어 독립국가를 위한 강령의 일부가 되었다.[50]

다윈은 매켄지 킹의 수사 이면에 깃든 이중성에 주목한다. 캐나다가 독자적인 외교정책을 수립할 수 있는 권리를 주장하면서도 제국 회원국의 굴레를 벗어난 그 같은 완전한 독립에는 거리를 두었다. 그는 오히려 그런 완전한 독립이 영어권 캐나다에서 미국의 영향력을 확대할 것이라는 우려감도 가지고 있었다는 것이다.[51] 그러나 이보다 더 중요한 것은 당시

---

[50] Darwin, *The Empire Project*, 395.

일반 사회의 여론이었다. 1920년대 캐나다 일반 여론은 자국 중심주의 또는 민족주의에 호의적이었다. 이러한 분위기는 1차 세계대전의 후유증과 대외개입에 대한 환멸과 관련이 있었다. 캐나다는 1차 세계대전기에 40만 이상의 병력을 파병하였고 전사자 5만 6,000명, 부상자 15만 명에 이르는 엄청난 인명 피해를 입었다.[52] 전쟁의 후유증은 인적 자원의 손실에서 더 나아가 경제침체와 직접 연결되었다.[53] 다른 한편, 매켄지 킹의 지지기반 가운데 하나가 퀘벡주의 프랑스계 주민들이었는데, 이 지역의 저명한 언론인 존 웨슬리 더포(John Wesley Dafoe)[54]는 1920년대 영국 중심의 캐나다 애국주의가 영국 정부의 전후 제국 팽창주의에 이용된 현실을 비판하면서 제국의 부담을 줄이려는 매켄지 킹의 노력을 전폭적으로 지지했다. 그는 당시 캐나다에서 가장 영향력 있는 신문 『마니토바 프리 프레스(Manitoba Free Press)』에 이 새로운 정책을 지지하는 논설을 다수 기고했을 뿐 아니라 여러 차례 매켄지 킹을 따라 제국회의에 참가하기도 했다.

그러나 매켄지 킹의 독자 외교정책에는 개인적으로 경험한 1926년 헌정 위기도 작용했다는 견해가 있다. 1926년 매켄지 킹은 세관 부정 스캔

---

51 Darwin, *The Empire Project*, 406-07. 매켄지 킹의 외교정책에 대한 실증 연구는 다음을 볼 것. P. Wigley, *Canada and the Transition to Commonwealth: British-Canadian Relations 1917-1926* (Cambridge: Cambridge University Press, 1977).

52 4장 〈표 4-2〉 참조.

53 1913~17년간 캐나다 1인당 국내총생산은 연간 8퍼센트씩 증가했다. 그런데 1918년 이후 4년간 총 27퍼센트 감소한다. D. Greasley and I. Oxley, "A Tale of two Dominions: The Macro-economic Record of Australia and Canada since 1870", *Economic History Review*, 2nd ser., 51/2 (1998), 305.

54 존 웨슬리 더포(John Wesley Dafoe, 1866~1944): 캐나다 저명 언론인. 1901~44년간 『마니토바 프리 프레스』 편집인을 지냈으며, 윌프리드 로리에(Wilfrid Laurier) 평전을 썼다. 그의 신문은 캐나다에서 가장 영향력 있는 신문 가운데 하나로, 매켄지 킹을 지지했다. 그를 따라 제국회의에 여러 차례 참석한 바 있으며, 파시스트를 반대했다. 그러나 유럽 대륙 참전을 지지하고, 1939년 2차 세계대전 발발을 예견하고 캐나다 정부에 그 준비를 권고한 것으로 유명하다.

들로 정치적 위기에 처했다. 하원 불신임 표결이 임박하자 그는 캐나다 총독 줄리언 조지 빙(Julian George Byng)[55]에게 의회를 해산하고 재선거를 치를 것을 요구했으나 총독은 이러한 권한 행사를 거부했다. 그 대신 그는 보수당 지도자이자 전 총리였던 아서 미언(Arthur Meighen)에게 정부 구성을 요청했다. 미언도 조각에 실패해 재선거를 권유했고 이번에는 미언의 권유에 따라 총독이 의회 해산을 단행한 후 총선을 실시했다. 재선거에서 매켄지 킹은 캐나다 총독의 이런 일련의 행위가 정치적 중립을 어기고 특정 정당의 편을 들었다고 비난했으며, 결과적으로 선거에서 승리해 다시 집권한다. 이 일련의 과정에서 헌정상의 위기가 발생했고, 이런 경험이 매켄지 킹의 반제국적 태도에 영향을 미쳤다는 것이다.[56] 1926년의 헌정 위기는 자치령과 영국 정부 사이의 관계를 어떻게 정립할 것인가라는 숙제를 성찰하는 계기가 되었다. 1926년 제국회의 이후 자치령에 파견된 총독은 이제 영국 정부를 대표한다기보다는 단지 왕실을 대표하는 지위만 갖게 되었다. 의례적인 대표성만 갖게 된 것이다.

오스트레일리아와 뉴질랜드 정치인들은 제국을 바라보는 시각에서 캐나다와 편차가 있었다. 제국 내에서 영국과 대등한 관계나 독자성을 강조하기보다는 제국 자체를 중시했다. 제국 관계에서 이탈을 향한 열광도 없었다. 오히려 1차 세계대전 이후 영제국이 서아시아를 영향권 안으로 흡수하며 팽창하는 것에 부정여론이 높았던 것은 그것이 영제국의 결속을 약화시킬 것이라는 우려에서 비롯했다. 이러한 경향은 전쟁과 동원 해제의 강렬한 경험과 관련된다. 오스트레일리아 군대의 사상자 비율은 연합국 가운데

---

55 줄리언 조지 빙(Julian George Byng, 1862~1935): 1차 세계대전기 영 육군 원수. 12대 캐나다 총독을 지냈다.
56 1926년 헌정 위기에 대해서는 다음을 볼 것. J. E. Esberey, "Personality and Politics: A New Look at the King-Byng Dispute", *Canadian Journal of Political Science*, 6/1 (1973), 37-55.

가장 높아 65퍼센트에 이르렀고 뉴질랜드도 59퍼센트 수준이었다.[57] 전쟁 동원은 오로지 제국을 위한 '피의 희생(blood sacrifice)'을 의미했다.[58]

대전쟁의 동원과 해제, 그리고 다수 사상자가 사회 문제를 야기하고 사회적 트라우마로 작용하는 것은 자연스러운 일이다. 영국은 전승국이 된 후에 오히려 경제위기, 재정 파탄, 사회적 분열, 사상자들의 구호 및 보조 문제, 실업 등으로 혼란을 겪었다. 흔히 '야만화 테제(brutalization thesis)'라 불리는 이런 시각은 전후 세계사를 이해하는 데 중요하다.[59] 그런데도 양차대전 사이의 오스트레일리아와 뉴질랜드 사회는 다른 양상으로 나타난다. 물론 전후에 귀환병사들에 대한 사회적 우려가 깊었고 정부 또한 이 문제에 세심한 관심을 기울였다. 오스트레일리아 정부는 귀환병사들이 시민생활에 순탄하게 적응할 수 있는 방안의 하나로 토지 정착을 내세웠다. 전후에 약 4만 명의 귀환병사와 가족이 농업지대에 정착한다. 물론 이들 가운데 상당수가 파산 상태에 이르렀지만 이를 보완한 것이 참전수당과 참전연금제였다. 실제로 1920년대에 전 인구의 4퍼센트가 이 연금을 받았다.[60] 특히 오스트레일리아의 스탠리 브루스(Stanley Bruce), 뉴질랜드의 윌리엄 매시(William Massey) 정부가 이런 문제에 초점을 맞췄다. 1920년대 오스트레일리아 사회에는 사실상 두 가지 복지제도가 병존했다. 하나는 일반 시민의 복지체계, 다른 하나는 귀환병사 및 그 가족의 복지체계였다.

57 1차 세계대전기에 캐나다 참전 병력은 40만 명, 오스트레일리아 30만 명, 뉴질랜드 10만 명이었다. 그러나 오스트레일리아의 전사자 및 사상자 수가 캐나다 사례를 상회한다. 〈표 4-2〉를 볼 것. Garton, "Demobilization and Empire", 129.
58 '피의 희생'을 둘러싼 정치적 수사는 다음을 볼 것. N. McLachlan, *Waiting for the Revolution: A History of Australian Nationalism* (London: Penguin, 1989), 197-98.
59 야만화 테제는 다음을 볼 것. George L. Mosse, *Fallen Soldiers: Reshaping the Memory of the World Wars* (New York: Oxford University Press, 1990), 159-81.
60 Garton, "Demobilization and Empire", 132-33.

| 표 6-5 | **1차 세계대전 및 전간기 오스트레일리아 총리, 1911-45**

이름	재직기간	소속 정당
앤드루 피셔(Andrew Fisher, 1862-1928)	1914.10-1915.10	노동당
빌리 휴스(Billy Hughes, 1862-1952)	1915.10-1923.02	노동당 → 연립내각 → 국민당
스탠리 브루스(Stanley Bruce, 1883-1967)	1923.02-1929.10	국민당
제임스 스컬린(James Scullin, 1876-1953)	1929.10-1932.01	노동당
조지프 라이언스(Joseph Lyons, 1879-1939)	1932.01-1939.04	연합당
로버트 멘지스(Robert Menzies, 1894-1978)	1939.04-1941.04	연합당
존 커틴(John Curtin, 1885-1945)	1941.10-1945.07	노동당

| 표 6-6 | **1차 세계대전 및 전간기 뉴질랜드 총리, 1911-48**

이름	재직기간	소속 정당
윌리엄 매시(William Massey, 1856-1925)	1912.10-1925.10	개혁당
고든 코츠(Gordon Coates, 1878-1943)	1925.10-1928.12	개혁당
조지프 워드(Joseph Ward, 1856-1930)	1928.12-1930.05	연합당
조지 포브스(George Forbes, 1869-1947)	1930.05-1935.12	연합당
마이클 J. 새비지(Michael J. Savage, 1872-1940)	1935.12-1940.03	노동당
피터 프레이저(Peter Fraser, 1884-1950)	1940.03-1949.12	노동당

　귀환병사들은 신속하면서도 조용히 시민사회에 흡수되었다. 오히려 전쟁 동원과 경험은 국민의식의 강화와 정치적 합의를 형성하는 중요한 동력으로 작용했다. 뉴질랜드도 비슷한 과정이 있었다. 이 지점에서 캐나다와 차이가 드러난다. 전쟁 동원과 함께 강화되고 숙성된 국가주의 또는 민족주의는 ANZAC(Australian and New Zealand Army Corps)의 희생을 예찬하는 전통에서 국민의 탄생을 선언하는 변종 형태로 나타난 것이다. 이 민족주의는 제국에서 이탈이 아니라 오히려 "제국에 대한 충성을 강화하

| 표 6-7 | **1차 세계대전 및 전간기 남아공 총리, 1910-48**

이름	재직기간	소속 정당
루이스 보타(Louis Botha, 1862-1919)	1910.05-1919.08	남아프리카당
얀 스뮈츠(Jan Smuts, 1870-1950)	1919.09-1924.06	남아프리카당
제임스 배리 허트조그(James Barry Hertzog, 1866-1942)	1924.06-1939.09	민족당 → 연합당
얀 스뮈츠(Jan Smuts)	1939.09-1948.06	남아프리카당

고 영국, 왕실, 자치령, 특히 전원적 시골을 연결하는 정서"가 강했다.[61] 오스트레일리아와 뉴질랜드의 국민 정서는 민족적이면서 동시에 제국 존중의 형태를 띠었던 것이다. 굳이 이름을 붙인다면 '제국 민족주의(empire nationalism)'라 할 수 있다. 여기에 캐나다와 달리 태평양에서 안보 위기를 실감하게 된 것이 제국의 긴밀한 관계를 강조하는 데 영향을 주었을 것이다. 1920년대 오스트레일리아 총리를 지낸 빌리 휴스(Billy Hughes), 스탠리 브루스(Stanley Bruce), 뉴질랜드의 윌리엄 매시(William Massey) 모두 공통의 시각을 보여 준다. 전쟁 직후 국제질서의 재수립 과정에서 휴스와 매시가 영국 정부에 불만을 터뜨린 것도 오히려 '제국적' 부담보다는 영국이 제국의 이해에 무관심하다는 점 때문이었다.[62]

남아프리카공화국은 인종적으로 소수의 백인과 다수의 흑인으로 구성되었다. 백인은 영국계 이민과 네덜란드인의 후손으로 아프리카 태생 백인(Afrikaner)으로 구별되었고 보어전쟁 이후 이들 간의 거리감이 깊었다. 전간기 남아공의 정치는 영국계를 대변하는 얀 스뮈츠[63]와 아프리카 태생 백인

---

61 Garton, "Demobilization and Empire", 128.

62 휴스의 이런 불만은 다음을 볼 것. P. J. Spartalis, *The Diplomatic Battles of Billy Hughes* (Sydney: Hale & Iremonger, 1983), ch. 6.

63 얀 스뮈츠(Jan Smuts, 1870~1950): 군 지도자·철학자·정치가. 1919~24년 남아공 총리,

사회의 지도자 제임스 배리 허트조그(James Barry Hertzog)[64]가 주도했다.

1917~18년 스뮈츠는 남아공 대표로 제국회의에 참가하고 제국전시내각 각료로서 중요한 외교적 역할을 맡았다. 국제연맹 결성, 파리평화회의 영국 정책 입안에 적극적으로 참여했으며, 아일랜드 신페인당 지도자들에게도 완전한 독립과 공화국보다는 독립 후 자치령 지위를 인정할 것을 설득하기도 했다.[65] 이런 친영국 활동을 펼쳤음에도 그는 남아공 문제에 관해서는 합방파와 달리 독립적인 자치령 국가를 지향했다. 다만 불확실한 국제정치 아래서 남아공이 소수 백인이 주도하는 국가로 생존하기 위해서는 영제국의 울타리가 긴요하다고 믿었다. 이와 동시에 그는 캐나다와 오스트레일리아처럼 남아프리카 전체를 통합한 대아프리카 국가를 구상했다. 그러나 백인사회에서 아프리카 태생 백인층이 다수였다. 1921년 선거에서 스뮈츠는 영국계 백인 투표자의 절대적 지지에 힘입어 집권했다. 스뮈츠가 승리할 수 있었던 것은 영국계 백인뿐 아니라 아프리카 태생 백인층 가운데 상류층의 지지를 얻었기 때문이다. 이들 상류층은 책임정부제를 질서와 자유의 가시적인 혼합으로 여겼고 그들 자신의 변형 네덜

1939~48년 다시 총리직 수행. 인종분리를 지지하고, 흑인과 아프리카 태생의 백인을 적대시하는 정책을 시행했다. 영연방 운동에 앞장섰고 2차 보어전쟁 당시 트란스발 보어군 사령관을 역임했다. 후에 동아프리카 영국군을 지휘했다. 1917~19년 영국 제국 전시내각 각료를 지냈으며 영국 공군(Royal Air Force) 창설에 중요한 역할을 맡았다. 2차 세계대전기 처칠 전시내각에서 각료를 지냈다. 젊은 시절 케이프 타운의 빅토리아 칼리지를 거쳐 케임브리지의 크라이스트 칼리지에서 법학을 전공했다.

64 제임스 배리 허트조그(James Barry Hertzog, 1866~1942): 2차 보어전쟁 당시 보어군 장군. 1924~39년간 남아공 총리를 지냈다. 아프리카계 백인 문화 고양을 위해 일생을 헌신했다. 영국 영향력에서 아프리카너(Africaner)를 보호하는 데 진력하였다. 빅토리아 칼리지와 암스테르담대학에서 법학을 공부했다. 신생 남아연방공화국의 법무장관을 지냈다. 1924년 선거에서 그의 민족당은 스뮈츠의 남아프리카당에 패배했으나 노동당과 연립정권을 세웠다. 1934년 민족당과 남아프리카당 합당 후 총리직을 수행했다.

65 W. K. Hancock and J. Van Dar Poel, eds., *Selections from the Smuts Papers* (Cambridge: Cambridge University Press, 1967-73), vol. 5, 96-97.

란드어 못지않게 영어를 구사할 수 있었으며 영국의 입헌군주정을 사회 안
정과 인종 질서의 버팀목으로 생각했다. 그들은 특히 빈곤한 백인층이 백
인사회의 응집력을 파괴하고 사회주의에 경도되지 않을까 두려운 나머지
오히려 스뮈츠가 이끄는 남아프리카당을 지지했던 것이다.[66] 스뮈츠의 입
장에서 그는 대남아공의 이상을 추구했다. 스스로 세실 로즈의 후계자임을
자처했으며 영국계 아프리카 백인이 주도하는 제국을 꿈꾸었다. 그는 로디
지아까지 흡수해 인구나 면적 면에서 캐나다나 오스트레일리아와 같은 연
방국을 지향했다. 그러나 경제침체기에 광산노동자 파업 진압과 유혈사태
로 지지가 하락했으며 1924년 선거에서 허트조그의 국민당에 패배한다.

　1933년 2월 대공황기에 정치적 라이벌인 스뮈츠와 허트조그는 위기에
대처하기 위해 남아프리카당과 민족당의 통합에 합의한다. 이들은 친영
파와 극단적인 아프리카 제일주의 양극단의 영향에서 벗어나 아프리카 태
생 백인과 영국계 백인 온건세력을 기반으로 계속 집권할 수 있었다. 백
인 우선주의와 공화정의 정체를 유지하면서도 영제국의 테두리를 어느 정
도 존중하는 외교적 입장을 지켰다. 합당 후에도 허트조그가 계속 총리를
맡고 스뮈츠의 양보를 얻어낸 것은 백인 인구 구성과 공용어 사용 인구
의 변화와 관련이 있다. 네덜란드계 아프리카어(Afrikan)를 사용하는 인구
가 급증했다. 이 언어는 원래 네덜란드 및 서부 독일어계 언어로서 18세
기 이후 보어인 사이에 널리 사용되었다. 영국인들의 이주 증가로 위축되
었으나 전간기에 네덜란드계 아프리카어로 수업하는 학교가 급증했으며
1936년 현재 아프리카어로만 공부하는 백인 자녀가 전체의 55퍼센트에
이르렀다.[67] 보어인들의 인종적·문화적 호소력이 강했기 때문에 스뮈츠의

66 M. H. De Lock, *The Economic History of South Africa* (Cape Town: Juta, 1924), 455.
67 Hermann Giliomee, *The Afrikaners: Biography of a People* (London: Hurst &
　　Company, 2003), 409.

남아프리카주의는 열세로 밀린 것이다.

웨스트민스터법 이후 1930년대 영연방은 영국을 비롯해 캐나다·오스트레일리아·남아프리카공화국·뉴질랜드·에이레공화국 등 6개국이었다. 대공황기의 경제침체 아래서 자치령의 민족주의는 영연방의 이상에서 벗어나 더 심각한 균열로 나아갔을까. 오스트레일리아와 뉴질랜드에서는 영국성에 대한 비판의 소리가 크지 않았다. 이 문제에 관한 한 이념적으로 '영국성'에 비판적이라고 할 수 있는 두 나라 노동당을 보더라도 이런 분위기를 알 수 있다. 예를 들어 1935년에 집권한 뉴질랜드 노동당의 마이클 새비지(Michael Savage) 총리는 정부의 친영국적 입장을 이렇게 천명한다. "뉴질랜드는 영국과 피로 맺은 뗄 수 없는 깊은 관계가 있습니다."[68] 노동당은 사실 이념상으로 당시 영국 정부와 동질적인 면이 없었음에도 이런 수사에 익숙했던 것이다.

이와 달리 국가주의 또는 민족주의와 제국 이념의 충돌 가능성이 높은 나라가 캐나다였다. 당시 캐나다의 가장 영향력 있는 언론인 존 웨슬리 더포는 열렬한 민족주의자였으면서도 이렇게 썼다. "나는 공동의 국왕을 가진 여러 영국계 국가 중의 한 나라(캐나다)가 다른 영국계 국가의 존립을 위협하는 전쟁에서 중립으로 남아 있을 것이라고는 생각하지 않는다."[69] 그는 영국이 참전하는 전쟁에서 영국을 추종하는 길 외에 다른 선택이 없다는 제국 중심주의에 분노하면서도, 그 스스로 영연방 내에서 외교정책의 균열을 원하지 않았던 것이다. 이것이 완전히 독립된 국가를 주장한 자치령 민족주의자들의 한계였다. 여러 파열음이 있었음에도 결국 존 다윈이 언급했듯이 자치령 지위는 "1920년대에 어떤 백인들이 다른 백인들을 위해 어느 신사클럽의 스타일과 관행에 따라 만들어낸 규정"인 셈이었다.[70]

---

68 *The Times*, 12 Dec. 1935.

69 Darwin, *The Empire Project*, 455에서 재인용.

인도와 서아시아

18세기 이래 영국의 인도 지배는 동인도회사를 통한 간접지배 방식으로 이루어졌다. 1770년대 이후 동인도회사의 부패와 독직 사건이 논란이 되자 몇 차례 입법을 통해 동인도회사를 감독할 수 있는 제도가 보완되었다. 즉 1773년에 처음으로 동인도회사에 정부가 임명한 총독을 파견하고,[71] 1884년에는 영국 정부에 동인도회사 지배를 감독하는 부처를 설치했다.[72] 그 후 1883년 동인도회사의 독점을 폐지하고,[73] 이어서 1858년 세포이 반란 이후 인도를 직접지배하기에 이른다. 이 직접지배 방식은 영령 인도정부를 인도 총독이 실질적으로 이끌고, 영국 정부에 직접 통치를 담당할 부서로 인도담당장관직을 신설하는 방식이었다. 인도 정부의 행정을 위해 고등문관을 경쟁시험을 통해 임용하는 조치도 취해졌다.[74] 이때부터 인

---

70 John Darwin, "The Fear of Falling: British Politics and Imperial Decline since 1900", *Transactions of the Royal Historical Society*, 36 (1986), 28-29.

71 Regulating Act of 1773. 실제 법안명은 "An Act of the Parliament of Great Britain intended to overhaul the management of the East India Company's rule in India"이다. 이 법에서 처음으로 동인도회사 업무를 감독하는 벵골 총독을 정부가 임명·파견했다. 총독의 정식 명칭은 Governor-General of the Presidency of Fort William(Bengal)이다. 초대 총독이 워런 헤이스팅스(Warren Hastings)이다. 이상은 다음을 볼 것. *Parliamentary Papers*, 1918, 8, Cd. 9109. "Report on Indian Constitution Reform", 25. 그 후 인도 총독 명칭은 1833년 Governor-General of India, 1858년에 Governor-General and Viceroy of India로 바뀌었다.

72 East India Company Act of 1784(Pitt's India Act). 동인도회사의 부패가 여전히 논란이 되자 영국 정부 내에 인도 문제를 담당할 위원회를 설치하는 내용을 담고 있다. 조정위원회(Board of Control)라 불리는 이 위원회의 공식 명칭은 "Board of Commissioners for the Affairs of India"이다. Cd. 9109. "Report on Indian Constitution Reform", 26.

73 3 & 4 Will. IV, c. 85. "Government of India Act 1833." 이 법에서 동인도회사의 독점권을 완전히 폐지한다.

74 21 & 22 Vic., c. 106. "Government of India Act 1858." 이 법에 의해 공식적으로 인도 총독이 영국왕을 대신해 인도 정부를 이끌게 하고(viceroy), 영국 정부에 인도담당장관(Secretary of State for India)직을 신설해 직접 통치조직을 완비한다. 행정적으로는 인도아대륙을 Dominion of India와 Dominion of Pakistan, 두 부분으로 나눠 통치했다. 이 직접

도는 사실상 준자치령 지위를 갖게 된다.

인도 지배에서 인도인의 정치 및 행정 참여를 가져온 획기적인 변화는 1909년 인도평의회법 제정이다. 흔히 '몰리-민토 개혁(Morley-Minto Reform)'이라 불린다.[75] 이 법은 중앙과 지방주(州)의 입법 과정에서 인도인의 역할을 분명하게 부여하고 이전에 영국 정부가 임명하던 중앙과 주의 입법위원회 위원은 모두 선거로 선출하도록 했다. 선출된 위원은 정부 임명 관리로도 활동할 수 있었다. 인도 총독은 입법 과정에 간섭할 수 없었다. 선거권이 소수에게만 주어진 제한선거였지만, 어쨌든 이 개혁조치는 인도 민주주의의 출발점이었던 셈이다. 1918년 인도 헌정개혁을 제안한 몬태규-첼름스퍼드(Montagu-Chelmsford) 보고서는 이 개혁을 매우 긍정적으로 평가하고 있다.

모든 입법회의가 확대되었다. 입법회의는 모두가 실질적으로나 근본적으로 선거를 통해 구성되었다. 각 주의 입법의회도 비공식적이기는 하나 다수파가 주도했다. 공공의 이익에 관련된 문제들에 대한 토론 권리도 입법의회에 허용되었다. 이 조치로 입법의원들은 재정 문제에 대한 영향력을 행사할 수 있는 진정한 기회를 갖게 된 것이다.[76]

1차 세계대전기에 인도는 140만 명 이상을 영령 인도군(British Indian Army)으로 편성해 참전했다. 1919년 말에도 150만 명의 인도군이 복무

지배를 공식적으로 천명한 것이 1876년 빅토리아 여왕의 인도 여황제 즉위이다. 인도 문관 제도(Indian Civil Service)는 영국에서 최초로 경쟁시험을 통한 임용방식을 도입했다.

75 9 Edward VII, c. 4. "Indian Councils Act 1909." Cd. 9109. "Report on Indian Constitution Reform", 29-30. 1905~10년에 존 몰리는 인도담당장관직을 맡았고, 길버트 엘리엇(Gilbert Elliot, Earl of Minto)은 같은 시기 인도 총독을 지냈다. 두 사람의 협의 아래 제정된 법이기 때문에 이렇게 불린다.

76 Cd. 9109. "Report on Indian Constitution Reform", 6.

중이었고 전쟁기에 인도 정부는 1억 4,000만 파운드의 세금을 전비로 납부했다.[77] 전쟁 발발 직후 인도 정부의 부왕(viceroy)은 유럽 전쟁에 불가피하게 영국이 참전하게 되었음을 밝히고, 모든 인도 신민이 "국왕에 대한 변함없는 충성과 열렬한 헌신과 영국 정부에 대한 지속적인 지지"를 표명할 것을 당부하는 포고문을 발표했다. 영국령 인도 전역에서 영국을 지지하는 물결이 일었으며 "전장이나 협력이나 간에 정부에 봉사하려는 충성심과 열망을 표명하는 수백여 통의 전보와 편지"가 부왕에게 답지했다. 이들은 종교·정치·사회 등 각종 사회단체와 개인으로부터 온 것이었다.[78] 더욱이 1917년 8월 20일 인도담당장관 에드윈 몬태규(Edwin S. Montagu)는 1년 이내에 인도에서 "자치제도의 점진적 발전"과 "책임정부의 점진적 실현"을 앞당길 방안을 마련하겠다고 선언한 터였다.[79] 전쟁기 인도인의 적극적인 참여와 지지 이면에는 전후 자치령 국가로 독립할 수 있으리라는 희망이 깃들어 있었다. 몬태규-첼름스퍼드 보고서는 그 실상을 가감없이 전해 준다.

정의를 위해, 그리고 영국군과 나란히 싸워나가는 인도군 부대의 면모는 인도인의 상상 속에 강한 호소로 다가왔다. 인도군 부대들이 가장 고도로 훈련받은 적과 맞선다고 상상하는 것 자체가 인도인에게는 정당한 자부심과 기쁨의 원천이 되었다. 인도의 군주들과 대주주들은 전쟁 시작부터 그들에게 전달된 요구에 기꺼이 대처했다. 많은 사람이 개별적으로 봉사를 했으며,

77 Judith Brown, *Modern India: The Origins of an Asian Democracy* (Oxford: Oxford University Press, 1994), 195-96.

78 *Parliamentary Papers*, 1914-6, 49, Cd. 7624. "Papers related to the Support Offered by the Princes and Peoples of India", 4, 9.

79 선언 내용은 다음을 참조. A. F. Madden and J. Darwin, eds., *Select Documents in the Constitutional History of the British Empire and Commonwealth, vol. 4: The Dominions and India since 1900* (London: Greenwood, 1993), 678-79.

여러 군주가 전투에 참전했다. 병력과 전비 조달 제안이 들어오기 시작했으며, 우리는 그런 기여의 물결이 거의 감소하지 않았다는 사실을 자랑스럽게 덧붙인다.[80]

그러나 자치정부 수립의 희망이 멀어지자 전쟁 말기, 특히 1916년 이후 국민회의의 불복종운동과 전국적인 시위가 발생했다. 1906년 이래 큰 반향을 불러일으켰다가 열기가 주춤해진 간디의 자치(Swaraji)운동에 관심이 다시 높아졌다. 1917년 말 인도담당장관 에드윈 몬태규는 인도 문제를 전향적으로 대처하기 위해 인도를 방문해 인도 총독 프레더릭 더시거(Frederic Thesiger, Lord Chelmsford) 및 인도 현지의 유력인사들을 접촉해 몇 가지 개혁안을 담은 이른바 몬태규-첼름스퍼드 보고서를 작성했다.[81] 이 보고서는 다음 해 5월 영국 정부에 제출되었고 이를 토대로 1919년 인도정부법이 제정되었다.[82]

몬태규-첼름스퍼드 개혁안의 핵심은 무엇인가. 중앙행정 차원에서 집행기관과 입법기관에 인도인 참여를 증대하는 방안을 모색한다. 종래 총독집행위원회(Executive Council of Governor-General)를 국무회의(Council of State)로 격상하고, 위원 50인 가운데 선출직 21명, 총독 지명 29명으로 구성한다.[83] 종래의 입법회의(Legislative Council)도 입법의회(Legislative Assembly)로 개명해 의원 정원 100 중 3분의 2를 선거로, 나머지는 총독이 지명하도록 했다.[84] 그러나 지방의 주 행정에 관한 계획은 중앙정부의 변화

---

80 *Parliamentary Papers*, 1918, 8, Cd. 9109. "Report on Indian Constitution Reform", 17.

81 Cd. 9109. "Report on Indian Constitution Reform." 이 보고서의 의의와 한계에 대해서는 다음을 볼 것. Philip Wood, "The Montagu-Chelmsford Reforms (1919): A Re-assessment", *South Asia: Journal of South Asian Studies*, 17/1 (1994), 25-42.

82 9 & 10 Geo. V, c. 101. "The Government of India Act 1919."

83 Cd. 9109. "Report on Indian Constitution Reform", 223-24.

84 Cd. 9109. "Report on Indian Constitution Reform", 220.

에 훨씬 미치지 못하는 수준이었다. 지방행정을 맡은 집행위원회는 인도인 선출직 2명, 총독이 임명하는 인도고등문관(ICS) 2명으로 구성되어 사실상 총독의 권한을 그대로 유지할 수 있도록 했으며, 주 입법회의는 선출직 의원을 더 확대하기로 했다.[85]

이 개혁안에서 정작 중요한 것은 이원주의(dualism), 다른 표현으로는 양두정치(dyarchy)의 원칙을 견지했다는 점이다. 이는 지방행정의 여러 업무를 중앙정부가 위임한 업무와 중앙정부 관할 업무로 분류해 위임 업무만 지방정부가 집행할 수 있었다.[86] 중앙정부는 국방·외교·전신·철도·우편·대외무역 등을, 지방 주정부는 보건·위생·교육·공공사업·경찰·재판·관개사업 등을 맡기로 했다.[87] 목록에 포함되지 않은 제반 권한은 중앙정부의 주관이라는 점을 분명히 했다. 결국, 자치제를 확대하면서도 통치의 중요한 분야는 총독(부왕)의 직접적인 지휘 아래 두려는 의도가 깃들어 있었다. 보고서는 이러한 개혁안이 완전한 자치를 주장하는 측을 만족시킬 수 없다는 것을 잘 알고 있었다. 이런 점을 의식해 이 과도적인 제안의 정당성을 강조하기도 한다.

> 우리의 제안은 일부 비판자들이 복잡하다고 생각할 수도 있다. 그러나 순수하게 전제적인 성격을 가진 것을 제외하고, 복잡한 면모 없이 설명할 수 있는 정치체는 거의 없다. 우리가 의도적으로 선택한, 본질상 실험적이면서도 과도적인 이 경로는 서로 다른 정부 원리의 일시적인 조정을 수반하기 때문에 상대적으로 정교한 것이다. 만일 모든 통치권의 이양을 완전히 책임질 수 있는 시간까지 연기할 것을 제안했다면, 우리의 계획은 분명 단순한 장점이

---

85 Cd. 9109. "Report on Indian Constitution Reform", 175.

86 Cd. 9109. "Report on Indian Constitution Reform", 176-77.

87 지방정부에 위임한 업무 목록은 Cd. 9109. "Report on Indian Constitution Reform", 296-97을 볼 것.

있었을 것이다. 그러나 8월 20일까지 발표를 지켜야 할 의무와 별도로, 무책임에서 완전한 책임으로 바뀌었을 때, 새 정부의 메커니즘이 너무나 격렬한 충격으로 인해 붕괴될지 모른다는 우려도 고려했을 것이다. 그러므로 우리는 먼저 행정부에서 이원주의를 고안하고, 두 번째로는 영국 측과 인도 측, 둘 사이의 힘의 균형을 제공하는 것이, 한쪽이 지속성을 유지하고 중요한 점을 보존하는 필수적인 역할을 박탈당하지 않고서도 다른 쪽이 성장할 수 있다고 본다.[88]

몬태규-첼름스퍼드 개혁안은 완전한 자치를 요구해 온 간디와 국민회의는 물론 일반 사회여론과 거리가 멀었다. 이에 대한 항의와 시위가 격렬해졌고 정부는 시위는 물론 언론에 대한 검열을 강화했다. 항의 진압과 언론 검열을 위해 새로운 탄압 입법을 제정하려고 했다.[89] 이 시도는 입법회의에서 인도 출신 의원들의 반대로 상당 기간 계류되었고 결국 의원들의 사퇴로 이어졌다. 미흡한 개혁안과 탄압 입법 시도 자체가 전쟁 협조에 대한 영국 측의 배반으로 여겨졌다. 간디와 국민회의의 대대적인 항의가 이어지는 가운데 펀자브주의 암리차르에서 대규모 시위가 발생했다. 1919년 4월 잘리안왈라 학살사건으로 양측의 타협 가능성은 사라졌다. 물론 몬태규는 주둔군 사령관 레지널드 다이어(Reginald Dyer)의 위법행위를 조사해 해임을 요청했지만, 영국 국내에서는 오히려 다이어가 애국행위를 한 것으로 여겨졌다. 1920년 인도 국민회의는 간디의 스와라지 운동을 전폭적으로 지지한다는 성명을 발표하고 비협조운동에 동참했다.

---

88 Cd. 9109. "Report on Indian Constitution Reform", 183.
89 "Anarchical and Revolutionary Act of 1919." 영국 판사 시드니 롤랫(Sidney Rowlatt)이 위원장을 맡은 롤랫위원회(Rowlatt Committee)의 권고에 따라 1919년 3월 10일 인도 입법회의가 통과시킨 탄압법이다. 위원장 이름을 따서 롤랫법(Rowlatt Act)이라 불린다. 재판 및 사법조사 절차 없이도 혁명 음모 관련자로 의심되는 사람을 사전에 구속하는 강력한 조치였다.

그리하여 1921년 지방 입법회의 선거에 후보자를 내세우지 않았다.

1920년대 간디와 국민회의의 비협조운동은 지방 입법회의 선거 보이콧, 정부가 수여한 각종 훈장과 서훈 반납, 초등학교 입학 거부, 영국식 법정 대신 전통적 사법제도 참여, 국산장려운동 등 다양한 방향으로 전개되었다. 궁극적으로는 인도 정부에 대한 납세 거부 주장까지 연결되었다. 그러나 이 운동은 영국 정부의 강경한 태도에 부딪혀 성과를 거두지 못했고 또 적절한 출구도 없었다. 국민회의 내부에서 비협조운동에 대한 회의가 증폭되면서, 1924년에 이르러 공식적으로 운동 참여를 포기하기에 이른다.

1919년 인도정부법이 시행되면서 이를 둘러싼 논란과 항의가 증폭되자 영국 의회는 좀 더 전향적으로 인도 헌정개혁 문제를 논의하기 위해 1927년 11월 왕립위원을 지명했다. 위원장 존 사이먼(John Simon)을 포함해 7인으로 구성된 인도왕립위원회(Indian Statutory Commission, 사이먼위원회)는 1928년 인도 여러 지역을 순회하며 실태를 조사하고 여러 정치인의 의견을 청취했다. 물론 위원회를 대하는 인도 정치인과 사회단체의 태도는 매우 적대적이었다. 그해 10월 펀자브주에서 발생한 항의 시위대를 향한 경찰의 진압 과정에서 유력 정치인 랄라 라이(Lala Rai)가 사망하는 불상사가 일어나기도 했다. 2년 후에 간행된 방대한 사이먼위원회 보고서는 광범위한 조사 자료를 바탕으로 인도의 구체적인 상황과 실태를 상세하게 알려줌과 동시에 헌정 개혁에서 양두정치의 폐지와 지방 주에서 대의제와 책임정부의 도입, 그리고 향후 인도의 지위를 완전한 자치권을 갖는 백인 자치령 국가와 동등한 수준으로 해야 한다는 점을 제안했다.[90] 영국 의회는 이 보고서를 토대로 1935년 인도정부법을 새롭게 제정한다.[91]

---

90 Cmd. 3568. *Report of the Indian Statutory Commission* (London: HMSO, 1930), 17 vols.

1930년대 초 국민회의 내부에서는 사이먼위원회 제안을 둘러싸고 이견이 있었다. 온건파인 네루는 대의제, 책임정부제, 연방제에 바탕을 두고 영제국 안에서 자치령 국가의 지위를 갖는다는 제안에 대체로 찬성했다.[92] 그 반면 이슬람 세력과 간디 등은 다른 입장을 보였다. 종교 및 지역적 분열에 따른 이견을 조정하기 위해 런던에서 인도 제종파와 제정당 대표자들이 참가한 원탁회의가 여러 차례 열렸으나 어떤 합의도 이끌어내지 못했다.

1935년 인도정부법이 시행되자 이 새로운 헌정제도에 대해 국민회의는 딜레마에 빠졌던 것으로 보인다. 개혁안을 거부할 것인가, 아니면 선거에 참여할 것인가. 1936년 국민회의 의장 네루는 처음에는 개혁안 참여를 망설였으나 다음 해 선거에 참여하기로 결정했다. 지방 주의회 선거 결과 국민회의는 11개 주 가운데 5개 주에서 과반수 이상을 득표하는 성공을 거두고 다수 의석을 차지했다.[93] 국민의회는 그들의 다수 의석을 바탕으로 새로운 헌법을 폐지하겠다고 공언한다. 그러나 그 이후 2차 세계대전의 전운이 감돌면서 인도 문제는 여전히 미해결로 남게 되었다.

한편, 20세기 영제국의 역사에서 1차 세계대전 이후 서아시아 지역에 진출한 것은 의도된 결과는 아니다. 물론 이집트는 수에즈 운하 지배를 위해 1882년 이후 보호령으로 사실상 지배했지만 이라크·이란·팔레스타인 지역은 전후 세계질서 재편성 과정에서 영국이 신탁통치를 위임받은 것이다. 영국의 서아시아 정책 수립에 결정적인 영향을 미친 인물은 조지 커즌(George N. Curzon)이다.[94] 그는 인도 총독을 지냈고 전시내각에 참여

---

91 25 & 26 Geo. V, c. 42. "Government of India 1935." 이 법안은 1933년 상정되었으나 당시에는 부결되었고, 1935년 재상정해 압도적인 찬성으로 통과되었다.

92 Darwin, *The Empire Project*, 468.

93 Darwin, *The Empire Project*, 468.

94 조지 커즌(George Curzon, 1859~1925): 영국의 보수당 정치가. 이튼스쿨을 거쳐 옥스퍼드 대학 베일리얼 칼리지를 졸업하였다. 1885년 솔즈버리 경의 비서관으로 정계에 입문하여

했으며 1919~24년간 외무장관을 지냈다. 전후에는 서아시아 진출의 필요성을 역설했는데 그 까닭은 인도 문제와 관련되어 있었다. 인도 지배를 위해서는 서아시아에 다른 경쟁국이 들어서거나 영향력을 행사하지 못하도록 할 필요가 있었다. 그렇다고 영제국의 확장을 의도하려는 것은 아니었다. 커즌이 선호한 것은 인도 지방의 토후국 모델을 적용해 서아시아 지역에 아랍인 자치국들을 세우는 방식이었다.[95]

영국의 서아시아 진출은 전쟁기에 점진적으로 이루어졌다. 제정러시아 붕괴 후 독일이 서부전선에 대한 공세를 강화하자 독일 동맹국인 오스만제국을 구축하기 위해 영국군이 이 지역에 진출했다. 이는 전후에 곧바로 제국의 방어비 증가를 가져왔다. 영국은 전후에 팔레스타인·이라크·이란 등에 대한 신탁통치 주도국이 되었다.

동아시아와 영제국의 세계전략

동아시아는 영제국에서 공식적으로 커다란 중요성을 갖지는 않았다. 그렇더라도 지정학적으로는 매우 예민하다고 할 수 있는 지역이었다. 자치령 국가 오스트레일리아와 뉴질랜드, 인도, 동아시아 무역 중심지인 홍콩과 상하이 등이 번영하고 있었다. 1차 세계대전 후에 이 지역에서 급속하게 세력을 확장하는 나라가 일본이었다. 1921년 6월 20일부터 8월 5일까지 런던에서 개최된 제국회의에서 가장 중요하게 다룬 문제가 영일동맹

1886년 하원의원, 1891~92년 인도담당 차관, 1895~98년 외무차관, 1899~1905년 인도 총독을 지낸 후 상원의원, 추밀원 의장을 역임하고 1919~24년 밸푸어 후임으로 외무장관을 지냈다.
95 John Darwin, *Britain, Egypt and the Middle East: Imperial Policy in the Aftermath of War 1918-1922* (London: Macmillan, 1981), 160, 195.

갱신에 관한 사항이었다. 영국 이외에 참가국들은 오스트레일리아·캐나다·인도·뉴질랜드·남아공 등이었다. 이 회의에서 영국과 자치령 총리들은 통일된 국제정책을 논의하고, 특히 미국과 일본의 관계를 재정립하는 데 관심을 쏟았다. 우선 시급한 것은 같은 해 7월 13일에 만료될 영일동맹의 갱신 여부였다. 의장을 맡은 영국 총리 로이드 조지는 기조연설에서 이 문제를 다음과 같이 언급하였다.

> 이제 저는 외교 문제 가운데 가장 시급하고 중요한 현안의 하나, 즉 제국과 미국, 일본의 관계를 간략하게 언급하고자 합니다. 태평양과 극동 지역이야말로 세계 다른 어느 곳보다도 평화와 모든 나라의 공정한 활동을 지속하고 무력 경쟁을 지양해야 할 지역입니다. 일본과의 동맹은 과거에 이런 방향으로 나가는 데 가치 있는 요소였습니다. 우리는 일본이 신뢰할 만한 동맹국임을 알고 있습니다. 일본은 시급하고 아주 중요한 도움이 필요한 시기에 상당한 도움을 주었습니다. 독일 순양함이 인도양과 태평양에 상주했을 때 유럽에 파견되는 호주 및 뉴질랜드 병력 수송선단을 일본군이 호위해 주었다는 것을 우리 영국은 쉽사리 잊을 수 없습니다. 우리는 두 나라가 좋은 선린관계를 유지하고 이 관계가 동아시아 지역의 여러 문제를 해결하는 데 도움이 되기를 바랍니다.[96]

1921년 제국회의에서 정작 영일동맹 문제가 논란이 된 까닭은 무엇인가. 우선 전승국으로서 일본의 국제적 위상 강화와 만주로의 팽창정책이 오스트레일리아나 뉴질랜드 같은 자치령 국가에 영향을 주었을 것이다. 그러나 회의에서 정작 동맹에 대한 부정적 견해를 적극 주장한 사람은

---

[96] Cmd. 1474. *Conference of Prime Minister and Representatives of the Kingdom, the Dominions and India* (London: HMSO, 1921), 13.

캐나다 총리 아서 미언이었다.[97] 당시 미국은 일본의 대두를 주의 깊게 바라보았고, 영일동맹의 부활이 태평양에 일본의 지배적인 시장을 형성하고 중국을 미국 무역에서 고립시킬 것을 우려했다. 이 같은 우려는 당시 미국과 캐나다 언론에 의해 고조되었다. 미언 총리는 이런 우려를 전달한 것이다.[98] 이러한 우려의 근거는 매 5년마다 연장 가능한 동맹 조약의 제3조 때문이었다. 이 제3조의 요지는 동맹 당사국이 2개국 이상의 나라와 전쟁에 연루될 경우 지원을 약속한다는 내용이다.[99] 미국의 입장에서 일본이 만주나 중국 진출을 하면서 관련 국가와 전쟁에 돌입하는 동시에 그밖의 3국과 전쟁을 하게 되면 영국이 일본을 지원하는 극단적인 상황도 예상할 수 있는 것이다. 어쨌든 영일동맹은 두 당사국 어느 쪽에서도 동맹 연장을 요구하지 않았기 때문에 사문화되었다.

전승국 일본의 국력 신장과 군사력은 주변국에 적지 않은 위협이 되었다. 1921년 관심사였던 워싱턴 해군군축회담이 이를 잘 보여 준다.[100] 종전 당시 세계에서 가장 강력한 해군국은 영국이었다. 영국은 전함과 순양함 70척을 보유하고 있었고, 미국은 40척 규모였다. 그러나 영국 해군

---

97 아서 미언(Arthur Meighen, 1874~1960): 캐나다의 보수당 정치인. 제9대 총리(1920~21). 최초의 캐나다 출신 총리. 토론토대학에서 수학을 전공한 후 변호사가 되었다. 1908년 하원에 진출하였으며, 1910년대 로버트 보든 내각에서 국무장관과 광업장관을 역임했다. 보든 후임으로 총리가 됐으며, 자유당 매켄지 킹이 후임 총리에 올랐다.

98 미언 총리는 회의에서 이렇게 발언했다. "영일동맹 및 조약 연장에 관해서는 심사숙고해야 합니다. 그 동맹의 중요성을 너무 과대평가해서는 안 됩니다." Cmd. 1474. *Conference of Prime Minister and Representatives of the Kingdom, the Dominions and India*, 16. 영일동맹에 대한 미국과 캐나다의 우려는 다음을 볼 것. J. C. Vinson, "The Imperial Conference of 1921 and the Anglo-Japanese Alliance", *Pacific Historical Review*, 31/3 (1962), 257.

99 동맹 전문 3조는 이렇다. Article 3. "Promise of support if either signatory becomes involved in war with more than one Power."

100 워싱턴 해군군축조약은 1921년 11월 11일부터 다음 해 2월 6일까지 워싱턴에서 개최된 '워싱턴 회의'에서 체결한 해군 군비축소에 관한 조약이다.

은 너무 방대해 유지하기 힘들었다. 1923년 해군 예산은 5년 전인 1918년 예산의 16퍼센트 수준으로 줄어들었다.[101] 워싱턴 회담은 당시 경제침체와 반대로 전승국의 해군력 팽창 경쟁에 제동을 걸기 위한 목적으로 개최된 것이다. 이 회담에서 전승 5개국, 즉 영국·미국·일본·프랑스·이탈리아의 배수량 기준 전함 보유 상한선은 영국과 미국을 50만 톤으로 하고 다른 나라들의 비율을 정했다. 영국과 미국의 전함 배수량을 5라고 하면, 일본은 3, 프랑스와 이탈리아는 각기 1.75였다. 일본은 1920년대에 미국·영국 등 열강과 어깨를 나란히 하는 강대국으로 발돋움한 것이다.

동아시아에서 영국은 중국의 홍콩과 상하이를 이 지역 상업 무역 금융 중심지로 개발하는 데 성공함으로써 경제적으로 큰 이해관계를 지니고 있었다. 전간기에 특히 발전한 도시는 상하이다. 19세기 후반에 조차지를 개발한 영국은 인접한 미국 조차지와 행정단위를 묶어 상하이 공공조계(公共租界, Shanghai International Settlement)로 개발했다. 프랑스인들이 개발한 상하이 법조계(法租界, Shanghai French Concession)는 그 옆에 인접해 있었다. 사실 1920년대 상하이가 중국 최대의 무역항이자 공업생산지가 된 것은 상하이 공공조계의 번영에 힘입었기 때문이다.

상하이는 이미 19세기 말에 그 유리한 입지조건과 영국 해외투자 자본을 바탕으로 국제적인 상업 무역도시로 올라섰다. 1890년대 상하이를 방문한 영국 여행가 이사벨라 비숍(Isabella Bishop)은 영국 및 미국 조계의 활기 넘치는 선창과 공장지대의 굴뚝을 보면서 막대한 "해외자본과 에너지"를 연상한다. 영국 조계와 미국 조계 부두의 도로변에 "홍콩은행, 상하이은행, 캐나다-퍼시픽 철도회사 사무소, 영국 영사관, 외국 상관, 호텔 및 사무실 건물"이 즐비하게 들어서 있었다. 폭넓은 차도와 잘 포장된 인도는 세계 어느 나라 대도시에 뒤지지 않았다.[102] 그녀가 보기에 해외 행정

---

101 Darwin, *The Empire Project*, 366-67 참조.

당국과 자본에 의해 인구 20만이 넘는 국제적인 교역도시로 성장했지만, 상하이는 절대적으로 중국적인 특성을 보여 주는 대도시였다. 그렇다면 여타 중국 도시와 달리 상하이가 번영하는 까닭은 무엇인가. 비숍은 무역항으로서의 입지조건과 해외자본의 역할을 강조하면서도 영국 및 미국 조계의 합리적 도시행정에 주목한다. 그녀의 여행기에는 다소 '애국적인' 서사가 눈에 띈다.

오래지 않아 나는 왜 상하이가 '모범 조계지'로 불리는지 그 이유를 알 수 있었다. 그리고 그것이 적절한 표현이라고 생각했다. 영국과 미국 조계지는 지방세 납부자들이 선출한 9인의 자치위원회가 관리한다. 이들에게는 비서와 직원이 배정되어 납세자가 낸 세금 전액을 모든 사람에게 혜택이 돌아가는 보건, 치안, 복지, 그리고 외국인 고용에 지출했다. 또 끊임없이 증가하는 조계지 내의 중국인의 질서와 복지를 위해 사용했는데, 그 목적은 동양의 식민지 전체에 영국이 성실하면서도 효과적으로 지방행정을 시행하고 있음을 내보이는 데 있었다.[103]

물론 1920년대에 전개된 중국의 복잡한 정치 상황이 상하이의 번영에 장애가 되기도 했다. 1919년 이후 중국의 민족주의 운동에서 영국의 제국적 이해관계가 식자층과 학생층 사이에 분노를 유발했다. 영국은 불평등조약 개정 요구를 거부하였고 개항장에 대한 초영토적 특권도 포기할 수 없었다. 민족주의자들의 관심이 집중된 광둥성 홍콩 배후 지역과 상하이에서 반영운동이 확산되었다. 1925년 5월 30일 중국인 여러 명이 국제조

---

102 Isabella Bishop, *The Yangtze Valley and Beyond* (London: John Murray, 1899), 16-18.

103 Bishop, *The Yangtze Valley and Beyond*, 19.

계에서 경찰의 총격으로 사망한 사건이 일어났다. 이 사건 이후 상하이를 비롯해 홍콩에서까지 민족주의자들의 주도로 영국 무역 보이콧 운동이 전개된다. 홍콩에서는 부두노동자를 중심으로 총파업이 일어났다.[104]

중국에서 반영감정의 고조, 일본의 팽창정책에 대처할 수 있는 대안은 별로 없었다. 전간기 영국과 미국은 특히 일본에 대한 현실적인 억제책이 소련이라는 데 의견을 같이했다. 소련은 일본 제국주의가 팽창할수록 더 많은 손실을 입을 수밖에 없었다. 소련 스스로 일본이 문제를 일으킬 때 타격을 가할 수 있는 군사력이 필요했다. 1930년대에 이르러 미국 정부는 영국 해군력 증강에 예민한 반응을 보이지 않았다. "대서양을 둘러싼 경쟁"은 동아시아의 새로운 세력의 대두와 함께 중지되었다.[105]

물론 일본의 위협은 실제적인 것이 아니라 과장된 것이라는 견해도 있었다. 중국에서 일본의 팽창은 국민당 정부의 완강한 저항으로 지장을 받았다. 특히 영국 거국내각의 재무장관 네빌 체임벌린(Neville Chamberlain)은 영국이 유럽과 동아시아에서 두 개의 전쟁을 동시에 수행할 수 없다고 주장하면서, 동아시아에 해군 전력을 상시 배치하는 데 따른 낭비를 지적했다. 그는 국방예산을 일정 수준 이하로 묶을 필요성을 내세우면서 일본의 실제 위협과 특히 태평양 자치령 국가에 대한 공격 위협 자체가 과장된 표현이라고 말했다. 그는 대신 친일본 외교를 강조한다. 가능하다면 일본과 불가침협정 체결을 권유한다.[106]

그러나 1933년 히틀러 집권과 재무장 선언 이후 상황은 급변한다. 유럽과 아시아에서 각기 독일과 일본의 위협이 현실화한 것이다. 이미 일본

---

104 Edmund K. S. Fung, *The Diplomacy of Imperial Retreat: Britain's South China Policy 1924-1931* (Oxford: Oxford University Press, 1991), 37-54.
105 Greg Kennedy, *Anglo-American Strategic Relations in the Far East 1933-1939* (London: Frank Cass, 2002), 203.
106 체임벌린의 제안에 대해서는 다음을 볼 것. Greg Kennedy, *Anglo-American Strategic Relations in the Far East 1933-1939*, 176.

은 쿠릴열도에서 타이완까지, 그리고 1차 세계대전 이후에는 남태평양까지 진출을 노리는 해상제국이 되었다. 영국 해군은 중국에서 영국의 이익, 그리고 태평양 국가인 오스트레일리아와 뉴질랜드 방어까지 책임져야 할 처지에 빠진 것이다.

영제국의 미래

1930년대 영국은 심각한 경제침체에서 벗어나지 못했다. 이 경제침체는 1차 세계대전 이후 다시 전 세계적인 해상 네트워크를 통해 제국 질서를 회복한 영국에 엄청난 타격을 주었다. 더욱이 전간기 영제국의 유지를 뒷받침했던 국제질서가 새로운 국면으로 접어들었다. 히틀러가 재무장을 선언하면서 베르사유 체제에 정면 도전했고 이탈리아가 그 뒤를 따랐으며 일본 또한 국제연맹을 탈퇴했다. 그뿐만 아니라 소련도 공업화에 성공하고 강력한 군사력으로 무장함에 따라 워싱턴 군축조약을 사문화시켰다. 소련의 사회주의 경제, 독일과 일본의 폐쇄적 보호경제는 영제국의 무역질서에 타격을 주었다. 여기에 이념적 대립과 이념 전쟁도 영제국에 불리하게 작용했다. 사회주의와 파시즘 모두 영국이 내세운 자유주의 가치에 정면 도전했다. 1930년대 경제위기에서 파시즘 독재와 사회주의가 효율적이라는 점이 드러나면서 대의제와 책임정부라는 이념도 이전만큼 존중받지 못했다.

1929년 10월 경제공황 이후 자본주의 위기는 자유주의 위기를 뜻했다. 전 지구적 경제불황에 직면해 전 세계에 걸친 교역과 무역에 바탕을 둔 영제국은 그 영향을 더 크게 받을 수밖에 없었다. 이 시기에 일부 이론가들은 이전과 다른 새로운 영제국의 가능성을 언급했다. 이는 런던이라는 중심이 다른 세계를 지배하는 방식이 아니라 전 세계에 걸친 영연방 국가들의 협조와 파트너십에 바탕을 둔 국가연합을 의미했다. 이런 맥락에서 제국보다는 'British Commonwealth'라는 말을 학술 용어로 처음 사용한 인물은 옥스퍼드대학의 국제정치학자 앨프리드 짐메른(Alfred E. Zimmern)이었다.[107] 자치령 국가는 물론, 인도와 민족주의 요구가 거센 기타 지역에 더 확대된 자치를 허용하는 대신, 제국의 경계를 벗어나 이탈하는 것은 오히려 패배에 직면하게 될 것임을 인식함으로써 그 민족주의 요구가 완화되기를 기대했다.

영제국을 바라보는 외부의 시선은 매우 비관적이었다. 독일 출신 망명 학자 헤르만 칸토로비츠(Hermann Kantorowitz)는 영국 경제의 토대가 무너지고 있다고 진단했다. "막강한 영국의 경제적 기초는 날이 갈수록 협소해지고 있다."[108] 칸토로비츠의 견해를 요약하면 이렇다. 미국인은 더 부유해지고 독일인은 더 훈련되고 러시아인은 수가 많다. 영국 산업은 낡았고 작업장은 임금이 높으며 관세 의존은 잘못된 생각이다. 항공의 시대에, 영국은 더 이상 섬이 아니다. 영국은 지리적으로 너무 협소해서 효과적인 제공강국이 될 수 없다. 영국인은 무슬림과 아시아인의 분노의 표적이다. "이 민족주의의 시대에 인도를 계속 장악하는 것은 불가능하다." 제국을 상실하면 영국은 제2의 네덜란드가 될 것이다. 이러한 비관적인 경고는 앙드레 시그프리드(André Siegfried)에게서도 그대로 발견된다. 그는 영국 산업의 노후화에 눈길을 돌린다. 영국 경제의 쇠퇴는 해외투자의 감소, 생활수준의 하락에서 비롯한다. 영국인은 그동안 국제무역에 의존해 왔다. 이는 선택의 여지가 없는 불가피한 문제이다. 보호무역은 그들

---

107 Alfred E. Zimmern, *The Third British Empire* (London: Oxford University Press, 1926); J. D. B. Miller, "The Commonwealth and World Order: The Zimmern Vision and After", *Journal of Imperial and Commonwealth History*, 8/1 (1979), 162.

108 Hermann Kantorowitz, *The Spirit of British Policy and the Myth of the Encirclement of Germany* (London: Allen & Unwin, 1931), 507.

에게 최선이 될 수 없다. 그러나 전 세계의 경제 민족주의가 치명적인 위협을 가하고 있다. "포드화된 미국과 카르텔화된 유럽 사이에 갇혀, 영국은 결국 국제적인 경제동맹에 참여할 수밖에 없을 것이다."[109]

당시 정치인들 상당수가 제국을 해체하는 원심력이 작용하고 있다고 생각했다. 그런데도 런던이 세계의 중심 위치를 유지하는 것이 중요하다고 보았다. 영국과 영제국의 미래는 세계무역의 중심으로 남느냐에 달려 있다는 것이다. 백인 자치령 국가에서 좀 더 강화된 경제블록, 그리고 좀 더 긴밀한 결속을 요구하는 때에 이를 위해서는 자치령 국가 정치가들의 적극적인 지지가 긴요하다고 보았다. 원심력은 군사적 측면에도 작용했다. 민족주의 물결이 거세지면서, 이제 영국 해외 자산에 대한 군사적 공격 위험이 증대되고 있었다. 이런 위험이 높아지는 데 비해, 영국의 느슨한 제국 체제, 각지에 산재해 방어하기에 취약하며 무역의존도가 너무 높은 제국은 변화하는 상황에 제대로 대처하기 어려웠다.

보수적인 제국 중시론자들은 독일 재무장, 이탈리아의 에티오피아 침입 등의 상황에서 영국은 대륙 문제에 개입해서는 안 되며 제국 간 결속을 강화해야 한다고 주장했다. 이들의 입장을 제국적 고립주의(imperial isolationism)라 할 수 있다. 레오폴드 아머리, 에드워드 그리그(Edward Grigg) 등이 그 대변자들이었다. 대륙에 대해서는 본토 방어를 위한 최소한의 개입으로 제한하고 제국의 연대와 결속을 강화하는 데 초점을 맞춰야 한다는 것이다. 그러나 이러한 견해 자체가 영제국의 토대가 급속하게 무너지고 있다는 것을 상징적으로 말해 준다. 2차 세계대전이 진행 중이던 1943년 11월 25일 한 연설에서 스뮈츠는 전후 영제국의 불길한 미래를 다음과 같이 예견한다.

---

109 André Siegfried, *England's Crisis*, trans. H. H. Hemming and Doris Hemming (London: J. Cape, 1933), 231.

우리는 이상야릇한 세계로 들어섰습니다. 몇백 년간, 아니 아마도 몇천 년간 보지 못했던 세계로 말입니다. 유럽은 완전히 변하고 있습니다. 기존 지도를 말아버리고, 새로운 지도가 우리 앞에 펼쳐지고 있습니다. 구대륙 5개 강국 가운데 셋은 사라졌습니다. 독일은 사라질 것입니다. 프랑스도 그럴 것입니다. 이탈리아는 결코 강한 힘을 되찾지 못할 것입니다. 그 대신 러시아가 유럽의 새로운 거대한 석상(colossus)이 될 것입니다. 일본의 위협도 사라지고, 영국은 대단한 특권을 가지겠지만, 영국은 가난한 나라가 될 것이고 나라에 남은 것은 없습니다.[110]

110 "Speech by Smuts", *The Times*, 3 Dec. 1943.

3

이행,
제국에서
국가연합
으로

7장

제국의 해체,
2차 세계대전에서 수에즈 위기까지

영제국 해체의 중요한 계기는 무엇인가. 2차 세계대전 이후 미국과 소련 두 초강대국의 대두와 탈식민운동의 전개가 영국의 입지를 갈수록 어렵게 만든 것은 자연스러운 현상이었다. 그런데도 영제국은 전후 10여 년간 비록 이전과 비교하면 위축되기는 했어도 제국 네트워크를 유지하고 있었다. 영제국 네트워크가 급격하게 무너진 것은 1956년 수에즈 위기 이후의 일이다. 이 위기가 제국 '해체'의 물꼬를 튼 결정적인 사건이었다는 데에는 대체로 합의가 이루어지고 있다. 이는 수에즈 사태 이후 영제국 네트워크에서 떨어져 나온 신생독립국의 수가 급증했던 데에서도 분명하게 드러난다.[1]

---

1 1956년 수에즈 위기 이전 영국에서 독립한 나라는 아일랜드·요르단·인도·파키스탄·스리랑카·미얀마·이스라엘 등 7개국이었다. 1956년 이후, 특히 1960년대에 탈식민운동의 열풍이 불었다. 1957~69년 27개국, 1970년대 12개국, 1980년대 4개국이 식민지 상태에서 독립국으로 바뀌었다.

수에즈 위기는 1956년 이집트와 영국·프랑스·이스라엘 사이에 벌어진 외교 및 군사적 충돌사건을 가리킨다. 사실 전쟁이라는 측면에서 보면 수에즈 사태는 심각하지 않은 사건이었다. 소규모 군대만 동원되었고 사상자도 적었으며 단기간에 종식되었다. 그러나 영국과 프랑스의 합동 군사작전 결과는 매우 심각했으며, 그 이후 20세기의 역사에 큰 영향을 미쳤다. 제국 지배를 연장하려던 영국과 프랑스의 의도가 미국의 개입으로 꺾임으로써 공식적으로는 구 제국의 종언과 미국 지배질서의 출현을 가져왔다. 다른 한편, 이집트-이스라엘의 지역적 갈등과 대립을 넘어 아랍 세계의 반서방 의식이 고조되기 시작한 것도 이 위기 이후의 일이었다.

수에즈 위기 이후 불과 20여 년 사이에 전 세계에 걸쳐 산재해 있던 영 제국의 속령은 사라지고 지브롤터나 포클랜드 같은 지도상의 점만이 남게 되었다. 이러한 해체는 전후 탈식민운동의 영향 아래 이루어진 것이다. 이는 또한 1950년대에 영국의 군사력이 미국과 소련에 미치지 못하고 경제력 또한 독일과 일본에 추월당하면서 나타난 자연스러운 과정이기도 했다. 그러면서도 제국 해체 과정은 영국의 국내 정치와 사회에 커다란 파열음을 불러오지 않았다. 대륙의 프랑스와 포르투갈이 식민지 철수로 정치적 소요와 혼란을 겪었던 것과 대조적이다. 영국 역사가들은 제국의 조용한 해체를 흔히 '관리된 쇠퇴(managed decline)'라고 부른다.[2] 이는 탈식민화가 불가피하다는 사회적 합의 때문에 가능했으며, 그 합의는 수에즈 위기를 겪으면서 형성된 일종의 학습효과에 힘입었다는 것이다.

2 John Darwin, *The Empire Project: The Rise and Fall of the British World-System 1830-1970* (Cambridge: Cambridge University Press, 2009), 604 참조.

2차 세계대전과 그 이후

1938년 3월 독일이 오스트리아를 합병하고 9월 체코슬로바키아의 독일계 주민이 많은 수데테란트 할양을 요구하면서 전쟁 재발의 공포가 유럽대륙을 뒤덮었다. 정부 내에 논란이 있었지만, 네빌 체임벌린은 이탈리아의 중재로 9월 29~30일에 뮌헨에서 히틀러와 만났다. 회담 참석국은 독일과 영국 외에 프랑스와 이탈리아였다. 이들 국가는 히틀러의 수데텐 강제 점령 대신 주민투표에 의한 결정에 동의함으로써 히틀러의 주장을 인정했다. 그러나 이 회담 다음 해 9월에 독일군이 프라하를 점령, 체코슬로바키아를 독일 영토로 편입하자, 체임벌린의 유화정책은 파탄에 이르렀다. 이후 영국은 폴란드와 상호방위조약을, 터키·그리스·루마니아에 대한 방어를 보장했지만, 전쟁은 피할 수 없는 기정사실로 변했다. 전쟁초기의 연대기는 독일의 일방적인 공세뿐이었다. 1939년 8월 독-소 불가침조약, 9월 독일의 폴란드 침입과 분할, 영국의 대독 선전포고 이후 다음 해 봄까지는 군사적 충돌이 거의 없는 이상야릇한 '가상전쟁'의 시기가 있었다. 1940년 4월 9일 독일군의 덴마크 공격, 5월 10일 서부전선 공격, 6월 14일 독일군의 파리 점령, 프랑스 항복 선언에 이르기까지 전쟁 초기는 독일의 대대적인 승리와 영국의 패배로 끝났다.[3]

영제국의 차원에서 보면, 이후 수에즈 운하와 이집트에 대한 독일의 공격이 시작될 경우 지중해 지배권이 무너질 것이었다. 또 일본군이 프랑스령 동남아시아를 공격한다면 인도와 말라카와 네덜란드령 인도네시아 지역 모두를 상실할 위험이 커졌다. 이는 영제국의 세계질서 전체가 무너지는 것을 뜻했다. 영제국이 이와 같은 약점을 노출한 배경은 무엇인가.

---

3 2차 세계대전 직전의 유럽 정치와 초기 전쟁 상황은 다음을 참조했다. 팀 블레닝 편, 『옥스퍼드 유럽현대사』, 김덕호·이영석 옮김 (한울, 2003), 241-46, 295-97.

물론 전쟁 준비가 미흡한 탓도 있겠지만 영국이 승전국으로서 패전국 독일과 이탈리아의 해외 속령을 박탈하는 과정에서 팽창을 위한 팽창에 빠졌다는 점을 지적할 수 있다. 제국 네트워크가 이전보다 더 확장되고 분산됨으로써 방어에 취약해진 것이다.

존 다윈에 따르면, 2차 세계대전 초기 영국의 완패(完敗)는 제국의 토대로 삼았던 모든 전제가 무너진 탓이다. 그 전제는 프랑스와 연합해 유럽에서 세력균형을 유지하고, 영국의 선진적인 해군력을 바탕으로 전 세계적인 지배권을 유지하며, 이 네트워크를 활용해 전 지구적인 경제력을 행사함을 뜻한다. 그러나 프랑스의 패배, 제국 네트워크의 확장에 따른 해군력의 취약점 노출, 그리고 1930년대 영국 경제의 불황 심화로 이 모든 전제가 붕괴된 것이다.[4] 유럽에서 전쟁이 일어나더라도 1차 세계대전의 사례에서 나타나듯이 장기전이 될 것이라는 가정도 프랑스의 항복과 더불어 "장기전이라는 환상"은 "단기전이라는 악몽"으로 변했다.[5]

네빌 체임벌린의 대독 유화책(appeasement policy)은 당시 영제국이 처한 상황에서 나온 자연스러운 전략이었다. 1937년 체임벌린이 총리직에 취임한 직후 중일전쟁이 일어났다. 7~8월 상하이 전투에 이어 9월에 일본군은 중국 해안지대를 따라 남진했다. 세계적으로 취약한 방어 구조를 지닌 영제국의 입장에서 우월한 해군력을 동원해 일본의 더 이상의 팽창을 억제하는 것이 최선의 전략이었고, 이를 위해서는 유럽의 현상유지가 필수적이었다. 유럽의 현상유지, 그 핵심에 독일 문제가 놓여 있었다. 체임벌린은 독일의 위협을 일종의 허장성세라고 생각했으며 전쟁이 일어나더라도 장기전이 예상되는 이상, 히틀러가 그런 모험을 하리라고 생각하지 않았다. 그는 전술적으로 해군력 증강을 찬성하면서도 유럽에서는

---

4 Darwin, *The Empire Project*, 499.
5 Darwin, *The Empire Project*, 500.

공군의 전쟁 억지력이 더 높다고 생각했다. 공군의 공격력이 강력할 경우 설혹 독일의 도발이 있더라도 결국 공군력의 활용으로 장기전화할 수 있다는 계산이었다.[6] 그러나 결과적으로는 상당히 합리적인 그의 전략이 히틀러의 전격전에 의해 파탄에 이르렀던 것이다.

1940년 5월 체임벌린의 후임으로 윈스턴 처칠이 총리 지명을 받았다. 자치령 국가들은 대체로 환영하는 분위기였으나, 실제로 처칠은 철저한 제국 옹호론자였다. 자치령 국가들이 제국 외교정책 수립에서 자신의 목소리를 내야 한다는 주장에 대해서는 상당히 적대적이었다.[7] 처칠이 카리스마를 가진 정치인이기는 했지만, 1940~42년간 전황은 모든 면에서 불리하게 돌아갔고 반전의 계기도 전혀 없는 듯이 보였다.

이 시기의 전황은 잘 알려져 있다. 당시 영국에 대한 독일의 위협은 모두 치명적이었다. 우선 독일의 브리튼섬 침공 가능성이 있었다. 공습에 대해서는 여러 가지로 대응하는 편이었지만 만일 지상군이 상륙한다면 그 결과는 상상할 수조차 없었다. 영국은 본토를 방어할 지상군 여력이 거의 없었다. 지중해 및 서아시아 지역도 영국·오스트레일리아·남아공·뉴질랜드·인도 등지에서 파병된 병력을 동원해 이 지역 전투 군단을 조직했지만, 롬멜 군단이 그리스 및 북아프리카를 공격함으로써 물거품으로 돌아갔다. 대서양 또한 U-보트라 알려진 독일 측 잠수함 작전 때문에 수많은 화물선이 격침당하기 일쑤였다. 1차 세계대전기 대서양전 양상이 다시 전개되었다. 태평양의 전황도 급박해졌다. 1941년 영국은 이곳에 대형 전함

---

6 체임벌린의 유화책에 대한 평가는 다음을 볼 것. S. E. Goddard, "The rhetoric of appeasement: Hitler's legitimation and British foreign policy, 1938-39", *Security Studies*, 24/1 (2015), 95-130; David Faber, *Munich: the 1938 Appeasement Crisis* (London: Pocket, 2008).

7 이에 관해서는 다음을 볼 것. Ronald Hyam, "Churchill and the British Empire", Robert Blake and William Rogers, eds., *Churchill: A Major New Reassessment of His Life in Peace and War* (London: Oxford University Press, 1993), 167-86.

2척을 배치했으나, 태평양전쟁 발발 초기에 모두 격침당했다. 1942년 2월 일본군은 말레이반도와 싱가포르를 점령한다.

겉으로는, 2차 세계대전기 자치령 국가와 인도의 참전, 이들 국가로부터 인적·물적 자원 동원은 1차 세계대전의 경험을 되풀이한 것처럼 보인다. 1939년 영국이 대독 선전포고를 한 직후에는 자치령 국가들이 군사적으로 기여할 만한 여지가 별로 없었다. 그런데도 영국 지원 의지는 단호하고 확고했다. 전쟁 발발 3일째 오스트레일리아는 런던에 필요한 사항의 우선순위를 묻는 연락을 취했다.[8] 총리 로버트 멘지스(Robert Menzies)는 더 나아가 앞으로 10만 명의 병력을 파병하겠다고 선언한다.[9] 몇 주 후에 전시내각은 우선 영국 지상군 55개 사단과 자치령 국가[10] 병력 14개 사단을 서부전선에 파견하기로 결정했다. 캐나다 최초의 전투사단은 12월 초 영국에 도착해 유럽 전선에 배치되었다.[11] 이후 캐나다·오스트레일리아·뉴질랜드·남아공 파견부대는 유럽과 아시아의 주요 전투에 참여한다. 서부전선에서 캐나다군 병력은 1차 세계대전 수준을 넘어섰고 캐나다 해군은 대서양의 대잠수함 작전에 동참했다. 남아프리카 공화국 지상군은 이집트 전투, 오스트레일리아 육군은 말레이와 미얀마 전선에 투입되었다.[12]

백인 자치령 국가들이 전쟁에 적극적으로 동참한 것은 무엇보다도 정치가들이 자국에 퍼져 있는 광범한 친영국적 정서를 외면할 수 없었기 때문이었다. 당시 자치령 국가 정치인들의 발언과 정책은 대부분 그러한

---

8 호주 정부의 문의는 다음을 볼 것. The National Archives (Kew), DO 35/1003/3/12, "Campbell to Dominion Office", (20 Sep. 1939); Andrew Stewart, *Empire Lost: Britain, the Dominions and the Second World War* (London: Continum, 2008), 27.

9 총리 멘지스의 선언은 다음을 볼 것. "An Australian Army of 100,000", *Daily Telegraph*, 20 Sep. 1939.

10 전시내각의 결정과 캐나다 전투사단 도착 등은 다음을 참조. Stewart, *Empire Lost*, 28.

11 Stewart, *Empire Lost*, 27-28.

12 이상은 Darwin, *The Empire Project*, 520-21 참조.

정서를 의식한 것이다. 사실 1차 세계대전 당시만 하더라도 영국의 강력한 해군이 자국 방어에 긴요하다는 현실적인 고려가 작용했다. 그러나 2차 세계대전기에 이러한 가정은 더 이상 성립할 수 없었다. 영국의 힘의 한계가 노출된 것이다. 19세기 후반 이래 백인 자치령 국가들의 친영국적 정책과 상호 결속력은 영국의 세계 지배권과 관련되어 있었다. 영국왕과 제국에 대한 충성선언은 강대국 영국과 함께 지구적 차원의 부담을 함께 지겠다는 확신을 바탕으로 했지만, 이제 그런 확신은 사라졌다.[13] 특히 1937년 새 헌법에서 국명을 바꾼 '에이레'공화국은 영연방에 잔류했으면서도 여러 차례 중립노선을 강조했다. 전쟁 발발 직후 에이레 주재 고등판무관의 보고는 에이레의 중립을 언급하면서 그렇더라도 그 중립을 공식적으로 인정해서는 안 된다는 점을 강조한다.[14] 2차 세계대전기에 에이레는 포르투갈·에스파냐·스웨덴·스위스와 함께 유럽의 비교전국으로 간주되었다.

인도의 경우는 백인 자치령 국가와 상황이 달랐다. 1차 세계대전의 자원 동원과 그 이후 독립을 둘러싼 정치적 갈등이 깊었기 때문이다. 전쟁 발발 직후부터 한 달 동안 인도 총독 빅터 호프(Victor Hope, Marquess of Linlithgow)는 간디를 비롯한 인도 지도층 인사들과 연달아 회동을 가진 다음 인도의 협조를 호소하는 성명을 발표했다. 그는 전쟁이 영국의 의도가 개입된 것이 아니라 독일의 팽창에 따른 불가피한 선택이라는 점과, 인도가 향후 분명하게 자치 국가로 나아가는 과정을 밟을 것임을 밝힌 후에 인도인들의 적극적인 협력을 호소했다.[15] 그러나 국민회의 지도부는

---

13 이상은 Darwin, *The Empire Project*, 503-04 참조.
14 The National Archives (Kew), CAB 66/1, "The Neutrality of Eire", Memorandum by A. Eden (16 Sep. 1939); Stewart, *Empire Lost*, x.
15 *Parliamentary Papers*, 1938-39, 20, Cmd. 6121. "India and the War: Statement issued by the Governor-General of India on 17 Oct. 1939", 4-9.

총독이 회동 내용을 왜곡하고 있다는 점을 지적하면서 국민회의의 공식적인 입장을 다음과 같이 밝혔다.

현재의 위기는 유럽의 전쟁 발발과 인도 국민의 동의 없이 인도를 참전국가로 선언한 영국 정부의 행동 때문에 발생했습니다. 이 위기는 전적으로 정치적이며 인도의 공동 이슈와 관련이 없습니다. 그것은 영국 정부의 전쟁 목표와 그들과 관련된 인도의 지위에 관한 중요한 문제를 제기한 것일 뿐입니다.[16]

이에 다급해진 총독은 다시 국민회의 인사, 특히 간디와 접촉해 좀 더 분명한 영국 측 입장을 내놓았다.

간디 씨는 대화 시작부터 자신이 의회작업위원회로부터 어떠한 권한도 가지고 있지 않으며, 어떤 식으로든 그것을 위임할 권한이 없으며, 자신을 대표해서만 말할 수 있다는 것을 분명히 했습니다. 총독 본인은 영국 정부의 의도와 제안을 어느 정도 상세히 설명했으며, 우선 인도가 가능한 한 빨리 도미니온의 지위를 얻어야 하고 모든 수단을 동원하여 그 위상의 달성을 촉진해야 한다는 인도인의 간절한 바람을 강조했습니다.[17]

인도 국민회의 지도부가 영국 측을 더 불신하게 된 것은 1940년 11월 인도 입법의회에 보낸 성명을 통해 향후 자치국가 성립 과정에서 정치 및

---

16 *Parliamentary Papers*, 1938–39, 20, Cmd. 6121. "Letter to the Governor-General from Dr. Rajendra on 3 Nov. 1939", 8.

17 *Parliamentary Papers*, 1939–40, 10, Cmd. 6196. "India and War. Communiqué by the Governor-General and Resolutions by the Indian National Congress, the All-India Moslem League and the Chamber of Princes on 5 Feb. 1940", 4.

종교적 소수파의 입장을 고려할 것임을 밝혔기 때문이었다.[18] 여기에는 전쟁 지원이 시급한 상황에서 그나마 영국 정부에 협조적인 태도를 보인 이슬람 지역의 협조를 얻으려는 의도가 포함되어 있었다. 당시 인도의 인적·물적 자원 동원은 인도 공업생산의 절반을 차지하는 벵갈 지방과 펀자브 지방에 의존하고 있었다.[19] 전쟁 협조가 국민회의의 지지를 얻는 것보다 더 중요해진 시점에서 무슬림의 요구를 외면할 수 없었던 것이다. 국민회의는 이를 종교적 소수파를 배려해 장래 인도의 정체를 느슨한 연방제로 몰고 가려는 음모라고 생각했다. 이에 따라 간디를 비롯한 국민회의 급진파는 인도에서 모든 영국인의 즉각적인 철수와 독립을 요구하는 대대적인 시위운동(Quit India Movement)을 일으켰다. 그러나 전시 긴급상황이라는 이유로 영국 측은 이 운동을 탄압하였고 이슬람의 협조 아래 전쟁을 수행해 나갔다. 1943년에 인도군 규모는 200만 명을 넘어섰다.[20]

1942년 이후에도 영국의 전황은 절망적이었다. 서아시아 전투의 패배, 수에즈 운하 상실, 말레이 및 싱가포르 포기에 덧붙여 국민회의의 영국인 철수 요구에 이르기까지 동시다발적으로 전개되는 상황에 거의 대처할 여력이 없는 듯 보였다. 물론 1941년 12월 미국의 본격적인 참전이 진행되면서 영국 정부에 새로운 희망이 나타났지만, 그 무렵까지 미국의 군사력은 태평양에 집중되어 있었다. 그러다 1942년 아미앵에서 영국군이 승리를 거두고 독소전의 경우 스탈린그라드 공방전에서 독일군이 패퇴함으로써 전세에 약간의 호전이 있었다. 그렇다고 하더라도 존 다윈의 표현대로, 당시 영국은 "생명연장장치를 단 환자", 달리 말해 공격을 막기 위해 미국의 도움에 의존하는 환자에 지나지 않았다.[21] 영국은 방어력도, 공급력도,

---

18 *Parliamentary Papers*, 1938-39, 20, Cmd. 6235. "India and the War: Statement made by the Governor-General to the Indian Legislature on 20 November 1940", 2.
19 Darwin, *The Empire Project*, 506.
20 Darwin, *The Empire Project*, 505.

재정 능력도, 그리고 제국 전체를 통제할 능력도 없었다. 전황은 1943년 후반기에 이르러 비로소 유리하게 전개되기 시작한다.

동남아시아의 전황을 살펴보자. 영국 정부는 일본이 이 지역까지 군사적 공격을 감행하리라고 생각하지 않았다. 사실 공격을 받는다면, 대서양과 지중해, 그리고 북아프리카에서 전쟁을 치르는 영국의 처지에서는 실제로 방어할 능력이 없었을 것이다. 심지어 태평양전쟁이 발발한 후에도 일본의 위협을 과소평가했다. 1942년 일본군이 말레이반도를 공격했을 때 영국군, 오스트레일리아군, 인도군으로 편성된 군대는 일본군의 공세에 대응할 수 없었다. 영국군은 이 지역 일대와 싱가포르 섬까지 포기했다. 10만 이상의 병력이 수적으로 소수인 일본군에 투항했다.

당시 이 지역을 공격한 일본군에는 적지 않은 한국 젊은이들도 있었다. 전쟁 말기 일본군에 사로잡혀 포로 생활을 겪었던 잭 초커(Jack B. Chalker)의 회고록을 통해 한 한국인 병사에 대한 생생한 기록이 전해진다. 왕립미술학교 학생 초커는 2차 세계대전기에 징집되어 아시아 전선에서 복무했다. 보병부대 전투병으로 있다가 1942년 싱가포르 함락 당시 일본군 포로가 되었다. 2년간 포로로 지내면서 미얀마 전선의 철도 건설 공사장에서 일했다. 1945년 8월 일본이 항복한 후에 그는 싱가포르의 오스트레일리아 군의관의 요청으로 군병원 의무기록 관리와 임상 결과를 세밀하게 그리는 일을 맡아 잠시 더 머물렀다. 그 후에 그는 방콕에 소재한 오스트레일리아 군사령부에서 군 기록화를 그리는 작업을 계속했다. 그의 그림은 전후 일본 전범재판에서 중요한 증거자료로 채택되기도 했다. 그의 작품 상당수는 현재 오스트레일리아 캔버라 소재 '전쟁기념관(Australian War Memorial)'에 전시되어 있다. 1945년 말 귀국한 후에 그는 미술 학업을 마치고 몇몇 학교 교사로 지내다가 자신의 전쟁포로 생활 경험을 다룬 회고

---

21 Darwin, *The Empire Project*, 515.

록을 펴냈다. 그의 회고록에는 포로생활 중에 만난 한 한국인 병사에 관한 기록도 있다.

1945년 8월 전투 행위가 끝난 뒤 감시병의 느슨한 감독하에 놓인 상태에서 10일간 수용소 병동에 더 억류당했다. 교전의 긴장이 풀렸기 때문에 일찍 붙잡힌 우리 포로들은 일본군 병사 가운데 비교적 유순한 몇 명과 자유롭게 교제를 나눴다. …… 그중에 음악을 좋아하는, 체격이 작은 한국인이 있었다. 그는 바이올린을 가진 우리 동료의 병동을 자주 방문하곤 했다. 그 동료는 몸이 아팠지만, 한국인 병사가 콧노래로 들려주는 일본 음악을 연주할 수 있었다. 그 한국인은 온화했으며, 우리에게 결코 폭력을 휘두르는 일이 없었다. 불교신자인 그는 우리와 마찬가지로 전쟁을 지극히 혐오했다. 우리는 그를 좋아하게 되었고, 그의 흥얼거리는 음악을 즐겼다. 그는 연주자에 대한 답례로 자신의 먹을거리 일부를 가져다주었다. 나는 우리 포로 사이에 전설적인 외과 의사였던 던롭 씨와 합류해 전쟁기록화가로 일하게 되었다. 방콕에 있는 오스트레일리아군 사령부로 출발하기에 앞서 우리 몇 명은 병사의 숙소로 찾아가 작별인사를 나눴다. 그는 언제 어떻게 한국의 가족에게 돌아갈 수 있는지 골똘하게 생각하고 있었다. 우리가 들은 바로는, 그는 귀환 방법을 전혀 알지 못했다. 우리는 적어도 귀국할 준비가 되어 있었기에 오히려 그의 처지를 걱정했다. 우리는 식량과 돈 일부를, 그 애처롭고 상냥한 한국인 병사에게 건네주고 그의 곁을 떠났다. 지금도 그를 잊을 수 없다.[22]

전후에 영제국은 한동안 느슨한 형태로나마 유지되었다. 에이레가 영연방에서 탈퇴하고 독립국가가 된 인도·파키스탄·실론이 공화국 체제를

---

22 Jack B. Chalker, *Burma Railway Artist: The War Drawing of Jack Chalker* (London: Leo Cooper, 1994), 115–16.

선택하면서 위기를 맞았지만 1949년 영연방 정상회의에서 인도아대륙의 신생 3개국이 잔류를 선언하고, 기존 식민지를 대부분 지배함으로써 기존의 제국적 결속력은 없다고 하더라도 영연방 체제는 형식적으로 존속할 수 있었다. 제국의 해체가 급속하게 이루어지기 시작한 것은 수에즈 위기 이후의 일이다.

수에즈 위기를 보는 시각, 이든과 아이젠하워

1956년 7월 26일 이집트의 실권자 가말 압델 나세르(Gamal Abdel Nasser)는 수에즈 운하 국유화를 선언한다. 당시 운하는 수에즈 운하회사(Suez Canal Company)가 이집트 정부로부터 99년간 조차해 운영하는 형태를 취하고 있었다. 국유화 선언의 직접적인 이유는 나세르 개인의 아랍 민족주의 신념 및 냉전 상황과 관련되어 있었다. 나세르는 그 전해에 소련과 협력관계를 강화하고 체코로부터 다량의 무기를 구입했으며 중화인민공화국을 승인했다. 이에 미국과 영국 두 나라가 아스완 하이댐 건설에 필요한 자금 지원을 철회하자, 나세르는 그 보복으로 국유화를 선언한 것이다. 나세르의 선언 이후 미국과 영국 정부는 이집트 대응전략을 둘러싸고 서로 대립한다. 미국은 영국의 군사개입을 경계하면서 평화회의와 국제공조를 통한 해결을 주장했다.

1956년 8월 16~23일간 런던에서 열린 평화회의에는 수에즈 운하를 이용하는 22개국이 대표를 파견했다. 그 가운데 15개국은 미국·영국·프랑스의 공동 입장을 지지한다는 결론을 내렸다. 회의는 평화적인 해결을 모색하기로 하고 오스트레일리아 총리 멘지스가 이끄는 위원회에 그 중재 역할을 맡겼다. 그러나 멘지스위원회의 중재 노력 또한 성과를 거두지 못했다. 그 후 영국·프랑스·이스라엘 정부는 미국을 배제한 채 비밀리에 접촉을 계속해 군사력을 동원한 사태 해결에 합의한다. 같은 해 10월 29일 이스라엘이 전격적으로 시나이반도를 공격하고, 영국과 프랑스 양국은 이집트와 이스라엘에 최후통첩장(ultimatum)을 보낸 후 11월 1일 군사작전에 돌입했다. 연합군은 카이로를 공습함과 동시에 수에즈 운하지대에 지상군을 파견해 11월 5일 운하를 점령했다. 이 결정적인 순간에 미국 정부는 군사적 해결을 비난하면서 두 나라의 군사작전에 제동을 걸기 위한 외교 노력을 기울였다. 유엔총회의 규탄결의안, 파운드화 폭락에 대비한 미국의 재정지원 철회 압력 등이 이러한 대응책에 해당한다. 영국과 프랑스는 미국의 외교 노력에 굴복해 마침내 11월 7일 군대 철수를 결정하기에 이른다.[23]

수에즈 위기가 제국의 운명에 중대한 영향을 미치리라는 것은 당대 정치가와 지식인들도 느끼고 있었다. 동시대 사람들은 그 위기의 전개 과정을 직접 겪었고, 특히 신문과 방송을 통해 대략적인 정보를 알고 있었다. 당시 총리 앤서니 이든(Anthony Eden)과 외무장관 해럴드 맥밀런(Harold Macmillan)은 정계에서 은퇴한 후에 자서전에서 그 위기를 비교적 상세하게 다뤘다.[24] 상당 기간 수에즈 위기에 관한 실증적인 연구는 주로 정치인의 회고와 자서전, 언론 보도 등을 토대로 이루어졌다. 전통적인 견해는 당시 영국 국내 여론이 군사작전을 둘러싸고 극단적으로 분열되어 있었고, 이를 몰고 간 것 또한 신문과 방송의 분열이었다는 데 초점을 맞췄다. 이러한 상황이 궁극적으로 이든의 외교정책을 약화시켰고, 그가 음모적인 군사작전에 의존하도록 만들었다는 것이다.[25]

23 11월 7일 영불 연합군은 전투를 중지하고 철수했으나 이스라엘군은 다음 해 3월까지 시나이반도 점령지에 주둔했으며, 봉쇄되었던 운하는 4월에 완전 개통되었다.

24 Anthony Eden, *Memoirs: Full Circle* (London: Cassell, 1960); Harold Macmillan, *Riding the Storm, 1956-59* (London: HarperCollins, 1971).

25 David Calton, *Anthony Eden: A Biography* (London: Allen Lane, 1981); Robert Rhodes James, *Anthony Eden: A Biography* (London: McGraw-Hill, 1986); idem,

1987년 영국 정부문서 공개 이후, 특히 영미 간의 균열, 이든 정부의 대응, 정부와 여론 관계, 국제정치적 요인 등을 다룬 상세한 연구가 축적되었다. 특히 스콧 루카스(W. Scott Lucas)와 키스 카일(Keith Kyle)의 저술은 각기 영미의 갈등과 이든 정부의 정책 결정 과정을 세밀하게 추적하면서도, 아랍 세계에 대한 영국 영향력의 쇠퇴 과정을 비롯해 그 배경과 영향까지 집대성한 종합적인 연구로 널리 알려졌다.[26] 이들에 따르면, 수에즈 위기는 그 자체보다도 그 이후에 끼친 영향이 더 중요했다. 위기 이후 영국의 세계적 역할이 급속하게 축소되었으며, 그와 반대로 유럽통합운동이 새로운 동력을 얻었다. 미국과 소련, 두 강대국을 축으로 전개된 냉전구조는 국제정치에서 구 제국의 유산을 이어 온 제3의 지배력을 수용하지 않은 것이다.

수에즈 위기 전개 과정에서 특히 주목을 받은 것은 영미 간의 분열과 정책적 대립이다. 2차 세계대전 초기 이래 굳건한 전통으로 자리 잡은 두 나라의 동맹관계가 최초로 균열되었을 뿐 아니라, 영국의 군사적 개입이 미국 정부의 반대로 좌절되었기 때문이다. 영미 간의 대립이 없었다면 적어도 단기적으로는 군사개입이 나세르 정권의 몰락을 가져왔을 가능성도 있다.

수에즈 위기 당시 이든과 그의 측근들은 드와이트 데이비드 아이젠하워(Dwight David Eisenhower)에 대해 상당한 편견을 가지고 있었다. 그의 군 경력에 미루어 외교에는 문외한이라고 여겼다. 아이젠하워는 외교 문제

"Anthony Eden and the Suez Crisis", *History Today*, 36/11 (Nov. 1986), 8-15.

26 W. Scott Lucas, *Divided we stand: Britain, the US and the Suez Crisis* (London: Sceptre, 1996); Keith Kyle, *Suez* (London: Weidenfeld and Nicolson, 1991). 이 밖에 다음의 종합적인 연구도 주목할 만하다. Anthony Gorst and Lewis Johnman, *The Suez Crisis* (London: Routledge, 1997); Saul Kelly and Anthony Gorst, eds., *Whitehall and the Suez Crisis* (London: Frank Cass, 2000); Bertjan Verbeek, *Decision-Making in Great Britain During the Suez Crisis: Small Group and a Persistant Leader* (Aldershot: Ashgate, 2003); Tony Shaw, *Eden, Suez and the Mass Media: Propaganda and Persuasion during the Suez Crisis* (London: I.B. Tauris, 1996).

를 국무장관 존 포스터 덜레스(John Foster Dulles)에게 사실상 위임했다는 것이다. 이든은 아이젠하워를 "살아 있는 사람 가운데 가장 멍청한 인물"에게서 외교 자문을 받는 "불쌍한 아이크(Ike)"라고 불렀다.[27] 그러나 이든이 외교정책 결정에서 아이젠하워의 역할을 과소평가한 데 비해, 맥밀런은 1955년 2월에 이미 그것이 잘못된 생각임을 밝히고 있다.

근래의 연구에 따르면, 수에즈 위기에 직면하자 아이젠하워는 "분명하게 확립된 지도력과 능력 있는 참모진과 명확한 정책 틀, 효율적 시스템으로 위기에 대처했다."[28] 사실, 국유화 선언은 그 정당성을 부정할 수 없는 문제였다. 운하는 이집트 영토에 있었고, 영국과 프랑스 정부가 아니라 그 운영 책임을 맡은 회사로부터 권리를 회수한 것이었다. 기존의 협약을 준수하지 않았다는 비난은 가능하겠지만, 국유화 선언을 무효로 만들 만한 도덕적 정당성은 없었다. 더욱이 아랍 세계에 탈식민운동의 정서가 널리 퍼지고 있는 현실을 고려하면, 영국이 선택할 대안은 처음부터 제한적이었다.

아이젠하워는 탈식민주의 정서와 아랍 세계를 둘러싼 국제정치의 맥락, 그리고 제국 지배 유산의 비정당성 등의 문제를 고려해 처음부터 국제공조를 통한 해결을 추구했던 것이다. 후에 군사작전을 비난한 것은 무엇보다도 그 음모성에 대한 분노 때문이었다. 여기에서 중요한 것은 이든이 왜 비밀주의를 지키고 프랑스-이스라엘과 군사작전 음모에 가담했느냐는 문제이다. 이든은 미국 정치가 매우 나이브하다는 것, 다시 말해 대통령선거를 앞둔 해에 후보의 도덕성 문제는 항상 여론에 큰 영향을 준다는 사실을 과소평가했다. 더 나아가 그는 미국의 지원을 필요로 하면서도,

27 Harold Macmillan, *The Macmillan Diaries: The Cabinet Years 1950-1957*, ed. Peter Catterall (London: Macmillan, 2003), 175.

28 Cole C. Kingseed, *Eisenhower and the Suez Crisis of 1956* (Baton Rouge: Louisiana State University Press, 1995), 25.

나세르 정권 전복과 운하 탈환이라는 비도덕적 전략을 공개하는 일이 불편했을 것이다.[29]

이든의 리더십과 정책판단의 오류를 중시하는 연구도 상당수 있다. 이든은 수에즈 위기가 빚어진 다음 해 여야 정치인은 물론, 신문 방송의 비난을 받으며 총리직을 사임했다. 그런 만큼 이 사건에 대한 심리적 트라우마가 극심했을 것이다. 당시 이든은 군사작전 실패의 책임을 지고 사임했기 때문에 오랫동안 정치적 리더십이 부족한 유약한 정치가로 알려졌다. 언론과 다른 정치인들에 의해 굳어진 이든의 이미지는 과로에 지치고 병마에 시달리며 신경질적인 인물이었다. 다른 한편, 그는 이집트 군사력을 과대평가해 군사력 동원이라는 처방에 의존했다는 비판에 시달렸다. 오늘날 이러한 이미지는 여러 측면에서 수정되고 있다. 로버트 로즈 제임스(Robert Rhodes James)에 따르면, 이든은 오히려 흔들림 없이 냉철한 태도로 위기를 돌파하려고 했다. 몇 차례 섣부른 대응을 지적할 수 있지만 그것은 당시 미숙한 보좌진과 내각을 고려하면 불가피한 것이었다.[30]

다른 한편, 이든의 군사작전에 관해서도 이견이 있다. 크리스토퍼 바디(Christopher Bardy)는 이든이 오랫동안 대외정책에서 유화론을 견지했다고 주장한다. 물론 1938년 뮌헨 회담을 지켜보면서 강경론에도 관심을 기울였지만, 수에즈 위기 당시 군사적 해결에 의존한 것은 그 자신의 결단이라기보다는 사태 수습을 위해 가동되었던 정부 내 이집트위원회의 결론이었다.[31] 조너선 피어슨(Jonathan Pearson) 또한 이든에 대한 왜곡된 편견을 바로잡는 데 주안점을 둔다. 이든은 1956년 10월 초까지 일관되게 평화

---

29 이상은 Diane B. Kunz, *The Economic Diplomacy of the Suez Crisis* (Chapel Hill: University of North Carolina Press, 1991), 190-91 참조.

30 James, "Anthony Eden and the Suez Crisis", 9.

31 Christopher Bardy, "The Cabinet System and Management of the Suez Crisis", *Contemporary British History*, 11/2 (1997), 89-90.

적 해결을 추구했다는 것이다. 그 시도가 물거품이 된 이후, 그동안의 과
로와 피로, 그리고 자신을 엄습한 질병에 시달린 끝에 그는 자신의 신념
과 다르게, 프랑스-이스라엘과 공모하기에 이르렀다. 외교적 노력이 모
두 실패했을 때 그에게 남겨진 마지막 대안은 군사작전밖에 없었다는 주
장이다.[32]

이와 달리, 제국주의자로서 이든의 면모를 재확인하는 견해도 있다.
수에즈 사태가 불거지기 훨씬 전인 1955년 10월 28일 외무부 차관으로 봉
직하던 아이본 커크패트릭(Ivone Kirkpatrick)은 외무장관 맥밀런에게 이든
의 태도에 대한 의구심과 불만을 드러냈다. 그는 맥밀런에게 이든을 조심
하라고 경고한다.

당신은 이든 총리가 아랍 세계[중동] 정책으로 애를 쓰고 있지만, 두 가지
마음, 즉 나세르가 소비에트로 접근하지 않을까 하는 두려움과 이집트 및 시
리아의 목을 조르려는 열망 사이에서 갈피를 잡지 못하고 있다는 점을 유념
해야 합니다.[33]

커크패트릭은 계속해서 이든이 국방장관에게 이라크에 무기 공급을 보
장하는 대신 이집트에 대해서는 일부만 제공할 것을 지시하고, 이집트
주재 영국대사에게는 영국과 관계 개선 의사가 있는지 여부를 나세르에
게 분명히 확인할 것을 주문했다고 기술한다. 루카스와 카일은 다 같이
이 서한을 이든의 호전성과 양면적 태도를 보여 주는 증거로 이용한다.[34]

32 Jonathan Pearson, *Sir Anthony Eden and the Suez Crisis: Reluctant Gamble* (Basingstoke：
Palgravemacmillan, 2003), 453-54.
33 The National Archives (Kew), FO 371/113608, letter from Ivone Kirkpatrick to
Macmillan, 20 Oct. 1955.
34 Lucas, *Divided we stand*, 76-77; Kyle, *Suez*, 89-91.

그러나 1950년대에 제국 중시 경향은 이든과 비슷한 세대의 영국 정치가들 사이에 공통된 성향이었다고 할 수 있다. 로버트 로즈 제임스가 지적한 대로, 이든은 그 또래의 다른 정치가와 마찬가지로 마지막 세대에 속하는 제국중심론자였다. 그는 영국이 미국과 서유럽에 예속되지 않고 제국 네트워크와 동맹관계를 통해 전 지구에 걸쳐 중요한 역할을 맡을 수 있다고 굳게 믿었다는 것이다.[35]

여론과 정치

역사가들은 수에즈 위기 당시 정부와 언론, 정부와 여론의 괴리를 이든 내각 실패의 중요한 요인으로 꼽는다. 국유화 선언 직후만 하더라도, 영국의 주요 일간지는 나세르에 대한 비판 논조가 강렬했다. 그러나 시간이 흐르면서 군사개입을 비판하는 논설과 기사가 지배적인 흐름으로 나타났다. 특히 여러 신문은 이든 총리가 정책 목표를 일관되게 진술하거나 국민에게 설명하지 않는다는 점에 초점을 맞춰 정부를 비판했다. 신문의 태도와 보도가 사건 전개에 어느 정도 영향을 주었는지는 확실하지 않지만, 영향이 있었다고 보아야 한다. 그렇다고 하더라도 신문의 비판적인 논조가 일반 대중의 정서를 그대로 반영했는지에 관해서는 이견이 있다.

8월 런던평화회의가 아무런 결론을 내리지 못한 후에 『타임스』는 군사개입 반대 입장을 분명하게 드러냈다. "물론 대중 여론은 군사력을 사용하지 않기를 바란다. 누구나 그렇게 생각하며, 우리는 누구도 현 영국 정부처럼 생각하지 않기를 희망한다." 그와 동시에 이 신문 사설은 유엔을 통한 해결을 강력하게 촉구한다.[36] 과연 대중의 여론은 군사적 해결에

35 James, "Anthony Eden and the Suez Crisis", 15.

반대했을까. 전통적인 해석에 따르면, 일반 대중은 오히려 나세르를 군사적으로 응징하는 데 지지했다는 것이다. 이 때문에 군사개입을 적극적으로 반대한 신문의 판매 부수는 오히려 감소했다. 1956~57년 사이에 여러 신문의 발행 부수 변화는 반정부적 사설을 실은 신문에 대한 적대적 반발의 결과로 이해할 수 있다는 것이다. 요컨대 신문 논설과 대중 여론 사이에 괴리가 있었고 신문은 대중 여론과 괴리가 있는 평화적 해결만을 줄기차게 강조함으로써 오히려 이든 정부의 정책 집행에 혼란을 초래했다. 세실 킹(Cecil H. King)은 다음과 같이 언급한다.

> 『미러(The Mirror)』는 판매부수가 8만 부 줄어들었다. 이전에 『선데이 타임스(The Sunday Times)』의 독자를 그대로 흡수한 『옵서버(The Observer)』도 판매 부수가 떨어져서 이전보다 더 감소했다. 그러나 『가디언(The Guardian)』은 부수가 늘었다. 우리 독자들의 태도는, 군사적 모험에 반대하지만 일단 군대가 개입하면 지지해야 한다는 것이었다.[37]

그러나 무조건 신문 논조와 대중 여론의 괴리가 있었다는 점만을 강조해서는 안 된다. 과연 괴리가 있었는지는 불확실하다.[38] 오히려 신문 논조

---

36 *The Times*, 27 August 1956.

37 C. H. King, *Strictly Personal* (London: Weidenfeld & Nicolson, 1969), 131. 그러나 『데일리 미러(The Daily Miror)』를 제외하고는 유의미한 부수 감소는 없었다는 연구도 있다. Ralph Negrine, "The Press and the Suez Crisis: A Myth Re-examined", *Historical Journal*, 25/4 (1982), 981.

38 대중 여론을 알려주는 두 가지 자료가 존재하지만, 그 결과는 상반된다. (1) 『옵서버』 11월 4일자에 이든 정부를 강력하게 비판한 사설이 게재된 후, 독자의 소리에 접수된 사설 관련 편지 1,227건 중 신문 사설 반대 866, 찬성 302, 모름 59였다. 특히 반대자 가운데 474명은 신문 구독을 끊겠다고 언급했다. F. Hirsch and D. S. Gordon, *Newspaper Money* (London: Hutchinson, 1975), 21. (2) 대조적인 분석 결과도 있다. 『옵서버』 11월 11~18일간 접수된 독자의 소리 가운데, 신문 논조 지지 1,851, 반대 619, 모름 143. *The Observer*, 18 November 1956.

는 국유화 선언 직후부터 11월까지, 이른바 '긴 지체(long delay)'를 겪으면서 강경대응론에서 평화적 해결 또는 전쟁 반대로 변했다.[39] 처음에 신문들은 군사개입이냐 아니면 평화적 해결 모색이냐, 두 방법론을 둘러싸고 나뉘었으나, 점차로 군사개입을 반대하는 논조로 수렴되었다. 신문들은 대부분 유엔 중재하에 협상을 지속할 것을 강조한다.[40] 이는 미 중앙정보부의 지원으로 설립된 '아랍의 소리(The Voice of the Arabs)' 라디오 방송을 주무기로 반제국주의 선전전을 벌인 나세르의 태도와 대조적이다. 여기에서 신문과 대중 여론의 괴리보다 더 중요한 사실은 이든 내각이 '긴 지체'의 시기에 특유의 비밀주의를 견지하면서, 언론의 호응을 얻으려는 적극적인 행보를 취하지 않았다는 점이다.[41] 따라서 10월 말 군사개입을 결정했을 때, 대부분의 신문 논설은 '시기를 놓친(ill-timed)' 조치로 판단했을 뿐이다.[42]

수에즈 위기는 영국과 이집트 사이의 제국적 유산에서 비롯된 사건이다. 따라서 그 위기는 영국의 대응을 중심으로 전개되었고, 이후 영제국의 해체에 큰 영향을 미쳤다. 영국 역사가들이 영국의 사료에 주로 의존함과 동시에 영국 중심적(Anglo-centric) 경향을 보여 준 것은 어쩌면 당연한 일이다. 그러나 국제정치와 세계경제 차원에서 수에즈 위기를 검토하고, 그 이후 영제국 네트워크의 해체와 관련지어 성찰하기 위해서는 영국 중심적 태도를 벗어나 관련 당사국, 이집트·미국·서유럽·이스라엘·소련 등의 외교와 대응전략을 아울러 고려해야 한다. 이러한 접근은 아직 초보 단계에 머물러 있다.[43]

---

39 Guillaume Parmentier, "The British Press in the Suez Crisis", *Historical Journal*, 23/2 (1980), 436-37.

40 Shaw, *Eden, Suez and the Mass Media*, 59-60.

41 Shaw, *Eden, Suez and the Mass Media*, 64.

42 Parmentier, "The British Press in the Suez Crisis", 435.

운하 국유화 선언 이전의 갈등

수에즈 운하는 프랑스와 이집트 정부가 공동으로 투자해 1869년 개통되었다. 1875년 재정난에 봉착한 이집트 정부가 소유 주식을 영국 정부에 400만 파운드에 매각한 후에 이 운하는, 특히 영국의 인도 지배와 영제국 네트워크 유지에 중요한 수단으로 여겨졌다. 1차 세계대전기에 영국 정부는 독일-터키의 위협에 대처한다는 명분을 내세워 운하지역에 지상군을 파견했고, 그 이후에도 전략적 중요성 때문에 주둔군을 계속 유지했다. 2차 세계대전 이후 인도가 독립함에 따라 영제국 네트워크 유지라는 전략적 중요성은 사라졌지만, 서아시아 지역에서 영향력을 유지하기 위해 영국은 운하 주변 지역에 8만 명 규모의 병력을 다시 파견했다. 1955년 당시 서유럽 국가들이 해외에서 들여온 석유의 3분의 2가 이 운하를 거쳤다. 국유화 선언 직후인 1956년 8월 왕립국제문제연구소는 수에즈 운하에 관한 한 보고서를 작성해 제출했다. 보고서는 운하의 전략적 중요성 외에, 유럽 전쟁 발발 시 호주 및 뉴질랜드 지원 병력 수송로, 원유 및 기타 원자재 수송로로서 역할을 강조한다. "운하 수송이 막힐 가능성이 상존하기 때문에 운하의 통제와 장악 문제는 과거에 그랬듯이, 오늘날에도 영국에 중요하다."[44]

1888년 합병 이래 이집트 정치는 왕실, 와프드(Wafd)당, 영국대사관에

---

43 이 같은 접근방법을 사용한 대표적인 연구로는 D. B. Kunz, *The Economic Diplomacy of the Suez Crisis* (Chapel Hill: University of North Carolina Press, 1991)를 들 수 있다. 이 책은 미국·영국·프랑스·이스라엘의 방대한 정부문서를 활용해 국제정치적 시각에서 수에즈 위기의 경제적 차원을 분석하고 있다. 이 밖에 다음 연구들을 볼 것. Winthrop W. Aldrich, "The Suez Crisis: A Footnote to History", *Foreign Affairs*, 45/3 (1967), 541-52; Michael T. Thornhil, "Alternative to Nasser: Humphrey Trevelyan, Ambassador to Egypt", *Contemporary British History*, 13/2 (2008), 11-28; Ofer Israeli, "Twilight of Colonialism: Mossadegh and the Suez Crisis", *Middle East Policy*, 20/1 (2013), 147-56.

의해 좌우되었다. 그러나 1952년 7월 군부 쿠데타 이후 국왕과 정당은 사라졌다. 이 두 요소를 통해 이집트 정치를 조종해 온 대사관은 더 이상 영향력을 행사할 수단을 갖지 못했다. 나세르는 국민 사이에 널리 퍼진 반영 감정을 이용해 반제국주의 언행과 태도로 자신의 정치적 지위를 공고화했다. 영국이 이집트 정부와 협상을 통해 운하지역 주둔군 철수에 합의한 것은, 이 규모의 병력으로 카이로·알렉산드리아·포트 사이드(Port Said) 등 이집트 주요 도시에 대한 군사작전을 감행하기 어렵다는 현실적 판단 때문이었다.[45]

이집트에서 반영 감정이 증폭된 것은 오랜 제국 지배의 유산과 관련되지만, 2차 세계대전 이후 영국이 미국과 협조해 이스라엘 건국을 지원한 것과 밀접하게 관련된다. 당시 이집트는 이스라엘에 양도된 네게브 (Negeb) 지역의 반환을 요구했다. 1954년 12월 미국과 영국은 아랍 세계와 이스라엘의 분쟁 해결안을 마련한다는 데 합의했다. '팔레스타인 협정'으로 알려진 이 비밀협약의 내용은 다음과 같다. 요르단, 이집트와 마주대하고 있는 이스라엘 영토 일부를 두 나라에 반환(3항), 이집트가 요구하는 네게브 지역 전체는 양도하지 않음(4항), 미국은 이스라엘에 10년간 1,500만 달러 차관 제공, 영국은 이스라엘에 10년간 1,500만 파운드 규모의 이스라엘 정부 채권 구입(9항), 팔레스타인 분쟁과 관련해 미국과 나세르의 긴밀한 협의 시도(10항).[46]

이는 서아시아 지역의 정치적·군사적 불안정이 소련 영향력 확산을 초래하리라는 불안감에서 비롯했다. 이와 아울러 2차 세계대전 이후 영국

---

44 Donald Watt, "Britain and the Suez Canal", *Royal Institute of International Affairs* (1956), 8.

45 Thornhill, "Alternative to Nasser", 13-14.

46 The National Archives (Kew), CAB 129/75, Memorandum by the Secretary of State for Foreign Affairs, 11 June 1955.

군이 운하 주변 지역에 다시 주둔하면서 반영 감정이 증폭되었다. 1951년 10월 이집트 정부는 1936년에 체결된 영국-이집트조약을 폐기한다고 선언했는데, 이 조약 내용 가운데 수에즈 운하 군 주둔지역을 영국이 20년 조차한다는 조항이 포함되어 있었다. 영국은 일방적인 선언에 맞서 군대 철수를 거부하기에 이른다. 다음 해 1월 영국군이 원주민 경찰을 무장해제하는 과정에서 충돌이 일어나 이집트인 41명이 사망하는 사건이 발생했다.[47] 반서방시위가 카이로를 비롯한 대도시를 휩쓸었고 이 정치적 혼란 속에서 7월 23일 군부 쿠데타가 일어난 것이다. 쿠데타 세력이 반영, 반제국주의 노선을 취한 것은 당연한 일이었다.

나세르는 이전의 친영국적인 이집트 정치인들과 거리가 먼 인물이었다. 국내 정치에서 그는 카리스마가 넘치고 기민한 정치가였다. 그러나 이집트 밖을 벗어난 적이 없었기에 영국 정부는 그에 관해 상세한 정보를 얻지 못했다. 이 시기 영국 관리들의 진술과 보고는 그에 대한 부정적인 인상이 주류를 이룬다. 외무부 부장관으로 근무한 존 셀윈 로이드(John Selwyn Lloyd)는 나세르가 "젊고 신뢰할 수 없는 인물"이며 "서구의 경험에 말려들지 않으려고 경계한다"고 적었다.[48] 당시 나세르에게 중요한 것은 통일된 아랍 세계의 형성이었다. 그의 열망이 이 지역에 대한 영국의 영향력과 충돌한 것이다. 나세르의 선전수단은 카이로의 라디오 방송 '아랍의 소리'였는데, 주로 이 방송을 무기로 대중의 관심을 사로잡았다. 영국 외무부 문서기록은 이 방송의 폐해를 다음과 같이 보고하고 있다.

　　적극적이고 격렬한 선전전(宣傳戰), 그것은 주저 없이 정치적 사건을 논평

---

47 John Darwin, *Britain and Decolonisation: The Retreat from Empire in the Post-Cold War World* (London: Palgrave Macmillan, 1988), 208.

48 The National Archives (Kew), FO 371/108380/7, letter from Selwyn Lloyd to Foreign Office, 17 June 1954.

하고 이른바 제국주의자들 또는 다른 아랍 국가들을 공격한다. 이는 항상 저 잣거리 아랍 청취자들의 관심을 사로잡는다. 그들은 상식이나 건설적인 논의 보다는 비판과 욕설을 듣는 데서 한층 더 기쁨을 느낀다.[49]

그의 반제국주의 수사와 언변은 대중의 인기를 한 몸에 모았다. 이집트 에서 나세르의 권력 토대는 식민지 권력의 축출과 반제국주의운동을 향한 헌신에 있었다. 그 결과 영국과 이집트의 새로운 친선관계를 수립한다는 것은 갈수록 어려운 일이 되었다. 더욱이 나세르가 이끄는 이집트 혁명평의회는 영국이 이집트 친영파 세력을 부추겨 역쿠데타를 일으킬지 모른다는 의심을 하고 있었다. 이 위험을 줄이기 위해 운하 관할구역에 주둔 중인 영국군의 철수가 시급하다고 판단한 나세르는 주둔군 철수 협상을 지시한다. 그는 새로운 협정이 이집트에 만족스럽도록 체결되어야 한다는 점을 강조한다. "영국은 70년간의 점령으로 이집트인의 정신에 지울 수 없는 낙인을 찍었고 그 결과 이집트인의 공식적인 항의에 대처할 하등의 이유도 없기 때문이다."[50]

이 무렵 철수 협상의 영국 측 주역은 이든이었다. 당시 그는 처칠 내각의 외무장관을 맡고 있었다. 사실 쿠데타 이후 점증하는 반영 정서를 누그러뜨리고 이집트에 대한 영향력을 복원하기 위해 이든은 새롭게 결성될 '중동방위기구(Middle East Defence Organization, MEDO)'에 이집트가 참여할 것을 제의했다. 이는 아랍 국가들과 영국 및 미국이 참여해 아랍 세계 방위군을 창설하는 내용이었다. 이 경우 운하 관할지 주둔군은 철수할 필요 없이 새로운 방위군에 편입될 수 있을 것이다. 물론 나세르는 이

49 The National Archives (Kew), FO 371/108563/1, response to Foreign Office Questionaire, 26 May 1954.

50 The National Archives (Kew), FO 371/108433/482, letter from Sir Ralph Stevenson (Ambassador to Egypt) to Eden, 14 September 1954.

를 거부했다. 영국 측의 의도가 불순하다고 생각했기 때문이다.[51] 당시 혁명평의회는 영국군 철수의 관철을 최우선적인 목표로 설정하고 있었다. 이든은 결국 주둔군 철수에 관한 새로운 협정을 체결하는 방향으로 목표를 바꾸었다. 그 결과 1954년 10월 영–이방위협정(Anglo-Egyptian Defence Agreement)이 체결되었는데, 그 주된 내용은 1956년 6월까지 운하 관할 구역 주둔 영국군은 전원 철수한다는 것이었다. 그러나 그 후 영국에 대한 나세르의 태도는 다시 적대적으로 바뀌었다. 그는 바그다드 협정을 맹렬히 비난하면서, 영국과 모든 교섭을 중단하겠다고 위협했다. 당시 철수협정은 이든이 다른 각료들의 반대를 무릅쓰고 체결했다. 1955년 4월 총리 취임 후 그는 나세르가 초래한 여러 복잡한 현실에 매우 예민하게 반응했다. 나세르에 대한 불신 때문이었을 것이다. 이에 따라, 실제로 이집트 주재 영국대사 험프리 트리벨리언(Humphrey Trevelyan)의 활동반경이 제약을 받았다.[52]

한편, 이 무렵 미국과 나세르의 접촉은 파국에 직면한 영국–이집트 관계를 고려한 것이었다. 당시 미 국무장관 덜레스는 냉전 상황을 고려할 때 영국과 이집트의 갈등에서 친이집트 입장을 취해야 한다고 생각했다. 미중앙정보부가 나세르에게 300만 달러의 자금을 지원한 것도 이와 맥락을 같이한다.[53] 이 시기에 나세르는 냉전 상황을 이용한 줄타기 외교에 능숙한 모습을 보여 주었다. 그는 집권 초기 미국에 의존하는 전술로 미제 무기를 구입해 집권 기반을 다져나갔다. 그러나 1955년 이후 친소련 정책으로 선회한다.

---

51 The National Archives (Kew), FO 371/102803, letter from Cresswell to Allen, 30 March 1953.
52 이에 관해서는, Thornhil, "Alternative to Nasser", 13 참조.
53 J. L. Gaddis, *We Know War: Rethinking Cold War History* (Oxford: Oxford University Press, 1998), 169.

1950년대 아랍 세계에는 네 가지 서로 다르면서도 중첩된 갈등, 즉 미국-소련 대립, 반영지향적인 아랍 민족진영 내부의 분열, 아랍-이스라엘 분쟁, 그리고 아랍 세계의 패권을 둘러싼 아랍 국가들 간의 경쟁이 전개되었다. 영국과 이집트의 관계가 파국으로 치닫는 데에는 바그다드 협정, 이집트의 체코제 무기 구입, 아스완 하이댐 차관 문제 등이 영향을 미쳤다.

바그다드 협정(Baghdad Pact)은 1955년 이란·이라크·터키·파키스탄·영국 등 5개국이 체결한 일종의 공동방위협정이었다. 이 협정은 이 지역에 대한 영국 지배권 유지전략, 친서방국가인 이라크의 적극적인 동조, 그리고 소련의 팽창에 대한 미국의 우려가 서로 작용함으로써 이루어졌다. 미국은 협정에 참여한 아랍 국가들에 무기 공급을 약속했고, 영국은 이들 국가와 우호관계를 강화함으로써 이 지역에 대한 영향력을 유지하려는 의도를 드러냈다. 더 나아가 터키에서 파키스탄까지 국경선은 소련의 팽창을 억제할 수 있는 방어막을 형성했다. 그러나 나세르는 이라크의 참여를 비난하고, 이를 이유로 미국과의 접촉마저 단절하기에 이른다.

무기 구입은 미국과의 접촉 단절 이후 새롭게 전개된 문제였다. 1955년 8월 이스라엘 가자지구의 게릴라 공격으로 이스라엘-이집트의 긴장이 고조될 무렵 나세르는 무기공급선을 소련으로 바꾸기로 결정한다. 9월 21일 소련은 체코를 통해 전차와 전투기를 이집트에 판매하기로 했다는 사실을 공표했다. 발표 직후 열린 각의에서 외무장관이 아랍 여러 국가에 대한 소련 무기수출 징후를 보고하자, 이든 총리는 이 지역에 대한 영국 고유의 이해관계를 고려해 좀 더 독자적인 대처방안이 필요하다는 점을 강조했다. 이 언급에서 후일 이든이 미국의 반대를 무릅쓰고 군사개입에 의존한 까닭을 어렴풋이 짐작할 수 있다.

이러한 전개는 분명 전반적으로 중동 지역에서 우리의 이해에 심대한 영향을 주겠지요. 사실, 이집트 사태 추이가 갖는 중요성은 그것이 다른 아랍 국가에 영향을 미칠 수 있다는 점에 있어요. 우리는 중동 석유에 의존하기 때문에 이 지역에 대한 우리의 이해는 미국의 그것보다 더 크고, 이 지역에서 우리의 경험 또한 미국 측의 그것보다 더 엄청납니다. 그러므로 우리는 미국의 공동 보조와 지원 없이는 독자 행동을 꺼리는 식으로 너무 과도하게 스스로를 제한해서는 안 됩니다. 이 지역에서의 우리의 이해를 고려해 정책을 수립해야 하고 미국이 그 정책을 지지하도록 만들어야 합니다.[54]

아스완 하이댐 건설 계획 또한 수에즈 위기를 촉발한 직접적인 원인 가운데 하나이다. 쿠데타 이후 이집트·미국·영국 3개국은 이 건설공사 재정지원을 주제로 회담을 열었다. 이 댐은 85만 헥타르의 사막을 농경지로 바꾸고, 수력발전과 함께 수단 남부 지역까지 수상 운송을 가능하게 할 대역사였다. 영국과 미국은 이 재정지원을 나세르의 좌경화를 막는 지렛대로 사용할 의도를 가지고 있었다. 한편으로는 이집트에 유화적인 정책을 펴면서도 다른 한편으로 차관 공여를 이집트에 대한 압력수단으로 활용하려는 것이었다. 1955년 10월 20일 각의에서 외무장관 해밀턴이 러시아의 팽창 위협에 맞서 가능한 한 이집트에 대한 온건정책을 펴야 한다고 건의하자, 이든은 차관 공여를 지렛대로 사용하겠다는 내심을 드러낸다.

이집트 아스완 하이댐 건설 계획을 유럽 차관단(consortium)에 배정하는 것은, 만일 그렇게 할 수가 있다면, 아랍 세계에서 서구, 특히 이전 유럽 열강의 기득권을 복원하는 데 막대한 가치가 있을 것이고, 우리가 이집트를 상대하면서도 그것이 비장의 한 수가 될 수 있겠지요.[55]

---

54 The National Archives (Kew), CAB, 128/29, CM (34) 55, 4 Oct. 1955.
55 The National Archives (Kew), CAB, 128/29, CM (36) 55, 20 Oct. 1955.

이든의 발언에 뒤이어 각의에서 논의된 내용은 이렇다. 중동의 평화를 위해서는 이 지역에 무기 공급을 줄이려는 국제협력이 필요하다. 댐 차관을 공여하기 위한 국제 컨소시엄에서 무기를 공급한 러시아를 비롯해 그 위성국가를 배제해야 한다. 그 후 아스완댐 지원계획은 이집트가 체코로부터 무기를 구매하기로 하면서 지연되기 시작했다. 1956년 3월 파리에서 덜레스와 영국 외무차관은 아스완댐 차관 공여를 더 이상 추진하지 않는 데 합의했다.[56] 이러한 합의는 수에즈 위기의 중요한 요인으로 작용한다. 이 합의를 공표하지 않았지만, 이집트 정부는 그 계획이 진척이 없으리라는 것을 짐작하였다. 6월에 이르러 소련 외무장관이 카이로를 방문했을 때, 댐 건설비를 무이자로 지원할 의사를 표명했다. 미 국무부는 7월 18일 주미 영국대사에게 계획의 철회를 통고했으며 다음날 미국 주재 이집트 대사 아메드 후세인(Ahmed Hussein)을 불러 이 사실을 전했다.[57]

그렇다면 언제부터 이든은 이집트와 관계 개선 노력을 단념하고, 그 정반대의 방향, 즉 나세르 정권의 붕괴와 가능한 경우 군사력 사용이라는 대안을 추구하기 시작했을까. 적어도 1956년 3월경에 이든은 아랍 세계에서 영국의 이익을 위해 나세르를 제거해야 한다는 결론에 이르렀던 것처럼 보인다. 영미 후원 아래 이스라엘-이집트 평화협상 실패, 체코로부터 무기 구입, '아랍의 소리' 라디오 방송을 통한 바그다드 협정 비판 등, 이 모두가 나세르 제거의 당위성을 높이는 사건들이었다. 더욱이 3월 1일 요르단 국왕이 당시 요르단 아랍 지역 사령관을 맡고 있던 영국 출신 존 글럽(John Glubb) 장군을 그 직책에서 해임한 직후 이든은 아이젠하워 행정부에 나세르가 서구 이익의 장애물이라는 점을 납득시키려고 노력했다.

---

56 The National Archives (Kew), FO 371/121273, discussions with Mr. Dulles at lunchern, British Embassy, Paris, 3 May 1956.

57 Kyle, *Suez*, 128-29 참조.

나세르의 국유화 선언 이전에 영국은 미국과 협조해 그를 제거하려는 책략을 세우기 시작한 것이다.[58]

　당시 이집트 주재 영국대사관은 이 과정에서 중요한 임무를 맡았다. 이집트 주재 영국대사 트리벨리언은 이집트인 사이에 퍼져 있는 과격한 민족주의가 이집트 국내 사건에 영국이 계속 간섭한 결과라는 점을 인식하고 있었다. 이집트가 체코 무기를 구입하기로 했을 때 외무부는 대사관에 나세르 제거 가능성을 타진한다. 1955년 12월 2일 메모에서 트리벨리언은 이렇게 적었다. "그 같은 대안은 서구에 더 적대적인 또 다른 군사정권 또는 극단적 민족주의 정책을 추구하는 민간정부를 들어서게 할 뿐이다."[59] 이어서 그는 이집트 상황을 외무부에 설명하기 위해 국내 소환을 요청한다. 이에 대해 외무부는 "관련 당사국과 충분한 협의" 없이는 "나세르에 반대하는 어떤 결정적인 행동"도 취하지 않을 것임을 확약한다.[60] 이들 문서는 1955~56년 정부 분위기 변화에 대한 트리벨리언의 우려감을 보여 준다. 후일 트리벨리언은 회고록에서 자신이 외무부에 급송문서로 보낸 보고내용을 다음과 같이 요약하고 있다.

　우리는 나세르가 공격당하면 싸울 것이고 운하를 봉쇄할 것이라고 보고했다. 이집트군을 격파하는 것은 어렵지 않을 것이다. 그러나 어려움은 그 후에 시작될 것이다. 이집트인들은 게릴라전을 펼치고 우리가 나세르 지휘의 게릴라에 맞서 장기간의 광범위한 작전을 펼치지 않고서 짐을 떨치기는 어려울 것이다. 또 나세르가 몰락하더라도 그가 지명한 후계자가 등장할 것이다.

58 이 과정은 다음을 참조할 것. Lucas, *Divided we stand*, 104-15; Kyle, *Suez*, 99-103.
59 The National Archives (Kew), FO 371/118832/JE1015/1, letter from Trevelyan to Shuckburgh, 2 Dec. 1955.
60 The National Archives (Kew), FO 371/118832/JE1015/A, minutes by Kirkpatrick and Stuckburgh, 9 Dec. 1955.

점령군이 세운 정부는 오래갈 수 없다. 오직 영국과 제휴한 결점이 없는 정부만이 그 위치를 지켜갈 수 있다.[61]

여기에서 아이러니한 것은 그가 본국 정부의 요청에 따라 비밀리에 수집한 나세르 관련 정보와 그 자신의 경고가 오히려 영국의 반(反)나세르 정책 수립에 근거가 되었다는 점이다. 1955년 11월부터 트리벨리언은 나세르 측근 중 믿을 만한 소식통으로부터 수합한 정보를 비밀보고하기 시작한다. 이 중에는 이집트의 이스라엘 공격 계획, 러시아 접근 등의 내용이 포함되어 있다.[62]

군사개입으로의 길

1956년 6월 13일 수에즈 운하 관할구역에 주둔하던 영국군 마지막 부대가 철수를 완료했다. 그 후 한 달 이상 이집트 정부의 별다른 움직임은 없었다. 그러나 미국 정부가 아스완댐 차관 공여를 철회하기로 결정한 지 일주일 후에 나세르는 국유화를 단행한다. '아랍의 소리'에서 그는 1854년 프랑스인이 이집트 국왕에게 운하계획을 설명하면서 운하가 엄청난 이득을 가져다주리라고 말한 것을 회상한다. 나세르는 강경한 어조로 이렇게 덧붙인다. "과거에 차관과 그 차관에 대한 이자가 있었다. 그리고 그 결과 우리나라는 점령당했다. 그러므로 나는 당신들에게 나와 대화를 나눌

---

61 Humphrey Trevelyan, *The Middle East in Revolution* (London: Macmillan, 1970), 105.
62 예컨대 이스라엘 공격 계획은 다음을 볼 것. The National Archives (Kew), FO 371/121726/VR1073/118G, letter from Trevelyan to Shuckburgh, 8 March 1956. 그러나 이런 정보와 경고가 오히려 영국 정부의 나세르 혐오감을 심화시켰다. 좀 더 상세한 내용은 Lucas, *Divided we stand*, 109-25 참조.

때 이 점을 고려해 보라고 요구한다."[63] 이 국유화 선언은 형식적으로는 영국과 프랑스 정부가 아니라 어디까지나 '수에즈 운하회사'를 대상으로 한 것이었다. 이 회사는 운하 소유권자가 아니었다. 다만 1968년까지 운하를 운영할 권리만을 가질 뿐이었고, 이집트 국내법의 적용을 받는 이집트회사로 등재되어 있었다. 나세르의 선언은 국내회사를 국유화해 회사 주주들에게 보상을 약속하는 조치에 지나지 않았다.

주주 및 지분 소유자는 이 법 시행 전날 파리증권시장의 주식 시가에 따라 보상을 받을 것이다. 보상금 지급은 즉각 이루어질 것이고 이집트 정부는 국유화된 회사의 모든 자산과 시설을 넘겨받을 것이다.[64]

수에즈 운하는 오랫동안 영제국의 아이콘이었다. 2차 세계대전 이후 그 효용가치가 떨어졌다고 하더라도, 국유화 선언이 영국인에게 가져다준 충격은 대단한 것이었다. 보수적인 신문은 물론 자유주의 계열의 신문까지 한목소리로 나세르의 선언을 규탄하는 분위기였다. 『타임스』는 사설에서 국유화 선언을 '쿠데타'로 표현했다.[65] 신문 논조는 이집트 스스로 운하를 관리할 수 없다는 엄연한 현실을 염두에 두고 대처할 것을 주문했다. 국유화를 허용할 경우 서유럽 경제에 파국을 초래하리라는 것이었다. "수에즈 운하를 이집트 경제에 통합된 일부로 이용하려는 시도는 가장 중요한 운하 유지 업무가 경시되거나 터무니없는 수준으로 운항료를 올리는 결과를 초래할 것이다."[66]

63 N. Frankland, ed., *Documents on International Relations 1956* (Oxford: Oxford University Press, 1959), 108–09.
64 Frankland, *Documents on International Relations 1956*, 114.
65 "Time for Decision", *The Times*, 28 July 1956.
66 "Safeguarding Suez", *The Spectator*, 3 Aug. 1956.

국유화 선언 다음날 이든은 내각에 여러 각료가 참여하는 '이집트위원회'를 구성하고 대응방안을 논의하기 시작했다. 여기에서 의문점은 이든이 처음부터 군사력 사용을 시도하지 않은 이유는 무엇인가이다. 기존 연구들은 이든의 우유부단한 성격, 평화적 해결 선호 등으로 설명한다. 그러나 7월 27일 각의에서는 무력 사용의 필요성을 언급하고 있다. "영국 정부는 필요하다면 무력을 사용해서라도 이집트 정부의 수에즈 운하 국유화 결정을 철회시켜야 한다." 논의내용을 보면 프랑스, 미국과 공조해 무력 사용의 필요성을 언급하면서도 운하를 통한 서유럽 석유 의존도가 너무 높다는 점을 지적하기도 한다.[67] 군사작전에 대해서는 모호한 논조를 보여 준다. 8월 1일 총리관저에서 영국과 프랑스 외무장관과 주영 미국대사 3인의 회동이 열렸을 때도 군사개입에 관해 깊숙한 논의가 있었다. 미국의 반대로 합의를 이끌어내는 데 실패했지만, 프랑스는 군사개입에 적극적이었고 캐나다와 인도를 제외한 영연방 국가들은 대부분 무력행사에 찬성하는 편이었다.

이렇게 보면, 즉각적인 군대 동원이 여의치 않았을 뿐 아니라 미국의 강력한 반대 때문에 군사개입에 의존하기 어려웠으리라고 보는 것이 타당하다. 그러나 이에 못지않게 중요한 것은 전쟁으로 운하가 폐쇄될 경우 서유럽이 겪게 될 경제적 파국이었다. 1955년 당시 수에즈 운하는 연간 1만 4,666척의 선박이 이용했으며 그 가운데 3분의 1은 영국 선적, 4분의 3은 나토 회원국 선적이었다. 연간 7,000만 톤의 석유가 이 운하를 통해 수송되었고, 그중 6,000만 톤은 서유럽 국가 소비용이었다. 영국은 요르단·리비아·사이프러스 등에 군대를 주둔시키고 있지만, 이제 서아시아는 더 이상 영국만의 영향력 아래 있는 지역이 아니었다.[68] 이렇게 보면 1980년

---

67 The National Archives (Kew), CAB 128/30 Pt II, CM 54 (56), 27 July 1956.
68 Shaw, *Eden, Suez and the Mass Media*, 10-11.

대 포클랜드 전쟁은 여러 측면에서 수에즈 위기와 대조적이다. 당시 영국은 미국과 공조했고, 다른 나라에 전쟁으로 인한 경제적 혼란이 없으리라는 점을 설득했다. 실제로, 포클랜드는 전략상으로 중요한 요충지였지만, 수에즈와 달리 해운 항로의 중심지가 아니었다.

수에즈 위기 직후, 이든이 예측하지 못한 것은 군사개입에 대한 미행정부, 특히 아이젠하워의 완강한 반대였다. 당시 그는 외교적 노력을 통한 국제압력은 물론 군사개입의 가능성을 다 같이 준비하고 있었다. 7월 27일 아이젠하워에게 보낸 서한에도 이러한 태도가 나타난다.

경제적 압력만으로 우리 목표를 달성할 수 있으리라 생각하지 않습니다. 이집트는 미국으로부터 더 이상의 원조를 받지 않을 것입니다. 이집트를 굴복시키려면 우선 정치적 압력을 극대화해야 합니다. 이를 위해 우리 자신의 행동은 물론이고 모든 이해 당사국의 지지를 모아야 합니다. 동료 장관과 저는 나세르가 스스로 잘못을 깨닫도록 최후의 수단인 무력을 사용할 준비가 갖춰져 있다고 믿습니다. 우리 쪽에서는 그 준비를 했습니다. 저는 오늘 아침 주요 실무진에게 이에 상응하는 군사계획을 준비할 것을 지시했습니다.[69]

아이젠하워는 군사개입 시도에 단호하게 반대했다. 7월 31일자 서한에서 그는 영국 정부가 무력 사용을 검토하고 있다는 보고를 받았음을 밝힌 후에, 그런 방법에 찬성할 수 없다는 점을 재차 강조했다.[70] 콜 C. 킹시드(Cole C. Kingseed)에 따르면, 아이젠하워는 친영의식이 분명한 인물이

---

69 The National Archives (Kew), PREM 11/1177, letter from Eden to Eisenhower, 27 July 1956.

70 *Foreign Relations of the United States, 1955-57*, vol. 16 (Washington, 1988), 69-71, document 35, Eisenhower to Eden, 31 July 1956. 덜레스의 경고는 *Foreign Relations of the united States*, 1955-57, vol. 16, 98-99, document 42, memorandum of a conservation between Prime Minister and Secretary of State Dulles, 1 Aug. 1956 참조.

었다. 미국의 운명이 영국과 직결되어 있다고 생각했다. 두 나라가 민주주의와 세계질서 유지라는 공동의 목표를 추구하고 있다고 믿었다. 그가 영국의 군사개입에 반대한 것은 이든이 잘못된 판단을 거두고 공동의 목표를 추구하는 길로 돌아와야 한다고 여겼기 때문이다.[71] 7월 31일 덜레스와 당시 본국을 방문 중이던 주영대사 윈스럽 W. 올드리치(Winthrop W. Aldrich)는 급거 런던을 방문해 영국 정부 관계자들에게 런던평화회의 개최를 강력하게 요구했다. 회의는 1888년 수에즈 운하협약 서명국과 현재 운하를 이용하는 국가 대표들로 구성될 터였다. 미국의 강력한 반대에도 이든은 아이젠하워를 설득하려는 노력을 계속했다. 8월 5일자 서한에서 그는 평화회 개최에 찬성하면서도, 나세르가 거부했을 경우에 취해야 할 다음의 조치를 언급한다.[72]

8월 중에 이든 정부는 군사개입에 대해 더 세밀하게 검토한 것으로 보인다. 8월 7일자 외무부 문서는 운하 점령의 목적이 나세르 정권 전복에 있지만, 미국과 다른 아시아 국가들에 대해서는 군사개입이 "국제수로의 안전을 보장하려는 목적"에만 국한된다는 점을 주지시켜야 한다고 보고하고 있다.[73] 이를 두고 카일은 처음부터 이든이 군사작전에 주안점을 두었다고 추론한다.[74] 그러나 8월 28일 각의에서 군사작전에 이견이 있었다. 이든은 군사동원을 강조하지만, 국방장관은 신중론을 폈다. "평화적 해결 가능성을 충분히 모색해야 하지만, 그렇다고 이 때문에 이집트 정부에 대한 우리의 결의가 약화되거나 우리 압박의 강도가 약해지도록 할 수는 없다"는 이든의 언급에 국방장관은 이렇게 발언한다. "만일 우리가 프랑스와

71 Kingseed, *Eisenhower and the Suez Crisis*, 111-12.

72 The National Archives (Kew), PREM 11/1098, letter from Eden to Eisenhower, 5 Aug. 1956. The National Archives (Kew), CAB 128/30 Pt II, CM 62 (56),

73 The National Archives (Kew), CAB 134/1216, note by the Secretary of State for Foreign Affairs with draft instructions to Sir G. Jebb, 7 August 1956.

74 Kyle, *Suez*, 185-86.

함께 이집트에 대해 군사공격을 감행한다면, 우리 행위는 영연방 국가들을 포함해 해외국가들의 공공여론에 의해 비난받을 것입니다. 국내에서도 여론이 분열될 것입니다."[75]

8월 16~23일 런던회의의 결과, 멘지스위원회가 구성되었지만 이집트 측의 거부로 실패로 끝났다는 것은 이미 언급한 바 있다. 런던회의에 참석하는 동안 덜레스는 이든의 역할과 정치적 역량에 크게 실망했다. 그가 보기에, 나세르는 선전 면에서 영국을 크게 앞섰다. 이든은 전쟁에 대한 국민적 지지도 확보하지 못한 상태였다.[76] 미국의 지지 여부가 중요하다면, 이든은 그에 앞서 국내 여론을 우호적으로 바꾸는 노력을 기울여야 했다. 언론과 일반 여론 모두가 분열을 거듭하고 있었다.[77] 런던회의 실패 이후에 영국은 군사개입을 준비했지만, 덜레스와 아이젠하워는 개입 자체를 반대했다. 아이젠하워는 평화회의 실패가 영국의 군사개입 명분으로 이용될까 우려해 다시 강력한 반대 서한을 이든에게 보낸다.

저는 강제수단으로 성공적인 결과를 거둘 수 있다고 보지 않습니다. 군사력 사용은 제 생각으로는 위험 지역을 확대할 것입니다. 저는 또한 서유럽 경제가 중동 석유공급 단절과 오랜 군사작전의 부담을 감내할 수 있다고 보지 않습니다. 아시아-아프리카 모두가 어느 정도는 서구에 대항해 결집될 것입니다.[78]

덜레스의 요청대로, 2차 평화회의가 9월 19일에 열려 '수에즈 운하이용

---

75 The National Archives (Kew), CAB 128/30 Pt II, CM 62 (56).
76 *Foreign Relations of the United States, 1955-57*, vol. 16, 233-35, doc. 99, memorandum of a conversation, Ambassador' residence, London, 19 Aug. 1956.
77 Shaw, *Eden, Suez and the Mass Media*, 56 참조.
78 The National Archives (Kew), PREM 11/1100, letter from Eisenhower to Eden, 3 September 1956.

국연합(SCUA)'을 결성하기로 결의했다. 당시 영국 주재 미국대사 올드리치의 회고에 따르면, 참가국 주영대사들 가운데 누구도 이 시도가 성공하리라고 믿지 않았다. 더욱이 이든과 덜레스는 서로 상대방을 믿지 못하고 불신했다. 올드리치의 회고에 따르면, 평화회의 참석 기간 내내 이든은 다른 모든 수단이 실패할 경우 미국은 영국의 군사개입에 반대하지 않으리라는 희망을 지녔던 반면, 덜레스는 군사력 이외의 대안이 없는 상황은 어떤 수를 쓰더라도 막겠노라는 입장이었다.[79] 이 시기 영미의 균열을 어떻게 바라보아야 할 것인가. 이든, 아이젠하워, 덜레스 등 정치가들의 개인적 신념과 판단도 작용했을 것이다. 그러나 무엇보다도 중요한 것은 영미동맹의 관행을 넘어서 식민주의를 둘러싸고 영미 정치가들 사이에 인식의 차이가 있었다는 점이다. 올드리치는 다음과 같이 회고한다.

나는 이렇게 믿는다. 수에즈 위기 당시 영국과 미국 간의 균열을 촉발한 중요한 이유 가운데 하나는 영국 측이 나세르가 파기한 국제조약을 복원하기 위해, 그리고 나세르의 행위가 영국의 국가이익에 직접 위협을 가했을 때 군사 조치를 취하는 것이 정당화될 수 있다고 믿었기 때문이다. 반면, 미국은 사전 경고 없이 영불 연합군의 이집트 침입은 그 동맹국 미국을 배반한 것일 뿐 아니라, 식민주의의 또 다른 사례라고 생각했다. 미국은 식민주의를 없어져야 할 세계의 악이라고 생각한 것이다.[80]

10월 29일 이스라엘군이 전격적으로 시나이반도를 공격하기 시작했다. 주영대사 올드리치는 전쟁 발발 당일의 상황을 이렇게 회상한다. 오후 1시 30분 그는 영국 외무부로부터 면담을 요청하는 전화 연락을 받았다.

---

79 Aldrich, "The Suez Crisis", 543-44.
80 Aldrich, "The Suez Crisis", 552.

마침 외무장관은 하원에 출석 중이었다. 그 대신 외무부 차관 커크패트릭과 오후 4시 30분에 만나기로 약속을 잡았다. 면담에서 커크패트릭은 두 장의 문서를 보여 주었다. 하나는 이집트, 다른 하나는 이스라엘에 보내는 최후통첩장(ultimatum)이었다. 최후통첩은 이집트와 이스라엘 두 나라 군대에 각기 운하에서 약 16킬로미터 떨어진 지점까지 철수할 것을 요구하는 내용이었다. 이를 읽고난 후에 올드리치는 자신의 영토 안에 운하를 소유한 이집트는 이 통첩을 받아들이지 않을 것이라고 말했다. 이미 영국 정부는 이 최후통첩장을 이미 3시 30분경 이집트와 이스라엘에 보냈다. 이든 총리는 하원에서 이 최후통첩에 관해 설명하고 있었던 것이다. 올드리치가 본국 정부에 보고할 수 있는 유일한 일은 최후통첩장 내용을 전화에 대고 읽어주는 것이었다.[81]

군사개입 이후 약 일주일간의 사건 연대기는 잘 알려져 있다. 이집트는 최후통첩을 거부하고 곧바로 운하를 폐쇄했다. 영국과 프랑스는 운하 보호 명목으로 지상군을 투입하고 카이로를 비롯한 몇몇 도시에 공습을 감행했다. 군사적인 측면에서 보면 작전은 성공적이었다. 이스라엘군은 시나이반도를 장악했고, 영불 연합군은 운하 관할지역에 지상군을 투입했다. 그러나 두 나라는 곧바로 미국으로부터 심각한 압력을 받게 되었다. 아이젠하워와 덜레스는 이든과의 직접 소통을 중단하고 소련과 공조해 영불 연합군 철수를 위한 노력을 기울였다. 한편으로는 유엔총회에서 철수 결의안, 다른 한편으로는 파운드 스털링화 폭락에 대한 미국 재정지원 거부 위협이었다. 11월 2일 영국 정부는 유엔에서 통과될 철수결의안 내용을 통고받았다. 이스라엘군과 영불 연합군의 동시 철군을 촉구하는 내용이었다. 11월 4일 방송에 출연한 이든은 계속해서 단호한 입장을 밝혔으나, 노동당의 반대와 각료의 이견으로 더 견디지 못했다.[82] 11월 6일 내각

---

81 Aldrich, "The Suez Crisis", 547.

은 유엔결의안을 수용하는 쪽으로 가닥을 잡았다.[83] 정부가 공식적으로 패배를 인정한 것이다. 아이젠하워는 11월 2일의 일기에 다음과 같이 적었다.

나는 프랑스와 영국이 엄청난 실수를 저질렀다고 생각한다. 두 나라는 이 무모한 사건을 일으켰기 때문에, 세계의 여론으로부터 따돌림당한 것이고 떨어진 명예를 회복하는 데에는 오랜 기간이 걸릴 것이다. 프랑스는 이 문제에 관한 한 아주 냉혈한 같다. 이 나라는 알제리에서 전쟁을 치렀다. 그리고 영국과 이스라엘이 이 건을 도모하는 데 무엇이라도 함께해야만 아랍 세계와 또 다른 싸움에서 조력을 얻으리라고 생각한다. 그러나 내 생각에, 영국과 이스라엘은 이미 막대하게 상처를 입었고 이 일로 애석한 타격(sad blow)을 받았다. 이제 영국이 세계에서 우리의 진정한 친구였고 친구이어야 하는 것은 지극히 당연하기 때문이다.[84]

스털링 통화권과 수에즈 위기

수에즈 위기를 다룬 연구들은 대체로 정부 문서, 언론 자료, 회고록 등을 비교해 고위 정책결정자들의 행동과 내면 심리에 대한 깊은 분석을 바탕으로 위기의 전개 과정을 밝히고 있다. 수뇌부 정치(high politics) 위주의 역사연구를 통해 사건에 영향을 준 다양한 요인과 정치인들의 내면적

---

82 10월 3일까지만 하더라도 이든의 입장은 단호했다. 그날 각의에서 이든은 나세르 제거를 다시 확인하고, 나세르를 남겨둔 채로 유엔에서 수에즈 운하 문제를 해결하려 한다면, 그 목표를 이룰 수 없다고 단정한다. The National Archives (Kew), CAB 128/30 Pt II, CM 68 (56), 3 Oct. 1956.

83 The National Archives (Kew), CAB 128/30 Pt II, CM 80 (56), 6 November 1956.

84 Kingseed, *Eisenhower and the Suez Crisis*, 111에서 재인용.

성향까지 자세하게 알 수 있지만, 그렇다고 해서 수에즈 위기의 전 과정을 분명하게 이해할 수 있는 것은 아니다. 고려해야 할 요인이 더 증가하면서 단순한 사건 연대기가 오히려 복잡한 현상으로 변모한 것이다. 미시적 접근도 중요하지만, 20세기 후반 세계사 패러다임의 변화라고 하는 거시적 관점에서 사건을 다시 조명할 필요가 있다.

존 다윈은 국제적 연결망으로서 영제국을 좀 더 구체적으로, 그리고 세밀하게 재현하는 작업을 시도한다. 그는 오랫동안 20세기 영제국 해체 문제를 탐구해 왔는데, 근래 네트워크로서 영제국의 실체를 복원한 『제국 프로젝트』(2009)를 내놓았다. 이 책은 19세기 이후 영제국 네트워크의 성장과 해체를 다룬 역작이다. 영국이 주도한 세계 체제는 1840년대에 출현해 2차 세계대전기까지 지속된다. 다윈은 '제국 기획'이 내적 긴장과 외적 압력의 상호작용을 통해 전개된다고 본다. 여기에서 내적 긴장은 정치인·산업자본가·금융자본가의 자기 이익 추구 경향, 외적 압력은 제국을 둘러싼 지정학적·경제지리적 측면을 가리킨다. 19세기에는 대체로 이 내적 긴장과 외적 압력이 제국의 발전에 기여했다. 다윈은 특히 지정학적 요인을 중시하는데, "수동적인 동아시아, 유럽 대륙의 세력균형, 그리고 강력하면서도 비호전적인 미국"이라는 국제 상황이 영제국 세계 체제의 성공을 가져왔다고 본다.[85] 특히 1882년 이집트의 보호령은 영제국의 성공에 지렛대를 제공했다. 수에즈 운하를 통해 유럽과 아시아를 연결하는 해상 네트워크를 완벽하게 지배할 수 있었기 때문이다.[86]

그러나 20세기 중엽 이후 두 압력은 제국 해체를 가속하는 방향으로 작용했다. 영국 세계 체제의 성공과 실패는 모두 지정학적 요인의 영향 아래 이루어졌다. "영국 세계 체제는 비유럽 세계를 속박하는 전 지구적 지배

---

85 Darwin, *The Empire Project*, 5.
86 Darwin, *The Empire Project*, 5.

구조가 아니었기 때문에 지정학적 조건의 성격이 변하면 그 영향을 직접 받는 취약한 구조였다. 특히 미국의 대두에 직접 영향을 받았다.[87] 다윈은 런던에 자리 잡은 소수의 엘리트(정치인·관료·금융자본가)가 지정학적 조건과 전 지구에 걸친 무역-상업활동에서 일차적으로 이익을 추구하고 또 그 이익을 방어하기 위해 개별 사건에 어떻게 대응했는가를 상세하게 추적한다. 여기에서 그가 제국 네트워크의 중요한 세력이자 동인으로 간주하는 시티의 금융세력은 1990년대 이래 영국 경제사에서 주목받아 온 '신사 자본주의'와 같은 개념이다.

다시 수에즈 위기로 돌아가기로 하자. 11월 6일 영국 내각이 군대 철수를 결정한 중요한 이유로는 여러 가지를 지적할 수 있다. 미국과의 균열, 이든에 대한 여론의 비판, 유엔의 철수 요구 때문에 더 이상 버틸 수 없는 상황이었을 것이다. 이에 덧붙여, 바로 그날부터 파운드화가 폭락하기 시작했다는 점을 눈여겨볼 필요가 있다. 이는 미국의 위협 가운데 파운드화 폭락을 방치하겠다는 내용이 알려지면서 현실로 나타난 것이다. 미국은 파운드화 폭락을 방치할 뿐만 아니라 경우에 따라서 더 떨어뜨리겠다는 위협을 가했다. 철수를 늦출수록 직접적인 위협이 되는 것은 파운드화 폭락 가능성이었다. 왜 파운드화 가치하락이 다른 어떤 요인보다도 영국 정부에 두려움을 안겨준 것일까.

당시 세계경제에서 파운드 스털링화는 가장 널리 사용되는 기축통화였다. 파운드 스털링 통화권은 1931년 영국이 금본위제를 포기한 이후 여러 나라가 금 대신에 파운드화에 대한 고정환율제도를 채택하면서 성립되었다. 2차 세계대전 초기에 영국은 제국에 속한 국가들을 적용대상으로, 스털링 통화권 국가를 단일한 환율시행 지역으로 인정하는 법률을 제정했는데, 이는 파운드화의 외환 가치를 보전하고 제국 내 무역을 활성화

---

[87] Darwin, *The Empire Project*, 1.

하려는 목적을 지니고 있었다. 파운드화에 대한 각국 화폐의 교환비율을 고정함으로써 역내무역의 활성화에 기여했으며, 환율 변동의 우려 없이 장기적인 투자를 할 수 있었다. 이를 기반으로 상당 기간 자치령 국가와 영제국 식민지들의 협조 체제가 유지되었고, 이것이 후일 새로운 영연방(Commonwealth of Nations)으로 발전하는 계기가 되었다. 1939년 입법 당시 달러 경제권 영향을 받는 캐나다·뉴펀들랜드·홍콩을 제외한 영제국 관련국과 기타 국가들[88]이 광범한 스털링 통화권을 형성했다.

1930년대 이래 스털링 통화권은 제국 내 무역의 활성화와 더불어 영국이 완만한 경제성장을 지속할 수 있는 여건을 마련해 주었다. 제국의 자치령과 식민지는 영국 수출품의 주된 소비시장이었지만, 이와 동시에 영국 금융자본의 주요 채무국이자 영국 금융서비스 및 해운에 크게 의존하고 있었다. 이들 국가는 파운드화를 축적하지 못할 때 채무상환 이행과 지불준비금 유지에 어려움을 겪을 수밖에 없었다. 이들 국가의 지불유예 선언이 계속될수록 파운드화 폭락의 위험이 가중될 것이다. 오랫동안 영국 경제는 파운드화의 가치 유지를 토대로 제국 내 무역을 활성화하는 대신, 수출산업의 희생을 감수해 왔다. 전간기 영국 수출산업의 침체와 2차 세계대전 이후 영국 제조업의 활력 상실은 상당 부분 이와 같은 경제구조에서 비롯한 결과였다. 따라서 시티의 금융자본은 일찍부터 영국 정부의 경제정책, 더 나아가 외교정책에 일정한 영향력을 행사했다고 알려졌다.

스털링 통화권이 상당 기간 유지될 수 있었던 것은 기본적으로 영국 경제를 기반으로 하면서도, 다른 한편으로 환거래에 익숙한 관행에 의거한 것이었다. 이런 점에서 통화권은 경제적인 것 못지않게 문화적인 산물이

---

[88] 영제국이 아니면서 스털링 통화권에 해당하는 나라는 노르웨이·스웨덴·핀란드·라트비아·리투아니아·에스토니아·포르투갈·이라크·이집트·태국·미얀마·아르헨티나 등이었다. P. J. Cain and A. G. Hopkins, *The British Imperialism II: Crisis and Deconstruction 1914-1990* (London: Longman, 1993), 80.

기도 했다. 그러나 2차 세계대전기에 영국이 전시경제의 어려움을 겪으면서 스털링 통화권은 여러 차례 동요를 거듭한다. 전쟁 초기 영국은 미국 무기와 군수물자를 수입하면서 재정 상황이 악화했다. 1941년 3월부터 1945년 8월까지는 연합국에 대한 미국의 무기대여정책에 따라 재정압박이 완화되었지만,[89] 오히려 대여정책이 만료된 1945년 8월 이후 영국 경제는 다시 심각한 상황에 직면한다. 이는 그동안 무기대여 물자 가운데 식료품 같은 생필품이 상당 부분을 차지했기 때문이다. 이에 영국 정부는 존 메이너드 케인스를 미국에 파견해 미국의 재정원조를 이끌어냈다. 이는 미국이 2차 세계대전 초기 영국의 기여를 인정해 장기 저리의 차관을 제공한다는 내용이었다. 이 합의에 따라 영국은 미국과 캐나다로부터 약 49억 달러의 차관을 도입함으로써 재정 파국을 면할 수 있었다.[90] 1949년 경제불황기에 파운드화가 다시 폭락하자 영국 정부는 결국 파운드의 가치를 30.5퍼센트 인하한다.[91] 이 당시는 달러결핍시대였기 때문에 스털링 통화권 국가들도 대부분 이 결정을 받아들였다. 그러나 수에즈 위기 당시 파운드화 폭락 우려가 높아졌을 때 이전과 달리 통화권 내 국가들의 동요가 커졌다. 당시 영국 정부는 파운드화 폭락을 방치하겠다는 미국 정부의 위협을 심각하게 받아들이지 않을 수 없었을 것이다.

89 미국은 무기대여정책의 근거가 되는 법률[An Act to further promote the defense of the United States (Pub.L. 77-11)]에 의거해 전쟁 기간 동안 약 500억 달러어치의 군수물자를 연합국에 공급했으며, 이 가운데 영국은 314억 달러의 물자를 공급받았다. William H. McNeill, *America, Britain and Russia: Their Co-operation and Conflict, 1941-46* (Oxford: Oxford University Press, 1953), 778.

90 미국이 37억 5,000만 달러, 캐나다가 11억 9,000만 달러를 공여하기로 합의했다. Philip A. Grant, "President Harry S. Truman and the British Loan Act of 1946", *Presidential Studies Quarterly*, 25/3 (1995), 489-96.

91 1940년 2차 세계대전 초기 파운드와 달러의 교환비율은 1파운드=4.03달러였다. 그러다가 1949년 9월 19일 영국 정부는 파운드화 가치를 30.5퍼센트 절하해 그 교환비율을 2.80달러로 바꾸었다.

여기에서 문제가 되는 것은 시티의 금융세력과 영국 정부의 관계이다. 역사적으로 영국 정부 또는 정부의 정책 결정 과정에 시티 금융세력은 여러 방향에서 영향력을 행사해 왔다고 알려져 있다. 수에즈 위기 당시 파운드화 폭락의 위험에 직면해 시티의 금융세력과 정부가 어떤 관계를 맺고 있었는가를 알려주는 구체적인 자료는 없다. 다만 1950년대에도 영국 의회와 정부가 스털링 통화권의 안정과 스털링화의 가치 유지를 정책의 우선순위에 올렸다는 것은 분명하다. 이를테면 1952년 12월에 개최된 영연방경제회의(Commonwealth Economic Conference)의 공동선언은 다음과 같이 천명한다.

회의는 스털링 통화권 국가들의 발전은 직간접적으로 스털링 지역과 여타 지역의 지불 균형의 개선에 이바지하는 계획에 초점을 맞춰야 한다는 데 합의했다. 그런 계획은 관련된 역내 국가들의 경제를 강화하고 세계시장에서 그들 경쟁력을 높여야 한다. 그리고 수지균형을 개선함으로써 자국민에게 더 번영을 가져다줄 것이다. 그러나 역내 일부 국가에서는, 생활수준의 기본적인 향상을 이룩하는 데 목적을 두고 이루어왔거나 또는 시행되고 있는데, 이 생활수준 향상이야말로 향후의 경제발전에 긴요한 토대인 것이다. 발전된 국가들에서도 일부 사회적 투자 또한 시급히 요청된다.[92]

이어서 선언문은 스털링 통화권의 영연방 각국의 개발과 생활수준 향상을 위한 자본투자 면에서 영국의 주도적 역할을 인정하고, 이를 위해 영국 경제가 적정 수준의 국내 저축을 확보하고 자본을 동원할 수 있도록 스털링화가 안정되어야 한다는 점을 인정했다. 이와 아울러 영연방 각국

---

[92] *Parliamentary Papers*, 1952-3, 23, Cmd. 8717, "Commonwealth Economic Conference, Final Communique" (1952-3), 3.

의 개발에 미국 투자자들이 관심을 가질 것을 호소하는 점도 눈에 띈다.[93] 이러한 기조는 수에즈 위기를 겪고 난 직후에도 그대로 이어지고 있다. 1957년의 한 의회보고서는 영연방 속령 및 신생 독립국의 공공서비스, 1차 산물 생산 및 새로운 산업 발전을 위한 자본투자에서 여전히 영국의 역할을 강조하고 스털링화의 안정적인 유통을 기대하고 있다. 신생 독립국들은 각기 영연방의 발전, 생산, 무역 면에서 자신의 역할을 다해야 하지만, 다른 한편으로 영국의 경제적·문화적 경험을 존중해야 한다는 것이다.

> 영연방 각 회원국은 영연방의 발전 생산, 무역 면에서 그 자신의 역할을 다한다. 그러나 경제적·역사적 이유로 볼 때 영국은 영연방 경제구조의 초석이다. 영국은 캐나다를 제외하고 모든 영연방 회원국이 속해 있는 스털링 통화권의 중심지이다. 그것은 세계의 다른 어느 나라보다 더 해외 지역 투자에서 막대하고 다양한 경험이 있다.[94]

수에즈 위기가 남긴 것

2차 세계대전 이후 국제정치는 미국과 소련이라는 두 축을 중심으로 전개되었다. 이에 따라 국제정치의 장에서 구 제국의 유산을 기반으로 하는 제3의 세력을 받아들일 수 있는 여지는 없었다. 수에즈 위기는 전후 영국인들이 "세계열강으로 남으려는 노력"의 한계를 깨달은 일종의 전환

---

93 Cmd. 8717, "Commonwealth Economic Conference, Final Communique", 3-4.
94 *Parliamentary Papers*, 1956-7, 26, Cmnd. 237, "The United Kingdom's Role in Commonwealth Development" (1957), 3.

점이었다. 다윈이 말한 대로, 중립적인 미국이 아니라 덜 관용적인 미국으로 변모했을 때, 영제국 네트워크가 얼마나 취약한 것이었는가를 새삼 일깨워준 사건이었다. 2차 세계대전기 3대 전승국의 하나라는 환상은 깨어졌다. 이런 점에서 보면, 수에즈 위기 당시 영국 정부가 취할 수 있는 전략은 극히 제한적이었다. 미국의 요구대로 평화적인 해결을 모색했다고 하더라도 냉전구조, 아랍 세계의 반서구 민족주의, 그리고 나세르의 정치적 입장에 미루어 실패로 돌아갔을 것이다. 실패 후에 영국이 겪을 일련의 과정은 실제 수에즈 사태 이후의 전개 과정과 별반 다르지 않았을 것이다. 오히려 이든의 선택은 그 전개를 가속했을 뿐이다. 영국이 1960년대 제국에서 유럽 대륙으로 국가발전전략의 방향을 돌린 것도 수에즈 위기의 경험에 힘입었다. 그 학습효과는 오히려 탈식민운동의 전개 과정에서 효력을 발휘했다. '관리된 쇠퇴'를 스스로 선택함으로써 영국은 전후 새롭게 전개된 국제질서에 적응할 수 있었다.

더욱이 수에즈 위기는 세계경제에서 새로운 질서가 도래하고 있음을 다시 한 번 확인시켜 주었다. 스털링 통화권은 런던 시티의 금융자본과 세력을 중심으로 형성된 국제경제 영역이었다. 이 통화권은 영국 경제를 기반으로 하면서도, 그 건전성이나 수지균형에 별반 영향을 받지 않고 관성적으로 지속되었다. 기업가와 상인과 투자자들은 이전부터 익숙한 국제무역과 환거래의 관행을 그대로 받아들인 것이다. 2차 세계대전이라는 특수한 상황 아래서 영국은 미국의 여러 지원과 도움을 통해 파운드화를 중심으로 하는 경제권을 유지할 수 있었다. 2차 세계대전 직후에도 마찬가지였다. 그러나 수에즈 위기 당시 파운드화 위기는 제국 지배의 오랜 유산인 스털링 통화권이 얼마나 취약한 것인가를 그대로 보여 주었다. 군사개입의 좌절은 그 취약성을 재확인한 사건이었다. 위기 이후 스털링 통화권의 취약성에 대한 우려와 불안이 국제무역과 환거래에서 기존의 오랜 관행과 익숙함보다 더 심각한 문제로 등장한 것이다.

8장

탈식민화의 정치와 영연방

영연방의 정식 명칭은 '국가들의 연합(Commonwealth of Nations)'이다. 영제국의 유산이면서도 회원국들의 우호 협력을 위한 국제기구로 지금까지 유지되고 있다. 현재 회원국은 53개국이며 전 세계에 광범하게 흩어져 있다. 영연방권의 면적은 대략 3,146만 제곱킬로미터, 인구는 2009년 현재 24억 명에 이른다. 그런데도 영연방이 국제정치나 세계경제에서 차지하는 역할은 크지 않다. 영연방이라는 조직에서 뚜렷한 정체성을 찾기도 어렵다. 1971년 싱가포르 영연방정상회의 선언문에서 민주주의, 인권, 공정한 정부, 법의 지배, 개인의 자유와 평등, 자유무역, 다변화, 세계 평화 등을 지향한다는 점을 밝히고 있지만,[1] 이는 다분히 정치적 수사라는 인상을 준다. 여기에서는 영연방을 '영국과 역사 및 문화 면에서 깊은

---

[1] *The Commonwealth at the Summit*, vol. 1 (London: Commonwealth Secretariat, 1987), 156–57 참조.

관계가 있는 국가들의 정부 간 협의체'라는 정도로 다소 모호하게 규정하려고 한다.

이 협의체의 수장은 영국왕이다.[2] 회원국들은 정치·경제적으로 평등한 지위를 가진다. 영연방의 기원을 찾으려면 19세기 말까지 거슬러 올라가야 한다. 1884년 영국 정치가 로즈버리 경(Lord Rosebery)[3]은 오스트레일리아 방문 당시 몇몇 나라가 주권국으로 독립한 사실을 언급하면서 'Commonwealth of Nations'라는 표현을 처음 사용했다. 1887년부터 영국 및 자치령 국가 정상회의가 열렸고, 1911년부터 이 모임은 제국회의(Imperial Conference)라는 공식 이름으로 불렸다.[4] 1926년 제국회의에서 자치령 국가는 영제국에 속하면서도 브리튼과 평등한 관계를 가진다는 원칙을 밝혔으며, 이것이 1931년 웨스트민스터법(Statute of Westminster)에 그대로 반영되었다. 2차 세계대전기까지 백인 자치령만 포함했던 영연방은 그 후 탈식민운동 과정에서 독립한 신생국들을 회원으로 받아들여 오늘날의 정부 간 협의체로 발전한 것이다.

'코먼웰스(commonwealth)'라는 영어 표현 자체가 의미상의 혼란을 불러일으킨다. 원래 그것은 '공공의 부'라는 의미로서 공화국을 뜻하는 라틴어 'res publica' 대신 사용되었다. 이 말은 16세기 이후 한 나라를 구성하는 인민의 총체 또는 인민의 정치체, 구체적으로는 공화국과 동의어가 되었다. 크롬웰 당시 영국 헌정을 코먼웰스로 불렀던 것도 같은 맥락이다.

---

2 영국왕은 영연방의 수장이면서, 동시에 16개 영연방 회원국의 국가원수이기도 하다. 영국왕을 국가원수로 인정하는 이 16개국을 흔히 'Commonwealth Realms'로 부른다.
3 로즈버리 경(Lord Rosebery, 1847~1929): 본명은 프림로즈(Archibald P. Primrose). 영국의 자유당 정치가로서 1886년 이래 하원의원, 1892~94년 외무장관, 1894~95년 총리를 지냈다.
4 후일 영연방은 이 정례회의가 발전한 것이다. 'British Commonwealth'라는 표현은 남아공 정치가 얀 스뮈츠가 1917년 처음 사용했다고 전해진다. F. S. Crafford, *Jan Smuts: A Biography* (London: Allen & Unwin, 1946; 2005 edn), 121.

그러나 17세기 이후 용례에서 공동의 이해를 지닌 집단이나 단체 또는 조직을 가리키는 말로도 쓰였다. 이를테면 이 시기에 신성한 '기독교 국가들의 연합(Hole Commonwealth of all Christendom)'이라는 표현이 등장한다. 이렇게 보면, 오늘날 '코먼웰스'라는 표현은 국가연합이라는 의미로 받아들여야 한다. '영연방'이라는 용어를 대신할 만한 적절한 번역어를 찾을 필요가 있다.

런던 선언과 그 이후

2차 세계대전 직후 영연방을 주도한 영국 정치가들은 제국의 쇠퇴를 인정하면서도, 다른 한편으로는 이전 자치령 및 식민지 국가와 결속을 강화함으로써 국제정치나 세계경제에서 영국의 위상을 유지하려고 했다. 그러나 1950~60년대에 이르러 이러한 기대는 비현실적인 것이 되었다. 국제정치는 물론 영연방 내에서도 영국의 주도권은 눈에 띄게 약해졌으며, 오히려 영연방 국가들의 편의에 따라 정부 간 협의체를 유지하고 있다는 인상을 주기도 한다. 영연방의 성격 변화는 특히 1960년대에 분명하게 나타나기 시작했다. 국제정치의 맥락에서 이러한 변화는 그 시대에 두드러진 탈식민운동과 영국의 유럽경제공동체(EEC) 가입 시도 등과 밀접하게 관련된다.

1949년 4월 21일부터 일주일간 열린 영연방정상회의[5]는 역사상 중요한 이정표로 평가받는다. 이 무렵 미국 주도로 북대서양조약기구(NATO)가 결성되었고, 같은 해 소련의 원폭 실험과 중화인민공화국 수립으로 본격

---

5 제국회의는 1944년부터 '정상회의(Prime Ministers' Meeting)'로 명칭이 바뀌었고, 공식적인 공동선언문을 채택했다.

적인 냉전시대가 열렸다. 당시 영국 노동당 정부는 변화하는 정세에 대응해 영연방의 결속을 강화함으로써 국제무대에서 영국의 발언권을 유지하려고 했다. 런던회의에는 새롭게 독립한 인도·파키스탄·실론 대표도 참가했으며, 8개국 정상들은 버킹엄궁에 6일간 체류하면서 합의 내용을 공동선언으로 발표했다.[6] 특히 공화국 정체를 도입한 인도가 영연방 회원국으로 남을 것인지, 영국왕과 관계 설정을 어떻게 할 것인지가 초미의 관심사였다. 인도는 영연방 회원국으로 잔류할 것임을 확인했다.

> 영국·캐나다·오스트레일리아·뉴질랜드·남아프리카공화국·인도·파키스탄·실론, 이들 국가는 영연방(British Commonwealth of Nations) 회원국으로 연합하며 왕실에 공동으로 충성한다. 이 자유로운 연합의 상징인 왕실은 인도에 임박한 헌정상의 변화를 고려한다. 인도 정부는 이제 막 채택한 새로운 헌정체제 아래 독립된 공화국이 되고자 하는 인도 국민의 의사를 영연방의 다른 회원국 정부에 알려왔다. 그러나 인도 정부는 영연방 회원국 자격을 유지하고 국왕을 그 독립된 회원들의 자유로운 연합체의 상징으로, 그리고 영연방의 수장으로 인정하겠다는 것을 표명하고 확인했다.[7]

뒤이어 선언문은 다른 회원국들이 인도의 의사를 존중하고 평화·자유·진보의 추구에서 서로 협력하기로 의견을 모았다는 것을 밝히고 있다. 선언문은 영국 총리 클레멘트 애틀리(Clement Attlee)가 국왕 조지 6세 앞에서 낭독했다. 이 선언은 이후 영연방의 진로에 결정적인 영향을 미쳤다.

---

6 당시 참석자는 영국의 클레멘트 애틀리, 오스트레일리아의 J. B. 치플리(J. B. Chiefley), 캐나다의 레스터 피어슨(Lester Pearson), 실론의 D. S. 세나나야케(D. S. Senanayake), 인도의 J. 네루(J. Nehru), 뉴질랜드의 피터 프레이저(Peter Fraser), 파키스탄의 칸 리아콰트 알리(Kahn Liaquat Ali), 남아공의 D. F. 말란(D. F. Malan) 등이었다. *Commonwealth at the Summit*, vol. 1, 30 참조.

7 *Commonwealth at the Summit*, vol. 1, 29.

인도가 공화국 정체를 받아들였음에도 영연방에 잔류함과 동시에 국왕을 그 수장으로 인정했기 때문이다. 달리 말하면, 영국 왕실에 대한 충성이 더 이상 연방 회원국의 '필요조건(sine qua non)'이 되지 않는다는 것을 의미한다. 런던회의의 주역인 네루는 귀국 도중에 그 선언이 결정적이고도 역사적인 것이라고 말했다. 같은 해 말 캐나다 의회의 초청 연설에서도 그는 인도와 코먼웰스의 협조가 자유로운 나라, 자유로운 국민의 여론에 의해 촉진된다고 밝힘으로써 민주주의에 대한 신념을 표명하기도 했다.[8] 물론 여기에서 자유는 수사적 표현일 수도 있다. 파키스탄과 분리된 인도로서는 영연방 잔류가 정치·경제적으로 국익에 도움이 된다고 판단했을 것이다.

그러나 이런 분위기가 공통된 것만은 아니었다. 특히 파키스탄과 남아프리카공화국의 사정은 더 복잡했다. 파키스탄에서는 인도가 런던회의에서 너무나 쉽게 많은 것을 양보했다는 분위기가 있었다. 남아공에서는 그해에 인종 문제에 따른 정치적 긴장이 높아졌고, 토착인인 줄루(Julu)인과 인도계 주민 사이의 갈등도 고조되었다. 당시 남아공 정부의 정책은 인종 분리에 바탕을 두었는데, '아파르트헤이트(apartheid)'라 불린 이 정책은 흑인과 백인의 거주지를 지역적으로 분리하는 것이었다. 인도 정부는 인도계 주민들의 이전 거주지를 전혀 고려하지 않은 결정이라고 항의했으며 국제사회에서도 인종차별이라는 이유로 비판했다.[9] 더욱이 1949년은 영연방 국가 관계에 또 다른 변화가 있었다. 1918~32년간 백인 자치령 국가의 하나였던 뉴펀들랜드가 1949년 3월 공식적으로 캐나다의 10번째 주로 가입했고 4월에는 에이레공화국이 코먼웰스에서 탈퇴를 선언했다.[10]

---

8 [Editorial], "1949-1999: Fifty Years of a Renewing Commonwealth", *The Round Table*, 88/350 (1999), iv. 1950년대까지 영연방의 변화는 주로 이 글을 참조했음을 밝힌다.

9 "1949-1999: Fifty Years of a Renewing Commonwealth", v.

그러나 탈식민운동의 분위기가 고조되던 1940~50년대에 영연방이 국가 간 연합 형태로 계속 존속할 수 있었던 데에는 인도의 유연한 태도가 큰 기여를 했다. 인도의 실용적인 입장은 1952년 조지 6세에 뒤이어 엘리자베스 2세가 즉위하던 무렵의 상황에서도 그대로 드러난다. 조지 6세가 위중한 수술을 받은 후, 영연방장관은 런던 주재 각국 고등판무관에게 국왕 붕어에 즈음한 영국 왕실의 전통을 설명했다. 장관은 특히 인도의 고등판무관 크리슈나 메논(Krishna Menon)을 설득하는 데 각별한 주의를 기울였다. 그는 메논에게 즉위식에서 새 국왕에 대한 존경을 표시하는 절차가 공화국 인사에게 걸맞지 않을 수도 있다는 점을 우려했다. 이 말을 들은 메논은 서명 문안에 국왕이라는 칭호 외에 '코먼웰스의 수장(Head of the Commonwealth)'이라는 표현을 추가할 수 있는지 물었다. 영국 내각이 이를 수용함으로써 영연방 모든 국가가 국왕즉위선포식에 서명할 수 있었다.[11]

사실 런던 선언 전후, 영국 정치인과 실무 관료층에게는 인도 문제보다도 경제 문제가 더 심각했다. 당시 파운드화는 달러에 대해 계속 평가절하 상태에 있었다. 영국 정부는 영연방 국가들의 협조를 통해 위기를 벗어나고자 했으며, 같은 해 7월 영연방 재무장관회의를 소집하기도 했다. 이러한 상황에서도 영국 정부와 정치인들은 영연방에서 주도권을 행사할 수 있고 그것이 궁극적으로 영국의 국가 이익에 도움이 되리라고 여겼다. 이는 1950년대 영연방부(Commonwealth Relations Office) 장관을 맡은 정치인들의 태도에서 분명하게 드러난다. 예를 들어 1955년 장관직에 취임한 앨릭 더글러스-홈(Alec Douglas-Home)[12]은 영국의 영연방 주도권을 확신

10 "1949-1999: Fifty Years of a Renewing Commonwealth", *The Round Table*, 88/350 (1999), iv.

11 "1949-1999: Fifty Years of a Renewing Commonwealth", viii.

12 더글러스-홈(Alec Douglas-Home, 1903~95): 영국의 보수당 정치인. 14대 홈 백작

했다. "영국 총리가 현명하다면 능력 있고 경험 많은 정치인들의 토론에서 중요한 기여를 할 수 있을 것"이라고 기대했다.[13] 그는 자치령과 인연이 깊었다. 그의 고조부(John Lambton, Lord Durham)는 캐나다 자치령 헌법 초안을 작성한 사람이었다. 더글러스-흄은 후일 연방장관에 취임하던 당시를 다음과 같이 회상한다.

나는 고조부가 작성한 캐나다 자치령 헌법안을 주의 깊이 살폈다. 그것은 구 연방국들의 독립을 위한 전범이 되어 있었다. 이를 곰곰이 생각하면서 당시 나는 제국이 끝나가는 점진적 변화의 징후를 읽을 수 있었다. 새로운 영연방은 군사동맹도 경제블록도 될 수 없었다. 그러나 그것이 분명한 실체로 존속한다면, 정치적 연합이 될 수도 있을 것이다. 그리하여 회원국들이 결국은 복잡한 현대 세계의 여러 문제에 대해 따로따로 움직이기보다는 함께 대처하는 편이 더 낫겠다는 입장을 택할 것이다.[14]

1949년 이후 1950년대까지 겉으로 보면 영연방 회원국에 커다란 변화는 없었다. 영연방 정상회의는 매 2년마다 거의 정기적으로 열렸고 유엔에서도 영연방 국가 대표들의 별도 모임이 자주 있었다. 특히 영국과 백인 자치령 국가의 결속력이 높았다. 남아공은 1948년 이후 인종분리정책으로 상당히 소원해졌다. 그러나 그 이면에서 영국의 국력 저하에 따라 영연방에 원심력이 작용하기 시작했다. 당시 유엔총회에서 규탄결의안을 제출할 때 영국을 지지하는 국가들은 별로 없었다. 이는 영연방의 구조적 한계를 보여 준다.

(1951~63), 상원의원 신분으로 수상에 지명되자 작위를 반납하고 선거를 통해 하원에 진출하였다. 1963~64년 총리, 그 후 다시 남작 작위를 받았다.
13 Alec Douglas-Home, *The Way the Wind Blows* (London: Collins, 1976), 106.
14 Douglas-Home, *The Way the Wind Blows*, 105.

| 표 8-1 | **영연방 정상회의 참가국, 1948-66**[15]

연도	개최기간	개최지	참가국
1948	10.11-10.22	런던	호주 · 영국 · 캐나다 · 실론 · 인도 · 파키스탄 · 뉴질랜드 · 남아공 · 남로디지아. 총 9개국
1949	4.22-4.27		남로디지아 제외한 위의 8개국
1951	1.4-1.13		남로디지아 포함한 9개국
1953	6.3-6.9		9개국
1955	1.26-2.9		9개국
1956	6.27-7.6		9개국
1957	6.26-7.5		9개국+가나. 총 10개국
1960	5.3-5.13		10개국+말레이시아. 총 11개국
1961	3.7-3.17		10개국+키프러스, 나이지리아. 총 13개국
1962	9.10-9.19		남아공 제외 12국+자메이카, 시에라리온, 트리니다드-토바고, 탄자니아. 16개국
1964	7.8-7.15		남로디지아 제외 15개국+케냐, 말라위, 우간다. 총 18개국
1965	6.17-6.25		18개국+감비아, 몰타, 잠비아. 총 21개국
1966	1.10-1.12	라고스	21개국+싱가포르. 총 22개국

수에즈 위기 이후, 특히 신생 독립국이 증가하면서 큰 변화가 있었다. 그 이전까지만 하더라도 영연방은 10여 개 회원국으로 구성되어 있었다. 〈표 8-1〉은 1950년대 후반 이후 회원국의 변화를 보여 준다. 영연방정상회의와 기타 장관회의는 참가자들의 긴밀한 관계에 힘입어 별다른 갈등이 없었다. 당시 영국 정치가들은 새로운 형태의 영연방이야말로 탈식민시대의 바람직한 국제조직이라고 생각했다. 주무부서인 영연방부

---

15 *The Commonwealth at the Summit*, vol. 1 참조.

(Commonwealth Relations Office)의 역할 또한 중시되었다. 외무부가 아닌 독립된 부서의 존재 자체가 회원국의 돈독한 관계를 나타내는 것이기도 했다.

이 시기 영연방의 운영은 특히 회원국 정상들의 인적 연결망에 의존했다. 예를 들어 1946~66년간 오스트레일리아 총리를 지낸 로버트 멘지스는 열렬한 왕정 예찬론자였다. 그는 가나의 대통령제 도입이나 영국의 EEC 가입 노력을 비판했으며 심지어는 남아프리카공화국이 영연방에 잔류해야 한다고 주장했다. 1950년대 캐나다 총리를 역임한 루이 생 로랑(Louis St Laurent) 또한 애틀리의 열렬한 지지자로서 영연방의 활성화를 위해 노력했다.

1966년 이전까지 영연방정상회의는 주로 런던 다우닝가 10번지 총리 관저에서 자주 열렸다. 신생 독립국 지도자들이 대부분 학연 또는 지연과 같은 사적 연결망을 통해 영국의 정계와 깊은 관련이 있었기 때문에 별다른 갈등의 소지 없이 정기적으로 열렸다. 이런 점에서 보면, 식민지 지배 엘리트의 영국화가 탈식민운동 이후 영연방의 새로운 관계 정립에 보탬이 되었다고 할 수 있다.

다른 한편, 1949년 이후 영연방이 국가연합의 성격으로 변모하면서 영국 시민권과 영연방에 속한 자치령 국가의 시민권 관계를 어떻게 정립할 것인가라는 문제가 대두되었다. 물론 이 시기에는 누구도 이 문제가 미래에 중요한 사회 문제로 떠오르리라고는 예상하지 못했다. 이때까지 영국은 자치령 국가의 시민들도 영국(국왕)의 '신민'이라는 원칙을 적용해 입국과 이민에 제한을 두지 않았다. 그러나 자치령 국가들의 사정은 달랐다. 다른 국가들은 이미 이민·선거·취업 등에서 영국인의 활동에 제한을 가하기 시작했다. 이는 바로 영연방 내 '공통국적 규범'의 균열을 뜻한다. 1946년 캐나다 시민권법(Canadian Citizenship Act)은 영국과 상의 없이 캐나다 시민이 영국 신민이 되면 자동적으로 영국 국적을 취득한다는 원칙을 규정했다. 이는 캐나다 시민권자는 시민의 자격으로 자국에서 모든 시민적 권리를 가짐과 동시에, 영국 신민 자격을 획득하기 때문에 영국으로의 이민을 포함해 영국에서 완벽한 시민권을 누릴 수 있음을 뜻한다. 여기에서 캐나다 시민권자는 영국에서 신민으로서의 권리를 갖지만, 영연방 다른 국가에서는 그렇지 못할 수 있다는 것을 의미했다. 비슷한 법률이 오스트레일리아(1948), 뉴질랜드(1949), 남아공(1950), 실론(1950), 파키스탄(1951), 인도(1955) 등지에서 제정되었다.[16] 이 때문에 비백인 유색인계도 영국에서 영국인과 동등한 시민권을 취득할 수 있는 통로가 열리게 되었다. 이후 유색인 이민이 급증하게 되었지만, 당시에는 그 후유증을 예상하지 못했다. 1960년대에 이민이 사회 문제가 되자 이민을 제한하는 법률을 제정하게 된 것이다.

1960년대 노동당 정부와 영연방의 변화

1956년 수에즈 사태와 그에 뒤이은 재정위기는 영국 국력의 한계를 보여 주었고 이것이 영연방에 영향을 미쳤다. 재정위기 이후에도 1961년 남아공의 흑백분리정책, 같은 해 영국의 EEC 가입 신청 등 여러 악재가 잇달았다. 더욱이 영국과 아프리카 신생 독립국 사이에 심각한 갈등이 일기도 했다. 전후에 실무에 종사하다가 영연방의 정치 및 역사를 연구한 사람들은 이 국제기구의 성격이 점차 변화될 수밖에 없다는 사실을 인정했다. 일찍이 브루스 밀러(J. D. Bruce Miller)는 회원국이 급증하기 이전인 1950년대에 이 점을 예리하게 간파하고 있었다. 그는 자신의 오랜 실무

---

16 이상 자치령 국가의 시민권법과 영국 신민의 관계는 다음을 볼 것. 홍석민, 「1948년 영국 국적법의 두 부산물」, 『영국 연구』 23 (2010), 187-218.

경험을 토대로 영연방의 현실을 다룬 연구서 마지막 장에서 다음과 같은 결론을 내린다.

오늘날 영연방은 회원국들이 가장 일반적이고 소극적인 의미를 제외하고는 공동의 이익을 인정하기를 꺼리는 제도이다. 회원국들은 그들 상호간의 '편의성' 때문에, 그리고 영연방이 그들의 오랜 친숙함을 과시해 주기 때문에 가입해 있을 뿐이다. 그들이 공동의 관심사에 가장 근접하는 경우는 영국의 금과 달러 보유고뿐이다. 그렇다고 '코먼웰스'라는 말이 과거에나 의미가 있었다는 것은 아니다. 코먼웰스의 원래 의미는 현재 회원국들이 바라지 않거나, 그들이 원한다고 하더라도 이룰 수 없는 어떤 뜻을 포함하고 있었다. 그러나 회원국들은 다만 '제한적인 코먼웰스'만을 원했던 것이다.[17]

탈식민시대에도 영연방이 유지되고 회원국들이 증가한 역설적인 현상을 어떻게 설명해야 할 것인가. 이는 두 세기 또는 한 세기에 걸친 역사 과정에서 회원국 정치인과 주민들이 제국 네트워크에 비교적 친숙했을 뿐만 아니라, 뚜렷하지는 않더라도 어떤 편의성이 있으리라는 가정이나 확신이 있었기 때문에 가능한 일이었다. 영연방의 역사를 오랫동안 탐구해 온 마거릿 볼(Margaret Ball)은 이를 "편의성을 위한 제휴(concert of convenience)"라고 표현했다.[18] 그렇기 때문에 영연방의 미래는 과거의 가족적 관계에서 벗어나 다른 국제조직과 똑같은 성격을 갖게 되리라고 전망했다.

영연방의 성격이 크게 바뀌고 그와 함께 회원국들의 결속력이 약화된

---

17 J. D. Bruce Miller, *The Commonwealth in the World* (London: Duckworth, 1958), 304.

18 Margaret Ball, *The Open Commonwealth* (Durham, N.C.: Duck University Press, 1971), 246.

것은 1960년대의 일이다. 당시 노동당 정부는 영연방 문제에 어떻게 대처했는가. 해럴드 윌슨(Harold Wilson)은 총리직에 오르기 전부터 코먼웰스에 대해 개인적으로 애정을 지니고 있었다. 이는 영제국에 대한 복고적 유토피아나 대국주의적 편견보다는 그의 사회주의 이념에 따른 것이었다. 그는 옥스퍼드 시절부터 비국교도 전통을 지녔으며 세계의 빈곤 문제에 큰 관심을 보였다. 이는 영국 경제 문제 해결을 위해 영연방을 이용하려는 정략적인 태도가 아니었다. 그보다는 영연방을 통해 개발도상국과 관련된 대외정책을 활성화해야 한다는 그의 국제주의적·사회주의적 신념에서 비롯되었다.[19]

1963년 야당 당수 시절에 윌슨은 영연방 통상장관회의에 참석해 영연방을 위한 10개 공약을 발표했다. 과학기술 분야의 고등교육 프로그램 교류, 과학정보 교환, 입양협정, 개발도상 회원국에 대한 학교 및 병원 건립 지원, 영연방의 경제사회 발전을 위한 기구 창설, 청소년 프로그램 봉사자에 대한 연금 확대 등, 이런 제안은 선진국과 후진국이 서로 협조해 영연방 회원국 공동의 경제발전을 추구하는 데 목적이 있었다.[20]

이런 제안에 대해 당시 식민부(Colonial Office)의 경제 관리들은 매우 비판적인 시각을 가졌다. 존스(D. J. C. Jones)라는 한 관리는 윌슨의 선언이 2차 세계대전 말기 애틀리 노동당 정부의 경제정책으로 복귀하려는 의도를 보여 준다고 말했다. 윌슨의 제안은 영국과 영연방이 경제적으로 상호우호관계를 맺는 것을 뜻하는데, 이는 결국 영국이 회원국의 농산물과 원료를 고가로 구매하고, 그 대가로 회원국은 자국의 투자계획에서 영국의

19 Ben Pilmot, *Harold Wilson* (London: HarperCollins, 1992), 84.
20 The National Archives (Kew), CAB 134/1777, EER (63)75. Note by CRO for Cabinet External Economics Relations Committee (7 June 1963). 이하 영연방에 관련된 National Archives 문서 인용은 다음 사료집에 근거했음을 밝힌다. S. R. Ashton and W. Rogers, eds., *The British Documents on the End of Empire, A Series, Vol. 5: East of Suez and the Commonwealth* (London: HMSO, 2004).

우선권을 인정하는 것이라는 주장이었다. 그 관리는 이러한 정책이 실제로 영국 경제의 쇠퇴를 가속시킬 것이라고 생각했다.

내가 보기에, 우리의 경제 상황을 고려할 때 염두에 두어야 할 것은, 첫째로 우리는 자연자원이 적고 경제적 번영을 전 세계의 무역에 크게 의존하는 인구 과밀의 섬나라라는 점, 둘째로 우리는 낙후된 산업시설과 사회제도, 교육 및 수송체계를 지니고 있어서 현대화를 위한 엄청난 자본투자가 필요하다는 점, 그렇게 하지 않는다면 우리는 세계시장에서 더욱더 경쟁력을 잃게 되고 국내 경제성장도 더 부진하게 되리라는 점 등이다.[21]

또 다른 관리는 윌슨의 제안이 "영국 정부 경제부처로부터 이단으로 여겨지고 있다"라고 썼다.[22] 사실, 윌슨 자신도 옥스퍼드대학에서 역사를 공부했고 경제사를 강의한 경험이 있었다. 1965년 6월 영연방정상회의가 열리기 전 그는 상무부(Board of Trade) 관리들에게 회원국 간의 무역 확대에 관한 연구보고서를 제출하도록 요구했다. 상무부 관리들의 보고서 논점은 크게 두 가지였다. 하나는 정상회의 참가국 정부와 공동으로 통상관계를 증진하려는 정책 자체가 실수라는 것이었다. 관계 증진을 꾀하려면 개별 국가를 상대로 냉철하게 상대해야 한다는 조언을 곁들였다. 다른 하나는, 코먼웰스가 자연스러운 경제블록을 결성하지 않았기 때문에 전 회원국을 위한 어떤 효율적인 무역 체제도 쉽게 발전할 수 없다는 주장이었다.[23] 이 때문에 총리 취임 후 코먼웰스의 무역 확대를 통한 공동의 경제발전이

---

21 The National Archives (Kew), CO 852/2263. Minute by D. J. C. Jones (12 June 1963).
22 The National Archives (Kew), CO 852/2263. Minute by Trafford Smith, (3 Sep. 1963).
23 The National Archives (Kew), CAB 148/21, OPD (65)72, annex.(77), "Britain's Trade with the Commonwealth", Board of Trade memo for Commonwealth Prime Ministers' Conference, 7 April 1965.

라는 윌슨의 희망은 현실적으로 어려운 상황에 직면했다.

그러나 집권 초기 윌슨은 영연방 회원국의 관계를 증진하고 역내 교류를 통해 빈국의 경제발전에 도움을 주어야 한다는 그의 이상을 견지했던 것 같다. 1965년 영연방정상회의가 열리기 직전, 그가 작성한 메모는 유럽경제공동체보다는 영연방과 경제 교류를 활성화해야 한다는 내용을 담고 있다. 그는 유럽 국가들이 매우 다양해서 획일적인 방식을 적용하기 어렵고, 대부분 선진산업국이기 때문에 경쟁하기 어렵다고 생각했다. 유럽경제공동체와 교역의 장애물은 고율의 관세와 영국의 낮은 물가경쟁력이었다. 영국이 농산물을 수출할 수는 있지만 그 대신 더 많은 유럽산 공업제품을 수입하라는 압력에 시달리게 될 것이다. 유럽경제공동체와 관계를 증진할 경우 영연방에 속한 빈곤국과의 무역 확대는 억제될 것이다.[24] 이 메모는 정상회의가 임박할 무렵 그의 견해를 보여 준다.

그러나 정상회의 이후 윌슨 자신의 입장도 점차 변화한 것으로 보인다. 이를테면 1967년 4월 그는 초대 영연방 사무총장(Secretary-General) 아널드 스미스(Arnold Smith)와 회담하면서 영연방 무역진흥기금을 창설하자는 인도 정부의 제안에 관해 의견을 나누었다. 인도의 제안은 윌슨이 이전에 가졌던 생각과 비슷한 것이었다. 그런데도 그는 소극적인 태도로 일관했다.[25] 같은 시기 내각에서 두 번째로 유럽경제공동체 가입 신청을 논의할 때 영연방 문제는 회원국들이 영국의 가입에 신경을 쓰지 않으리라는 견해에 묻혀 거론조차 되지 못했다. 그 증거로 오스트레일리아와 뉴질랜드가 동아시아 방어정책 면에서 미국과 보조를 맞추고, 두 나라가 미국산 항공기를 구매하고 있다는 점을 들었다.

---

24 The National Archives (Kew), PREM 13/182, Minute by D. J. D. Maitland, 9 April 1965, 윌슨의 메모 'Trade with Europe'는 이 문서에 덧붙여 있다.

25 The National Archives (Kew), PREM 13/1367, Record by A. M. Palliser on a meeting between Wilson and Arnold Smith, 5 April 1967.

최근 경제 문제에서 영연방과의 관계는 기대에 어긋나고 있다. 다른 회원 국들이 그들의 협소한 자국 이해를 넘어 다른 측면을 고려하려는 시도가 거의 없다. 1965년 영연방정상회의에서 우리가 취했던 조치에도 불구하고, 심지어 정부 구매조차도 공동으로 활동하는 것은 실패로 돌아갔다.[26]

그렇다면 당시 경제 실무를 맡은 관리들이 영연방 회원국 사이의 무역 증진에 소극적인 태도를 보인 까닭은 무엇인가. 1950년대 초만 하더라도 파운드화는 태환화폐였다. 달러부족시대에 회원국 무역의 영국 의존도가 매우 높았다. 그러나 독일 및 일본의 대두와 더불어 파운드화는 약세로 돌아섰으며 영국과 회원국 간의 무역 비중도 상대적으로 낮아졌다. 실무 관리들은 회원국과의 무역 증대가 영국에 실익이 없다는 점을 강조했다. 왜냐하면 회원국의 1차 상품을 시가보다 더 높은 가격으로 구입하면서도 영국 수출 증대를 통해 수지균형을 꾀할 가능성도 없기 때문이다. 관리들이 이러한 입장을 취한 것은 수에즈 사태 이후 영국이 재정위기에 직면했을 때 미국과 캐나다의 보증 및 지원을 통해 가까스로 그 위기에서 벗어났다는 사실을 생생하게 기억했기 때문일 것이다. 그들은 영연방 회원국과 무역을 강화할 경우 반대급부로 역외무역, 특히 대유럽무역이 쇠퇴하지 않을까 걱정했다. 더욱이 영연방 회원국 모두는 자국의 경제발전에만 관심이 있었다.

1960년대 중반 이래 영국 주도의 영연방이 새로운 변화를 겪게 된 것은 영국의 유럽경제공동체 가입 시도 및 영연방 사무국 창설과 밀접하게 관련이 있다. 1961년 영국이 처음 유럽경제공동체 가입 신청을 하고 프랑스가 거부권을 행사했을 때, 영연방 회원국들은 상당히 안도하는 분위기

---

[26] Record of Cabinet meeting at Chequers on 'Approach to Europe.' 30 April 1967, CAB 128/42, CC 26(27).

였다. 그렇지만 각국 정부는 문제가 완전히 끝나지 않았다는 것을 깨달았다. 이미 그 당시에 영국이 다시 시도한다면 인정할 수밖에 없다는 의견이 있었다. 영국 주도라는 전통이 이미 깨지기 시작한 것이다.

한편, 영연방 사무국(Commonwealth Secretariat) 설치는 1965년 정상회의에서 결의했는데, 이는 탈식민화로 회원국이 급속하게 증가한 데 따른 결정이었다. 그러나 그 배후에는 영국이 주도하는 중앙집중적 기제에 대한 회원국들의 거부감이 깃들어 있었다. 영국 측에서도 사무국 체제의 도입은 영국이 이 조직을 이용하거나 주도할지 모른다는 회원국의 우려감을 불식시킬 수 있으므로 오히려 환영했다. 식민부 관리로 출발해 후일 런던대학 영연방연구소를 이끌어온 케네스 로빈슨(Kenneth Robinson)은 사무국 설치 배경을 다음과 같이 설명한다.

[사무국 체제] 발전을 해석하는 데에는 위험이 뒤따른다. 그러나 새 회원국 입장에서는 영국의 영향력이 틀림없이 강화되리라는 오랜 두려움이 확신으로 바뀌면서, 다 같이 그 연합체의 관리를 공유하고, 모든 회원국의 정책, 특히 브리튼 자체의 정책 결정에 최대한 참여하는 기회를 함께 가지고자 했던 것이다. …… 영연방의 한계 안에서나마 회원국들이 영연방의 분명한 성격을 부여하고, 그럼으로써 서로간의 연계를 강화하는 새로운 목표를 기꺼이 추구하는 징후가 있었다.[27]

영연방의 모든 실무를 맡는 사무국 설치 문제는 1964년 7월 영연방 정상회의에서 가나 대통령 콰메 은크루마(Kwame Nkrumah)가 제기한 것이다.

---

27 K. Robinson, "Intergovernmental Machinery for Consultation", in W. B. Hamilton et al, eds., *A Decline of the Commonwealth* (Durham, N.C.: Duke University Press, 1966), 123.

그는 영연방 내에서도 부유한 국가와 빈곤국의 관계 증진이 매우 중요한 문제임을 강조하면서 무역, 개발 원조, 정보교환 등의 문제를 통합적으로 다루기 위해 런던에 사무국을 설치하자는 의견을 내놓았다. 1965년 회원국이 파견한 실무대표들이 런던에서 회의를 열었고 영연방기금 및 사무국 신설을 결의했다. 소요되는 비용의 반액을 영국이 부담하기로 했다. 사무국 체제는 영연방이 영국 중심에서 다변화 과정에 들어섰음을 상징적으로 보여 준다. 1695년 정상회의에서 작성한 사무국 설치에 관한 메모는 영어의 공통 사용, 행정 및 법적 관행의 공동 보조 및 제정, 선린관계 유지, 정기적인 정상회의 등의 업무를 맡을 사무국의 필요성을 밝히고 있다. 이를 위해서는 사무총장과 회원국 정상의 밀접한 소통이 필요하다는 의견도 덧붙였다.[28]

초대 사무총장을 맡은 캐나다 출신의 아널드 스미스(Arnold Smith)는 사무국 나름의 표준적인 원칙과 기준을 정했으며, 회원국의 긴급사태와 위기에 적절한 도움을 줄 수 있도록 대처하고 영국 관리와 정치인들이 점차 영연방 문제에 관심을 줄이는 경향에 대해서도 적극적으로 대응하고자 했다.[29] 그러나 사무국 체제의 출범 후에도 영연방이라는 국가연합의 실체는 상당히 모호해졌을 뿐 아니라 그 실제적인 효용성에 대한 의문도 끊임없이 제기되었다. 영국 문화에 어느 정도 익숙한 세대에게는 자연스러운 결합 또는 연결망으로 여겨지겠지만 시간이 지날수록 그 필요성에 대한 회의는 깊어지게 마련이었다. 오랫동안 영연방의 역사를 연구해 온 니콜러스 맨서프는 영연방 체제의 화석화를 다음과 같이 은유적으로 묘사한다.

---

28 "Memorandum on the Commonwealth Secretariat" (1965); P. J. Marshall, "The Commonwealth at 60", *The Round Table*, 98/404 (2009), 538.

29 "1949-1999: Fifty Years of a Renewing Commonwealth", xii.

코먼웰스는 유명한 헌정상의 랜드마크로 익숙하게 짜인, 어떤 경험의 산물이자 구현체로 여겨지지만, 그러나 헌정의 문서화 같은 …… 엄밀한 맥락에서가 아니라, 수백만 명의 삶에 영향을 미쳐온 어떤 역사적 과정이라는 의미에서 그렇게 생각된 것일 뿐이다. 이 역사 과정이야말로—적어도 결정적인 이행기에—유럽 가운데서도 가장 강력했던 제국이 이전에 그 운명을 결정한 바로 그 대다수 사람들의 국민적 자유와 동반자적 연합으로 절정에 이르렀던 것이다. 이 목표를 달성하는 순간 코먼웰스는 그 존재이유(raison d'être)를 상실했을지도 모른다. 또는 그와 반대로, 또 다른 진보의 동력을 아직도 가지고 있을지 모른다. 과거에 대한 해석은 동시대 사람들의 전제에 예속되지도 않으며, 미래에 관한 불확실한 성찰에 영향을 받지도 않는다. 그것은 그 자체로 충분한 목적인 것이다. 과거는 그 자체로 충분한 목적이기도 한 것이다.[30]

새로운 정체성의 모색: 정치에서 문화로?

1960년대 중엽 이후 영국은 국제 정치무대에서 영연방을 통한 외교 주도권도 행사할 수 없었다. 역대 사무총장의 면면을 보아도 이를 짐작할 수 있다. 현재까지 사무총장의 계보는 다음과 같다. 1965~75년 아널드 스미스, 1975~90년 슈리다스 람팔(Shridath Ramphal), 1990~2000년 에메카 아냐어쿠(Emeka Anyaoku), 2000~08년 도널드 매키넌(Donald McKinnon), 2008~16년 카말레슈 샤르마(Kamalesh Sharma), 2016년 이후 페트리셔 스코틀랜드(Patricia Scotland)이다. 이 중에서 초대총장 스미스와

---

30 Nicolas Mansergh, *The Commonwealth Experience* (London, Weidenfeld & Nicolson, 1969), 253-54.

매키넌은 백인 자치령 국가 출신이고, 나머지 인사들은 아프리카나 인도 외교관 출신이다.[31] 현재 영국왕을 영연방 수장으로 규정하고 있다고 하더라도, 1999년 이후에는 정상회의를 개최한 회원국 수상이 다음 회의까지 공식적으로 영연방회의 의장을 맡는 관행이 정착되었다. 이 의장직도 대부분 자치령과 아시아, 아프리카 회원국 정상이 계승해 왔다.[32]

영연방의 다변화를 공표한 것이 바로 1971년 싱가포르 정상회의이다. 이때부터 정상회의의 공식명칭이 이전의 총리회의(Prime Ministers' Meeting, PMM)에서 영연방정상회의(Commonwealth Heads of Government Meeting, CHOGM)로 바뀌었다. 정상회의 공동선언문은 영연방의 취지와 지향점을 새롭게 정리한 내용을 담았다. "영연방은 독립된 주권국가의 자발적인 협의체이다. 각 회원국은 그 자신의 정책에 책임이 있으며, 국민들의 공통의 이해를 위해, 그리고 국제적인 상호이해와 세계 평화의 증진을 위해 서로 협의하며 협조한다." 정상회의 선언문은 이런 언명 다음에 세계 평화와 유엔 지지, 개인의 자유와 평등, 인종주의와 식민주의 반대, 빈곤·무지·질병·경제적 불평등의 근절, 자유무역, 국제기구 협조, 국제적 억압의 반대 등을 위해 노력할 것임을 밝히고 있다.[33] 이 선언의 주된 내용은 이후 소집된 영연방정상회의에서도 여러 번 재확인된 바 있다. 특히 1991년 짐바브웨의 하라레(Harare)정상회의에서 국제평화와 질서, 세계 경제발전,

---

31 스미스는 캐나다 출신으로, 초대총장을 역임한 후 자신의 경험을 살려 *Stitches in Time: the Commonwealth in World Politics* (London: André Deutsch, 1981)를 출간했다. 그는 영연방 사무의 표준적인 기준을 설정했고 이 책이 관련 업무의 일종의 매뉴얼 역할을 하기를 기대했다. 람팔은 가이아나 외무장관 출신이며 자신의 경험을 소재로 여러 저술을 남겼다. *Inseparable Humanity: An Anthology of Reflections* (London: Hansib Publications, 1988); *An End to Otherness* (London: Commonwealth Secretariat, 1990). 아냐어쿠는 나이지리아, 샤르마는 인도 외교관 출신이다.

32 의장직을 맡은 역대 인물의 출신국은 남아공·오스트레일리아·나이지리아·몰타·우간다·트리니다드-토바고 등이다.

33 *Commonwealth at the Summit*, vol. 1, 156–57.

국제법 준수, 개인의 자유, 평등, 민주적 정치 과정, 관용, 인종차별 및 억압 금지, 성별, 인종, 종족, 신념, 빈곤인구의 기본적 생계 보장, 생활 수준의 격차 해소 노력 등을 다시 천명한다.

이상에서 살폈듯이, 탈식민운동이 두드러졌던 1960년대 영국 정치가들은 영연방을 적극적으로 활용하려는 의도를 지녔다 하더라도 이를 영연방 정책에 반영할 수 없었다. 이 시기 영연방 문제에 대한 월슨의 태도가 변한 것도 이러한 상황의 산물이었다. 좀 더 구체적으로는, 그가 영국의 국력 쇠퇴와 유럽경제공동체(EEC) 가입 필요성이라는 현실적 문제를 중시한 실무관료들의 태도를 극복할 수 없었던 데서 비롯한다. 결국, 월슨은 집권 이전 영연방에 대해 가졌던 자신의 이상주의적 태도를 버리지 않을 수 없었던 것이다.

오늘날 영연방은 주권국가들의 모임이기 때문에 일부 국가들이 가입 또는 탈퇴를 거듭하기도 하고, 이전에 영제국 지배와 관련이 없는 나라들도 새롭게 회원국으로 가입 신청을 하기도 한다. 2차 세계대전 이후에 영연방을 탈퇴한 국가는 방글라데시와 짐바브웨이다. 하지만 이들 국가는 다시 복귀했다. 영국의 제국 지배와 관련이 없는데도 영연방에 가입한 국가로는 모잠비크·카메룬·르완다가 있다. 제국 지배를 받았지만 가입 신청을 하지 않은 나라로는 미얀마·남예멘·이집트·이라크·요르단·이스라엘·수단·소말리아·쿠웨이트·바레인·오만·카타르·아랍에미리트연합 등이다. 미얀마를 제외하면 대부분 이슬람국가이다. 특히 1970년대 이후 민주적 정치 질서를 무너뜨리는 회원국에 대해서는 일정 기간 자격을 정지시키는 조치를 취하기도 했다. 민주정을 지키지 않았다는 이유로 일정 기간 자격 정지를 당한 경우는 나이지리아·파키스탄·짐바브웨 등이고, 현재 피지가 이에 해당한다.

1970년대 영국의 유럽경제공동체 가입 시도와 영연방 사무국 체제의 등장 이후 영연방에 대한 영국 정치가들의 관심은 약화되었다. 영연방은 더 이상 외교적으로나 경제적으로 영국이 주도할 수 없고 또 영국의 국가 이익에 도움이 되지 않는다는 인식이 널리 퍼졌다. 오늘날 영국은 코먼웰스에 관례적인 것 이상의 중요한 의미를 부여하지 않는다. 영연방 사무국의 소재지가 런던이라는 사실은 이전 영제국의 유산을 상징하지만, 1980년대 이후 특히 정상회의는 주로 지치령 국가 또는 아시아, 아프리카 회원국들이 주도한다. 1971년 싱가포르 회의 이후 대부분 격년으로 지금까지 25차례 열렸다. 그 가운데 영국이 개최한 것은 4차례이다.[34] 1960년대까지 대부분 개최지가 런던이었던 점을 고려하면, 그만큼 영연방 정상회의에 대한 영국의 관심이 줄어들었음을 보여 준다. 이는 영연방의 탈중심화와 다변화를 보여 준다.

지금도 영국을 비롯한 16개국이 영국왕을 국가원수로 인정하고 있지만, 영국의 정치인들마저 이 웨스트민스터 모델이 현 시대의 추세에 적절하다고 생각하지 않는다. 회원국은 공식적으로 독립된 주권국가이며 그들 자신의 국가 정체성을 계승하거나 바꿀 수 있다. 웨스트민스터 모델이 아직도 유지된다면, 그것은 편의성 또는 오랫동안 익숙해진 관행에 힘입은 것이다. 앞으로도 그 체제와 형식이 계속 익숙하리라는 보장이 없다.

영연방은 정치·외교·경제 면에서 뚜렷한 영향력을 행사하지 못한다. 그런데도 자치령 또는 식민지 지배를 경험한 나라들이 영국 왕실을 매개로 쉽게 연대할 수 있었던 원인은 무엇인가. 개별 회원국들의 느슨한 연결망은 영어 사용권이라는 사실에서나 분명하게 확인할 수 있다. 실제로 영연방은 정부 간 협의체일 뿐만 아니라 무수한 비정부기구의 협의체이기도 하다. 오늘날에는 이 비정부기구 협의체가 오히려 그 존재감을 드러내지 않는가 싶다. 4년마다 열리는 영연방 체육대회(Commonwealth Games)는 회원국의 친선을 도모하고 스포츠와 문화를 교류하는 기회를 제공한다.

---

34 1977년, 1986년, 1997년, 2018년 회의가 런던에서 열렸다..

영연방 변호인연합(CLA)은 역내 모든 국가에 공정한 법의 지배가 이루어지도록 노력하는 단체이고, 영연방 전몰장병묘지위원회(CCWGC)는 1차 세계대전 및 2차 세계대전에 참전해 전사한 회원국 병사들의 묘지를 관리하고 기념하는 행사를 주관한다. 이 밖에도 근래에 사회 여러 분야에 관련된 비정부기구가 조직되고 있다.

현재 영연방 활동은 정부 간 협의체, 비정부기구연합, 자발적 연대 등 세 가지 범주로 나누어볼 수 있다. 여기에서 비정부기구 협의체 못지않게 활력을 보여 주는 것은 자발적 연대이다. 영연방시민포럼(CPF), 영연방청년포럼(CYF) 등의 협의체가 대표적인 예이다.[35] 공식적인 정부 간 협의체는 점차 의례적인 전통에서 벗어날 수 없을지도 모른다. 그렇다고 하더라도 비정부기구들의 연합활동과 자발적 연대활동이 영연방의 새로운 정체성 형성에 이바지할 가능성이 있다. 전 지구화와 더불어 현대 세계가 직면한 숙제―이를테면 생태환경의 위기―는 국가 주도의 경계를 넘어서 이 같은 자발적 연대활동을 바탕으로 풀어갈 수밖에 없기 때문이다. 앞으로 영연방의 존립 근거는 사회·문화적 측면에서 찾아야 할 것 같다.

---

35 W. D. McIntyre, "The Unofficial Commonwealth Relations Conference, 1933-59: Precursors of the Tri-sector Commonwealth", *Journal of Imperial and Commonwealth History*, 36/4 (2008), 592 참조.

9장

유럽으로의 복귀

유럽 통합의 이상은 1차 세계대전 이후에 소수의 유럽 지식인 사이에 나타났다. 민족국가의 경쟁이 근대 문명을 창출한 것은 분명하지만 지나친 경쟁이 제국주의 열망을 낳고 마침내 전대미문의 대전쟁을 겪었다는 반성에서 민족국가를 넘어서는 초국가적 정치체, 일종의 유럽합중국을 세워야 한다는 주장이었다. 2차 세계대전의 참화를 다시 겪은 후에 프랑스 지식인과 정치가들이 이 운동을 구체적으로 전개했다.

전후에 미국의 유럽경제부흥계획의 일환으로 '유럽경제협력기구'라는 정부 간 협의체가 구성되었다. 그러나 통합운동 제창자들은 이런 정부 간 협의체를 넘어 공동시장을 기반으로 궁극적으로는 초국가적 정치체의 초석을 놓는 노력을 기울였다. 그 결과 나타난 것이 '유럽석탄철강공동체'이다. 영국은 공동시장이라는 취지에 찬성했음에도 이 새로운 기구 가입을 주저했다. 그것은 아직도 잔존하는 제국적 영향, 영연방이라는 유럽 외부 세계와 밀접한 관계, 그리고 미국과의 특수관계 때문에 참여 자체를 주저

할 수밖에 없었다.

그러나 유럽철강공동체가 유럽경제공동체로 발돋움하면서 대륙의 경제성장을 견인하게 되자 이를 바라보는 영국 국내의 시선이 달라졌다. 더욱이 수에즈 위기 이후 영국 정치인들은 미국과의 특수관계가 허상일 수 있다는 사실을 깨닫는다. 결국, 영국은 이미 전간기에 고민했던 문제, 즉 유럽 대륙이냐 제국이냐의 문제로 다시 선택의 기로에 섰다. 1960년대에 이르러 영국 국내 정치에서 이 선택은 유럽 쪽으로 기울기 시작했다. 당시에 영연방은 이제 낡은 제국의 유산이 되었고 유럽경제공동체는 영국인에게 거대한 공동시장으로 다가왔기 때문이다.

초기 유럽통합운동과 영국의 태도

잘 알려졌듯이, 1차 세계대전의 참상을 겪은 이후 유럽, 특히 프랑스 일부 지식인들이 초국가적 조직 또는 유럽합중국의 이상을 설파했다. 그러나 그것은 오직 실현되기 어려운 정치적 환상에 지나지 않았다. 2차 세계대전 이후 초국가적 정치체에 관심을 가진 지식인들이 증가하기 시작했다. 이 가능성에 자극을 준 것은 역설적으로 미국의 유럽부흥계획이었다. 전후 서유럽 국가들의 원조를 위해 유럽경제협력기구(Organization for European Economic Co-operation)가 결성되었는데, 이것은 물론 정부 간 협의체였다.[1] 이 무렵 프랑스 외무장관 로베르 쉬망(Robert Schuman)과 경제학자 장 모네(Jean Monnet) 등이 유럽의 부흥과 안정된 발전을 위해 장기적으로 초국가적 조직의 필요성을 역설했다. 그 결과 1951년 파리조약

---

1 이 기구는 후에 경제협력개발기구(Organization for Economic Co-peration and Development)로 바뀐다.

을 체결해 처음으로 서유럽 6개국이 공동으로 참여하는 유럽석탄철강공동체(European Coal and Steel Community, ECSC)가 발족했다. 석탄 및 철강 생산 분야에서 가입국의 공동시장을 바탕으로 한다는 점에서 이전의 어떤 정부 간 협의기구와 성격을 달리했다. 그 후 1957년 로마조약 체결로 이 조직은 경제 전 분야의 공동시장을 기반으로 하는 초국가적 기구로 발돋움하게 되었다. 이것이 유럽경제공동체(European Economic Community, EEC)이다.[2]

유럽통합운동은 직접적으로는 양차대전의 폐해에 따른 유럽인들의 각성에서 비롯되었지만, 특히 2차 세계대전 이후 이전과 크게 변화된 국제질서와 밀접하게 관련된다. 20세기 중엽까지만 하더라도 국제정치와 세계경제는 근대 문명을 선도한 몇몇 유럽 국가의 영향력 아래 전개되었다. 미국의 경제력이 유럽을 앞섰지만, 국제교역과 해외 자본투자 면에서 유럽의 영향은 절대적이었다. 그러나 전후 세계질서가 소련 중심의 사회주의 세계와 미국을 중심으로 하는 자본주의 세계로 나뉘어 서로 대립하고, 이 두 경제체제가 각기 소련과 미국이라는 초강대국의 주도 아래 발전해 나감으로써 유럽 자체의 존재감이 뚜렷하게 약해졌다. 더욱이 영국, 프랑스, 분단된 독일은 전쟁의 직접적인 피해에서 벗어나는 데에도 큰 희생을 치러야 했다. 유럽통합운동은 국제정치와 세계경제에서 유럽의 위상 추락이라는 새로운 상황에서 나타난 유럽인의 새로운 대응이라고 할 수 있다.

여기에서 문제가 되는 것은 통합운동에 대한 영국의 소극적인 태도이다. 흔히 19세기 고립주의 전통 탓이라고 여긴다. 그러나 유럽석탄철강공

---

2 로마조약 체결에 의거해 프랑스·서독·이탈리아·네덜란드·벨기에·룩셈부르크 6개국이 회원국으로 참가하는 EEC 외에 별도로 유럽원자력공동체(European Atomic Energy Community, EURATUM)도 출범한다.

동체 출범 당시 영국은 처음부터 관심을 보였고 대표를 파견한 바 있다. 그런데도 1951년 파리조약 체결에 참여하지 않았다. 영국의 소극적인 태도는 대륙 국가들과 다른 여건 및 상황에 처해 있었기 때문일 것이다. 즉 영국 정치인들은 나름대로 2차 세계대전 전승국이라는 자긍심이 있었다. 인도아대륙이 세 나라로 독립했지만, 영국은 아직도 세계 곳곳에 식민지를 두고 있었고 영연방과 특별한 관계를 유지했다. 더욱이 초국가적 성격을 지닌 기구에 가입함으로써 영국 의회주권이 침해받을 수 있다는 우려감도 작용했다. 전통적으로 영국인에게 주권이란 의회주권을 의미했으며, 대의제 발전과 성숙을 가장 '영국적인 특성' 중의 하나로 여길 정도였다.[3] 어쨌든 영국은 유럽통합운동에 소극적인 태도를 지녔으며, 그 대신에 1959년 스톡홀름조약을 체결해 자유무역지대(European Free Trade Area, EFTA)라는 정부 간 협의체를 구성했다. 이 또한 관세 인하를 통해 시장을 확대하고 활성화하려는 의도에서 결성되었다. 영국 외에 오스트리아·스위스·포르투갈·노르웨이·덴마크 등이 참여했다.

그러나 수에즈 위기 이후 모든 상황이 변했다. 아니, 변했다기보다는 영국의 정치인들이 그 변화를 비로소 체감했다고 보아야 한다. 탈식민운동의 본격적인 전개에 따른 일련의 식민지 독립, 영국 경제의 상대적 쇠퇴와 세계경제에서 비중 저하, 두 초강대국 미국과 소련의 대립으로 빚어진 냉전 구도 아래서 영국 외교의 추락 등은 이전에 상상할 수 없는 새로운 변화였다. 1960년대 영국이 유럽통합운동에 관심을 갖게 된 것은 이런 상황 변화에 따른 자연스러운 결과였다.

---

3 이 문제에 관해서는 다음을 볼 것. Anthony Forster, *Euro-scepticism in Contemporary British Politics: Opposition to Europe in the British Conservative and Labour Parties since 1945* (London: Routledge, 2002), 16-22; 홍석민, 「영국의 1973년 유럽공동체 가입과 1975년 국민투표」, 『영국 연구』 26 (2011), 299-300.

유럽과 영연방 사이에서

영국 의회에서 유럽경제공동체 가입 문제가 정식 의제로 거론된 것은 1961년의 일이다. 그해 6월 13일 보수당 정부의 해럴드 맥밀런 총리가 하원에서 유럽경제공동체 가입 신청 의사를 처음 밝혔다. 가입 신청 문제는 영연방 회원국의 이해와 밀접하게 관련되기 때문에 특히 이 문제를 염두에 두고 있었다.

저는 영국과 유럽경제공동체의 관계 문제, 우리 자신과 영연방 국가들, 그리고 자유무역지대의 요구에 걸맞은 가능한 조정에 관하여 다른 영연방 국가들과 정상적인 방식으로 접촉할 기회가 많이 있었다는 것을 알려드렸습니다. 우리 정부는 아직 이 중요한 문제에 대한 결정을 내리지 못했습니다. 그렇게 하기 전에, 우리는 모든 영연방 국가들과 더 많은 논의를 하는 것이 필수적이라고 생각합니다. 이를 위해 저는 영연방 국가 총리들께 친애하는 영연방 관계 장관과 다른 두 원로의원들이 가까운 장래에 각국 수도를 방문해 이 문제를 조정하는 것이 어떤지 제안했습니다.[4]

이후 맥밀런 정부는 영연방 주요 국가들에 장관급 사절을 보내 이 문제를 협의하는 절차를 밟았다. 이는 영연방 회원국들과 가입 신청 및 신청 이후 영연방 국가들의 통상 문제에서 예견되는 문제점을 어떻게 해결해 나갈 것인가를 논의하기보다는 그 양해를 구하는 외교적인 성격이 강했던 것 같다. 당시 영연방담당장관 던컨 샌디스(Duncan Sandys)는 7월 중에 주요 회원국을 방문해 각국 총리 및 장관들과 영국의 가입 신청 문제를 협의

---

4 *Hansard's Parliamentary Debates* [Commons], 5th ser., vol. 641, cc. 203-04 (13 June 1961).

했다. 이들의 반응을 정리한 보고서를 분석하면, 어디까지나 외교적인 수사이기는 하지만 주요 회원국들이 영국의 가입 신청에 우려감을 나타낸 것을 확인할 수 있다.

캐나다의 경우 영국이 판단하는 현재의 상황에 대한 평가에서 영국 측 견해와 상당히 다르다는 것, 그리고 "영국의 EEC 회원국 가입이 캐나다와 영연방 전체에 미칠 정치적·경제적 영향이 캐나다 정부의 중대한 관심 사항이라는 점"을 밝힌다.[5] 뉴질랜드는 낙농업과 축산업 위주의 경제로서 처음부터 영국 경제에 크게 의존했다. 낙농제품 대부분이 특혜관세 아래 영국으로 수출되었다. 뉴질랜드 장관들은 EEC가 미래에 경제적·정치적 단일체를 지향하는 것을 지지했다. 그러면서도 영국이 뉴질랜드에 대한 어떤 보호장치 없이 EEC에 가입한다면 뉴질랜드 경제가 중대한 영향을 받을 것을 우려했다.[6] 캐나다를 비롯한 다른 회원국과 비교하면 영국의 가입 신청에 부정적인 분위기가 덜하지만 그러면서도 뉴질랜드를 위한 정책 보완을 요구하고 있다. 가장 부정적인 견해를 밝힌 나라는 오스트레일리아이다. 영국이 EEC에 가입한다면 경제정책뿐 아니라 국제정치에도 더 공동보조를 취할 것이다. EEC는 유럽통합을 지향하고 있다. 오스트레일리아 정부는 "영국의 가입이 영연방 관계를 약화시키는 결과를 가져올 것"이라는 우려를 표명했다.

영국의 로마조약 가입 문제는 우선적으로 영국의 문제이며 영국 정부 단독으로 결정할 문제라는 점을 인정한다. 그러나 오스트레일리아 정부 장관들은, 만일 영국이 오스트레일리아의 이익을 보장하지 못하는, 그런 조건을

---

5 *Parliamentary Papers*, 1960-1, 27, Cmnd. 1449. "Commonwealth Consultations on Britain's Relations with the European Economic Community", 4.

6 Cmnd. 1449. "Commonwealth Consultations on Britain's Relations with the European Economic Community", 7.

가지고 공동시장에 들어간다면 오스트레일리아의 생산자와 국제무역 균형에 아주 해로운 결과를 초래하리라고 설명했다.[7]

같은 해 8월 2일 맥밀런은 하원에서 EEC 가입 신청 의사를 공식적으로 밝힌다. 그는 "영국과 영연방, 그리고 자유무역지대 국가들의 특별한 이해에 대처할 수 있는 만족스러운 조정이 이루어질 수 있는지 타진하는 교섭을 시작하기 위해 로마조약 237조에 의거, 공식적인 가입 신청을 하기로 한 정부의 결정"을 지지해 줄 것을 호소한다.[8] 여기에서 초국가적 정치체라는 점을 염두에 두고 단서를 달았다. 즉 "영국 주권과 관련된 어떤 협정도, 일반적으로 어떤 절차로도 다른 영연방 국가들과 충분한 협의를 거친 후 본의회에서 승인받을 때까지는 체결되지 않을 것"임을 확약한다. 특히 농업 문제는 생산자들과 협의하고 또 영연방 국가들과 세심하게 협의할 것이라고 덧붙였다.[9]

이 하원 연설에서 맥밀런은 영연방과의 관계, 그리고 유럽통합운동에 대한 자신의 전망을 조심스럽게 밝히고 있다. 우선 EEC와의 교섭과 그 후의 가입이 영연방을 약화시킬 것인가. 맥밀런에 따르면, 영연방 정상회의는 어떤 구속력 있는 결정을 내리지 않는다. 합의된 외교정책도 따르지 않는다. 합의된 공통의 방위정책도 없다. 한마디로 구속력이 없는 정부 간 협의체라는 것이다. 다만 영연방의 전통은 존중되어야 한다고 본다. "이런 모든 다양성이 있음에도, 영연방은 엄밀히 말해 정치적 통일체는 아니지만 실제로 우리 삶의 통일성(unity)은 있습니다. 그것은 귀중하고 독특한 것이지요."[10]

---

7 Cmnd. 1449. "Commonwealth Consultations on Britain's Relations with the European Economic Community", 5-6.
8 *Hansard's Parliamentary Debates* [Commons], 5th ser., vol. 645, c. 1480.
9 *Hansard's Parliamentary Debates* [Commons], 5th ser., vol. 645, c. 1484.

다음으로, 그는 유럽통합운동의 전망을 낙관적으로 바라본다. 그렇기 때문에 영국이 계속 그 운동을 외면한다면 그 결과는 매우 비관적이다. 그는 이렇게 자문한다. "저는 스스로에게 이런 질문을 던집니다. 어떻게 우리가 영연방에 가장 잘 봉사할 수 있을까? 유럽통합운동에서 한걸음 물러설 것인가, 아니면 통합운동의 발전을 위해 최대한의 역할을 맡으면서 봉사할 것인가?" 그는 통합운동에 참여하지 않게 되면 영국은 쇠퇴할 것이라는 비관적인 전망을 내린다. 그 결과 영국의 국력이 쇠퇴한다면 영연방에 속한 다른 국가들에는 아무런 가치도 없고 그들에 기여할 수도 없다. 영연방과의 관계와 영국의 EEC 가입이 상호보완적이어야 할 이유가 여기에 있다는 것이다.[11]

1962년 7월 30일 가입교섭회담 실무대표인 에드워드 히스(Edward Heath)는 그 직전에 브뤼셀에서 열렸던 EEC 6개국과 영국 정부 실무회담의 경과를 보고하면서 EEC의 공동농업정책이 영국 국내의 농민과 영연방 국가들의 1차 산업 종사자들의 이해와 균형을 맞추기 어렵다는 점을 솔직하게 시인한다. 그는 특히 직전 회담에서 영연방 국가들에서 생산된 곡물, 육류, 유제품, 설탕 등의 수입에 관련된 제반 문제를 다뤘다. 이 문제도 결국은 EEC가 공동으로 이끌어낼 외국산 농산물 수입에 관한 공동의 합의에 포함될 것이라는 점을 밝혔다.

아시다시피, 이 식료품 분야에서 발생하는 문제가 협상에서 가장 어렵습니다. 식료품은 EEC의 가격정책이 현재 입안되는 과정에 있기 때문에 복잡합니다. 우리는 영국을 포함해 확대된 EEC 농민들의 이익과 특히 영연방의 전통적인 농업생산자들의 이익 간에 균형을 맞추도록 해야 합니다.[12]

---

10 *Hansard's Parliamentary Debates* [Commons], 5th ser., vol. 645, c. 1484.
11 *Hansard's Parliamentary Debates* [Commons], 5th ser., vol. 645, cc. 1484-85.
12 *Hansard's Parliamentary Debates* [Commons], vol. 664, c. 35 (30 July 1962).

의원 가운데 특히 해럴드 윌슨(Harold Wilson)의 질문이 날카로웠다. 그는 후에 1964년 노동당 정부 총리가 되었다. 윌슨의 질문은 영연방에서 생산된 농산물 특혜관세의 미래에 관련된 것이었다. 영국과 6개국이 1970년까지 영연방으로부터 수입 농산물에 관한 합의에 도달한다면 그것은 곧 특혜관세 폐지를 뜻하는가. 폐지한다면 1970년까지 이를 축소하는 속도는 어떠한가. 그리고 설탕에 대해서는 영연방 설탕협정의 지속이 가능한가.[13] 이런 문제들이었지만, 히스는 상세한 내용은 답변할 수 없다는 입장만 밝혔다.

| 표 9-1 | **ECSC와 영국의 저급강 생산 추이, 1955-61[14]** 단위: 1,000톤

연도	유럽 6개국 합계	영국
1955	52,627	20,109
1956	56,795	20,990
1957	59,805	22,047
1958	57,997	19,591
1959	63,161	20,510
1960	72,836	24,695
1961	73,244	22,441
7년간 증감률(%)	39.2	11.6

| 표 9-2 | **ECSC와 영국의 선철 생산 추이, 1955-61[15]** 단위: 1,000톤

연도	유럽 6개국 합계	영국
1955	41,039	12,670
1956	43,565	13,381
1957	45,114	14,512
1958	43,516	12,965
1959	46,676	12,785
1960	54,039	16,016
1961	54,608	14,984
7년간 증감률(%)	33.1	18.2

| 표 9-3 | **ECSC와 영국의 석탄 생산 추이, 1955-61[16] 단위: 100만 톤**

연도	유럽 6개국 합계	영국
1955	246.4	225.1
1956	249.1	225.6
1957	247.9	227.2
1958	246.4	219.3
1959	234.9	209.4
1960	233.9	196.7
1961	230.0	193.5
7년간 증감률(%)	−0.07	−0.14

그렇다면 보수당 정부가 EEC에 대해 전향적 태도를 갖게 된 까닭은 무엇인가. 이미 언급했듯이, 수에즈 위기 이후 상황 변화의 영향을 받았을 것이다. 더욱이 영국이 전통산업, 이를테면 석탄과 제강 분야의 위축을 겪던 1950년대에 ECSC의 상대적인 성장은 영국 정부가 공동시장을 긍정적으로 평가하는 데 영향을 끼쳤을 것이다. 실제로 가입 교섭을 시작할 무렵 영국 정부는 철강 및 석탄 산업에서 영국과 ECSC의 생산 추이를 비교하는 백서를 작성했다. 보고서는 1950년대 선철·강철·석탄 생산의 추이를 비교하고 있다.

보고서의 통계가 보여 주는 것은 명백하다. ECSC의 선철 및 제강 생산량 증가율이 영국과 비교하면 월등하게 높다. 반면, 석탄 생산량의 감소율은 영국보다 낮았다. 이런 결과는 공동시장의 비교우위를 한 번에 보

---

13 *Hansard's Parliamentary Debates* [Commons], vol. 664, cc. 35-56.
14 *Parliamentary Papers*, 1961-2, 36, Cmnd. 1803, "Sixth Annual Report of the Council of Association between the UK Government and the High Authority of the ECSC", 5.
15 Cmnd. 1803, "Sixth Annual Report of the Council of Association between the UK Government and the High Authority of the ECSC", 6.
16 Cmnd. 1803, "Sixth Annual Report of the Council of Association between the UK Government and the High Authority of the ECSC", 9.

여 준 셈이다. 에드워드 히스는 이미 그 당시부터 영국의 전략은 유럽 대륙으로 접근하는 길 외에 다른 대안이 없다고 생각한 인물이었다. 전간기에 영국 정치인과 지식인들이 고민한 문제, 대양이냐 대륙이냐, 이 선택의 문제는 국제 정세의 변화에 따라 명약관화해진 것이다. 대륙 외에 다른 선택이 없다. 그러나 1960년대 초 영국의 전향적인 태도에도 불구하고 EEC 가입은 순조롭게 이루어지지 않았다. 1961년과 1963년 두 차례 가입 신청을 했지만 프랑스의 반대로 좌절된 것이다. 특히 샤를 드골(Charles de Gaulle)은 영국의 가입을 '트로이의 목마'에 비유하면서 미국 영향력 확대를 우려해 반대했다고 알려져 있다. 그렇다 하더라도 영국의 가입은 사실상 시간 문제였다.

맥밀런, 더글러스-홈 등이 이끈 보수당 정부는 1964년 10월 총선에서 패배해 물러난다. 노동당 정부를 이끈 해럴드 윌슨은 그 자신이 경제사를 강의했던 사회주의적 성향의 지식인이었다. 그는 제국주의적 맥락에서 영연방을 중시했다기보다는 영연방 내 부국들이 빈국의 경제발전에 기여함으로써 결속력을 높이고 또 불평등의 해소를 위해 노력하는 것이 곧 정의로운 일이라고 생각했다. 그러나 취임 초기에 영연방 회원국들과 교류 협력을 강화하고 빈곤국의 개발을 촉진하려는 그의 몇몇 시도는 모두 좌절로 끝났다. 우선 영연방국들의 반응이 소극적이었고 경제부처 실무 관리들이 그런 시도에 회의적인 태도를 가졌을 뿐 아니라 반대했다.[17] 경제부처 관리와 전문가들은 영연방의 유대 강화가 어디까지나 국제정치와 외교적 차원에 머무를 수밖에 없다고 생각했다. EEC에 접근하는 것만이 영국 경제가 활로를 찾는 유일한 길이라는 것이다. 1966년 이후 윌슨의 입장도 EEC에 접근하는 쪽으로 바뀌었다. 이상과 현실 앞에서 현실을 고려한 것이다.

---

17 이런 시도와 좌절에 관해서는 8장을 볼 것.

1970년대 가입 협상과 유럽공동체법

1969년 드골이 퇴진한 이후 영국의 EEC 가입에 대한 프랑스 측의 태도가 바뀌었다. 퐁피두 대통령과 그의 정부는 영국을 비롯한 유럽 국가들을 새 회원국으로 받아들여 유럽경제공동체를 확대하는 문제에 이의를 제기하지 않았다. 1969년 12월 2일 유럽공동체(EC) 집행부는 공동체 확대에 관한 '헤이그 공동선언'을 공표했다.

> 우리는 로마조약 237조에 명시된 바와 같이, 유럽공동체의 확대 원칙에 대한 합의를 재확인했다. 신청 국가가 (로마)조약과 그 정치적·최종적 결정, 또 가입 이래 조약이나 교섭 과정에서 제기되는 조건을 수용하는 즉시, 우리 각국 정상은 유럽공동체와 가입 신청국 간의 교섭에 동의한다는 점을 표명했다. 그리고 가능한 한 실제적이고 편리하게 필요한 준비작업을 진행해 나간다는 데 동의했다. 이런 공동의 동의에 따라 가입 준비작업을 아주 긍정적인 생각으로 착수할 것이다.[18]

한편, 영국에서도 중대한 정치적 변화가 있었다. 유럽공동체 가입 문제에 긍정적이었던 보수당이 1970년 6월 총선에서 승리를 거둔 것이다. 새 보수당 정부 총리직을 맡은 이는 에드워드 히스였다. 이미 앞에서 지적했듯이, 그는 영국이 처음 가입 협상을 시도할 때 그 주된 실무자였다. 히스 정부는 1970년 10월과 다음 해 6월 사이에 가입 협상을 마무리했다. 10여 년 전 협상에서 이미 상당 부분을 논의한 바 있고, 영연방 국가들도 가입을 불가피한 것으로 인정했기 때문에 외교적인 문제도 발생하지 않았다. 여기에 친유럽주의자인 히스 자신의 의지도 중요했을 것이다. 정부

---

18 "Final communique of the Hague Summit" (2 Dec. 1969).

는 협상 결과를 정리한 정부 보고서를 제출했다. 이후 1972년 1월 20일 가입조약(Treaty of Accession)에 대한 의회 승인과 7월 13일 유럽공동체법 (European Communities Act 1972) 하원 통과 등을 거쳐 영국의 유럽공동체 회원국 가입 문제는 일단락되었다. 이 무렵 의회 토론을 살펴보면, 조약 비준이나 법안 통과 과정에서 찬반 표결의 표차는 크게 벌어지지 않았다.[19]

오늘날 영국의 유럽연합 탈퇴를 중요한 이슈로 제기한 정당은 보수당 이다. 영연방에서 유럽공동체로 방향 전환을 처음 시도한 정당도 보수당 이었고 1970년대 보수당 집권기에 유럽공동체 가입이 이루어졌다. 일종 의 역사의 아이러니이다. 그러나 당시 가입을 둘러싸고 벌어진 의회 토론 과정에서 국가주권 침해 문제가 논의되었음에도 이런 점들은 의회보고서 나 유럽공동체법에서 전혀 언급되지 않았다. 당시 영국 정부가 의회주권 문제에 대해서 실제로 관심이 없었는지, 또는 그 심각성이 장래에 문제가 될 것임을 알면서도 의도적으로 거론하지 않았는지에 관해서는 논란이 있 다. 중요한 것은 유럽공동체 가입 당시에 영국 정부와 일반 여론에서 이 문제에 대해 깊은 성찰이 없었다는 점이다.[20] EEC가 유럽통합운동의 산물 이고, 통합운동이 초국가적 정치체를 지향한다는 것을 명백하게 표명해 온 점을 고려하면 의회주권의 전통을 중시해 온 영국에서 별다른 논의가 없었다는 것은 놀라운 일이다. 가입조약과 유럽공동체법 내용에서 초국

---

19 가입조약은 1월 20일 표결에서 찬성 296표, 반대 276표를 얻었다. *Hansard's Parliamentary Debates* [Commons], 5th ser., vol. 829, c. 809. 유럽공동체법은 2월 17일 표결을 거쳐 7월 13일 제3독회에서 찬성 301표, 반대 284표로 통과되었다. *Hansard's Parliamentary Debates* [Commons], 5th ser., vol. 840, cc. 1986-87 (13 July 1972). 유럽공동체법은 1973년 1월 1일부터 공식적으로 발효되었고 영국 또한 이날부터 정식 회원국이 되었다.

20 물론 1967년 의회보고서나 1973년 제프리 하우의 논문은 이 문제에 대한 예견력 있는 진 단이라는 평가를 받아왔다. Parliamentary Papers, 1967, 24, Cmnd. 3301. "Legal and Constitutional Implications of the United Kingdom Membership of the European Communities"; Geoffrey Howe, "The European Communities Act 1972", *International Affairs*, 49/1 (1973), 1-13.

가적 정치체와 국가주권의 충돌 문제는 중요한 논의 주제가 되지 않았다.

오히려 그 당시 현안이 된 것은 공동관세와 유럽공동농업정책이었다. 이들 정책은 영연방 각국 농업에 심각한 영향을 줄 수밖에 없었다. 영국 자유무역의 근간은 영연방이라는 맥락에서 검토해야 한다. 20세기 영국의 국제무역은 제국/영연방에서 특혜관세로 수입되는 값싼 식료품과 관세 혜택을 받고 수출되는 영국의 공산품을 근간으로 이루어졌다. 이제 뒤늦게 EEC에 가입할 경우 예상되는 문제점은 서독과 프랑스를 중심으로 채택된 공동관세 및 공동농업정책이 영국과 영연방 국가들 간의 기존 전통과 서로 충돌한다는 점이었다. 공동관세를 시행하면 영국과 영연방국가들 간의 기존 무역에 심대한 타격을 줄 것이고, 공동농업정책을 시행하면 영국 재정자금의 일부가 영연방 국가가 아닌 EEC 회원국의 농가보조금으로 전용될 것이기 때문이다. 이는 곧바로 영연방 회원국의 피해로 연결될 것이다.

캐나다·오스트레일리아·뉴질랜드 등 여러 영연방 국가들이 1차 산업을 특화해 양모·육류·낙농제품 등을 수출해 왔으며, 특히 오타와 경제회의 이후 주로 영국에 특혜관세에 힘입어 많은 물량을 수출했다. 영국의 유럽공동체 가입 이후 이들 나라의 수출산업이 어떻게 변화를 겪었는지 그 상세한 과정을 살핀 연구는 드물다. 뉴질랜드 버터 제품을 다룬 한 사례연구는 1960년대 영연방 국가들의 부정적인 태도가 단순히 영연방의 약화에 대한 우려감만이 아니라 경제적 불안도 깃들어 있음을 분명하게 보여 준다.

존 싱글턴(John Singleton)과 폴 로버트슨(Paul L. Robertson)에 따르면, 영국은 19세기 말 이래 1960년대까지 전 세계 버터 수출품의 70퍼센트를 수입했다. 그 수입품 가운데 뉴질랜드산이 40퍼센트였고 그다음으로 덴마크 버터 제품이 20퍼센트를 차지했다. 1960년 당시 뉴질랜드가 생산한 버터 제품의 62퍼센트는 영국으로 수출되었다. 뉴질랜드는 영국의 EEC

가입 움직임에 자구적인 여러 노력을 기울였다. 영국과 유럽에 수출 쿼터를 늘리려고 했으나 EEC는 미국의 반발을 우려해 이를 거부했다. 뉴질랜드와 EEC 상호간에 관세장벽을 낮춰 유럽으로 값싼 버터를 수출하고 공산품을 값싸게 수입해 오려 했지만 EEC는 농산물 수입 물량을 세계적 차원에서 조절하고자 했다. 이런 상황에서 1963년 영국의 가입이 좌절되어 뉴질랜드로서는 위기를 모면할 수 있었다. 그러나 그 후의 전개 과정은 단순하지 않았다. 이번에는 영국이 유럽자유무역지대의 덴마크와 교역 활성화 노력을 기울인 것이다. 덴마크는 영국 공산품에 대한 관세 인하를 단행하고 그와 동시에 자기 나라 버터 수출을 늘릴 수 있었다.[21] 여기에서 알 수 있는 것은, 결국 영연방의 경제적 호혜성은 지속적이라기보다 상황 변화에 따라 얼마든지 약해질 수 있다는 사실이다.[22]

유럽공동체법(European Communities Act 1972)[23] 제정을 둘러싼 의회 논의 과정을 살펴보면, 초국가적 정치체 가입에 따른 헌정상의 문제나 의회주권 제약 문제는 당시에 별로 다루지 않았다. 대부분의 발언은 경제적인 측면에 집중되었다. 이는 당시 영국 경제의 침체와 관련되며, 찬성하는 쪽은 공동시장에 진출함으로써 영국이 경제적 활력을 되찾을 가능성에 초점을 맞춘 반면, 반대하는 쪽은 가입조약의 절차적 정당성과 아울러

---

21 John Singleton and Paul L. Robertson, "Britain, Butter, and European Integration, 1957-1962", *Economic History Review*, 2nd ser., 50/2 (1997), 327-47.

22 카리브해 연안의 영연방, 이를테면 모리셔스·피지·바베이도스·자메이카 등지의 설탕 생산에 대한 연구도 비슷한 결과를 보여 준다. V. A. Mahler, "Britain, the European Community and the Developing Commonwealth: Dependence, Interdependence, and the Political Economy of Sugar", *International Organization*, 35/3 (1981), 467-92. 이상 버터, 설탕에 관한 연구들의 개요는 다음을 볼 것. 김상수, 「'영연방'을 중심으로 한 영국 내 유럽회의주의 담론의 강화」, 『영국 연구』 28 (2012), 261-90.

23 1972 c. 68. "An Act to make provision in connection with the enlargement of the European Communities to include the United Kingdom, together with (for certain purposes) the Channel Islands, the Isle of Man and Gibraltar."

특히 영연방 국가와 통상 문제에서 나타날 수 있는 부정적인 측면에 관심을 기울일 뿐이다. 초국가적 정치체 가입에 따른 헌정상의 문제나 의회주권 제약 문제는 당시에 별로 다루지 않았다. 유럽통합운동이 처음부터 국가통합을 지향했음에도 이 문제에 별다른 관심을 기울이지 않은 것은 아마도 실현성이 희박한 전망일 뿐이라고 생각했기 때문일 것이다. 그와 비교하면 공동시장은 당장 현실적인 문제였다.

에드워드 히스의 발언이 전형적이다. 앞에서 언급했듯이 그는 1960년대 가입 신청 당시 실무협상을 맡았다. 11년이 지난 후 영국 정부의 대표로서 가입 문제를 주도해 나갔다. 1972년 2월 17일 동 법안 제2독회 표결 직전 마지막 발언에서 그는 "통화 문제와 무역 논의에서 영국의 전 세계적 영향력"이 붕괴될 것이며, 이런 문제는 오히려 미국, 유럽공동체, 일본에 의해 해결될지 모른다는 비관적인 견해를 밝힌다. 그렇기 때문에 영국이 유럽공동체와 결별한다면 유럽공동체도 충격을 겪겠지만, 그보다 영국은 "진행 중인 진보로부터 어떤 혜택도 받지 못할 것"이라고 예견한다.

저는 이 토의에서 제기된 많은 주요 쟁점을 다뤄왔습니다. 이제 특히 한 가지 문제만을 다룰 것입니다. 여러 하원 의원께서 알고 있듯이, 저는 항상 우리의 번영과 세계에서 우리의 영향력이 회원 가입으로부터 도움을 얻으리라고 믿었습니다. 최근까지도 저는 공동체의 경계 밖에서도 우리가 잘 해나가리라고 믿었습니다. 이제는 세계 정세의 발전과 그 변화의 속도 때문에 영국만 점점 어려워질 것이라고 생각합니다. 이런 변화의 전망을 앞에 두고, 어떤 총리도 "우리는 유럽공동체에 가입할 기회를 확보했고 가입조약에 서명했으며 완전한 회원 자격을 갖추고 있지만, 지금 이 하원에서 그것을 버리라고 충고한다"고 말할 수는 없을 것입니다. 어떤 총리도 그렇게 말할 수 있다고 믿지 않으며, 제가 말씀 드린 점들로 미루어볼 때 이 법안은 우리가 필요하더라도 생략할 수 있는 그런 사치품이 아닌 것은 분명합니다.[24]

1960년대 노동당 정부 총리를 지낸 해럴드 윌슨은 하원 제2독회 토론에서 완곡하면서도 부정적인 태도를 보였다. 그의 질문에서도 앞으로 예견되는 헌정의 문제, 즉 초국가적 정치체와 영국 주권의 충돌 가능성에 대한 성찰을 찾아보기 힘들다. 그는 여전히 영연방과 통상 문제라는 측면에서 뉴질랜드 낙농업, 설탕 수입, 어업 문제만을 언급할 뿐이다.[25] 제2독회 토론에 참가한 다른 의원들의 발언도 대부분 이와 비슷한 경향을 보인다. 열띤 토론 끝에 실시된 제2독회 표결은 찬성 309표, 반대 301표로 나타났는데, 한마디로 찬반의견이 백중세였던 것이다.[26] 그 후 7월 13일 제3독회에서도 양상은 비슷했다. 법안 발의자인 재무장관 제프리 리펀(Jeoffrey Rippon)은 표결을 앞두고 유럽공동체 가입이 영국의 새로운 활로임을 강조하면서 마지막으로 지지를 호소했다.

통합 유럽의 건설은 여러 세대에 걸쳐 역대 정부가 추구하는 영국 외교정책의 목표였고, 그것은 의회가 인정하듯이, 19세기 우리의 힘과 영향력이 절정에 있을 때도 고립주의 정책을 따를 수 없다는 인식에서 비롯하는 것입니다. 제가 인용하고 싶은 분은 보통은 글래드스턴이지만, 이번에는 솔즈베리 경이 더 적절할 듯합니다. 그분은 이렇게 말했습니다. 우리는 위대한 국가 공동체에 속해 있으며 우리는 그 공동체의 이익이 우리에게 가하는 의무를 줄일 권리가 없다. 우리는 유럽공동체의 일원이고 우리는 그렇게 해야 한다고.[27]

그러나 표결 결과는 제2독회와 비슷했다. 찬성 301표, 반대 284표.

---

24 *Hansard's Parliamentary Debates* [Commons], 5th ser., vol. 831, c. 752 (17 Feb. 1972).

25 *Hansard's Parliamentary Debates* [Commons], 5th ser., vol. 831, cc. 631-33.

26 *Hansard's Parliamentary Debates* [Commons], 5th ser., vol. 831, cc. 753-54.

27 *Hansard's Parliamentary Debates* [Commons], 5th ser., vol. 840, cc. 1983-84 (17 July 1972).

이전 제2독회 때보다 표차가 불과 9표 더 벌어졌을 뿐이다. 어쨌든 이 법의 기본 정신은 유럽공동체 조약이 회원국에 부과하는 권리, 권한, 책임, 의무 규제 등은 관련 국내법을 제정해야 하고 그런 법규가 없을 때는 일반적으로 조약의 규정에 의거한다는 것이다(2조 1항). 결국 그 이후 이러한 원칙이 유럽공동체와 유럽연합에 그대로 계승되었고 좀 더 정교한 체계를 갖춤으로써 초국가적 정치체가 구체적으로 등장한 것이다. 영국에서 의회주권 침해 문제가 논란이 된 것은 훨씬 후의 일이다.

회원국 지위에 관한 1975년 국민투표

해럴드 윌슨의 노동당은 1974년 2월 총선에서 신승을 거뒀다. 보수당보다 4석이 많은 불안한 승리를 거두었고, 10월에 실시된 재선에서는 야당보다 43석이 많은 다수당의 지위를 확보했다.[28] 선거를 전후해 경제불황이 가속되었고 그 가운데 유럽공동체 문제가 중요한 정치적 이슈로 떠올랐다. 2월 총선에서 노동당은 유럽공동체 가입 조건 재협상과 공동체 회원국 유지 찬반을 묻는 국민투표를 선거공약으로 내걸었다. 2월 총선 이후 재협상은 유럽공동농업정책의 수정, 영연방 국가 상품의 유럽공동체 수입 촉진, 유럽공동체 영국 기여금 재조정 등을 의제로 내걸었으나 만족할 만한 성과를 거두지 못했다. 10월 총선에서 노동당은 유럽공동체 문제에 관해서는 회원국 유지에 관한 국민 선택권을 다시 공약으로 내걸었다. 다음 해 1월 23일 해럴드 윌슨은 유럽공동체 회원국 유지에 관한 국민투표를 공포한다.

---

28 2월 선거에서는 노동당 301석, 보수당 297석, 10월 선거는 노동당 319석, 보수당 277석이었다.

우리의 회원 조건 재협상의 결과가 알려지면, 영국민들은 투표함을 통해, 총선거나 국민투표를 통해 영국이 유럽공동체의 회원 자격을 계속 유지할 것인지 아니면 철회할 것인지를 결정할 권리를 가져야 한다는 것이 지금 정부가 공표한 정책입니다. 정부는 국민투표를 통해 이 문제를 매듭지어야 한다고 결정했습니다. 이 문제의 결정이 장기간 불확실하고 지연될수록 영국이나 다른 공동체 구성원의 이익에 부합되지 않습니다. 그리고 미래의 영국 회원 자격이 불확실하다는 점이 우리 유럽공동체의 활동을 가로막고 있습니다. 정부는 올해 10월 10일 이전에 이 문제를 국민 앞에 내놓을 것을 약속합니다. 재협상의 결과가 적시에 알려지면 늦어도 6월 말까지는 사실상 국민투표를 실시할 계획입니다.[29]

당시 1차 석유 위기 이후 영국 경제는 거의 파국으로 치닫고 있었다. 파운드화의 가치가 급격하게 떨어졌고 1973~77년간 연평균 물가 상승률은 16퍼센트에 이르렀다.[30] 이후 전국적으로 제조업의 위축과 그에 따른 실업 증가의 악순환이 이어졌다. 1950년대 초만 하더라도 영국은 세계 유수의 공업국이었다. 공업생산이 세계경제에서 차지하는 비중은 21.4퍼센트였다. 그러나 그 비중은 1975~77년에 평균 9.1퍼센트로 하락한다.[31] 1970년대 영국의 대표적인 자동차회사였던 브리티시-레일랜드(British Leyland)사의 몰락은 영국 제조업의 위기를 단적으로 보여 준다. 1968년 브리티시-레일랜드사의 매출액은 세계 5위 규모였다. 그럼에도 그 생산성은 주요 자동차회사 가운데 가장 낮았다. 노동자 1인당 부가가치 생산액은 전

29 *Hansard's Parliamentary Debates* [Commons], 5th ser., vol. 884, 1745-46.
30 C. Feinstein, "Success and Failure: British Economic Growth since 1948", in R. Floud and D. N. McCloskey, eds., *The Economic History of Britain since 1700, 3: 1939-1992* (Cambridge: Cambridge University Press, 1994), 101.
31 S. Pollard, *The Development of the British Economy, 1914-1980* (London: E. Arnold, 3rd ed., 1983), 283.

세계 14개 자동차회사 가운데 꼴찌였다.[32] 영국은 회사의 부도를 막기 위해 1975년 국유화를 결정한다. 이런 상황에서 유권자들은 국민투표 자체에 별다른 관심이 없었다. 유럽공동체 회원국 자격을 유지하느냐 여부는 정치인들에게는 그들의 입장에 따라 매우 중요한 문제였겠지만, 유권자들에게는 현실과 동떨어진 이슈로 여겨졌던 것이다. 오히려 공동시장에 참여하는 것이 그나마 추락하는 경제 회생에 도움이 되지 않을까 하는 막연한 기대감만 퍼져 있었을 뿐이다. 1975년 6월 5일 유권자의 65퍼센트가 투표에 참여했으며, 투표자의 67.2퍼센트가 자격 유지에 찬성표를 던졌다.

초국가적 정치체와 의회주권

1960년대 초 이래 1970년대 중엽까지 유럽공동체 가입 여부는 영국 정치에서 매우 중요한 문제였다. 영국의 오랜 역사적 경험, 특히 제국 경험과 영연방 문제와 겹쳐 유럽공동체 가입 문제는 이상과 현실의 괴리를 단적으로 보여 주는 이슈였다. 1960년대 논의에서 나타나듯이, 전문가와 실무 관리들은 유럽으로의 복귀가 시대의 추세이며 영국이 지향해야 할 바람직한 선택으로 여겼다. 반면에 아직도 제국 경험과 영연방의 연대를 외면할 수 없는 정치인들 상당수는 유럽으로의 복귀에 대해 머뭇거리는 태도를 지녔다. 그러나 영국 경제의 상대적 쇠퇴가 나타나면서 정치인과 전문가들은 무엇보다도 확대된 공동시장, 단일한 관세와 단일한 규정이 작동되는 시장에 눈길을 돌리지 않을 수 없었다.

유럽공동체 가입을 다룬 교섭 협상이나 의회 토의, 유럽공동체법,

---

32 이영석, 『공장의 역사: 근대 영국 사회와 생산, 언어, 정치』(푸른역사, 2012), 380 참조.

1975년 국민투표에 이르기까지 논란이 된 것은 오히려 기존 영연방 국가를 어떻게 배려할 것인가 하는 문제였다. 단일한 공동시장에 대한 경제적 기대감만 증폭되었을 뿐이다. 15년간의 긴 논란에서 유럽공동체가 곧 유럽통합운동의 산물이며, 따라서 의회주권의 오랜 전통을 지닌 영국에서 초국가적 정치체와 영국 의회주권의 충돌이 헌정의 혼란과 위험을 가져올 수 있다는 점에 대해서는 별다른 논의가 없었다. 이러한 측면을 원래부터 도외시했는지, 아니면 중요성을 느끼면서도 정치적 필요에 따라 논쟁 주제에서 제외했는지 정확하게 알 수는 없다. 국내의 한 연구자는 이 점을 주목하여, 국가주권 문제를 논의하지 않고 오직 공동시장의 접근에 따른 경제 혜택에 초점을 맞춘 1970년대 초 일련의 가입 논의와 1975년 국민투표는 원래부터 반쪽짜리 가입이었으며 말썽의 소지를 안고 출발했다는 점을 강조한다.[33]

---

[33] 홍석민, 「영국의 1973년 유럽공동체 가입과 1975년 국민투표」.

4

제국 이후

10장

제국의 기억과 영연방,
그리고 '상상의 잉글랜드'

1968년 8월 20일 보수당 하원의원이자 예비내각 각료인 존 이녁 파월 (John Enoch Powell)[1]은 버밍엄의 한 보수당 집회에서 노동당 정부의 이민 정책을 비판하는 연설을 했다. 그는 특히 흑인을 비롯한 유색인 혐오감정을 여과 없이 드러내면서 마지막에 베르길리우스(Vergilius)의 『아이네이스 (Aeneid)』의 한 구절("피거품 이는 티베르강")을 인용해 자신의 연설을 끝맺었다.[2] 마침 같은 달 23일에는 인종관계법(Race Relations Act) 개정안 제2독회가 열릴 예정이었다. 파월은 바로 이 법안을 겨냥해 노동당 정부의 이민

---

1 존 이녁 파월(John Enoch Powell, 1912~98): 1950~74년 보수당 하원의원, 1974~87년 얼스터 통합당(Ulster Unionist Party) 의원을 지냈다. 해럴드 맥밀런 정부에서 1960~63년 보건장관을 지냈다. 케임브리지대학 트리니티 칼리지를 최우등으로 졸업하였다. 정계 입문 전에는 고전학자로 활동하였다. 1937년 시드니대학 그리스어 교수로 초빙되었다.

2 이 때문에 당시 '유혈의 강 연설(river of blood speech)'이라 불렸다. 파월의 연설과 그에 뒤이은 논란에 관한 국내 연구로는 다음을 볼 것. 정영주, 「피의 강물' 연설을 통해 본 이녁 파월의 인종주의」, 『역사와 경계』 70 (2009), 159-94.

및 다문화주의 정책을 비난한 것이었다.

이후 몇 개월간 영국 사회는 파월의 연설을 둘러싸고 심각한 혼란과 진통을 겪었다.[3] 노동당 의원과 보수당의 상당수 의원들이 파월의 인종주의적 편견을 비난했으며, 런던 항만 노동자들의 대규모 항의 방문과 시위가 잇달았다. 보수당 당수 에드워드 히스는 결국 여론에 밀려 파월을 예비내각에서 사퇴시켰다.[4] 그러나 이와 달리, 파월의 연설을 지지하는 사람들도 목소리를 높였다. 보수당 일부 의원들은 물론, 수만 명의 지지자들이 그를 지지하는 편지를 보냈다. 신문 여론조사에서도 찬반 여론은 비슷하게 나타났다.

파월 사건은 영국사와 현대 영국 사회에서 제국이란 어떤 의미를 지녔으며 제국과 인종주의가 어떤 관계를 가지고 있는가를 되묻는 계기가 되었다. 사실 1960년대만 하더라도 영국사학계에서 영국사(內國史)와 제국사는 별개의 학문 분야로 취급받았다. 특히 영국사 분야에서는 근대 국가 및 근대 사회의 형성과 변화를 내재적 관점에서 살피려는 경향이 있었고, 해외 요인은 물론 제국 경험과 제국 지배가 영국사의 변화에 미친 영향을 부차적인 것으로 여겼다. 전통적인 정치사 서술에서 '휘그적 해석(Whig interpretation)'과 '토리적 해석(Tory interpretation)'은 근대 국가 발전의 동력을 서로 다른 요인에서 찾으면서도, 이들 두 해석이 각기 강조하는 키워

---

3 파월을 둘러싼 논란에 주목하고, 여기에서 드러난 '백인성'을 통해 현대 영국 사회의 단면을 분석한 이는 빌 슈워츠(Bill Schwarz)이다. 그는 최근 저서 *The White Man's World: Memories of Empire*, Volume I (Oxford: Oxford University Press, 2011)의 첫부분에서 파월과의 인터뷰를 소개한다. 이 장은 그의 시각으로부터 많은 도움을 받았다. 파월 연설을 둘러싼 정계·언론·노조 등의 반응은 정영주, 「피의 강물」 연설을 통해 본 이녹 파울의 인종주의」 참조.

4 보수당 의원인 레인 매클라우드(Lain Macleod), 에드워드 보일(Edward Boyle), 퀸틴 호그(Quintin Hogg), 로버트 카(Robert Carr), 마거릿 대처(Margaret Thatcher) 등이 즉각 사임을 요구했으며, 『타임스』는 사설에서 "사악한 연설"이라 공격했다. *The Times*, 22 April 1968.

드, '헌정의 자유'나 '귀족의 적응력'은 모두 국내 요인이라는 공통점을 지닌다. 경제사 분야 또한 수십 년간 산업혁명의 원인을 중요한 연구 대상으로 설정했지만, 그때까지 거론된 요인은 대부분 영국의 국내 조건 또는 상황과 관련이 있었다. 산업혁명이야말로 국제무역 및 제국 지배와 밀접하게 관련될 수밖에 없는데도 해외 요인은 부차적인 것으로 받아들였다. 1960~70년대 사회사의 전성시대에 이러한 경향은 더욱더 짙어졌다.

전후 한 세대에 걸쳐 전통적인 제국사 연구 또한 근대 영국의 발전과 제국 경험을 연결하는 데 머뭇거리는 경향이 있었다. 제국 지배가 주변부 사회에 미친 영향과 변화에 관심을 기울였을 뿐 그 역관계, 즉 제국 경험이 영국 사회와 문화에 미친 영향은 별로 다루지 않았다. 2차 세계대전 이후 영국사 연구자들이 제국을 정면으로 응시하지 않았던 것은, 아마도 식민지 지배에 대한 도덕적 부담과 제국 해체의 충격에 영향을 받았기 때문일 것이다. 더 나아가 인접한 프랑스와 달리 영국이 탈식민화의 분위기에 순조롭게 적응했다는 식의 심리적 위안도 이런 경향을 강화한 것처럼 보인다.

1990년대 이후 폭발적으로 증가한 영제국사 연구는 역사가들이 이전의 콤플렉스에서 벗어나 비로소 제국을 '역사화'할 수 있게 되었음을 말해 준다. 이 '제국의 역사화'에서 탈식민이론의 영향 아래 '신제국사(new imperial history)' 연구가 활발하게 이루어졌다. 제국 경험과 지배가 19세기 이래 영국 사회와 문화에 미친 영향에 초점을 맞춘 연구가 축적되었다. 특히 존 매켄지나 캐서린 홀 등 '문화적 전환(cultural turn)'을 표방한 역사가들이 돋보인다.[5] 이와 달리, 보수적인 역사가들은 제국 경험이 영국 사회

---

5 John M. MacKenzie, *Propaganda and Empire: The Manipulation of British Public Opinion, 1880-1860* (Manchester: Manchester University Press, 1984); idem, *Imperialism and Popular Culture* (Manchester University Press, 1985); Catherine Hall, ed., *Cultures of Empire* (Manchester University Press, 2000); Catherine Hall and

에 미친 영향보다는 여전히 주변부의 변화나 제국 지배의 긍정적 측면을 강조하는 자국 중심의 연구 경향을 보여 준다.[6]

여기에서는 제국 경험이 영국 사회에 큰 영향을 미쳤고, 특히 인종주의 분위기를 고착시켰다는 전제에서 출발한다. 먼저 파월의 연설을 둘러싼 논란에서 영국 사회에 내밀하게 깃들어 있는 인종주의를 확인하고, '백인성 (whiteness)'이 영연방, 특히 백인 자치령에 대한 영국인의 인식에 어떤 영향을 미쳐왔는가를 살핀다.

'유혈의 강' 연설을 둘러싼 논란

파월의 연설은 자신이 한 선거구민과 만나서 나눈 대화를 소개하면서 시작한다. 중년 나이의 그 주민은 중간계급에 속하는 전형적인 백인 남성이었다. 처음에 날씨를 말하다가 그 주민은 갑자기 이민 이야기를 꺼냈다. "해외에 나갈 돈이 있으면, 이 나라에 살지 않겠어요. 저는 세 아이를 길렀는데, 모두 문법학교에 다녔고 둘은 결혼해서 가족이 있어요. 저는 그들이 다 해외에 나가 정착해야 만족할 수 있을 것 같아요. 이 나라는 조만간 15년 또는 20년 안에 흑인들이 백인을 지배하게 될 겁니다."[7] 파월

Sonya O. Rose, eds, *At Home with the Empire* (Cambridge: Cambridge University Press, 2006). 이 경향을 소개한 국내 연구로는 다음을 볼 것. 김상수, 「영제국이 영국 본토에 끼친 문화적 영향」, 『영국연구』 27 (2012), 313-35.

6 W. R. Louis, ed., *The Oxford History of the British Empire* (Oxford University Press, 1999), 5 vols.; David Cannadine, *Ornamentalism: How the British Saw their Empire* (Oxford University Press, 2001); Niall Ferguson, *Empire: How Britain Made the Modern World* (London: Penguin, 2003); Bernard Porter, *The Absent-Minded Imperialists: Empire, Society and Culture in Britain* (Oxford University Press, 2004); John Darwin, *The Empire Project* (Cambridge University Press, 2009); John Darwin, *Unfinished Empire: the Global Expansion of Britain* (London: Allen Lane, 2012).

은 이 선거구민의 한탄을 소개한 후에 한 해에 5만 명씩 외국인 이민을 허용하는 정책을 통렬하게 비판한다.

여기 예의 바르고 정상적인 한 영국인 남성이 있습니다. 그는 제가 사는 도시에서 공개적으로 지역구 의원인 저에게 말합니다. 이 나라는 자식들이 살 만한 가치가 없다는 것이지요. 저는 그 말을 듣고 그저 대수롭지 않게 여기면서 다른 생각을 할 수는 없어요. 그가 말하고 있는 것이야말로 다른 수백만 명의 사람들이 말하고 생각하는 것이니까요. 브리튼섬 전역이 그렇다기보다는, 아마 역사상 유례가 없는 전면적 변화를 겪고 있는 이 잉글랜드에서 그런 것이지요.[8]

파월은 한 백인 여성이 보낸 편지 내용을 공개적으로 인용한다. 그녀는 2차 세계대전 중에 남편과 자식들을 잃고서 방을 세놓아 살고 있었다. 이민자들이 그 거리에 들어오자마자 이전에 세들어 살던 백인들이 떠났다. 이른 아침 흑인 둘이 그녀의 집에 찾아와 방을 요구했고 그녀가 거절하자 완력으로 위협을 가했다. 그녀는 시 당국에 이 사실을 알려주었지만, 오히려 당국은 세를 내줄 것을 권고했다. 그녀의 태도는 인종적 편견을 지니고 있으며, 이 나라 어디서나 그 같은 인종적 편견은 도움이 되지 못한다는 것이었다.[9] 파월은 이어서 인종차별금지법 제정을 촉구하는 언론인들을 비판한다. 이런 법률은 오히려 본토 영국인을 차별하는 결과를 가져올

---

7 Enoch Powell, *Freedom and Reality* (Kingswood: Elliot Right Way Books, 1969), 282; Schwarz, *The White Man's World*, 53.

8 Powell, *Freedom and Reality*, 282.

9 Powell, *Freedom and Reality*, 285. 당시 파월은 해당 여성의 신원을 밝히지 않았다. 그 때문에 그의 증언은 거짓이라는 비난을 받기도 했다. 2007년 BBC 방송 취재를 통해 이 여성은 실존인물이라는 사실이 밝혀졌다. 정영주, 「'피의 강물' 연설을 통해 본 이녹 파울의 인종주의」, 167 참조.

것이라고 경고한다.

그들이 이해할 수 없는 여러 이유 때문에, 그리고 결코 들어본 적이 없는 결정에 의거해, 그들은 스스로 자신의 조직에서 이방인이 되어가고 있음을 알게 됩니다. 그들은 아내가 출산 시에 병원 침대를 확보할 수 없고 자녀들이 학교에 제때에 다닐 수 없을뿐더러, 자신의 집과 이웃이 옛 모습을 찾을 수 없을 만큼 변했으며 그들의 계획과 장래의 전망이 무너지고 있음을 깨닫습니다. 직장에서도 그들은 고용주가 본토 출신 노동자들에게 필요한 훈련 기준과 능력 기준을 이민자에게 적용하는 것을 망설인다는 사실을 알게 됩니다.[10]

파월은 한 해에 5만 명 규모의 이민을 허용하는 나라는 정상적이라고 할 수 없다고 단언한다. 인종관계법 개정을 요구하는 언론인에 대해서도 비판의 화살을 돌린다. 이러한 법률은 오히려 본토 영국인에 대한 차별을 낳고, "화약에 성냥불을 던지는" 결과를 초래할 것이라고 예견한다. 파월은 『아이네이스』의 한 구절을 인용하면서 연설을 끝맺는다.

앞일을 생각하면 불길한 예감만 듭니다. 로마인처럼, 저는 티베르강에 피의 거품이 흐르는 것을 봅니다. 대서양 반대쪽에서 두려운 마음으로 지켜보는, 그렇지만 미국 그 자체의 역사며 현실과 뒤얽혀 있는 바로 그 비극적이고 막을 수 없는 현상이 여기 우리 자신이 원해서, 그리고 우리 자신이 소홀하게 여긴 탓으로 다가오고 있습니다. 실제로 그것은 이제 완전히 다가왔지요.[11]

---

10 Powell, *Freedom and Reality*, 286.
11 Powell, *Freedom and Reality*, 289. 베르길리우스는 다음과 같이 노래한다. "오, 그대 마침내 바다의 큰 위험을 물리친 자여, 다르다누스 백성들은 라비니움[로마] 땅으로 들어가게 될 것이오. 그러나 그들은 그곳에 온 것을 후회하게 될 것이오. 내 눈에, 전쟁들이, 끔찍한 전쟁들이, 피거품 이는 티브리스강이 보이는구나." 베르길리우스, 『아이네이스』, 천병희 옮김 (숲, 2012), 6권 85.

베르길리우스는 트로이인의 라티움 정착에 뒤따를 이주민과 토착인의 고통이며 유혈을 언급한 것이다. 여기에서 신탁은 이주민 아이네이스 쪽을 향해 이런 재앙에 굴복하지 말고 더 과감하게 맞서라고 충고한다. 그러나 파월은 이 구절을 본토 영국인의 관점으로 비틀어 인용한 것처럼 보인다. 그렇다면 2차 세계대전 이후 영국으로 이민 추세는 어떠했는가.

전후 노동력 부족에 직면한 영국은 아일랜드와 유럽 대륙 국가로부터 노동자를 모집했다. 특히 아일랜드 이민이 주된 공급원이었고 1948년 국적법(British Nationality Act)은 아일랜드인에게 자유로운 출입국 권리 및 선거권을 부여했다. 이 시기까지 영국의 이민정책은 문화적 동질성을 지닌 유럽인에게만 한정된 셈이었다.[12] 그러나 1950년대 영제국 해체가 가속되면서 새로운 영연방국 출신들이 대거 영국으로 몰려왔다. 이는 영국이 제국 지배의 경험으로 개방적인 이민정책을 폈을 뿐만 아니라 경제부흥기에 값싼 해외 노동력을 필요로 했던 당시 노동시장의 상황에 따른 것이었다. 인도아대륙, 카리브해 연안국 출신 소수 인종이 다양한 연결망을 통해 영국으로 입국했다. 자유방임적인 이민정책은 이런 경제상황뿐 아니라 백인 자치령에 대한 호의적 태도와 영연방 결속을 통해 미국과 소련에 대응하려는 분위기의 산물이었다.[13]

1962년 영연방이민법(Commonwealth Immigration Act)은 자유방임적 이민정책에서 인종주의에 바탕을 둔 이민규제로 방향 전환을 뜻했다. 이 법은 전후 이민 증가와 함께 고용시장의 악화와 인종갈등의 심화를 막기 위해 제정되었다. 특히 백인 자치령이 아닌 영연방 국가 유색인의 이주를 제한하는 데 초점을 맞췄다. 이 법은 노동부의 취업확인서를 가진 영연방국 국적자에게만 이민을 허용하는 내용을 담고 있었다.[14] 그러나 원래 목적과

---

12 정희라, 「'자유방임 이민국'에서 '제로 이민국'으로」, 『서양사론』 93 (2007), 250-51 참조.
13 정희라, 「'자유방임 이민국'에서 '제로 이민국'으로」, 252.

달리, 제정 과정에서 오히려 영연방 국가 출신의 대량 이민이라는 사태를 맞았다. 영연방 국가 곳곳에서 이민법 시행 전에 영국으로 이주하려는 사람들이 급증했다. 단기간 취업확인서는 이미 영국에 들어온 친척 또는 동향 출신으로부터 쉽게 구할 수 있었다. 이를 주선해 주는 중개업도 성황을 이뤘다. 여기에서 상황을 더 악화시킨 것은 1963년 케냐 독립 이후 케냐 정부의 아프리카화 정책이었다. 인도계 케냐 주민들은 정부의 압력 아래 케냐나 영국 국적 중 하나를 택할 것을 강요받았다. 케냐에 거주하는 인도계 주민 대부분이 영국으로 이주하기를 희망했다. 1960년대 중엽부터 이들의 이민 행렬이 밀렸고 1968년 2월에 1만여 명의 인도계 케냐 주민이 영국에 입국했다.[15] 파월의 연설은 결국 유색인 이민 급증이라는 사회현상이 빚어낸 사건이었다.[16]

6월 23일 인종관계법 개정안 제2독회에서도 파월의 연설은 의원들의 논란거리가 되었다. 제2독회에서 법안에 관해 발언한 의원 22명 가운데 파월의 '유혈의 강' 연설을 언급한 의원은 12명이었다. 노동당 의원 6명과 보수당 의원 2명이 파월의 연설을 비판하거나 유감을 나타냈다. 다른 보

---

14 영연방국 국적자 가운데 이민자 집단을 A그룹(직업을 가진 자), B그룹(숙련기술직 노동자 및 영국에 이익이 되는 자), C그룹(미숙련노동자)으로 분류해 바우처를 주고, 필요에 따라 바우처 수를 제한·조정함으로써 이민자 수를 통제하도록 했다. 특히 C그룹의 바우처 수를 조절했는데 이에 해당하는 사람들은 주로 신영연방국의 유색인종이었다. 이 법은 그 후 1968년, 1971년, 1981년에 개정되어 철저한 이민 규제 내용을 담게 되었다. 이전에 '제국 신민'이라는 모호한 개념으로 확대된 시민권을 근본적으로 축소했으며, 이는 유색인종을 배제하고 백인에게만 이민을 허용하는 정책을 보여 준다. 정희라, 「'자유방임 이민국'에서 '제로 이민국'으로」, 252.

15 이 사태에 관해서는 다음을 볼 것. 박은재, 「영국 노동당 정부(1964-70)의 이민정책」, 『영국 연구』 26 (2011), 284.

16 2010년 현재 잉글랜드 및 웨일스 영국 국적자 가운데 해외 출생자는 700만 명, 전 인구의 11.9퍼센트로 추산된다. 이 가운데 비백인으로 분류할 수 있는, 유럽연합국가 이외 국가 출생자는 476만 명, 인구의 7.7퍼센트를 차지한다. 나머지 224만 명은 영국 이외의 다른 유럽연합 국가 출신이다. National Statistics, "Immigration Patterns of Non-UK Born Populations in England and Wales" (13 Dec. 2013).

수당 의원 4명만이 파월의 발언을 옹호했다. 이날 파월은 자신의 연설을 둘러싼 논란을 의식했기 때문인지 법안에 관해 질의하지 않았다.[17] 파월에 비판적인 의원들은 영연방국 출신 이민자 증가에 따른 갈등을 우려하면서도, 파월의 주장과 같은 배제의 방법으로는 문제를 해결할 수 없다고 단언한다. 예컨대 노동당의 폴 로즈(Paul Rose) 의원은 다음과 같이 말한다.

게토(ghetto)를 낳는 것은 게토 외부의 차별입니다. 울버햄턴 선거구 의원인 존경하는 파월 씨가 두려워하는 요지는, 한 도시 전 지역이 유색인에게 장악되고 모든 도시가 또 그렇게 될지 모른다는 것입니다. 물론 차별이 계속된다면, 그런 일이 일어날 수도 있습니다. 법을 제정해 차별에 반대하고 또 차별에 반대하는 조치를 취함으로써 나타나는 결과 중의 하나는 이런 식의 긴장에 이르는 상황이나 유색인들의 집중을 예방한다는 점, 바로 그것이지요.[18]

파월의 연설을 옹호하는 듯한 발언을 한 보수당 의원들도 파월이 강조한 배제와 차별에 동의한 것은 아니었다. 다만 그들은 파월이 유색인종 이민 증가의 심각성을 경고했다는 점에 공감을 표했다. 보수당 의원 로널드 벨(Ronald Bell)은 이렇게 발언했다.

유색인 이민 문제와 이 법안은 별개이고 구별됩니다. 그렇지만 둘 사이에

---

17 비판적인 발언을 한 의원은 노동당의 폴 로즈, 모리스 오르바흐(Maurice Orbach), 레지널드 패짓(Reginald Paget), 딩글 풋(Dingle Foot), 아이버 리처드(Ivor Richard), 데이비드 에널스(David Ennals), 보수당의 퀸틴 호그(Quintin Hogg), 나이절 피셔(Nigel Fisher), 옹호한 의원으로는 보수당 휴 프레이저(Hugh Fraser), 로널드 벨(Ronald Bell), 더들리 스미스(Duddley Smith), 해럴드 가든(Harold Gurden) 등이었다. *Hansard's Parliamentary Debate* [Commons], 5th ser., vol. 763, cc. 53-172 (23 April 1968).

18 *Hansard's Parliamentary Debates* [Commons], 5th ser., vol. 763, c. 93. 다른 의원들의 비판은 다음을 볼 것. *Hansard's Parliamentary Debates* [Commons], 5th ser., vol. 763, cc. 74-75, 99, 111, 121.

관련이 있다는 것은 분명합니다. 울버햄턴 선거구의 친애하는 의원이 행한 연설이 지난 주말에 논쟁거리가 되었습니다. 파월 의원은 이민자의 감축과 송환을 요구한 것이지요. 이는 호응을 얻을 만하다고 봅니다.[19]

파월의 인종주의적 연설은 어떤 반응을 불러일으켰을까. 여기에서 유의해야 할 것은 공론장의 반응과 일반 대중의 여론이 서로 달랐다는 점이다. 유력 정치인과 의원은 물론 언론의 논조는 대부분 파월에 비판적이었다. 당시 9개 전국지 가운데 비판적 사설을 실은 신문은 7개였다.[20] 이에 비해 일반 시민의 여론은 파월을 지지하는 쪽이었다. 울버햄턴의 지방지 『익스프레스 앤드 스타(Express and Star)』는 파월의 비정상적인 수사를 비판했지만, 신문이 접수한 독자의 편지 5,000여 통 가운데 파월을 비판하는 편지는 352통에 지나지 않았다. 더욱이 독자를 대상으로 한 설문조사에서 3만 5,000명의 독자가 파월을 해임한 보수당 당수 히스의 결정을 비판한 반면, 그 결정을 찬성한 독자는 372명뿐이었다.[21] 파월은 지지자들로부터 무수한 격려 편지를 받았다, 4월 23일 2만 3,000통, 24일에는 5만여 통에 이르렀다. 울버햄턴 우체국은 편지를 전달하기 위해 특별 차량을 움직일 정도였다. 연설 이후 2주 동안 파월은 10만 통에 이르는 지지 편지를 받았다.[22] 연설 직후 시행된 갤럽여론조사에서도 지지여론이 압도적이었다.[23] 파키스탄 이민 2세인 극작가 하니프 쿠레이시(Hanif Kureishi)는 그

19 *Hansard's Parliamentary Debates* [Commons], 5th ser., vol. 763, c. 108. 다른 의원들의 옹호 발언은 다음을 볼 것. *Hansard's Parliamentary Debates* [Commons], 5th ser., vol. 763, cc. 95, 130, 147-48.

20 옹호하는 사설을 게재한 신문은 『익스프레스(*The Express*)』와 『뉴스 오브 더 월드(*The News of the World*)』뿐이었다. Schwarz, *The White Man's World*, 36.

21 Robert Shepherd, *Enoch Powell: A Biography* (London: Pimlico, 1997), 353.

22 Schwarz, *The White Man's World*, 40 참조.

23 갤럽조사에서 파월 주장 지지 74퍼센트, 반대 15퍼센트, 파월에 대한 예비내각 각료 해임은 반대 69퍼센트, 찬성 20퍼센트로 나타났다. Simon Heffer, *Like the Roman: The Life*

당시 험악했던 분위기를 이렇게 전한다.

파월의 연설이 신문에 게재되자, 그를 지지하는 낙서들이 런던 거리에 나타났다. 인종주의자들은 자신감을 얻었다. 사람들은 거리에서 나를 모욕했다. 카페에서 어떤 사람은 나와 같은 테이블에서 식사하기를 거부했다. 내가 사귀는 소녀의 부모는 그녀에게 검둥이(darky)와 사귀면 나쁜 소문이 날 것이라고 말했다. 중간계급 하층이나 노동계급에 속한 내 친구들 부모는 가끔 내게 자기들이 파월 지지자들이라고 말했다. 때때로 나는 그들이 열을 내며 격렬하게 인종, 파키스탄인에 관해 떠드는 것을 들었다. 나는 절망적으로 당황했으며 저 혐오스런 이국인으로 여겨질까 두려워했다. 나는 어디서 왔느냐는 질문에 대답하기가 거의 불가능하다는 것을 깨달았다. 파키스탄이라는 말은 모욕적인 말로 변했다. 그것은 나 자신에 관해 사용하고 싶지 않던 단어였다. 나는 나 자신을 감내할 수 없었다.[24]

'유혈의 강' 연설을 둘러싼 논란에서 특히 주목을 끄는 것은 파월 지지자들의 편지 쓰기이다. 몇 주에 걸쳐 파월의 자택, 의원 사무실, 언론사에 엄청난 양의 편지가 배달되었다. 사람들은 개인 상황이나 가정 조건을 넘어 일종의 정치적 힘을 나타냈다. 말하자면 편지 쓰기에 참여한 사람들은 그 행위를 통해 자신이 상상하는 공동체를 나타내고자 했다. 빌 슈워츠에 따르면, 파월에게 지지 편지를 보낸 사람들의 다수는 백인 여성이었다. 이들 편지에 나타나는 정서는 "친숙한 세계의 붕괴를 느끼는 사람들의 목소리"였다. 그들의 기억에 자리 잡은 이전의 친숙했던 세계란 본토,

of Enoch Powell (London: Orion, 1999), 467.
24 Hanif Kureishi, "London and Karachi", in Raphael Samuel, ed., *Patriotism: The Making and Unmaking of British National Identity, II. Minorities and Outsiders* (London: Routledge, 1989), 272.

백인 남녀, 변경, 식민지, 백인 정착지(white settlement), 백인 자치령으로 이루어져 있었다. 그들은 말하자면 상상된 백인의 세계라는 과거의 기억을 통해 현재의 무질서를 인식하고 분노한 것이었다.[25]

인종주의와 같은 내밀한 정서는 겉으로는 좀처럼 파악하기 어렵다. 제국 해체 과정에서 영국인들은 제국의 과거를 언급하지 않고 가능한 한 그 기억을 잊으려는 공적 문화를 조성했다. 실제로 제국에 관한 많은 부분은 공적 담론에서 망각되기도 했다. 돌이켜보면 19세기 후반 두 번째 제국 팽창기에 영국인들은 이전보다 더 강한 백인 정체성을 형성했다. 다만 본국에서 나타난 '백인성'이란 의도적으로 과장된 것이 아니라 상대적으로 완화되고 내밀한 정체성이었다. 그러나 1950년대 이후 유색인 이민자의 급증과 더불어 이전에 나직하고 순화되었던 백인 정체성이 큰 목소리로 자기를 드러내는 강한 정체성으로 변모하기 시작한 것이다. 유색인 이민 증가는 잊었던 제국의 기억을 다시 불러오고 조직하는 계기가 되었다.[26] 파월의 연설을 둘러싼 논란은 이러한 변화를 나타낸다.

노스탤지어로서의 '백인성'

1차 세계대전 직후에 영제국은 면적 면에서 최대 규모에 이르렀다. 그것은 백인 자치령, 인도 및 기타 아시아, 아프리카, 카리브해의 왕실 식민지, 전 세계에 점처럼 흩어져 있는 해군기지, 지브롤터나 홍콩 같은 군사적 요충지, 서아시아의 신탁통치령으로 구성된 광대한 세계였다. 일반적으로 제국은 정복으로 팽창하기 때문에 그것이 포함하는 여러 민족

---

25 Schwarz, *The White Man's World*, 19.
26 Schwarz, *The White Man's World*, 10-12 참조.

사이에 "차별(differentiation)과 불평등"을 재생산한다.[27] 전통적으로 역사가들은 본국(중심)과 속령 또는 식민지(주변부) 간의 불평등한 지배예속관계에 초점을 맞춰왔으나, 근래에는 이 같은 단순한 관계를 넘어 중심과 주변의 관계망(web) 또는 연결망(network)을 중시한다. 이러한 연결망은 군사적·정치적 간섭의 통로일 뿐만 아니라 무역·지식·이민 등 경제 및 문화 자원의 상호 교류의 통로이기도 했다. 사실 영제국의 경우 여기저기 흩어져 있는 식민지와 복잡한 정부기구를 고려하면 제국 전체를 하나로 묶는 수단이 필요했을 것이다. 존 다윈은 이 시기 영제국의 중요한 구성요소로 본토와 중심도시 런던, 인도, 백인 자치령을 꼽는다. 영제국이 주도한 세계 체제는 커뮤니케이션과 상호의존적인 연결망으로 이루어졌다. 그것은 해군과 경쟁력 있는 해운산업에 토대를 두고 발전한 것이었다.[28]

19세기 말, 20세기 초에 백인 자치령이 영국인들에게 '해외 잉글랜드'의 이미지로 새롭게 다가왔다는 것은 영국과 자치령의 외교관계에서도 그대로 나타난다. 1867년 캐나다가 자치령으로 승격된 후 초대 책임정부 수상 존 맥도널드(John A. MacDonald)는 영국-캐나다가 준외교관계를 맺어야 한다는 입장에서 외교관 신분인 장관급 인사를 런던에 파견하겠다고 제의했다. 이 제의를 받아들이면서도, 영국 정부는 장관(minister)이라는 외교관 타이틀 대신에 '고등판무관'이라는 칭호를 부여했다.[29] 1차 세계대전 직전 모든 자치령 국가의 런던 주재관 호칭은 캐나다의 선례를 따라 고등판무관으로 통일되었다.[30] 영국 정부는 자치령 문제를 이전과 마찬가지로 외무부(Foreign Office)가 아닌 식민부(Colonial Office)에서 맡도록 했지만,

27 Hall and Rose, "Introduction", in idem, *At Home with the Empire*, 5-6.
28 Darwin, *The Empire Project*, 9-11.
29 W. A. Riddell, ed., *Documents on Canadian Foreign Policy 1917-1939* (Toronto: Oxford University Press, 1962), 32 참조.
30 Lorna Lloyd, "'Us and Them': The Changing Nature of Commonwealth Diplomacy, 1880-1973", *Commonwealth and Comparative Politics*, 39/3 (2001), 11.

자치령 정부는 이런 조치에 별다른 이의를 제기하지 않았다. 이는 자치령 국가가 영제국의 일부이며 영국적 전통을 지향한다는 암묵적인 합의에 따른 결과였다. 그러나 다른 한편으로, 이들 자치령 국가는 1919년 국제연맹에 각기 회원국으로 가입했고, 이어서 국제노동기구나 국제사법재판소 등에 개별 회원국으로 참여했다.

1880년대 이후 영국과 자치령을 연결하는 다양한 민간 네트워크가 활성화되었다. 각종 단체가 영국과 자치령에서 회원을 모집하고 대중 지지를 얻기 위해 노력을 기울였다.[31] 이와 같은 제국 연결망과 더불어, 1887년부터 영국 정부는 제국 문제를 협의하기 위해 백인 자치령 책임정부 지도자들과 정례회의를 갖게 되었다. 이 자체가 백인 자치령에 대한 영국 정부의 인식 변화를 보여 준다. 처음 식민지회의라고 불린 이 회의는 1907년 결정적인 전기를 맞는다. 이때부터 제국회의라는 공식 명칭을 사용하고 영국과 다른 자치령 국가들이 동등한 자격으로 회의에 참여하게 된 것이다.[32] 이러한 변화의 중요성에 관해 캐나다의 존 버컨(John Buchan, 1875~1940)은 다음과 같이 말했다.

최근 제국회의는, 제국이란 브리튼과 일련의 가난한 속령으로 구성된다고 하는 거의 50년 전의 일반적인 견해로부터 완전히 벗어났다. 회의는 모국(Mother Country)이 '동등한 회원국 가운데 첫째(*prima inter pares*)'이며, 제국이란 모든 회원국이 평등한 관계로 가입한 동맹(alliance)이라는 사실을

---

31 제국연결망을 갖춘 주요 단체로는, Imperial Federation League, Imperial Maritime League, Imperial South Africa Association, Navy League, Primrose League, Tariff Reform League, Empire Day Movement, YMCA 등 매우 다양했다.

32 제국회의가 1926년 밸푸어 선언을 거쳐 영연방(British Commonwealth)으로 발전했다. 2차 세계대전 전까지 영연방이란 영국과 백인 자치령 국가에 한정된다. 2차 세계대전 이후 독립한 인도 등이 새롭게 영연방에 가입하면서 확대되기 시작한 것이다. 영연방의 변화에 관해서는 8장을 참조할 것.

인정했다. 그러나 제국은 단순한 동맹 그 이상의 것이다. 그것은 가족적임과 동시에 함께 일하는 동료 관계(partnership)이다. 회원국 간에는 혈통(blood)과 공동의 이상(common ideal)이라는 유대가 있다. 그리고 회원국이 공동의 목표를 이루려고 일하기 때문에, 공동으로 시도하고 행동하기 위한 어떤 조직(machinery)이 있어야 하는 것이다.[33]

앞의 인용문에서 나타나는 표현들, 이를테면 '모국', '가족', '혈통', '유대' 등은 당대에 흔히 사용되는 수사였다. 여기에서 모국은 물론 영국을 가리킨다. 혈통은 전적으로 백인 자치령에만 관련된다. 혈통은 같은 인종에 해당하는 사람들을 씨족 또는 동족 개념으로 인정함을 뜻한다. 버컨은 실제 국제정치에서 혈통만으로 조화를 이끌어내기는 어렵다고 생각했다. 영국과 자치령 국가들의 단합된 행동은 어떤 조직을 통해서만 가능하다. 그 조직은 아마도 중앙화된 행정기구이어야 할 것이다. 버컨은 19세기 말, 20세기 초에 지식인들 사이에 호응을 얻었던 '대영국(Great Britain)'의 이상을 공유했다고 할 수 있다.[34] 그러나 여기에서 중요한 것은, 자치령 국가들에서 새롭게 대두한 자국 중심주의가 더 강력한 통합의 구호인 '대영국'과 대립하거나 그것을 밀어냈다는 사실이다. 자치령 국가의 정치인들은 더 강력한 통합이나 연방이 영국의 헤게모니를 승인하는 결과를 가져오지 않을까 우려했던 것이다. '백인성'에 바탕을 둔 제휴는 항상 개별 국가 및 자국 중심주의 이데올로기와 갈등을 빚을 위험이 있었다.

실리는 제국을 역사서술의 주제로 끌어들인 최초의 역사가이다. 그는 제국의 의미를 소개하면서, 영국식 이름이 지구상의 다른 지역에 퍼지

---

33 John Buchan, "The New Doctrine of Empire", in idem, *Comments and Characters* (London: Nelson, 1940), 87.
34 대영국 담론은 3장 참조.

고 있는 "단순하고 명백한 사실"에 관심을 표명하였다. 영국인은 세계의 임자 없는 땅에 영국식 지명을 붙이고, 여러 지역에 정착해 영어를 전파시켰다. 이 확장이 의미하는 것은 무엇인가. 18세기에 이미 영국의 역사가 브리튼섬에 국한된 것이 아니라 아메리카와 아시아를 포함한다는 것을 뜻한다. 그는 영국인이 이 자명한 사실을 감지하지 못한 현실을 우려한다. 이제 영국은 동서 양쪽에서 성장해 오는 러시아와 미국에 도전받는 위험한 상황에 처해 있다. 더욱이 영국인은 스스로가 제국적 민족임을 깨닫지 못하고 있다. 잉글랜드와 해외 영토의 긴밀한 연대를 위해서는 국가와 제국이 하나라는 점을 인식하는 것이 필요하다는 주장이다.[35] 이 '대영국'론이 20세기 초 정치가 조지프 체임벌린의 관세개혁운동의 이념적 기반이 되었다는 것은 잘 알려져 있다. 1887년 체임벌린은 토론토를 방문한 자리에서 이렇게 말한다.

앵글로-색슨 인종이 가진 우월성, 그 위대함과 중요성, 당당하고 끈질기고 단호하며 결연한 품성은 기후대나 환경 변화에도 달라질 수 없다. 그것은 분명코 미래 세계의 역사와 문명에 주도적인 영향력을 발휘할 것이다. ······ 진정한 민주주의에 대한 관심은 무정부 상태나 제국의 해체를 향하는 것이 아니라, 오히려 비슷한 목표를 지닌 친족적 인종의 통합을 향해야 한다.[36]

19세기 후반 백인 정착지에 대한 인식의 변화와 대영국론에서 감지되는 '백인성'은 상상된 구성물이라고 할 수 있다. 제국 팽창기에 백인은 타자와의 관계 속에서 '백인성'을 획득한다. 원주민 사회를 교화시키고 개척

---

35 John R. Seeley, *The Expansion of England* [1883](London: Macmillan, 2nd ed., 1895), 9, 71-75.

36 Peter March, *Joseph Chamberlain: Entrepreneur in Politics* (New Haven: Yale University Press, 1994), 294.

한 남성성의 담지자로서 백인 정체성은 오랫동안 영국인의 삶에 영향을
미쳤다. 그렇다면 파월의 연설을 둘러싼 논란에서 그를 지지한 수만 명의
보통사람들도 이 같은 정체성을 나타낸 것일까. 여기에서 새롭게 재조직
된 '백인성'의 인식은 19세기 후반의 그것과 대조적이다.

19세기 후반 제국 절정기에 백인 정체성은 역사의 능동적 창조자로 나
타난다. 그 지배적 서사는 영웅적이고 남성적인 코드를 보여준다. 그러나
1960년대에 '백인성'은 패배한 사람들의 전형으로 등장한다. 이 문제를
깊이 분석한 슈워츠는 1960년대 보수적인 영국인들의 정서에서 '백인성'
은 능동적이라기보다 수동적이며, 스스로를 유색인의 이민에 따라 위험
에 빠진 패배자 또는 약자로 여겼다고 본다.[37] 그들은 본국이 위험한 상태
에 있고, 백인 자치령 국가가 오히려 더 안전한 잉글랜드라고 인식했다는
것이다. 위험한 환경에서 벗어나 '백인성'을 회복할 수 있는 해외 잉글랜
드에 대한 노스탤지어가 강렬하게 표출되었다. 전후 백인 자치령 국가로
이주한 영국인들의 정서는 이런 맥락에서만 이해된다.

이민과 '상상의 잉글랜드'

백인 정착지들은 대체로 19세기 후반부터 20세기 초에 자치령 국가로
변모한다. 캐나다의 경우 1867년 기존의 온타리오·퀘벡·노바 스코샤·뉴
브런즈윅 등 4개 자치령을 통합한 연방국으로 출발했으며,[38] 이후 북서 지
역과 루퍼츠 랜드(Rupert's Land)를 합병하고, 1871년에 브리티시 컬럼비아

---

37 Schwarz, *The White Man's World*, 11-12.
38 연방 출현 전까지 공식적으로 온타리오 및 그 인근 지역은 로어 캐나다(Lower Canada),
퀘벡주는 어퍼 캐나다(Upper Canada)로 불렸다.

(British Columbia)를 연방에 흡수함으로써 대서양에서 태평양에 이르는 광대한 자치령 국가로 발전했다. 오스트레일리아는 대륙에 산재한 여러 자치령, 이를테면 뉴사우스웨일스, 태즈메이니아, 웨스턴오스트레일리아, 사우스오스트레일리아, 빅토리아, 퀸즐랜드 등을 통합해 1901년 연방국이 되었다. 이 밖에 뉴질랜드, 남아프리카연방, 뉴펀들랜드 또한 19세기 후반 또는 20세기 초에 자치령으로 변모한다.[39] 특히 오스트레일리아나 남아프리카 등 자치령 국가의 성립은 '대영국'을 주장했던 영국의 식자층에게는 인상적인 변화로 받아들여졌다. 특히 백인과 비백인을 구분, 백인 중심의 국가 모델을 세웠기 때문에 본국에서 멀리 떨어진 그 "인종적 변경"은 본국 사람들에게 "매혹의 원천"으로 다가오기도 했다.[40]

19세기 백인 자치령 사회는 노동력 부족을 해결하기 위해 본국인의 이주를 장려했다. 당시에는 이민에 관련된 각종 사회단체가 활발하게 활동했다. 사실 19세기 해외로 이주한 영국인 가운데 다수는 미국, 그리고 나머지가 백인 자치령으로 향했다. 1815~1914년간 영국으로부터 해외로 이주한 인구는 2,212만 6,000명이었다. 이 가운데 미국 62퍼센트, 캐나다 19퍼센트, 오스트레일리아/뉴질랜드 10.7퍼센트, 남아프리카 3.4퍼센트였다.[41] 그러나 자치령만 별도로 분석하면 이주자들의 대부분은 캐나다 또는 오스트레일리아로 향했다. 몇몇 단편적인 자료를 통해 이 두 지역의 실태를 살펴보기로 하자.

1842년 '식민지 토지-이주위원회'는 영국령 북아메리카 이주에 관한 정보를 담은 책자를 런던에서 발간했는데, 이 팸플릿은 위원회의 목적이

---

39 자치령 국가를 선포한 해를 보면 뉴질랜드 1852년, 뉴펀들랜드 1907년, 남아연방 1910년이다.

40 Schwarz, *The White Man's World*, 112.

41 A. N. Porter, ed., *Atlas of British Overseas Expansion* (London: Routledge, 1991), 85 참조.

식민지 토지 매각, 이주 감독, 식민지에 관한 상세한 정보 제공 등에 있음을 밝히고 있다.[42] 팸플릿에서 밝힌 영국령 북아메리카 인구는 1830년대에 대략 132만 명가량이었다.[43] 1825~40년간 영국령 북아메리카로 이주한 영국 이민자 수는 대략 45만 811명으로 연평균 2만 8,000명 수준이었다. 통계상으로는 해마다 편차가 심하지만, 이민자가 3만 명 이상에 이른 해는 1830~32년, 1834년, 1836년, 1840~41년 등이었다. 특히 1831~33년 이민자 수는 12만 4,406명으로 절정에 이르렀다.[44] 이 밖에 토지-이민위원회는 퀘벡, 온타리오, 노바 스코샤, 뉴브런즈윅, 뉴펀들랜드 등의 전체 면적, 개척지, 가경지(可耕地) 가운데 미분양지의 규모를 상세하게 소개하고 있다.[45]

브리티시 컬럼비아의 경우, 1849년 밴쿠버 아일랜드, 1858년 밴쿠버 및 그 인근 지역이 각기 영국 식민지로 편입되었다. 그 후 1866년 두 속령을 통합해 브리티시 컬럼비아로 불렸으며, 5년 후에 캐나다 연방에 합병된다. 1873년 런던 주재 브리티시 컬럼비아 대표부의 이름으로 간행된 한 팸플릿은 이 지역의 실태를 소개하면서 본국인의 이주를 요청하고 있다. 캐나다 태평양 철도를 브리티시 컬럼비아까지 확장하기로 계획한 후에 이 지역에 대한 관심이 고조되었다. 근래에는 금광 및 탄광 개발과 함께

---

42 Colonial Land and Emigration Office, *Information for Emigrants to British North America* (London: C. Knight, 1842), 4.

43 각 백인 자치령 인구 기준년도는 약간 차이가 있다. 퀘벡 지방(Lower Canada) 55만 1,438명(1831), 온타리오(Upper Canada) 40만 7,696명(1835), 뉴브런즈윅 11만 9,457명(1834), 프린스 에드워드 아일랜드 3만 2,176명(1833), 뉴펀들랜드 7만 5,094명(1836), 노바 스코샤 14만 2,543명(1838). *Information for Emigrants to British North America*, 7.

44 *Information for Emigrants to British North America*, 12. 1831~32년 전후의 이민자 수를 보면, 1829년 1만 3,307명, 1830년 3만 574명, 1833년 2만 8,808명 수준이다. 왜 1831~32년에 이민자 수가 급증했는지는 또 다른 분석을 필요로 한다.

45 가경지 중 미분양지는 퀘벡 400만 에이커, 온타리오 100만 에이커, 노바 스코샤 28만 에이커, 뉴브런즈윅 1,100만 에이커 등이다. *Information for Emigrants to British North America*, 7 참조.

목재, 양모, 어류 수출도 증가하고 있다는 것이다.[46] 팸플릿에 따르면, 이주의 인구는 1만 5,000명, 원주민은 3만 명에 이른다. 특이한 것은 중국인이 1,500명 거주하고 있다는 점이다. 이는 밴쿠버 아일랜드 삼림 벌채와 목재 가공에 중국인 노동자들을 고용한 데 따른 것이다.[47] 토지 가격은 에이커당 1달러 또는 4실링 수준이다.[48] 달러를 먼저 표기한 것은 이 지역이 미국 경제의 영향을 받고 미국으로부터 이주민이 상당수에 이른다는 점을 나타낼 것이다. 이 지역에 필요한 이주민은 어떤 사람들인가. 팸플릿은 법률가·의사·측량기사 등 전문직 종사자에게 권유하기보다는, 약간의 투자금을 지니고 자신의 손으로 일을 할 수 있는 사람들을 추천한다.[49]

만일 그 스스로 노동을 해도 부를 쌓을 힘이 없다면, 자신과 자녀의 미래에 대해 초조하고 불안해서 이민을 준비한다면, 브리티시 컬럼비아가 가져다줄 혜택을 고려해 보는 것이 좋겠다. 이민자는 우선 이주와 삶의 변화가 자신의 정신을 바꾼다는 점을 알게 될 것이다. 후에 새 나라에서 힘든 생업을 시작하면서 불황기가 닥쳐오고 그에 따라 생존에 대한 절박감을 느끼더라도, 그것이 이주자에게는 지고의 축복임을 깨닫게 된다. 그가 이전에 어떤 처지에 있었든지 간에, 브리티시 컬럼비아에서 그는 자신의 손으로 자신의 땅을 경작하고 그 자신 또는 주위 사람의 눈에 결코 전락한 사람으로 보이지는 않을 것이다.[50]

46 Agent-General, "British Columbia, Information for Emigrants" (London, 1873), 2. 영국령 북아메리카뿐 아니라, 오스트레일리아에 관해서도 비슷한 책자가 간행되고 있다. 예컨대 W. C. Wenworth, *A Statistical Account of the British Settlements in Australia* (London: G. Whittaker, 1824), 2 vols.는 뉴사우스웨일스를 비롯한 여러 자치령의 인구, 기후, 거주환경, 산업 등을 상세하게 소개하면서 이민을 권유한다.
47 "British Columbia, Information for Emigrants", 7.
48 "British Columbia, Information for Emigrants", 7.
49 "British Columbia, Information for Emigrants", 24.
50 "British Columbia, Information for Emigrants", 23.

앞에서 언급했듯이, 19세기만 하더라도 해외로 이주한 영국인 가운데 다수는 미국, 그리고 나머지가 백인 자치령으로 향했다. 그러나 2차 세계 대전 이후 새로운 양상이 나타난다. 1948년 3월 갤럽조사에서 영국인 응답자의 42퍼센트가 해외 이주에 관심을 가지고 있었는데, 특히 오스트레일리아 9퍼센트, 남아프리카 9퍼센트, 뉴질랜드 8퍼센트, 캐나다 6퍼센트, 미국 4퍼센트였다.[51] 또 다른 통계에 따르면, 1945~60년간 150만 명의 영국인이 해외로 이주했으며, 이 가운데 80퍼센트가 오스트레일리아, 캐나다, 뉴질랜드, 남아프리카공화국, 로디지아로 향했다.[52]

영국인의 해외 이주는 두 세기 동안 지속된 현상이며, 그 결과 백인 자치령과 영어 사용 세계가 형성되었다. 그러나 19세기와 20세기 이주 현상의 뚜렷한 차이, 즉 미국 선호 현상이 백인 자치령 국가로 바뀐 것은 또 다른 분석을 필요로 한다. 19세기 후반 영국 정부는 자국의 상황을 인구 과잉 상태로 보고, 미국 및 백인 자치령으로 자국민의 이주를 장려하는 경향이 있었다. 다른 한편, 백인 자치령은 노동력 부족을 영국인 이민을 통해 해결하려는 정책을 폈다. 특히 오스트레일리아와 뉴질랜드 정부는 미혼 영국인 남녀의 이민에 관심을 가졌으며, 자치령 남녀와 짝맞추기가 성행하기도 했다.[53] 20세기 전반과 후반을 비교하면 영국인의 해외 이민은 감소한다. 1900~09년간 167만 명, 1920년대 181만 6,618명에서 1950년대 132만 7,300명으로 떨어진다.[54] 이러한 감소는 물론 영국의 출산율 저

---

51 Stephen Constantine, "Empire Migration and Imperial Harmony", in idem, ed., Emigrants and Empire: British Settlement in the Dominions between the Wars (Manchester: Manchester University Press, 2009), 283.

52 Kathleen Paul, *White Washing Britain: Race and Citizenship in the Postwar Era* (Ithaca: Cornell University Press, 1997), 25.

53 Stephen Constantine, "British Emigration to the Empire-Commonwealth since 1880: From Overseas Settlement to Diaspora?", in Carl Bridge and Kent Fedorowich, eds., *The British World: Diaspora, Culture and Identity* (London: Frank Cass, 2003), 22-23.

하 및 인구증가율 하락과 관련될 것이다.[55] 이와 함께 백인 자치령 국가들이 영국 위주의 이민정책에서 다른 유럽 국가, 그리고 아시아 국가로 이민 대상을 확대한 데 따른 영향을 받았을 것이다.

그러나 인구증가율의 하락을 고려하면, 여전히 많은 영국인이 2차 세계대전 이후에도 특히 백인 자치령 국가로 이주했다. 전쟁기와 1930년대 대공황기를 제외하고 영국인의 해외 이주가 지속적으로 이루어졌던 까닭은 무엇인가. 우선 두 차례에 걸친 전쟁과 대공황을 겪으면서, 상당수 영국인들이 유럽 대륙을 삶의 위험이 가득한 공간으로 바라보았다. 특히 2차 세계대전 이전에는 독일의 위협 및 침입이 있을지 모른다는 불안감이 사회 심리적으로 널리 퍼졌다. 2차 세계대전 이후에도 유럽에 대한 이미지는 분열, 냉전, 혼돈, 부패, 고통, 폭력, 무질서와 관련되기도 했다. 더욱이 두 차례 세계대전에서 수백만 명의 영국인이 대륙 전선에서 복무했다. 그들에게 영어 단어 'abroad'는 단순히 유럽 대륙을 뜻했다. 유럽 밖의 세계, 특히 제국으로 여행을 언급할 때에는 'overseas'라는 말이 사용되었다. 부정적 이미지의 유럽을 벗어나 친숙한 해외 속령으로 이주하려는 열망이 사람들 사이에 깃들어 있었다.[56]

다음으로, 영국 정부와 자치령 국가의 지원책이 해외 이민을 자극했다.

---

54 Constantine, "British Emigration to the Empire-Commonwealth since 1880", 26.

55 잉글랜드 및 웨일스의 경우, 19세기와 20세기 초에 비해 20세기 후반은 전반적으로 인구증가율이 하락 추세를 보여 준다. 우선 1881~1931년간 영국의 인구증가는 매우 인상적이었다. 3,000만 명에서 4,500만 명으로 급증한다. N. L. Tranter, *British Population in the Twentieth Century* (Basingstoke: Macmillan, 1996), 3. 한편, 20세기의 출산율 추이를 보면, 인구 1,000명당 신생아의 수가 1901~05년 28.2명, 1936~40년 14.7명, 1976~80년 12.3명으로 하락한다 이상 수치는 다음을 참조. A. H. Halsey and J. Webb, eds., *Twentieth-Century British Social Trends* (London: Macmillan, 1980), 34.

56 이러한 견해는 다음을 참조. Wendy Webster, "Home, Colonial and Foreign: Europe, Empire and the History of Migration in 20th-Century Britain", *History Compass*, 8/1 (2010), 32-50, 특히 40.

우선 1914년 국적법(British Nationality Act)은 영국 본토는 물론, 자치령과 속령에서 출생한 사람을 시민권자로 규정한다. 이는 지리적·인종적 다양성에 관계 없이 자유로운 이동과 자유로운 노동시장을 지향한 것이다. 지구적 규모의 이민을 제도화한 조치라고 할 수 있다. 이와 함께 1922년 제국정착법(Empire Settlement Act)이 이민 증가에 큰 영향을 미쳤다. 원래 이법은 영국을 비롯해 자치령 국가에 커다란 사회 문제로 등장한 제대군인의 사회 적응과 정착을 유도하려는 의도에서 시행되었다.[57] 특히 본토의 제대군인 가운데 백인 자치령으로 이민을 희망하는 사람에게는 연간 300만 파운드 한도 안에서 여비 일부를 보조해 주었다. 물론 1930년대 후반에 그 예산 한도액을 50퍼센트 줄였지만, 그 후 여러 차례 개정을 거치면서도 여비보조 조항은 1972년까지 존속했다.[58] 이미 인구과잉에 따른 해외 이주 지원 필요성이 사라졌는데도 기존 정책의 기조가 이어졌다는 것은 놀라운 일이다. 1938년 지원 예산 한도를 없앤 후에도 정부의 한 보고서는 여전히 이민정책의 장점을 언급하고 있을 정도이다.[59] 자치령 국가 또한 19세기에 이어 20세기에도 여전히 영국을 비롯한 유럽인 이민을 장려하는 다양한 정책을 폈다. 캐나다·오스트레일리아·뉴질랜드의 이민정책은 영국인을 비롯한 유럽 출신 백인의 정착을 통해 자국 국민정체성을

---

57 이에 관한 비교사적 연구는 다음을 볼 것. K. Fedorowich, *Unfit for Heroes: Reconstruction and Soldier Settlement in the Empire between the Wars* (Manchester University Press, 1995).

58 전간기에 정착법이 어느 정도 성공적이었는가에 관해서는 논란이 있다. 1922~39년 간 이 법의 지원을 받아 영국에서 자치령 국가로 이주한 사람은 8만 6,027명에 이른다. Michael Roche, "World War One British Empire Discharged Soldier Settlement in Comparative Focus", *History Compass*, 9/1(2011): 2. 정착법의 변화에 관해서는 다음을 볼 것. Stephen Constantine, "Waving Goodbye? Australia, Assisted Passages and the Empire and Commonwealth Settlement Acts, 1945-72", *Journal of Imperial and Commonwealth History*, 26/ 2 (1998), 176-77.

59 Cmd 5766, "Report of the Oversea Settlement Board" (May 1938).

형성하는 데 초점을 맞췄으며, 이러한 정책은 2차 세계대전 이후에도 상당 기간 계속되었다. 예컨대 1947~58년간 오스트레일리아로 이주한 영국인 이민은 45만 7,898명이었다. 이 가운데 66퍼센트가 오스트레일리아 정부의 여비 보조를 받았다.[60]

백인성을 우선시하는 정책에 변화가 나타난 것은 1960년대의 일이다. 이 시기에 자치령 국가들은 영국인 이민자를 대상으로 하는 정착보조금을 삭감하거나 폐지했으며, 영국계 이민에게 유리하지 않은 비차별정책을 도입한다. 이민쿼터제에도 변화가 일었다. 개인의 능력 및 기술에 대한 점수가산제도를 확대한 것이다.[61] 이 시기 영국인의 해외 이주를 디아스포라 개념으로 바라볼 수 있을까. 2차 세계대전 이후 백인 자치령 국가로 이민을 떠난 영국인들은 개인적인 이유와 사정이 다양했을 것이다. 영국으로 들어오는 유색인 이민 증가에 따른 불만과 두려움으로 해외 이민을 택한 사람들도 적지 않았다. 특히 카리브해 연안국 주민과 케냐 인도계 주민들의 영국 이주가 중년 백인들을 자극했다. 오스트레일리아의 경우를 보자. 4주 동안의 항해 끝에 오스트레일리아에 도착한 이주민들의 회고는 많다. 그들이 느낀 첫인상은 "깨끗하고 잉글랜드적인" 것이었다. 이들의 회고를 살펴보면, 정결과 불결, 질서와 무질서, 백인과 비백인이라는 이항 대립이 작용하고 있음을 발견한다. 슈워츠는 이 시기 이민자들의 세계에서 '상상의 잉글랜드'가 오히려 강화되었다고 단언한다.[62]

1955~65년 사이에 영국 사회는 급속하게 변했다. 공적 생활에서 정치인과 전국적인 명사들은 여전히 제국적 가치를 언급하고 정당화했지만,

---

60 R. T. Appleyard, *British Emigration to Australia* (London: Weidenfeld & Nicolson, 1964), 85.

61 이상은 다음을 볼 것. Timothy Hatton, "Emigration from the UK, 1870-1913 and 1950-1988", *European Review of Economic History*, 8/2 (2004), 156-57.

62 Schwarz, *The White Man's World*, 59.

이사이에 팝문화와 록음악, 앵그리영맨 세대의 도전에 그 가치는 제자리를 지키기 어려웠다. 전쟁기 또는 전후에 태어난 젊은 세대는 그들 선대 및 부모와 전혀 다른 제국 관계를 맺었다. 기성세대와 전후세대가 제국적 가치를 바라보는 시각의 차이가 사회 혼란을 더욱더 부추겼다. 1965년 비틀스(The Beatles)에게 훈사(勳士, MBE) 작위를 수여하기로 하자 일어난 소동은 이를 반영한다. 훈사 수여는 곧바로 보수언론과 특파원들 사이에 분노를 유발했다. 캐나다의 한 의원이 자신의 작위 반환을 발표한 후 영국의 유력 정치인들이 뒤를 따랐다.[63] 4년 후에 존 레넌(John Lennon)이 자신의 메달을 버킹엄궁에 반환하면서 이 소동은 종국을 고했지만, 제국적 가치와 경험은 영국인들의 일상생활과 공적 삶에서 더 이상 영향력을 발휘할 수 없었다. 제국 가치에 대한 옹호는 일종의 시대착오로 간주되었다.

영제국 역사에서 식민지 과거를 기억하는 것은 인종을 기억하는 것이다. 영국인들이 문명을 다른 세계에 전파했다는 의식에 기반을 두기도 한다. 오랫동안 영국인들은 이를 통해 그들의 '백인성'을 확인했다. 1950~60년대는 제국적 가치의 기억에서 망각으로 거대한 변화를 겪은 과도기였던 것이다. 비슷한 시기에 영국인들의 일부는 분명 해외 백인 자치령 국가에서 '상상의 잉글랜드'를 찾았으며, 이들 지역으로 이주한 사람들의 정신세계에서 이러한 의식을 찾을 수 있는 것이다.

'상상의 잉글랜드'가 남긴 것

파월 논쟁은 제국 해체 이후 오랫동안 제국을 의식적으로 외면해 온

---

63 캐나다 자유당 전 의원 엑토르 뒤푸스(Hector Dupuis)를 시작으로, 영국의 C. V. 헌(C. V. Hearn), 캡틴 데이비드(Captin David), 에번 리스(Evan Rees), 조지 리드(George Read) 등이 뒤를 이어 훈사 작위를 반환했다. Schwarz, *The White Man's World*, 7.

영국 사회 일반의 가식적인 분위기를 다시 돌아보는 계기를 만들었다. 2차 세계대전 이후 영국의 지식인들은 도덕적 부담감에서 제국주의를 비판하고 제국적 가치가 시대의 추세에 뒤떨어진 것으로 생각했다. 이 영향을 받아 영국사 연구자들은 제국과 제국적 가치가 영국사의 지배적인 동력이 아니었다고 주장한다. 그러나 실제로 제국이 영국인들의 일상생활과 정신세계에 남긴 유산은 아무리 강조해도 지나치지 않다. 특히 영국인들의 '백인성'에 대한 집착은 제국의 확장과 함께 형성되었으며, 20세기에 이민 추세가 백인 자치령 국가로 바뀐 것 또한 이와 같은 맥락에서 이해하지 않으면 안 된다.

19세기 후반 이후 백인 자치령에 대한 영국인들의 인식에서 긍정적인 변화는 백인 자치령이 '백인성'을 중시하고 다른 인종에 대한 배제의 원칙을 새롭게 정립한 점과 관련된다. 그러나 19세기 말, 20세기 초 자치령에 대한 인식 변화가 강력한 영국의 국력을 바탕으로 '대영국' 이념과 자연스럽게 연결된 것이었음에 비해, 1950~60년대 본토에서 해외로 이주한 영국인들의 집착은 오히려 쇠락하고 변질된 영국 사회를 대신해 해외에서 순수한 잉글랜드 또는 '상상의 잉글랜드'를 찾으려는 퇴행적인 태도에서 비롯되었다.

2016년 6월 '브렉시트(Brexit)'가 가결된 이후, 그 원인에 대한 논란이 증폭되고 있다. 표면적으로는 유럽연합국가로부터 이민자 증가에 따른 불만과 정치인들의 선동, 그리고 부의 양극화에 따른 하층민의 분노가 브렉시트로 연결되었으리라고 진단한다. 그러나 대중의 불만, 정치적 선동, 하층민의 분노, 그 이면에 백인성에 대한 퇴행적인 집착이 깃들어 있었으며, 1960년대 '유혈의 강' 소동에서 드러난 영국인들의 내면 심리와 맞닿아 있다고 한다면 너무 지나친 추측일까.

11장

다문화 사회의 명암

1950년대까지 영국은 미소 강대국의 대립 속에서 자국의 국제적 위상을 유지하기 위해 신생 독립국을 영연방의 테두리 안에 포함하려는 정책을 폈다. 당시만 하더라도 영국 시민권이나 국적에 대한 깊이 있는 논의가 별로 없었다. 다만 영연방 국민은 해당 국가 국민이자 영국 신민이라는 지위를 인정했다. 제국과 영연방 주민들은 영국 국민과 마찬가지로 영국과 식민지 시민권을 동시에 가질 수 있었다. 원칙적으로 영연방 사람들은 영국으로 입국과 이주에서 제한을 받지 않았다. 이에 따라 특히 1950년대 초 이래 카리브해 연안국, 인도, 파키스탄 주민들의 영국 이주가 계속 증가했다.

1960년대 이후 비백인 이민자 증가가 사회적으로 논란이 되자 영연방 국가로부터 이민을 제한하는 일련의 이민규제법을 제정했다. 1862년 영연방이민법을 제정한 후 세 차례에 걸쳐 이민규제를 강화했다.[1] 다른 한편으로는 자국의 다인종 사회를 궁극적으로 영국에 동화시키려는 '문화적 동화(cultural assimilation)' 정책을 폈다. 그러나 동화정책으로 감내할 수 있는 수준 이상으로 이민자 수가 증가하자 적극적인 문화적 동화와 통합보다는 다문화주의를 인정하고 관용하는 정책으로 전환하기에 이른다. 이런 전환이 성공적이었는가에 대해서는 논란이 많다. 특히 유럽연합으로부터 취업자 및 이주자 증가와 함께 다인종과 다문화를 둘러싼 긴장이 높아졌다.

문화접변과 정체성

원래 '식민지'라는 말은 라틴어 콜로니아(colonia), 즉 로마 시민이 새로 획득한 땅에 정착한다는 뜻에서 비롯했다. 일반적으로 '식민주의(colonialism)'라는 말은 대항해시대 이래 서구인들의 "탐험과 발견, 정착, 지리적으로 떨어진 타자에 대한 지배, 그리고 그 결과로 나타난 자본주의의 불균등 발전"을 가리키는 말로 사용된다.[2]

제국 경영과 식민지 지배의 경험은 영국인들의 삶과 문화에 어떤 영향을 미쳤을까. 식민지인들이 '영국적인 것'에 자극을 받은 것처럼 영국 문화 또한 타문화와의 접촉과 만남을 통해 변화를 겪었을 가능성을 받아들여야 한다. 그런데도 이 문제에 관해 영국 역사가들은 오랫동안 진지하게 검토하지 않았다. 일찍이 프란츠 파농(Frantz Fanon)은 근대 유럽의

---

1 Commonwealth Immigration Act 1962. 영국의 이민규제에 관한 국내 연구로는 다음을 볼 것. 정희라, 「'자유방임 이민국'에서 '제로 이민국'으로―영국 이민사 개관 및 연구동향」, 『서양사론』 93 (2007), 247-70; 박은재, 「영국 노동당 정부(1964-70)의 이민-인종정책」, 『영국 연구』 26 (2011), 264-94.

2 Catherine Hall, "Introduction: thinking the postcolonial thinking the empire", in idem, ed., *Cultures of Empire: Colonizers in Britain and the Empire in the Nineteenth and Twentieth Centuries* (Manchester: Manchester University Press, 2000), 5.

발전이 외부 세계의 희생을 대가로 전개되었다고 천명했다. 여러 세기에 걸쳐 아시아·아프리카·아메리카 지역의 귀금속, 석유, 비단, 면화, 목재 및 그 밖의 생산물을 기반으로 부를 쌓아올린 것이다. "유럽은 글자 그대로 제3세계의 창조물이다."[3] 식민주의 없이는 근대 유럽도 없었다는 파농의 선언은 1960년대에 나왔지만, 서구 지식인들이 이 선언을 음미하는 데에는 시간이 걸렸다.

에드워드 사이드의 『오리엔탈리즘』(1978)[4] 출간 이후 문예이론 분야에서 뚜렷한 지적 전통으로 떠오른 탈식민담론은 외부 세계에 대한 근대 유럽인들의 인식과 지식체계에 근본적인 문제를 제기한다. 근대 유럽인들은 외부 세계 사람들을 항상 자기와 다르고 열등한 '타자'로 인식했으며, 이 '타자'에 대한 담론을 통해 자신을 스스로 규정했다는 것이다. 탈식민 연구는 이러한 전제를 입증하기 위해 이른바 식민담론(colonial discourse)을 분석한다. 여기에서 식민담론이란 "서구가 주변 지역, 특히 식민 지배 아래 있던 지역과 문화에 관한 지식을 산출하고 성문화한(codified) 다양한 문헌 형태"를 뜻한다.[5] 사이드에 따르면, 계몽운동기 이래 유럽 문화는 "정치적·사회적·군사적·이념적·과학적으로, 또 상상력으로써 오리엔트를 관리하거나 심지어 그것을 생산해 왔다." 유럽 지식인들은 오리엔트를 지식의 대상으로 삼아 이 지역의 연구를 기반으로 오리엔트 담론을 꾸준하게 만들었다. 이 담론은 사람들이 오리엔트에 관해 쓰고 생각하며 행동할 때 그들의 사고와 행동에 영향을 미쳤다. 따라서 역사학·인류학·문헌학

---

3   Frantz Fanon, *The Wretched of the Earth*, trans. C. Farrington (Harmondsworth: Penguin, 1969), 102.

4   Edward W. Said, *Orientalism* (New York: Pantheon Books, 1978); 『오리엔탈리즘』, 박홍규 옮김 (교보문고, 1996). 유럽의 지적 전통에서 오리엔트는 서아시아 및 이집트를 주로 가리킨다.

5   P. Williams and L. Chrisman, eds., *Colonial Discourse and Postcolonial Theory: A Reader* (Hemel Hempsted: Harvester, 1994), 5.

등 학문적 외피를 입은 이 지식체계는 식민지 지배에 중요한 기능을 행사하고 이바지했다는 것이다.[6]

사이드의 문제 제기는 미셸 푸코(Michel Foucault)의 지식/권력모델과 밀접하게 관련된다. 지식은 권력을 낳지만, 그와 동시에 권력의 작동에 의해 그 지식이 생산되기도 한다. 사이드는 푸코의 담론 개념을 차용해 서로 달리 간주되던 지리·정치·문학·인종학·언어학·역사학 분야의 전통적 텍스트를 오리엔탈리즘이라는 단일한 표제 아래 끌어들일 수 있었다. 지식과 권력이 밀접하게 관련된다는 것은 오리엔탈리즘 담론의 형성 과정을 통해서도 분명하게 알 수 있다. 사이드가 분석한 18세기 이래 다양한 분야의 텍스트는 여행·무역·학술·발굴·묘사 등을 시도할 수 있는 유럽인의 능력, 이른바 오리엔트에 대한 유럽 권력의 확장 없이는 나타나지 못했을 것이다. 이제 그 텍스트들이 형성하는 오리엔탈리즘 담론이 다른 세계에 대한 유럽의 지배 권력을 강화하는 데 기여했다.[7]

사이드 이래 문예비평 분야에서 축적된 탈식민이론은 기본적으로 언어 및 문화 중심주의와 관련된다. 이 경향은 인간의 삶 자체를 문화로 본다. 따라서 인간과 사회를 이해하려면 무엇보다도 문화적 차원에서 접근하지 않으면 안 된다. 문화는 단순히 정신활동의 결과물만을 뜻하는 것뿐 아니라, 그 활동 과정과 일련의 실천을 포함한다. 문예비평가들이 보기에, 문화는 주로 의미, 즉 '세계에 대한 인간 인식'의 생산과 교환에 관련된다. 의미는 언어에 의해 구성되고 언어는 재현(representation)을 통해 작동한다. 언어는 그 기호와 기의(記意, signified)를 다른 사람들이 해독(decode)하고 해석할 수 있도록 하는 방식으로 인간의 관념과 감정을 재현하고

---

6 사이드, 『오리엔탈리즘』, 16.
7 사이드와 푸코의 방법에 관한 설명은 다음을 참조. 피터 차일즈·패트릭 윌리엄스, 『탈식민주의 이론』, 김문환 옮김 (문예출판사, 2004), 205-08.

드러낸다. "의미의 생산과 유통이 발생하는 것은 문화와 언어를 통해서이다."[8]

문화라는 말은 너무 다의적이며 모호한 개념이다. 문화를 가리키는 영어 'culture'의 라틴어 어원은 '경작하다(colere)'에서 유래한다. 이 말은 '거주하다', '경작하다', '돌보다', '경배하다' 등 다양한 의미를 지녔다.[9] 레이먼드 윌리엄스(Raymond Williams)는 문화(culture)의 의미 변화를 다음과 같이 설명한다. 15세기에 그 말은 농작물 수확이나 가축 사육을 가리켰다. 16세기에는 소수 사람들에 의해 개발된 정신과 이념, 즉 음악·문학·회화·조각 등과 관련되기 시작한다. 세 번째 의미는 계몽운동과 관련된다. 모든 사회는 발전 단계를 거치며 이를 주도하고 이끄는 것이 유럽 문화라는 것이다. 마지막 의미는 요한 고트프리트 폰 헤르더(Johann Gottfried von Herder)가 첨가한다. 그는 유럽 중심주의 대신에 문화의 다원성을 제시한다. 인류사회에는 서로 다른 생활방식과 사회방식, 여러 가치체계가 병존할 수 있다는 주장이다.[10]

로버트 영(Robert Young)은 윌리엄스가 설명한 문화의 의미 변화를 비판하면서, 문화는 처음부터 타자, 달리 말해 인종과 관련된다고 주장한다. 문화란 닮은 것과 다른 것(차이)에 어떤 의미나 가치를 부여하는 과정이다. "문화는 항상 타자를 낳음으로써 문화적 차이를 표지로 한다. 그것

---

8 이상은 Stuart Hall, ed., *Representation: Cultural Representation and Signifying Practices* (London: Sage, 1997), 1-7 참조.

9 레이먼드 윌리엄스에 따르면, 문화를 뜻하는 라틴어 'cultura'는 같은 라틴어 어군에서 경배(cultus)가 되었고, 여기에서 경배를 나타내는 영어 단어 'cult'와 바느질을 뜻하는 프랑스어 'coutre'가 파생되었다. '거주하다'의 의미는 라틴어에서 농민, 즉 colonus를 낳았으며 영어에서 식민지(colony)라는 말이 나타나기도 했다. Raymond Williams, *Keywords* (Fontana, 1976), 77.

10 Williams, *Keywords*, 78-80. 문화의 언어적 기원과 의미 변화에 관해서는 이 밖에 다음을 볼 것. 로버트 M. C. 영, 『식민 욕망: 이론, 문화, 이론의 혼종성』, 이경란·성정혜 옮김 (북코리아, 2013), 59-74.

은 항상 비교한다. 인종주의는 문화의 내적 부분을 형성해 왔다. 인종이란 항상 문화적으로 구성되었다. 문화는 인종적으로 구성된다."[11] 탈식민 문화 연구는 주로 '차이'의 이론화에 바탕을 두고 이루어졌다. 차이란 본래적인 것이 아니라 권력과 지배의 사회관계 맥락에서 이해되어야 한다. 그것은 인종·종족·젠더 등 여러 요인에 의해 사회적으로 구성된다. 차이는 항상 권력 차원을 갖는다. 백인의 정체성을 알기 때문에 흑인을 식별할 수 있다. 겉으로 객관성을 보여 주는 이항대립(binary opposition), 이를테면 남성과 여성, 백인과 흑인이 중립적인 표현이 아니라 권력관계를 나타내는 것이다.[12]

이와 같은 맥락에서 백인과 정체성의 문제를 다시 살펴보면 어떨까. 백인은 명백한 실체라기보다는 상상적이고 담론적인 구성물이다. 영국 사회에서 소설과 우화와 어린이용 책자에서 전해오는 식민지 개척자와 군인들의 이야기는 대체로 백인의 영웅적 행위를 칭송한다. 물론 그들의 서사는 후대인들에 의해 상상된 것이다. 19세기 후반 영제국 팽창기에 특히 백인성에 대한 자의식이 고양되었는데, 이는 모두 일관된 담론적 수단(discursive apparatus)의 산물이었다. 국가와 시민사회의 중요한 제도가 이런 이미지를 주조하는 데 도움을 주었다. 백인의 몸, 성적 관행, 가족 구성 등 모든 삶의 행태가 어떤 표준적인 규정으로 표현되었다. 제국 팽창기에 백인의 정체성은 특히 강건하고 진취적인 남성성의 이미지와 겹쳐진다. 빌 슈워츠는 이렇게 말한다. "백인은 타자와의 관계 속에서 백인성을 획득한다. 백인성과 남성성은 그 두 가지 정체성을 전혀 주장할 수 없거나 주장하더라도 보잘것없는 사람들과의 관계 속에서 의미를 갖는다."[13]

---

11 Robert M. C. Young, *Colonial Desire: Hybridity in Theory, Culture and Race* (London: Routledge, 1995), 54.

12 Catherine Hall, ed., *Cultures of Empire* (Manchester: Manchester University Press, 2000), 17.

혼종성

사실, 전통 역사가들은 한 사회에서 다른 사회로 문화의 흐름과 확산을 진화론 또는 전파론(diffusionism)의 시각에서 바라보는 데 익숙해 있다. 유럽과 다른 지역의 관계에서 힘이 약한 다른 지역이 자신의 문화를 상실하고 서구적 규범으로 변모하는 것을 당연시했다. 파농과 같은 초기 탈식민이론가 또한 식민 지배자와 피식민자, 자아와 타자라는 두 대조군만을 대상으로 삼아 각기 개별적인 정체성의 형성과 구체화에 초점을 맞추었을 뿐, 문화접변(acculturation)의 측면에 관심을 기울이지 않았다. 문화의 접촉과 변용(adaptation), 상호침투와 분리, 혼종성(hybridity)에 대한 분석은 비교적 최근에 이루어졌다.[14]

로버트 영은 "정체성의 불확실한 횡단과 침투"야말로 영국 문학에서 단골로 등장하는 소재라고 본다. 그것은 타자의 문화를 접촉해 자기 것으로 만드는 과정이다. 타자 문화로의 횡단과 변모가 소설의 낯익은 주제라는 것이다. 물론 이 횡단이 식민 욕망을 드러내는 것이다. 영국 문학의 식민 소설은 타자의 문화에 매혹당해 자기 문화를 버리려는 욕망을 표현한다. 조지 스티븐슨(George Stevenson)이나 조지프 러디어드 키플링의 소설과 여행기는 문화횡단적 접촉과 상호작용과 변용, 타자에 대한 적극적인 성적 욕망, 혼종의 갈구로 뒤섞여 있다.[15] 혼종(hybrid)의 라틴어 어원은 원래 길들인 암퇘지와 야생 수퇘지 사이에서 태어난 새끼를 의미했다. 동물뿐 아니라 자유로운 시민과 노예 사이에 태어난 어린이를 가리키기도 했다.

---

13 Bill Schwarz, *The White Man's World: Memories of Empire*, Volume I (Oxford: Oxford University Press, 2011), 20.
14 영, 『식민 욕망』, 21.
15 영, 『식민 욕망』, 18.

인간 활동이나 문화의 확산과 공유 과정은 한쪽에서 다른 쪽으로 일방적인 흐름만을 보여 주지 않는다. 영국 문화가 타자에게 확산되고 영향을 준 것 못지않게, 타자로부터 영국인에게 영향을 준 또 다른 흐름이 있는 것이다. 영제국사 서술은 이러한 문화적 변용의 측면을 중시하지 않는다. 18세기 이후 영국 문화의 변화는 '타자'와의 관계, 영향 및 상호 변용의 과정을 고려하지 않고서는 이해할 수 없다.

로버트 영에 따르면, 구 그리니치천문대를 방문한 관광객들은 황동으로 만든 띠, 본초자오선을 나타내는 띠를 보고 촬영하곤 한다. 그 띠는 런던이 '시간의 세계 중심'임을 선언하는 장소이다. 조지프 콘래드(Joseph Conrad)의 소설 『비밀요원(*The Secret Agent*)』(1894)은 그 시간의 중심인 왕립천문대를 폭파하려는 시도를 그린다. 1894년 당시 런던은 본초자오선을 가로지르며 세계 각지에서 모여든 타자들이 영국인과 뒤섞여 사는 공간이었다. 영국 문화 또는 영국성은 겉으로는 고정성·확실성·중심성·동질성·남성성의 총화이자 그런 이미지로 재현되지만, 콘래드가 묘사한 것은 그 이면에 깃들어 있는 강박증, 즉 정체성의 불확실한 횡단과 침투에 대한 강박증이라고 할 수 있다.[16]

제국 경험이 19세기 영국 보통 사람들의 삶에 미친 영향은 무엇이었을까. 넓은 의미에서 문화란 삶의 방식 또는 삶의 실천과 관련된다. 제국 경험은 어떤 식으로든 영국인의 삶의 방식과 실천에 변화를 가져왔을 것이다. 일단 제국 경험은 소비문화에 직접 자극을 가했다. 18세기 담배·설탕·차 등 해외 기호품 수입이 급증한다. 해외 식민지로부터 영국으로 담배 수입은 18세기에 3,000만 파운드에서 7,600만 파운드로 증가하고, 1인당 설탕 소비는 1690년대 4파운드에서 1790년대 24파운드로, 1인당 차 소비는 1730년대 0.5파운드에서 1790년대 2파운드로 증가한다. 1913년

---

16 영, 『식민 욕망』, 16-17.

영국에서 소비된 밀의 80퍼센트, 육류와 낙농제품의 45퍼센트는 해외 수입품이었다.[17]

물론 19세기에 들어와서 서인도제도 설탕 수입량과 중국차 수입량은 오히려 감소한다. 그러나 이는 소비 추세의 둔화에 따른 결과가 아니다. 사탕수수 플랜테이션의 노예노동이 쇠퇴하면서 대체재로 사탕무(beet sugar) 수입이 증가하고, 차의 경우 동인도회사의 독점 구조가 깨진 후에 인도와 스리랑카에서 차 재배 및 생산이 증가했기 때문이다.[18] 더욱이 19세기 영국 자본의 이동 및 순환과 소비 증가는 상호의존하면서 동시에 서로 영향을 미쳤다. 글래스고산 기계류는 서인도제도의 제당작업장에 설치되어 영국의 설탕과 당밀 소비를 증가시켰다. 미들랜즈에서 생산된 농기구와 총과 쇠사슬이 설탕재배지역의 노예노동력의 포획, 운송 및 통제에 이용되었다. 영국은 발달한 금융제도와 공학기술을 동원해 해외 철도망을 건설한 다음에 캐나다의 밀, 이집트의 목면, 남아프리카의 과일과 양모, 인도의 차를 영국 소비용으로 운송했다. 세계적 규모의 무역 네트워크가 본격 가동된 것이다.

19세기 소비문화는 제국 네트워크 경영과 밀접하게 관련됨과 동시에 영국인의 삶의 방식을 변화시켰다. 차 문화의 예를 들어보자. 근대 초만 하더라도 영국인에게 차 마시기는 이국적인 것에 대한 호기심 차원이었을 것이다. 뜨거운 차가 점차 영국인의 기호생활에 핵심으로 자리 잡은 것은 기후 탓이었을지도 모른다. 그러나 어느 사이에 차는 영국인의 기호생활

---

17 다음을 볼 것. Joanna de Groot, "Metropolitan Desires and Colonial Connections: Reflections on Consumption and Empire", in *At Home with the Empire*, eds. Catherine Hall and Sonya O. Rose (Cambridge: Cambridge University Press, 2006), 171; R. Floud and D. MacCloskey, eds., *The Economic History of Britain* (Cambridge: Cambridge University Press, 1994), vol. 1, 303.
18 1900년경 아삼 및 실론차가 영국 수입 차의 90퍼센트, 중국 차는 10퍼센트였다. de Groot, "Metropolitan Desires and Colonial Connections", 174.

뿐 아니라 일상생활에서 핵심적인 역할을 맡았다. 사람들의 노동과 사회활동, 공적·사적 의식의 패턴을 지배했다. 크리스마스와 장례식 같은 가족행사나 이웃과 모임이며 클럽과 자선조직에서 차 마시기는 필수의례가 되었다. 차는 사람에게 온기와 열량을 제공해 주고 걱정과 불안을 없애주며 사회적 접촉을 매끄럽게 해주었다. 그것은 체통 있는 레저와 환대, 매일의 노동에서 잠깐의 휴식을 제공했다. 흡연 또한 비슷한 사회적 성격을 보여 준다. 그렇다면 이것은 영국적인 것인가. 비록 영국인 주도 아래 이런 일상의 문화가 형성되었다고 하더라도 그것은 제국 경험에 따른 영국 문화의 혼종과 변용을 보여 주는 것이다.

모직물에서 면직물로 의생활의 변화 또한 이러한 맥락에서 바라보아야 한다. 18세기 영국이 주도한 삼각무역의 핵심 거래 상품이 흑인 노예라는 사실은 잘 알려져 있다. 이 무역로를 통해 아메리카의 설탕, 담배, 아프리카의 흑인 노예와 상아, 인도의 면직물과 중국의 차가 거래되었다. 흑인 노예는 아메리카 대륙 백인들이 경영하는 농장 노동력으로 팔렸고, 인도산 면직물은 처음에는 이들의 의류로 수입된 것이었다. 그러다가 면제품이 값싸고 질기며 부드럽다는 소문이 널리 퍼지면서 유럽인들도 면직물을 선호하기에 이르렀다. 이 의생활의 변화가 종국에는 영국 면공업 분야의 산업화까지 연결된 것이다.

종교생활의 변화를 살펴보자. 1881년 영국의 은행가이자 하원의원인 존 허버드(John Hubbard)는 『19세기』에 기고한 한 논설에서 종교 실태조사의 필요성을 강조했다. 1850년 인구조사법안에 종교 항목을 넣었으나 상원의 반대로 이루어지지 못했다.[19] 그 결과, 1851년 인구조사 자료에 종교 항목 조사 결과는 기록되지 않았다. 1851년 비공식 종교조사 자료에 따르면, 당시 잉글랜드 및 웨일스에서 정기적인 주일예배 참석자는 전 인구의

---

[19] John Hubbard, "A Census of Religions", *Nineteenth Century*, 9 (Jan. 1881), 132-33.

40퍼센트를 차지했다.[20] 이 수치는 두 가지 해석이 가능하다. 19세기 중엽까지만 하더라도 종교는 영국인들의 일상생활에서 매우 중요했다고 보거나, 아니면 영국인이 곧 영국국교회 신자라는 통념을 고려한다면 이는 급속한 세속화 과정을 보여 준다는 결론을 내릴 수도 있다.

영국 사회의 급속한 세속화 추세와 달리, 18세기 말 이래 해외 선교의 열망이 복음주의자들뿐만 아니라 일반인 사이에도 널리 확산되었다. 해외 선교의 열정은 사이드가 언급한 오리엔탈리즘 담론의 영향으로 더 증폭되었을 것이다. 사실 18세기 말까지만 하더라도 영국 개신교도들은 복음 전파에 관심이 없었다. 종교동란의 트라우마와 칼뱅의 예정론도 이런 경향에 영향을 주었을 것이다. 18세기 말 이래 복음주의자들이 해외 선교단체를 조직하면서 해외 선교는 19세기 일반 대중의 상상력을 사로잡았으며, 많은 사람들이 선교단체를 후원했다.[21] 일상생활에서의 세속화와 해외 복음 전파의 열정이라는 이 상반된 경향은 제국 경험이 영국인들의 종교성에 일정한 영향을 미쳤음을 알려준다.

이민과 다문화—이스트 엔드의 사례

2011년 인구조사 자료에 따르면, 잉글랜드 및 웨일스의 영국 국적자 가운데 해외 출생자는 약 700만 명으로 영국 전 인구의 11.3퍼센트를 차지한다. 이 가운데 비백인으로 분류할 수 있는 유럽연합국가 이외 지역

---

20 국교회와 비국교회 출석자를 합산하면, 726만 1,032명으로 나타나는데, 이는 당시 잉글랜드 및 웨일스 인구 1,800만 명의 40퍼센트 수준이었다. Hubbard, "A Census of Religions", 137.

21 Susan Thorne, "Religion and Empire at Home", in *At Home with the Empire*, eds. Catherine Hall and Sonya O. Rose (Cambridge: Cambridge University Press, 2006), 14–50 참조.

출생자는 476만 명, 인구의 7.7퍼센트에 이른다. 나머지 224만 명은 유럽연합국가 출신으로 역내 자유이동에 따라 영국으로 유입된 사람들이라고 할 수 있다.[22]

영국국적법이 영연방 국가 주민을 영국왕의 신민으로 인정했기 때문에, 1950년대만 하더라도 영국은 이들 국가에서 영국으로의 입국은 물론 이주에 대해 특별한 규제를 하지 않았다. 영연방에서 모국 또는 중심국가로서 영국의 위상을 고려해 이주와 입국 문제에 관해서 대체로 불간섭과 묵인을 특징으로 하는 자유방임의 원칙이 그대로 적용되었던 것이다. 그러나 카리브해 연안국과 인도아대륙으로부터 이주민이 급속하게 증가하면서 영국 정부는 이런 흐름에 제동을 가하기 시작했다. 기존의 자유방임 정책을 폐지하고 이주를 통제하는 조치를 취하기 시작했다. 1962년 영연방이민법(Commonwealth Immigrant Act)이 그 효시이다. 그 후 이 법은 1968년, 1971년, 1981년에 개정되어 오늘날 영국은 유럽에서도 가장 이민 가기 어려운 나라, 흔히 '제로 이민국'으로 불린다.[23]

특히 영연방이민법 제정 움직임이 알려지면서 오히려 법 시행 이전에 영연방 국가로부터 이주민의 급속한 증가를 초래했다. 1962년 입법 이후에도 아프리카의 인도계 주민의 이주가 급증하기도 했다. 1963년 케냐 독립 이후 케냐 정부의 '아프리카화' 정책으로 현지에 살던 인도계 주민들이 차별 대우를 피해 영국으로 이주한 것이다. 1967년부터 매월 1,000여 명 이상이 이주하기에 이르자, 영국 의회는 이를 막기 위해 좀 더 강화된 이민법을 제정한다. 이것이 1968년 영연방이민법이다. 이 법은 이주자 본인과 부모, 그리고 조부모가 영국에서 출생·입양·등록하지 않았거나 귀화

22 Office for National Statistics, "Immigration Patterns of Non-UK Born Populations in England and Wales in 2011" (13 Dec. 2013).
23 정희라, 「자유방임 이민국'에서 '제로 이민국'으로」, 250–52 참조.

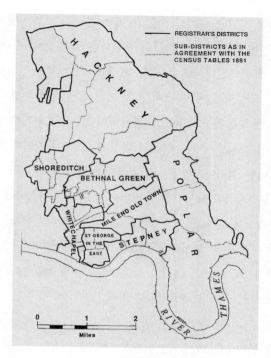

| 그림 11-1 | **1880년대의 이스트 엔드**

하지 않은 영연방 국가의 시민을 이민규제 대상에 포함시킴으로써 사실
상 이주를 원천적으로 막으려 했다.[24]

　위와 같은 통계나 추세는 영국 사회의 현재를 이해하는 데 중요하다.
그러나 통계를 넘어서 영국 사회에 다인종과 다문화 현상이 어떤 식으로
확산되었는지 구체적인 사례를 통해서 접근하는 것도 필요하다. 런던의
대표적 빈곤 지역인 이스트 엔드(East End)의 사례를 살펴본다.[25]

---

24 정희라, 「'자유방임 이민국'에서 '제로 이민국'으로」, 252.
25 이스트 엔드 이민 문제는 주로 다음을 참조했다. 이영석, 「이스트 엔드, 가깝고도 먼 곳」,
　　『서양사론』 81 (2004), 65-93.

대도시 슬럼 지역은 급격한 산업화 이후 인구집중 과정에서 불가피하게 형성된다. 19세기 이스트 엔드의 슬럼화는 물론 영국 사회의 내적 구조와 밀접하게 관련된다. 18세기 말, 19세기 초의 의회 인클로저에 따른 이농민 증가, 도심개발, 런던항 확대 등 여러 요인이 구 런던시 외곽 이스트 엔드 지역에 노동인구의 유입을 자극했다. 그러나 여기에서 더 중요한 사실은 제국의 중심도시라는 런던의 위상이 또한 이 지역의 변화에 크게 영향을 주었다는 점이다. 런던은 영제국의 심장부였고, 제국의 네트워크를 통해 해외의 저렴한 노동력을 끊임없이 흡수해 왔다. 이러한 흡인력이 작용하는 연결선을 타고 영국 본국만이 아닌 외부 세계에서 새로운 이민자들이 몰려온 것이다. 18세기 위그노, 19세기 전반 아일랜드인, 19세기 후반과 20세기 초 유대인, 그리고 같은 세기 후반 벵갈인과 카리브해 흑인이 그 대표적인 예이다. 이러한 이민 증가는 19세기 후반 영제국의 새로운 변화와 밀접하게 관련된다.

19세기 말 영제국은 다시 제2의 팽창 국면에 들어섰다. 1880년대 이후 백인 정착지와의 결속을 강화하는 한편, 인도대륙 전역과 아라비아반도 일부, 아프리카의 여러 지역과 지브롤터나 키프러스 같은 지리적 요충지를 제국에 편입시켰다. 물론 최초의 산업국가라는 이름에 걸맞지 않게 제조업 분야는 다른 경쟁국에 추월당했다. 그러나 공산품 수입 증가에 따른 무역 적자는 해운·금융 등의 무역외수지를 메울 수 있었는데, 그것은 런던 시티가 여전히 국제무역 중심지이자 일종의 '어음교환소'로서의 지위를 계속 유지할 수 있었기 때문이다.[26] 적어도 1차 세계대전 이전까지 런던은 1차 생산물의 교역창고이자 모든 상품의 중개 및 매매, 단기 신용대부의 중심지였다.

---

26 P. J. Cain and A. G. Hopkins, *The British Imperialism I: Innovation and Expansion, 1688-1914* (London: Longman, 1993), 162-72.

당시 런던에는 영제국의 수도라는 위상에 걸맞게 무수한 제국적 상징물을 비롯해 조각과 기념물이 자리 잡고 있었다. 나이츠브리지가와 브럼턴가의 교차점에는 시리아와 인도에서 혁혁한 전공을 세웠던 휴 로즈(Hugh Rodhes) 장군의 기마상이 자리 잡았고, 템스 강변 임뱅크먼트에는 이른바 '클레오파트라의 바늘'로 알려진 68피트 높이의 오벨리스크가 두 스핑크스를 거느리고 아래를 굽어보고 있었다. 제국의 상징이자 기념물로 가장 유명한 것이 트래펄가 광장이다. 수도 중심부에 자리 잡은 이 광장에는 널리 알려져 있듯이 넬슨 제독 기념비가 높이 솟아 있었고 그 주위의 네 마리 흑사자는 바로 영국의 권능을 상징하는 것이었다. 1900년 이 광장에는 기념물 넷이 더 세워졌는데, 그것은 각기 조지 4세를 비롯해 세 명의 제국 군인을 기념하기 위해서였다.[27]

이 시기 런던은 다문화가 서로 경쟁하는 경연장이기도 했다. 시티의 경제, 웨스트민스터의 정치, 그리고 웨스트 엔드까지 연이어 있는 문화적 상징물은 다 같이 국제도시로서 런던의 위상을 여실히 보여 주는 것이었다. 영제국의 절정기에 특히 런던 주민의 대다수는 제국의 열렬한 지지자들이었다. 그들은 제국의 성취와 제국의 존엄에 자긍심을 가졌으며 그만큼 해외 문화에 개방적일 뿐만 아니라 익숙해 있었다. 이런 점에서 이 시기 런던이야말로 근대 세계 최초의 코스모폴리스라고 할 수 있다. 이러한 분위기가 런던 주민의 정체성에 어떤 영향을 미쳤는지 정확하게 파악하기란 어려운 일이다.

그러나 제국의 중심도시라는 특징은 19세기 말 이래 급증한 이민의 물결에서 오히려 더 분명하게 나타났다. 1880년대 이래 1차 세계대전 이전까지 적어도 20만 명 이상의 유대인들이 영국 런던에 정착했다. 이들 유대

---

27 찰스 네이피어(Charles Napier), 헨리 해블록(Henry Havelock), 찰스 조지(Charles George) 등이다.

인은 다른 나라 이민이 독신의 젊은이 위주였던 데 비해 가족이 함께 이동하는 특징을 보여 준다. 유대인 이민 가운데 여성과 어린이의 비중이 높았던 것은 이 때문이다. 소규모 상업이나 수공업에 종사하던 동유럽 이민들이 런던, 특히 이스트 엔드에 정착해 생계를 유지하기란 쉽지 않았다. 당시 의류와 제화업 분야는 '고한제' 생산방식이 지배적이었다. 이러한 생산이 가능했던 것은 재봉틀과 같은 새로운 기계를 도입함으로써 미숙련 노동자들을 광범하게 고용할 수 있었기 때문이다.

19세기 말 이스트 엔드의 의류업 분야는 대부분 유대인 이민들로 넘쳐났다. 이들은 원래 수공업이나 상업 분야에 종사했기 때문에 고한제도야말로 그들의 여건에 가장 적합한 일거리였다. 그들은 이스트 엔드에 정착한 초기에는 고한제 작업장에서 일을 배우다가, 시간이 지나면 독립하는 사례가 흔했다. 1887년 비어트리스 포터(Beatrice Potter)는 이스트 엔드 지역의 고한제 작업장을 세밀하게 조사했다. 이들 작업장은 주로 화이트 채플, 마일 엔드, 세인트 조지 등 좁은 지역에 집중되어 있었다. 1평방 마일에 지나지 않는 이곳 의류 작업장에서 수만 명의 유대인들이 일했다. 이 지역을 답사하면서 포터는 거리 곳곳에 히브리어나 이디시어로 쓰인 간판이 내걸려 있는 것을 목격했다.[28]

1880년대 이후 동유럽 유대인들은 이스트 엔드 지역이 빈곤의 대명사로 불리는 데 커다란 영향을 미쳤다. 그러나 이스트 엔드의 유대인 사회는 20세기 들어와 급속하게 변모한다. 이민 2세대는 부모 세대와는 달리 영국화에 적극적이었으며, 근면과 성실성을 바탕으로 사회적으로나 경제적으로 더 나은 위치로 올라설 수 있었다. 도시 슬럼가에서는 대체로 빈곤의 세습과 재생산이 문제가 되곤 한다. 그러나 유대인 사회에서 빈곤은 세대에서 세대로 이어지기보다는 단절되는 경우가 더 많았던 것 같다.

---

28 Beatrice Potter, "East London Labour", *Nineteenth Century*, 24 (August, 1888), 166.

이스트 엔드에서 웨스트 엔드로, 또는 미국으로 유대인의 이주는 항상 활발하게 전개되었다. 전통적인 견해에 따르면, 이스트 엔드 유대인들의 이동은 1차 세계대전 이후에 급속하게 진행된다. 이 엑소더스에 참여한 사람들은 대부분 이민 2세 또는 3세로 알려져 있다. 그러나 최근 연구는 이스트 엔드 유대인들의 25퍼센트는 1880~1914년 사이에 2차 이동했다는 사실을 알려준다. 이민 1세대의 일부도 노동시장의 주변에서 중심으로 진입하는 데 성공할 수 있었다는 것이다.[29] 어쨌거나 유대인들이 떠난 자리에는 주로 인도계 벵갈인과 카리브해 출신 흑인들이 들어섰다.

이스트 엔드 이민의 역사에서 흥미로운 것은 종교적 다양성이다. 18세기 북부 프랑스와 네덜란드의 신교도(Huguenot)가 종교 박해를 피해 이스트 엔드의 스피털필드에 정착해 견직업에 종사했다. 이들이 도입한 새로운 직기가 곧바로 영국 섬유공업을 자극했다는 것은 잘 알려져 있다. 19세기 후반 유대인의 이민 이후, 다음 세기 후반에는 벵갈인을 중심으로 무슬림 이민자들이 급속하게 증가한다. 굳이 막스 베버(Max Weber)나 리처드 토니(Richard Tawney)의 테제를 거론하지 않더라도 자본주의 발전기에 종교적 소수자들은 부의 축적에 매진하는 경향이 강했다는 것은 잘 알려져 있다. 북부 프랑스에서 이주한 칼뱅파 신교도나 19세기 말의 유대인들은 이민 세대 당대에 2차 이동을 하거나 다음 세대에 빈곤 지역을 벗어나는 경향을 보여 준다. 그렇다면 벵갈인의 경우는 어떤가.

벵갈인의 이민은 20세기 중엽 이후의 일이지만, 그 기원을 따지면 18세기까지 거슬러 올라간다. 당시 동인도회사는 인도 동북부, 특히 실허트(Sylhert) 출신 젊은이를 회사 무역선 선원(lascar)이나 잡역부로 고용했다.

---

29 William J. Fishman, "Allies in the promised land: reflections on the Irish and the Jews in the East End", in A. J. Kershen, ed., *London, the Promised Land?* (Aldershot: Avebury on Behalf of the Centre for the Study of Migration, 1997), 60-62.

이들은 이스트 엔드의 싸구려 여인숙에 기거하면서 동인도회사 선박에서 하역작업을 하거나 승선하기도 했다. 18세기 말에는 이스트 엔드에 동인도회사 소속 아시아계 선원들이 투숙하는 정기 숙박시설이 세워졌다. 동인도회사의 무역활동이 위축되면서 이들의 진출은 더 이상 확대되지 않았다. 1920년대 실허트 출신의 어느 인도인이 벵갈식 식당을 열기도 했고, 2차 세계대전 중에도 벵갈인들이 이스트 엔드의 고한제 작업장에서 피혁업과 재봉일에 종사했지만, 당시만 하더라도 전후에 벵갈인이 이스트 엔드 최대의 이민집단으로 대두하리라고는 아무도 예견하지 못했다.[30]

2차 세계대전 이후 영제국의 해체와 더불어 영연방에 속했던 지역 출신의 소수 인종이 대거 영국으로 몰려들었다. 이는 영국이 제국 지배의 경험으로 유럽 국가들 가운데 개방적인 이민정책을 폈고, 1950년대 경제 부흥기에 저렴한 해외 노동력이 필요했던 당시 노동시장의 상황 때문이기도 했다. 특히 그 이전에도 제국 경영의 부산물로 적지 않은 인도, 카리브해 연안국 출신 소수 인종이 영국에 거주하고 있었으며, 이들의 다양한 연결망을 통해 더 많은 이민들이 영국으로 유입되었다.

1950~60년대에 실허트 출신 젊은이 상당수가 런던으로 들어왔는데, 이들 젊은이는 단기간 영국에 거주하면서 돈을 모아 고향으로 돌아가려는 뜻을 품고 있었다. 이들은 실허트 지방에서도 극빈층이 아니라 "미래의 보상을 위해 현재의 노동력 상실을 감내할 수 있는 집안" 출신들이었다.[31] 실허트의 여력이 있는 부모들은 자식을 런던에 보내기 위해 허리끈을 졸라매고 여비를 마련했다. 이런 열풍은 마을에서 마을로 번졌으며, 런던에

---

30 벵갈인 이민 과정은 다음을 볼 것. A. J. Kershen, "Huguenots, Jews and Bangladeshis in Spitalfields and the Spirit of Capitalism", in idem, ed., *London: The Promised Land?* (Aldershot: Avebury, 1997), 66-90.

31 Kershen, "Huguenots, Jews and Bangladeshis in Spitalfields and the Spirit of Capitalism", 78.

온 젊은이들은 몇 년 고생 후에 금의환향을 꿈꿨다. 당시 런던에 진출한 벵갈인 이민자들은 운좋게도 영국행 비자를 받은 사람들이었다. 이민에 개방적인 정책을 취했다 하더라도 해외 취업을 바라는 사람들 가운데 소수만이 이민의 물결에 올라탈 수 있었다. 1950년대 초기 이민자들은 이스트 엔드의 피혁, 섬유, 봉제 분야 고한노동에 종사하면서 고향마을의 가족에게 송금하는 데 열심이었고, 약간의 돈을 저축하면 미련 없이 고향으로 돌아갔다. 이들이 고향에 보내는 송금으로 가족들은 소작지를 구매하거나 땅을 넓혀 독립적인 농민으로 살아갈 수 있었다. 해외 송금으로 넉넉해진 실허트 주민들은 그곳에서 '런더니(Londoni)'로 불리기도 했다.[32]

그렇다면 1950년대까지만 하더라도 소수 인종에 지나지 않던 벵갈인이 오늘날 이스트 엔드 최대 이민집단이 된 원인은 무엇인가. 우선 1962년 영연방이민법이 큰 영향을 미친 것처럼 보인다. 이 법은 전후 해외 이민 증가와 함께 고용시장이 악화되고 인종갈등이 더 높아지는 것을 막기 위해 제정되었다. 이 법은 해외 이민을 억제하기 위해 노동부의 취업확인서를 가진 영연방 국적자에게만 이민을 허용하는 내용을 담고 있었다. 그러나 원래 의도와 달리, 이 법의 도입과 제정 과정에서 오히려 실허트 지역 출신이 대량 이민 오는 사태를 맞았다. 실허트 지역 곳곳에서 이민법이 시행되기 전에 영국으로 이주하려는 사람들이 들끓었다. 단기간 취업확인서는 이미 이스트 엔드에 자리 잡은 친척이나 동향 출신 거주자로부터 쉽게 구입할 수 있었다. 이를 제공해 주는 중매인도 성업을 이뤘다. 물론 이때까지만 하더라도 런던에 몰려든 벵갈인들은 단기간 체류하면서 목돈을 마련한 다음에는 고향으로 돌아가려는 꿈을 버리지 않았다. 그러나

---

32 Kershen, "Huguenots, Jews and Bangladeshis in Spitalfields and the Spirit of Capitalism", 79.

1960년대 이후 그들의 꿈은 실현되기 어려웠다. 경기후퇴와 더불어 도시 경제에 익숙하지 않은 벵갈 출신 젊은이들은 저축이 아니라 거의 생존을 위해 고투하지 않으면 안 되었다. 이제 이들은 고국에 돌아가기보다는 고향에 남아 있던 다른 가족을 불러들이는 데 노력을 기울였다.

다음으로, 1971년 동파키스탄 분쟁이 이 지역 사람들의 유입을 더욱더 자극했다. 정치 불안을 피해 대대적인 이민 물결이 일었다. 방글라데시에서 자신의 농토를 갖지 못한 사람들, 소작인들은 사회적으로 멸시를 받았으며 비천한 계급으로 간주되었다. 이스트 엔드의 벵갈인 젊은이들이 고향에 송금한 것도 토지를 마련하기 위한 것이었다. 파키스탄 분쟁 이후 특히 소작인 출신 난민들이 대규모로 영국에 몰려왔다. 정치적인 이유 때문에 영국 정부는 이들의 유입을 인정할 수밖에 없었다. 현재 이스트 엔드에서 실허트 출신은 최대 인종집단이다. 이들은 1961년 6,000명에서 1991년 16만 명으로 급증한다.[33] 지금은 카리브해 연안국 이민자들이 이들의 뒤를 잇고 있다.

이전의 이스트 엔드 지역은 1971년 개편 이후 두 개 시구, 해크니 구와 타워 햄리츠(Tower Hamlets) 구로 설정되어 있다. 해크니 구는 종래의 해크니와 쇼어디치를 합친 시구이고 타워 햄리츠는 베스널 그린, 마일 엔드, 포플러, 스테프니, 화이트 채플 등 나머지 이스트 엔드 지역을 포함한다. 해크니 구의 인구는 1891년 36만 9,209명을 정점으로 다음 세기에 급격하게 줄어들어 2001년 현재 20만 2,819명에 지나지 않는다. 2005년 이 지역의 인종 구성을 보면, 백인 59.9퍼센트(영국 출신 47.1퍼센트, 아일랜드 2.6퍼센트, 기타 백인 11.2퍼센트), 벵갈인 32.8퍼센트, 카리브해 흑인 9.2퍼센트로 나타난다. 한편, 타워 햄리츠의 인구 변화는 1891년 58만 4,936명, 1901년 57만 8,143명에 이르렀으나 2001년 19만 6,121명 수준으로 떨

---

33 National Statistics Online. http://www.statisticsgov.uk/census2001/profiles/00bg.asp.

어졌다. 2005년 이 지역의 인구 구성을 보면, 백인 53.9퍼센트(영국 출신 44.2퍼센트, 아일랜드 1.8퍼센트, 기타 7.9퍼센트), 벵갈인 30.5퍼센트, 카리브해 흑인 2.2퍼센트이다.[34]

제국의 유산과 다문화 사회

2000년 밀레니엄 축제를 앞두고 영국 정부는 런던 낙후 지역의 대대적인 재개발 사업을 벌였다. 템스강 양안을 끼고 연이어 있던 구 런던항 부두 인근 지역의 슬럼가가 사라지고 새로운 현대식 건물이 대신 들어섰다. 일부는 전시공간과 공연장으로 자리 잡아 런던 도시문화에 활력을 가져오기도 했다. 낙후 지역 재개발은 여러 가지 형태로 진행되어 왔다. 가장 대표적인 방식은 정부 투자회사가 주도하는 재개발이다. 1981년 영국 정부는 도크랜즈(Docklands)의 개발을 위해 런던부두지역개발회사(London Docklands Development Company, LDDC)를 설립했다. 이 회사는 밀레니엄 축제 직전까지 거의 19년간 존속하면서 약 22제곱킬로미터 면적을 재개발해 도시 외관을 바꿔놓았다. 이 밖에 독섬(Isle of Dock)의 웨스트 인디아 부두와 밀월 부두가 있던 자리를 대규모 빌딩, 쇼핑하우스, 컨벤션센터 등을 조성해 런던의 스카이라인을 바꿨다는 평을 듣고 있다. 오늘날 이 지역은 런던에서 가장 높은 빌딩이 밀집된 곳 가운데 하나이다. 런던 종합무역센터인 엑셀전시관이 위용을 자랑하고 있고 현재 2012년 올림픽을 위해 타워햄리츠에 대규모 올림픽공원을 조성 중이다.

영제국의 해체 이후 영국 경제가 쇠퇴의 길로 접어들면서 런던은 오랫

---

34 이상은 다음을 볼 것. http://en.wikipedia.org/wiki/London_Borough_of_Tower_Hamlets; http://en.wikipedia.org/wiki/London_Borough_of_Hackney.

동안 침체되어 있었다. 그러나 1990년대 이후 영국 경제의 회복과 함께 런던은 주목받는 도시로 재탄생했다. 세계적인 금융 중심지로서 시티의 위상은 유로화 도입 이후에 오히려 더 높아졌으며, 오늘날에는 유럽을 포함해 서구 문화의 추세를 가장 먼저 가늠할 수 있는 문화 중심지가 되었다. 디자인·의상·공예·공연·전시 등 각종 문화활동이 활발하게 이루어지고 있다. 그러나 베스널 그린에서 스테프니에 이르기까지 템스 강변에서 떨어진 이스트 엔드의 상당 부분은 지금도 대표적인 빈곤 지역으로 남아 있다. 벵갈계 이민과 카리브해 흑인들이 인종집단의 주류를 이룬다. 런던 도심과 대비되는 오늘날의 이스트 엔드는 여전히 제국 지배의 유산을 간직한 셈이다.

타자에 대한 유럽인들의 지식체계가 유럽의 식민지 지배에 중요한 기능을 행사했다는 사이드의 지적은 충분히 수긍할 수 있다. 그러나 18세기에서 20세기에 이르는 식민지 담론은 항상 동일한 것이 아니었다. 사이드가 오리엔트 담론의 형성 과정을 단순화하고 그 역사성을 고려하지 않았다는 비판을 받는 것은 이 때문이다. 민속지학, 역사학, 여행기의 형태로 처음 형성된 식민지 담론의 원자료는 역사적 조건과 상황에 따라 다양한 층위를 보여준다.

예컨대 리처드 프라이스(Richard Price)는 남아프리카 동부 지역에 거주하는 코사(Xhosa) 주민들에 대한 영국인의 지식체계가 어떻게 변모해 왔는가를 추적한다. 19세기 전반 이들에 대한 선교사 기록은 오리엔탈리즘 담론의 영향을 받기보다는 균형 잡힌 시각을 보여 준다. 남자는 긍지가 있고 여성은 온순하다는 점을 강조한다. 남성은 선교사들이 만난 종족 가운데 가장 훌륭한 체격을 지녔고 여성은 생기발랄하면서도 뻔뻔하지 않다는 기록이 보인다.[35] 이 선교사들은 원주민의 생활에 대해 인간 문화의

---

[35] Richard Price, *Making Empire: Colonial Encounters and the Creation of Imperial*

보편성이라는 맥락에서 기록하고 있다. 그러나 1834~35년 무렵 변경지방에서 영국인 이주민과 잦은 전쟁이 일어났다. 정착민 담론이 식민성에 대한 인도주의적 담론에 도전하기 시작한 것이다. 이 무렵부터 코사인들의 호전성, 신뢰할 수 없는 문화를 자주 언급한다. 이후 이 지역에 관한 새로운 지식체계는 식민지의 열등성을 부각하는 데 초점을 맞추었고 영제국의 아프리카 정책 수립에 기초가 되었다.[36] 전문가 집단이 현지답사와 원주민 접촉을 통해 지식을 축적했지만, 그것은 이전 인식체계의 연장선에 있었고, 코사 지역에 대한 영제국의 지배를 합리화하는 역할을 했다는 것이다. 물론 식민지 지식체계와 담론이 식민지 주민의 삶과 문화에 어떻게 작용했는가의 문제는 중요한 주제이다. 이와 함께 영제국사 서술에서 제국 경험과 영국 문화의 상호 관련성에도 관심을 기울여야 한다. 식민지 문화가 영국 문화에 어떤 자극을 가하고 그에 따라 어떤 문화적 변용과 혼종이 일어났는가를 섬세하게 탐색할 필요가 있는 것이다.

영제국이 해체된 지 반세기가 흘렀다. 제국 경험은 영국인의 기억에서도 사라지고 있는 실정이다. 그렇다 하더라도 영제국사 연구는 지금보다 더 깊이 있게 이루어져야 한다. 문화적 차원의 연구 필요성이 갈수록 높아지고 있다. 우선 제국의 쇠퇴 및 해체와 관련된 동시대 사람들의 논의를 정리해야 한다. 1930년대만 하더라도 영제국의 장래에 관해 대륙에 접근할 것인가, 아니면 제국 네트워크를 강화할 것인가 하는 문제를 둘러싸고 장기간에 걸쳐 논란이 있었다. 1950~60년대에 제국의 쇠퇴와 해체에 관한 동시대 지식인의 다양한 논설과 소회가 역사가들의 접근을 기다리고 있다.

Rule in Nineteenth-Century Africa (Cambridge: Cambridge University Press, 2008), 157-58.
36 Price, *Making Empire*, 167-71.

제국 해체 이후 귀환자들(returnee)의 이야기와 심리를 재구성하는 것도 문화적 차원에서 영제국사를 재구성하는 데 도움을 줄 것이다. 이 문제 또한 영국 학계에서 별로 주목하지 않았다. 전후에 자치령과 식민지에서 귀환한 사람들에 대한 정확한 실태조사도 별로 이루어지지 않았다. 전세계에 흩어져 있던 백인 자치령과 식민지들은 너무 다양했기 때문에 식민지 지배 경험과 일상적인 삶의 경험 또한 다양했을 것이다. 전후에 귀환한 사람들은 어떻게 새로운 생활에 적응했을까. 그들의 해외 제국 거주 경험과 기억은 주위 사람들에게 어떻게 전파되었고 영향을 미쳤을까. 그들은 제국 상실의 기억을 어떻게 치유하며 본국에서 생활했을까. 이런 문제들은 영국 현대 사회를 이해하는 데도 매우 중요할 뿐만 아니라, 오늘날 나타나고 있는 문화적 혼종과 변용 과정을 살피는 데에도 긴요하다. 그러나 유감스럽게도 이에 관한 실태는 별로 알려져 있지 않고 이 문제를 다룬 연구도 축적되지 않았다.

12장

브렉시트, 그 이후

영국은 유럽통합운동 초기에 적극적으로 참여하지 않았다. 오랫동안 제국과 유럽 대륙을 저울질했을 뿐이다. 그러다가 1960년대 이후 두 차례 가입 시도 끝에 1973년 유럽경제공동체(EEC) 회원국이 되었다. 유로화 단일통화 도입 당시에도 영국은 스털링화를 고집했다. 이는 런던 금융자본의 이해와 관련되면서도, 그와 동시에 유럽연합에 소극적인 잉글랜드 중심주의 정서를 반영하는 것이다. 그러나 역설적이게도, 영국은 1990년대 이래 세계화 과정에서 '유럽연합(EU)'의 혜택을 가장 많이 얻어낸 나라로 꼽힌다. 영국은 미국 주도의 신자본주의 세계질서와 영어 헤게모니에 힘입어 유럽연합의 시장통합을 적극적으로 활용해 왔다. 1980년대에 붕괴 일보 직전까지 몰렸던 런던 시티의 금융가가 뉴욕에 버금가는 세계적 금융 중심지로 되살아난 것도 이 때문이다.

2016년 6월 23일 국민투표에서 영국인들은 '유럽연합' 탈퇴를 선택했다. 그 이유는 무엇인가. 잔류 여부를 묻는 국민투표 자체가 데이비드 캐머런(David Cameron) 총리의 정치적 책략에서 비롯된 자충수였다는 것은 누구나 인정한다. 그렇더라도 40년 이상 지속된 유럽연합 회원국 자리를 스스로 포기하는 데에는 여러 요인이 작용했을 것이다. 브렉시트를 초래한 요인은 무엇인가.

한 신문의 기획기사

브렉시트(Brexit) 선거 직후 『한국일보』는 이 결과를 심층 분석하는 특집을 기획했다. 영국사 연구자로는 박지향 교수와 필자가 기고문을 실었다. 두 기고문은 특히 잉글랜드 유권자들 다수가 탈퇴에 찬성표를 던진 주된 원인에 관해 견해 차를 드러냈다.

박 교수는 영국의 대의민주주의 전통과 유럽연합 집행부 간의 대립과 갈등이 잉글랜드 국민감정을 자극해 궁극적으로 브렉시트로 이어졌다고 본다. 이민과 난민 문제보다 더 근본적인 것은 선거를 통해 선출되지 않은 유럽연합 집행위원회의 지배에 대한 영국 국민의 반발이었다. 박 교수는 다음과 같이 말한다. "영국 국민은 자신을 통치하고 명령을 내릴 사람은 자신이 투표로 선출하여 권리를 위임하고 권위를 인정한 사람이어야 한다는 생각을 갖고 있다. 그러나 유럽연합의 정책을 결정하는 집행위원회는 선거로 선출된 사람들이 아니라 각국 정부가 임명한 사람들로 주로 고위관리 출신이다. …… 영국인들은 기질상 특히 자유와 자율을 무엇보다 중요한 가치로 간주하는 사람들이다. 그런 사람들이기에 자신이 선출하지도 않은 유럽연합 관료들이 자신의 삶을 통제한다는 것에 대해 더욱더 불만을 느끼는 것이다."[1]

이와 달리, 필자는 외국인 혐오와 이민자에 대한 불만의 근저에 인종주의와 잉글랜드 중심주의가 깃들어 있다는 점을 인정하면서도, 결국 세계화에 따른 양극화 심화, 이 과정에서 소외당한 백인 하층과 노년층, 지방민의 불만이 탈퇴 지지로 표출되었다고 주장했다. 연금 소득자는 대부분 빈민 범주에 해당하며, 지방민 또한 세계화로 번영하는 런던에 비해 낙후되었다고 하는 상대적 박탈감을 표명한 것이다. 결국, 이번 사태는 세계화의 부정적 측면이 그만큼 깊어졌음을 보여 준다. 필자는 다른 나라에서도 세계화에 대한 불만이 응축되어 다양한 형태로 나타날 가능성이 높다고 보았다.[2]

물론 이러한 원인 진단은 뚜렷한 근거를 가졌다기보다는, 이전부터 영국 사회에 나타난 반(反)유럽연합 분위기, 특히 '영국독립당(UKIP)'의 대두, 반이민 정서, 사회적 양극화 등을 고려한 피상적인 관찰에 지나지 않는다. 근래 브렉시트 투표에 대한 사회학적 분석 연구가 여러 방식으로 이루어졌고, 투표 후 영국 정계의 변화와 영국 정부 자체의 대응방식에 따라 브렉시트와 향후 전개 전망을 좀 더 구체적으로 살펴볼 수 있게 되었다.[3] 과연 영국은 어디로 가고 있는가.

---

1 박지향, 「영국의 뿌리깊은 대의 민주주의, EU의 전제적 통치를 거부하다」, 『한국일보』 2016년 6월 27일자.

2 이영석, 「브렉시트의 이면, 백인성에 대한 집착과 박탈감」, 『한국일보』 2016년 6월 30일자.

3 시사적인 논설이나 보고 서류를 제외한 근래 국내 학술연구로 『유럽연구』 35/1 (2017)에 실린 일련의 논문은 참고할 만하다. 김현정·안영신, 「영국 신문 내 브렉시트(Brexit) 기사의 의제 설정과 정파성」, 『유럽연구』 35/1 (2017), 29-57; 박광수, 「브렉시트 이후 영국과 EU의 경제적 환경변화」, 『유럽연구』 35/1 (2017), 191-213; 강유덕, 「브렉시트와 글로벌 금융센터로서 런던의 지위: 금융산업별 영향과 전망」, 『유럽연구』 35/1 (2017), 155-90. 이 밖에 다음 연구도 볼 것. 김승민, 「브렉시트(Brexit): 영국의 유럽연합(EU) 탈퇴 절차에 관한 법적 고찰」, 『국제법학회논총』 144 (2017), 11-35; 박영덕·박상훈, 「브렉시트 국민투표 결정요인 분석: 기술숙련도와 노동시장에서 고용경쟁」, 『세계지역연구논총』 34/3 (2016), 7-31.

투표 행태에 대한 통계분석

영국에서 국민투표의 역사는 공교롭게도 '유럽연합' 의제와 관련된다. 1975년 6월 5일 영국의 유럽공동체(EC) 회원국 가입에 관한 투표가 있었는데, 이는 영국 헌정사에서 최초의 전국 단위 국민투표였다. 그 당시 투표 참가자의 67퍼센트가 유럽공동체 가입에 찬성했다.[4] 그러나 2016년 6월 23일 유럽연합 탈퇴를 묻는 국민투표에서 그 결과는 정반대로 나타났다. 브리튼 전체로는 탈퇴 찬성표가 잔류보다 3.8퍼센트 더 높았다.[5]

브렉시트 국민투표 후 영국 정계는 잠시 혼란에 휩싸였다. 캐머런 총리가 사퇴하고 논란 끝에 테리사 메이(Theresa May)가 후임 총리로 임명되었다. 그 과정에서 보수당 내 탈퇴운동을 주도하던 보리스 존슨(Boris Johnson)과 나이절 패라지(Nigel P. Farage) 또한 정계에서 물러났다. 그렇다면 캐머런 총리가 국민투표를 제안한 의도는 무엇이었는가. 이 조치는 보수당은 물론 사회 전반적으로 EU 회의주의와 반이민 여론이 높아진 데 영향을 받았다. 특히 유럽연합 탈퇴를 슬로건으로 내건 영국독립당의 지지율 상승으로 2015년 총선에서 보수당의 승리를 장담할 수 없게 된 상황에서 캐머런이 준비한 일종의 승부수였다.

캐머런의 국민투표 요구는 세 가지 목적이 있었다. 우선 국민투표를 제안함으로써 2015년 총선에서 영국독립당의 상승세를 꺾을 수 있으리라 예상했다. 보수당 내 EU회의주의자들의 불만을 잠재우고 이와 동시에 유럽연합 이민과 이들에 대한 복지 혜택 문제를 둘러싸고 유럽연합과의 협상

---

4 D. Butler and U. Kitzinger, *The 1975 Referendum* (London: Macmillan, 1976), 3.
5 탈퇴 지지 1,741만 742표(51.89퍼센트), 잔류 지지 1,614만 1,241표(48.11퍼센트). 이 통계는 *Wikipedia*의 'Results of the United Kingdom European Union membership referendum, 2016' 항목 참조. [https://en.wikipedia.org/wiki/Results_of_the_United_ Kingdom_European_Union_membership_ referendum_2016](2017. 6. 4 열람)

에서 유리한 고지를 차지하려는 의도가 깃들어 있었다. 물론 이 다목적 카드는 향후 시행할 국민투표에서 잔류 지지를 얻는다는 전제를 깔고 있었다. 캐머런은 2015년 총선에서 승리를 거뒀다. 하지만 캐머런은 브렉시트 국민투표 결과가 예상과 반대로 나왔을 때 구체적인 대응방법을 준비하지 못했다.[6] 그 우려가 현실로 나타난 것이다.

영국 사회에서 EU회의주의의 영향력 증대는 1990년대 이래 지속된 장기적 현상이다. 회의주의는 영국과 역외(域外) 국가의 무역, 영국의 국제적 지위 및 영향력 유지, 영국의 안전보장 및 국경 통제 등 여러 문제와 관련되어 확산되었다. 그러나 캐머런이 브렉시트 국민투표를 제안할 만큼 단기적으로 영국인의 관심사가 된 것은 유럽연합 시민권자의 이동의 자유 문제였다. 특히 일반 여론에서는 EU 시민권자들이 영국에서 직업을 갖고 복지 혜택을 자유롭게 누리고 있다는 점이 첨예한 논란거리였다.

2014년 11월 28일 BBC 뉴스에 따르면, 캐머런은 독일의 앙겔라 메르켈(Angela Merkel) 총리에게 유럽연합 시민권자가 역내 어느 나라든지 자유롭게 이동할 권리를 갖는다는 기존 협약의 규제를 요구했다. 메르켈은 이 요구를 일축했고 유럽연합 집행위원회 또한 영국의 요구는 잘못된 것임을 경고했다. 당시 1,400만 명 이상의 시민권자들이 원래 국적과 다른 회원국에서 거주하고 있다는 것이다.[7] 이 시점에서는 지속적인 아랍권 난민유입과 테러로 프랑스를 비롯한 유럽 국가들이 혼란을 겪고 있었다. 국경통제와 이민 문제가 가장 중요한 관심사로 등장한 것은 당연하다. 여기에 영국독립당이 이민과 시민권자의 이동의 자유, 그리고 영국의 회원국 지위 등을 서로 연결해 탈퇴 여론을 조성했다. 국경 통제와 유럽연합 시민

6　이를 둘러싼 정치 상황은 다음을 볼 것. Christopher McCorkindale, "Scotland and Brexit: The State of the Union and the Union State", *King's Law Journal*, 27/3 (2016), 354-55.

7　[https://www.bbc.com/news/world-europe-25237742](2017. 5. 29 열람).

권자의 이민 통제가 가장 뜨거운 문제가 되었던 것이다.

2015년 12월 10일에 실시된 한 여론조사 결과를 살펴보자. 설문은 다음과 같다. "아래 사항 가운데 영국과 EU 간 관계 설정에 관한 재협상에서 캐머런 총리가 양자 관계의 변화를 추구해야 한다고 생각되는 항목(3개 이내)을 고르시오." 조사 결과는, 국경 통제 및 EU로부터 이민 통제 강화 52퍼센트, EU 시민권자에 대한 복지 혜택의 적절한 제한 46퍼센트, 의회가 EU 정책에 제동을 걸 수 있는 권한 강화 29퍼센트, EU권 외부 국가와 무역관계를 수립할 수 있는 자유 21퍼센트, 더 밀접한 연합이라고 하는 EU 목표의 중단 14퍼센트, 인권법의 완화 13퍼센트, 어로수역 통제 13퍼센트, 영국 기업에 대한 규제 완화 8퍼센트, EU 공동농업정책(Common Agricultural Policy) 및 농업보조금제도 제외 7퍼센트, 시티 및 영국 금융 부문에 대한 규제 완화 4퍼센트, 기후변화 대책 및 환경을 위한 제반 규제 완화 2퍼센트로 나타났다.[8]

이러한 여론 조성은 바로 유럽연합 존립의 기본 원리, 즉 'EU 시민권자는 역내 어느 국가에서나 자유롭게 노동하고 거주하며 고용, 노동조건 및 기타 모든 사회적·조세적 혜택에서 평등한 취급을 받는다'는 기본원리에 대한 도전이었다. 그렇다면 2010년대 영국에 거주하는 유럽연합 시민권자 수는 어느 정도인가. 2011년 인구조사 자료에 따르면, 잉글랜드 및 웨일스의 영국 국적자 가운데 해외 출생자는 약 700만 명으로 전 인구의 11.3퍼센트를 차지한다. 이 가운데 비백인으로 분류할 수 있는 유럽연합 국가 이외 지역 출생자는 476만 명, 인구의 7.7퍼센트에 이른다. 나머지 224만 명은 유럽연합 국가 출신으로 역내 자유이동에 따라 영국으로 유입

8　[자료: https://yougov.co.uk/news/2015/12/10/eu-polling-soft-leave](2017. 5. 29 열람). '유러바로미터'가 같은 해 12월 시행한 여론조사에서도 영국 정부가 EU와 해결해야 할 시급한 과제로 이민 문제(61퍼센트)가 뽑혔다. Eurobarometer222, *Standard Eurobarometer* 84, Autumn 2015, Public Opinion in the EU, First Results.

된 사람들이라고 할 수 있다.[9]

이 밖에 유럽연합 자체에 대한 태도를 묻는 여론조사도 반유럽연합 정서를 나타냈다. 2015년의 여론조사를 분석한 한 연구에 따르면, 유럽통합이 지나치게 도를 넘었다고 생각하는 비율은 응답자의 26퍼센트, 통합이 더 진척되어야 한다고 생각하는 응답은 3퍼센트에 지나지 않았다. 사회학적으로는 고소득에 교육 수준이 높을수록 유럽연합 잔류를 선호한 반면, 저소득에 교육 수준이 낮을수록 탈퇴를 지지했다. 역내 노동력의 자유로운 이동에 대해서도 동일한 추세를 보여 주었다.[10]

브렉시트 국민투표는 "영국은 유럽연합의 회원국으로 남아 있어야 합니까, 아니면 떠나야 합니까?"라는 질문에 '유럽연합 회원국 잔류'와 '유럽연합 탈퇴' 두 대답 가운데 하나를 선택하는 단순한 방법으로 실시되었다. 브리튼 전체로는 투표자의 51.9퍼센트가 탈퇴를 지지했으며, 잔류를 찬성한 비율은 48.1퍼센트였다.[11] 지역별로 살펴보면, 탈퇴와 잔류 찬성표의 격차는 더 다양하게 나타난다. 잉글랜드와 웨일스에서 탈퇴 찬성이 잔류보다 각기 7퍼센트, 5퍼센트 앞섰고, 반면에 스코틀랜드와 북아일랜드, 런던에서는 탈퇴 찬성률이 각기 38퍼센트, 44.2퍼센트, 40.1퍼센트로 낮았다.[12] 잉글랜드 중에서도 탈퇴 찬성률이 평균치보다 훨씬 더 높게

---

9 Office for National Statistics, "Immigration Patterns of Non-UK Born Populations in England and Wales in 2011" (13 Dec. 2013).

10 Sofia Vasilopoulou, "UK Euroscepticism and the Brexit Referendum", *The Political Quarterly*, 87/2 (2016), 220, 224–25 참조.

11 선거구를 보면 총 382개 선거구 중 263곳 탈퇴 찬성 우세, 119곳 잔류 우세. 이상 통계치는 Wikipedia의 'United Kingdom European Union membership referendum, 2016' 항목 참조. [https://en.wikipedia.org/wiki/United_Kingdom_European_Union_membership_referendum,_2016](2017. 6. 4 열람)

12 잉글랜드와 웨일스에서 탈퇴 찬성이 잔류보다 각기 7퍼센트, 5퍼센트 앞섰고, 그 반면에 스코틀랜드와 북아일랜드, 런던에서는 탈퇴 찬성률이 각기 38퍼센트, 44.2퍼센트, 40.1퍼센트로 낮았다. Matthew J. Goodwin, and Oliver Heath, "The 2016 Referendum, Brexit and the Left Behind: An Aggregate-level Analysis of the Result", *The Political*

나타난 지역은 미들랜즈 서부, 북동부, 요크셔 및 험버강 하류 지역이었다.[13] 이미 브렉시트 국민투표 시행 이전부터 각종 여론조사를 통해 드러난 것은 이른바 '뒤처진(left behind)' 사회집단에서 탈퇴 여론이 높다는 점이었다. 예컨대 포드(R. Ford)와 굿윈(M. J. Goodwin)은 영국독립당 지지층을 분석한 연구에서 이들이 대부분 '뒤처진' 유권자로서 노년층, 노동계급 하층, 자산 없는 백인층이라는 사회학적 특징을 보여 준다고 지적했다. 달리 말하면, 포스트모던 경제에 적응할 수 있는 기술이나 지식을 갖추지 못한 사람들이라고 할 수 있다. 기존 정당, 언론 및 방송은 사회적 자유주의와 다문화주의, EU 친화적인 분위기를 강조한 반면, 이들 '뒤처진' 유권자들은 이와 다른 가치들, 즉 더 권위주의적이고 잉글랜드 중심주의적 슬로건을 지지했다는 것이다.[14]

브렉시트 선거 이전의 여론조사에서 '뒤처진' 사회집단이 탈유럽연합에 대해 상대적으로 높은 집중도를 보여 주는 것은 분명하다. 여기에서 EU 잔류-탈퇴 여부에 관한 투표 결과가 전반적으로 '가진 자(haves)'와 못 가진 자(have-nots)의 구분선과 거의 일치하는가, 아니면 2000년 이래 EU회의주의 운동은 상이한 사회집단 간의 갈등을 완화함으로써 광범위한 사회적 호소력을 발휘했던 것인가. 굿윈과 올리버 히스(Oliver Heath)는 브렉시트의 380여 개 선거구와 2011년 인구센서스 자료를 대비해 이 문제를 좀 더 심층적으로 분석했다. 이들은 브렉시트 선거구 투표 결과와 2011년 인구센서스를 통해 380개 선거구 주민의 학력 수준, 연령, 백인 비율, EU 이민자 비율 등을 확인한 다음, 이들 변수와 각 선거구의 탈퇴 찬성률을

Quarterly, 87/3 (2016), 323, 325.

13 이 세 지역의 탈퇴 찬성률은 각기 59.3퍼센트, 58퍼센트, 56.5퍼센트였다. Goodwin and Heath, "The 2016 Referendum, Brexit and the Left Behind", 324.

14 R. Ford and M. J. Goodwin, "Understanding UKIP: Identity, Social Change and the Left Behind", *The Political Quarterly*, 85/2 (2014), 277-84.

| 그림 12-1 | 교육 수준과 선거구 투표 성향

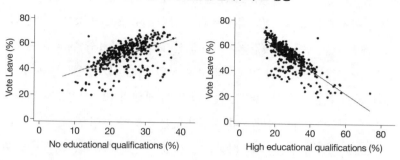

| 그림 12-2 | 연령과 선거구 투표 성향

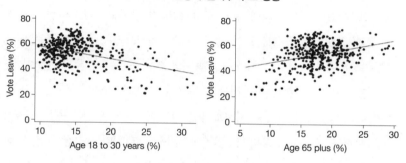

| 그림 12-3 | 이민과 선거구 투표 성향

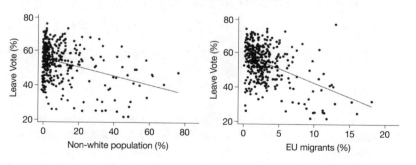

연결해 투표 분포도를 작성했다.[15] 위의 선거구 탈퇴 찬성률 분포가 뜻하는 것은 무엇인가. 저학력층, 노년층과 탈퇴 지지의 상관관계가 높다는 점이다. 이에 따라 고학력 및 젊은 세대의 경우 잔류 지지가 높게 나타난다. 이를테면 학력 수준이 가장 낮은 20개 선거구 가운데 15곳에서 유럽연합 탈퇴 찬성률이 높았던 반면, 학력 수준 상위 15개 선거구에서는 모두 잔류 찬성률이 높았던 것이다.[16] 다른 한편, 유색인과 EU 시민권자 비율이 높은 선거구에서 유럽연합 잔류 지지가 높은 분포를 보여 준다.

투표율 또한 위의 변수와 상관관계가 있음을 보여 준다. 브렉시트 투표율 72퍼센트는 1992년 총선 이래 가장 높았다. 굿윈과 히스에 따르면, 투표율이 가장 낮은 50개 선거구 가운데 절반은 런던 또는 스코틀랜드 지역에 속해 있다. 런던 지역 전체 투표율은 전국 평균보다 2퍼센트 낮았다. 이와 달리, 전국 평균보다 높은 투표율을 보여 주는 선거구는 대부분 2014년 유럽의회 선거에서 영국독립당 지지비율이 전국 평균보다 높은 선거구와 일치했다. 전반적으로 투표율은 백인 비율이 높은 선거구, 과거 선거에서 영국독립당 지지도가 높았던 선거구, 연금소득자 비율이 높은 선거구 등에서 정확하게 전국 평균치를 상회했다.[17] 물론 굿윈과 히스는 높은 투표율을 탈퇴 지지와 곧바로 연결짓는 데 따른 위험을 지적하면서도, 투표율과 탈퇴 지지 사이의 상관관계를 인정하는 편이다. 그들은 또한 반동원효과(counter-mobilization effect)의 가능성도 언급한다. 말하자면, 자기 선거구에서 탈퇴 지지가 높다는 것을 알고 있는 잔류 지지자들이 투표에 적극적으로 참여했을 가능성도 있다는 것이다. 그러면서도 전반적

---

15 〈그림 10-1〉, 〈그림 10-2〉, 〈그림 10-3〉은 모두, Goodwin and Heath, "The 2016 Referendum, Brexit and the Left Behind", *The Political Quarterly* 87/3 (2016), 327, 329에서 인용.

16 Goodwin and Heath, "The 2016 Referendum, Brexit and the Left Behind", 326

17 Goodwin and Heath, "The 2016 Referendum, Brexit and the Left Behind", 326.

으로 전국 평균 이상의 투표율을 보이는 선거구와 탈퇴 지지의 상관관계를 인정한다.

브렉시트, 잉글랜드 민족주의, 영국 헌정(憲政)의 문제

앞 절에서 살펴본 사회학적 변수들은 브렉시트 투표에 직접 영향을 미친 요인들이다. 그러나 이미 1990년대 이래 반(反)유럽연합 정서가 확산되었고, 이 확산의 근저에 바로 잉글랜드 중심주의 또는 잉글랜드 민족주의가 자리 잡고 있다는 견해 또한 설득력이 있다. 『데일리 메일(*Daily Mail*)』 2016년 2월 3일자 사설은 "누가 잉글랜드를 변호할 것인가?"라는 제목으로 잉글랜드와 유럽연합의 문제를 다시 의제로 내놓았다. 사설은 유럽연합에서 잉글랜드의 역할은 무엇인지 묻는다. 유럽연합에서 '영국(UK)'의 회원국 지위에 관한 논란에서 분명 '잉글랜드(English)' 차원이 있다는 것이다. 이런 점을 지적하면서 사설은 다음과 같이 끝맺는다.

> 우리는 대량 이민의 시대에 우리의 국경을 자의로 통제하고 우리가 꼽은 나라라면 어떤 나라와도 무역협정을 고치고 마음에 들지 않으면 지도자와 입법자를 자의로 해고할 수 있는 자치국가인가? 아니면, 브뤼셀의 국가통제주의적인 비선출직 관료들에게 굴복함으로써 우리의 자유를 포기하고, 그들의 무책임한 판단을 수용하며, 저 독일과 그리스처럼 아주 다른 나라들을 통합해 이룰 수 없는 것을 달성하려고 하는 동맥경화증에 걸린 유럽의 운명에 연결할 것인가?[18]

---

[18] *Daily Mail*, 3 Feb. 2016.

이전의 여론조사나 브렉시트 투표 결과에서 영국을 구성하는 네 지역 사이에 이 문제를 둘러싸고 심각한 분열과 균열이 있다는 것이 분명해졌다. 그동안 유럽연합 안에서 '영국'의 회원국 지위와 이해관계만이 논의의 대상이 되었을 뿐, 영국을 구성하는 네 나라의 문제는 별로 부각되지 못했다. 브렉시트 투표에서 잉글랜드와 웨일스는 유럽연합 탈퇴를, 스코틀랜드와 북아일랜드는 잔류를 선택했다. 이미 스코틀랜드 정치인들은 선거 직후부터 두 번째 분리 주민투표의 필요성을 내세웠다. 이 문제는 영국의 독특한 헌정 전통에서 비롯한다. 일반적으로 국민과 국가는 동일체로 인식된다. 이는 정치적 정체성이 원래 민족을 중심으로 형성된다는 가정에 근거한다. 영국의 경우 일반적으로 이 가정을 적용해 왔다. 그러나 스코틀랜드·웨일스·북아일랜드에서 자치의회와 자치정부가 구성된 이후 복합국가 영국의 헌정이 새롭게 논의의 대상이 되고 있다. 잉글랜드의 정치는 공식적으로 영국 의회와 영국 정부가 대행한다. 그렇지만 유럽연합과 브리튼을 연결지을 때 유럽연합을 구성하는 하부국가로서 스코틀랜드·북아일랜드·웨일스·잉글랜드라는 개념이 다시 대두하는 것이다. EU 회의주의가 잉글랜드 민족주의와 직접 연결된 것이라면, 그 결과는 생각보다 더 심각할 수도 있다. 근래 '잉글랜드성(Englishness)'에 대한 새로운 관심도 이러한 상황과 직간접으로 관련된다.[19]

최근 앨리사 헨더슨(Alisa Henderson)을 비롯한 몇몇 연구자는 2015년 5월부터 다음 해 3월까지 진행된 '영국의 사회태도(British Social Attitudes)' 여론조사를 원용해 유럽연합 탈퇴를 둘러싼 이들 지역 간의 차이를 분석

---

19 2000년대 이후 이 문제에 대한 관심이 새롭게 고조되고 있다. K. Kumar, *The Making of English National Identity* (Cambridge: Cambridge University Press, 2003); A. Aughey, *The Politics of Englishness* (Manchester: Manchester University Press, 2007); B. Wellings, *English Nationalism and Euroscepticism: Losing the Peace* (Oxford: Peter Lang, 2012); M. Kenny, *The Politics of English Nationhood* (Oxford: Oxford University Press, 2014).

| 표 12-1 | 유럽통합에 대한 지역별 태도 변화

지역	1975 국민투표		2015-16년 여론조사		변화
	가입 찬성	가입 반대	잔류	탈퇴	
잉글랜드	68.7	31.3	50.4	49.6	-18.3
웨일스	64.8	35.2	50.8	49.2	-14.0
스코틀랜드	58.4	41.6	65.6	34.4	+7.2
북아일랜드	52.1	48.9	75.3	24.7	+23.2

했다. 이 기간 각 지역별 잔류-탈퇴 여론조사는 같은 기관에 의해 잉글랜드 11회, 스코틀랜드 20회, 웨일스 5회, 북아일랜드 3회 실시되었다. 편의상 2015~16년 사이에 여러 차례 진행된 조사의 각 지역별 평균치와 1975년 국민투표 결과를 비교하면 〈표 12-1〉과 같다. 표의 결과는 무엇을 뜻하는가. 헨더슨에 따르면, 이는 결국 잉글랜드 민족주의와 EU회의주의의 밀접한 관계를 보여 준다.[20]

사실 유럽통합운동이 복합국가 '영국'의 정체성을 약화시키는 작용을 할 것이라는 우려는 오래전부터 있었다. 동유럽 사회주의 세계의 붕괴 이후 유럽통합운동은 한층 더 활발하게 전개되었다. 오랫동안 영국은 유럽통합운동에 거리를 두었고, 이 운동의 주도국가는 독일과 프랑스였다. 영국이 유럽통합에 소극적인 태도를 지녔던 것은 흔히 국제정치적 이유로 설명되곤 했다. 독일과 프랑스의 주도권을 반대하는 영국이 통합 속도의 재조정을 요구했기 때문이라는 것이다. 그러나 영국 정치인의 소극적인 태도는 유럽연합이 복합국가 영국의 헌정에 미칠 부정적인 영향을 우려한 데서 비롯한다. 일반적으로 영국인은 섬나라라는 영국의 지리적 특징

20 Ailsa Henderson, et al., "England, Englishness and Brexit", *The Political Quarterly*, 87/2 (2016), 190 참조.

을 중시한다. 대륙과 떨어진 섬이라는 조건은 일찍부터 영국이 대양 너머로 눈길을 돌리는 데 이바지했다. 오랫동안 영국인들은 대륙 문제에 초연한 태도를 취해 왔고 그 대신 해외 식민지와 식민국가에 더 많은 관심을 기울였다. 그러나 제국 해체와 더불어 유럽 대륙의 한 부분으로서 자신의 위치를 절감할 수밖에 없었다. 영국의 유럽공동체 가입은 그 필연적인 귀결이다. 물론 유럽연합 가입과 영국 헌정의 관계를 긍정적으로 바라보려는 시도도 있다. 1990년대에 일부 노동당 이론가와 진보적 지식인들은 영국인 특유의 시민적 자유 개념과 이를 중심으로 형성된 브리튼 정체성에서 초국가적 세계에 유리한 장점이 있음을 지적하거나, 또는 유럽연합이야말로 탈민족적 브리튼과 점증하는 전 지구화를 연결해 주는 '요체(hinge)'임을 강조하기도 했다.[21] 그러나 근래 복합국가 영국의 헌정 전통과 유럽연합 체제에 괴리가 있다는 견해가 확산되어 왔다. 영국 의회주권이 유럽연합운동에 의해 위기에 빠졌다는 것이다.[22] 필자도 오래전에 유럽연합이 브리튼 정체성에 미칠 부정적 영향을 지적한 바 있다.

대륙이라는 타자를 설정하고 해외 제국을 경영하는 상황 아래서 영국은 지역적 다양성을 넘어 브리튼의 정체성을 확립할 수 있었다. 그러나 영국이 유럽연합의 일원이 되는 순간 이러한 상황은 중요성을 상실한다. 이제 스코틀랜드와 웨일스가 잉글랜드와 함께 대브리튼을 형성해야 하고 그럴 수밖에 없다는 당위성이 사라진 것이다. 유럽연합의 테두리 안에서 잉글랜드나 스코틀랜드나 다 같이 독자적인 정체성을 가진 단위 지역으로 변모할 가능성

---

21 앞의 견해로는 널리 알려진 대로, 앤서니 기든스, 『제3의 길』 (생각의 나무, 1998), 뒤의 견해로는 다음을 볼 것. R. Liddle and P. Mandelson, *The Blair Revolution: Can New Labour Deliver?* (London: Faber, 1996).

22 이에 관해서는 다음을 볼 것. M. Spiering, "Euroscepticism: Party Politics, National Identity and European Integration", *European Studies* 23 (2004), 127-49; P. Hitchens, *The Abolition of Britain* (London: Quartet, 2000).

도 있는 것이다.[23]

최근 마이클 케니(Michael Kenny)는 잉글랜드 민족주의에 관한 근래의 담론을 정리한 글에서 1970년대 영국의 유럽공동체 가입 직후 영국의 헌정(憲政) 위기를 강조한 스코틀랜드 민족주의자이자 좌파 지식인 톰 네언(Tom Nairn)의 예견력을 높이 평가한 바 있다. 여기에서 네언은 유럽협조 분위기와 그로부터 나타날 영향이 "영국인들의 우스꽝스러운 보수주의에 대한 중요한 해독제"가 되리라고 보았다.[24] 물론 린다 콜리(Linda Colley)가 강조했듯이, 19세기까지 잉글랜드는 브리튼이라는 정체성 속에 잉글랜드 외에 스코틀랜드와 웨일스, 아일랜드의 정체성을 함께 녹여낼 수 있었다.[25] 그러나 이 허구적인 정체성은 어디까지나 섬과 대륙이라는 대립구조, 또는 광범한 해외 제국을 전제로 유지될 수 있었다. 네언은 유럽공동체 가입 이후 브리튼이라는 모호한 영국 헌정이 잉글랜드 민족주의 대두와 함께 위기에 직면하리라고 예상했다.[26] 그는 브리튼 정체성 이면에 은폐되어 있던 잉글랜드 민족주의 대두의 한 사례로 특히 파월주의(Powellism)를 분석하고 있다. 이넉 파월은 영연방 세계로부터 유색인 유입을 잉글랜드 민족 이익에 대한 위협으로 간주했다. 파월의 주장은 "민족주의의 표현이라기보다는 오히려 정상적인 민족주의 감정의 결여"에 대한 질타였다는 것이다. 네언이 보기에, 유럽통합은 브리튼섬에서 앵글

---

23 이영석, 『역사가가 그린 근대의 풍경』 (푸른역사, 2003), 50.

24 T. Nairn, *The Break-Up of Britain* (London: New Left Books, 1977); Michael Kenny, "The Return of 'Englishness' in British Political Culture—The End of the Unions?", *Journal of Common Market*, 53/1 (2015), 39에서 재인용.

25 Linda Colley, *Britons: Forging the Nation 1707-1837* (New Haven: Yale University Press, 1990).

26 네언의 견해는 Kenny, "The Return of 'Englishness' in British Political Culture", 39-40 참조.

로–색슨 헤게모니에 대한 중대한 도전이다.[27] 그 헤게모니는 오랫동안 잉글랜드의 '섬나라 근성(insularity)'과 협소성에 토대를 둔 것이지만, 그 토대가 잠식될 것이었다. 그는 새롭게 '잉글랜드적인 것'에 대한 열광이 퇴행적 쇼비니즘 및 EU 회의주의와 밀접하게 관련된다고 보았다.[28]

브렉시트가 현실이 되면서 영국 헌정에 대한 도전이 다시 전개되고 있다. 브렉시트 선거 결과를 보면 잉글랜드에서 탈퇴가 찬성보다 7퍼센트 높았던 것에 비해 스코틀랜드에서는 거꾸로 잔류가 탈퇴보다 24퍼센트나 높았다. 잔류 지지가 압도적이었던 것이다.[29] 2017년 3월 28일 스코틀랜드 의회는 독립 국민투표를 다시 추진할 것을 영국 의회에 공식 요청하는 안을 통과시켰다. 스코틀랜드 수석장관 니콜라 스터전(Nicola Sturgeon)은 2018~19년 사이에 독립 국민투표를 다시 추진하겠다는 강경한 입장을 표명한 바 있다.

요컨대 브렉시트 선거 결과는 단기적인 요인 못지않게 영국의 유럽공동체 가입 이후 점차 수면 위로 떠오른 잉글랜드 중심주의와 민족주의라는 장기 요인과 직접 관련된 것이다. 네언이 예견했듯이, '잉글랜드적인 것(Englishness)'에 대한 새로운 열광과 퇴행적 민족주의의 대두가 장기적으로 영국 헌정의 해체요인으로 작용한 셈이다.

27 Nairn, *The Break-up of Britain*, 78. 네언의 파월에 대한 분석은 *The Break-up of Britain*, 256–90 참조.
28 T. Nairn, *After Britain: New Labour and the Return of Scotland* (London: Granta, 2000). 이상 네언의 견해는 Kenny, "The Return of 'Englishness' in British Political Culture", 40 참조.
29 잉글랜드의 경우, 탈퇴 53.38퍼센트, 잔류 46.62퍼센트, 스코틀랜드는 탈퇴 38퍼센트, 잔류 62퍼센트로 집계되었다. 이상 통계는 *Wikipedia*의 'Results of the United Kingdom European Union membership referendum' 항목 참조.

탈퇴협상의 전망

일부 역사가들은 브렉시트 선거가 1660년 왕정복고 이래 영국 헌정사에서 가장 중요한 사건이라고 주장한다.[30] 이 선거는 1660년 이래 영국 헌정사에서 국민주권이 의회주권에 승리를 거둔 최초의 사건이라는 것이다. 의회민주주의의 본고장이라고 알려진 영국에서 왜 이런 '수사'가 나오는가.

2015년 12월 영국 의회는 다음 해에 시행할 브렉시트 국민투표법을 제정했다.[31] 대부분의 내용은 투표 시행의 목적과 구체적인 절차에 관한 것이었는데, 투표 결과는 영국 의회와 정부가 '참고한다(consultative)'는 규정이 포함되어 있었다. 이런 표현을 쓴 것은 관례를 중시하는 영국의 전통 때문이다. 1975년 유럽공동체 가입 국민투표법에서 그렇게 규정했기 때문이다. 그 당시 하원 지도자 에드워드 쇼트(Edward Short) 의원은 이 표현을 두고 "우리의 영예로운 동료 의원들이 국민의 의사를 반대하지 않으리라 본다"고 덧붙이기도 했다.[32] 그때까지만 하더라도 영국의 국민주권은 오직 소선거구제를 기반으로 하는 의회제도를 통해서만 반영될 뿐이었다. 1975년 처음으로 국민의 의사를 직접 묻는 국민투표를 실시했지만, 그 결과는 여전히 하원을 통해 확정하는 형식을 취한 것이다. 1975년에는 투표 결과와 의회의 분위기가 일치했기 때문에 별다른 문제가 없었다.

---

30 V. Bogdanor, "Brexit, the Constitution and the Alternatives", *King's Law Journal*, 27/3 (2016), 314; James Galbraith, "Europe and the World after Brexit", *Globalizations*, 14/1 (2017), 164.

31 "European Union Referendum Act 2015." An Act to make provision for the holding of a referendum in the United Kingdom and Gibralter on whether the United Kingdom should remain a member of the European Union(2015. 12. 17). [http://www.bailii. org/uk/legis/num_act/ 2015/ukpga_201536_en_1.html](2017. 5. 29 열람)

32 *Handard's Parliamentary Debates* [Commons], 5th ser., vol. 888, col. 293 (11 March 1975).

그러나 브렉시트 선거의 경우 의회에서는 의원 다수가 유럽연합 잔류를 지지했기 때문에 국민주권과 의회주권이 서로 상충되는 상황에 이르렀다. 캐머런이 곧바로 국민의사를 따르겠다고 공식 천명한 것은 이런 우려를 불식하기 위함이었을 것이다. 브렉시트 선거가 1660년 이래 일대 사건이라는 일부 역사가들의 언명은 이 선거에서 국민주권이 의회주권보다 우위에 있음을 명백하게 보여 주었다는 점을 부각하려는 의도에 지나지 않는다. 2016년 10월 3일 버밍엄에서 열린 보수당 대회에서 영국 총리 테리사 메이는 탈퇴협상이 임박했음을 천명하면서 영국 정부의 비장한 각오를 다짐하는 연설을 했다.

영국은 이제 유럽연합을 떠날 것입니다. 그렇지만 우선 오늘, 우리는 글로벌화된 브리튼(global Britain), 브렉시트 이후 영국에 대한 우리의 야심에 찬 전망을 말해야겠습니다. 100일 전에 국민투표에서 이를 찬성했기 때문입니다. 우리의 유럽 이웃 국가들은 우리의 긴밀한 우방이자 동맹국이며 교역 상대국입니다. 그렇지만 우리는 우리 자신의 법률을 제정하고 우리 자신을 스스로 꾸려나가는 '영국'입니다. 그 영국 안에서 우리는 대륙을 건너다보고, 좀 더 넓은 세계의 기회를 얻으려고 합니다. 브리튼의 입장에서 우리는 친숙한 국가 및 새로운 국가들과 통상협정을 맺어야 합니다. 브리튼 안에서 영국은 항상 가장 열정적이고 일관된, 그리고 가장 확신에 찬 자유무역 옹호자입니다. 브리튼 안에서 우리는 세계 평화와 번영을 촉진하는 충분한 역할을 맡을 겁니다. 그리고 브리튼 안에서 우리는 강력하게 무장된 군사력으로 우리 국가적 이해와 국민의 안전, 그리고 우리 동맹국들의 안전을 확고하게 할 수 있습니다.[33]

---

33 Theresa May, "Our Vision for Britain after the Brexit" (Birmingham, 3 Oct. 2016).

이어서 메이 총리는 영국의 저력도 강조한다. 세계 5위의 경제 규모, 2009년 이래 G7 가운데 가장 높은 경제성장, 미국에 대한 최대 자본투자국, 미국 다음의 노벨상 수상자 수, 세계 최고 수준의 지적 서비스 능력, 군사력 등등. 2016년 11월 영국 고등법원은 영국 정부가 리스본 조약 50조에 따른 탈퇴협상을 통보하려면, 의회의 동의를 거쳐야 한다는 판결을 내렸는데, 이러한 판결도 브렉시트 국민투표법의 규정 때문이 아닌가 싶다. 그 후 의회의 동의를 거쳐 2017년 3월 29일 메이는 영국 주재 EU 대사에게 탈퇴협상 개시를 공식 통보했다.

리스본 조약 50조는 회원국의 탈퇴 절차를 규정하고 있다. 이에 따르면, 모든 회원국은 자국 헌법 규정에 따라 유럽연합 탈퇴를 결정할 수 있고 탈퇴 통보 시점부터 2년간 유럽연합과 전반적인 관계에 관한 협상을 진행한다. 협상기간을 연장하려면 회원국의 만장일치 동의를 얻어야 한다. 물론 재가입을 원할 경우 조약 49조에 규정된 절차를 따른다.[34] 원래 유럽연합은 경제적인 면에서 자유무역지역, 관세연합, 역내 시장 등 세 영역으로 구성된다. 영국과 유럽연합은 향후 2년간 이 세 영역에 해당되는 중요한 세부 문제에 관해 협상을 진행해야 한다. 중요한 것은, 탈퇴협상이 순조롭게 진행될 수 있는가, 2년 이내에 영국과 유럽연합이 서로 인정하는 선에서 타협할 수 있는가, 그리고 협상을 완료하지 못할 때 유럽연합 회원국들이 기간 연장을 만장일치로 가결해 줄 것인가이다. 영국은 협상 진행기간에 유럽연합 이외의 다른 국가와 독자적으로 통상 분야의 협정을 맺을 수 없다.

영국과 유럽연합, 영국과 유럽연합 이외의 국가 사이의 통상 문제는 어떻게 귀결될 것인가. 영국과 유럽연합 역외 국가들 사이의 무역관계를

---

34 Wikipedia의 'Article 50 of the Treaty on European Union' 항목 참조. [https://en. wikipedia.org/wiki/Article_50_of_the_Treaty_on_European_Union](2017. 6. 1 열람)

| 표 12-2 | **유럽통합에 대한 지역별 태도 변화**[35]

항목	EU 회원국	EEA (노르웨이)	스위스	기타 유럽 대륙 국가	터키	캐나다 (FTA)	WTO
EU 단일시장 접근	무조건 접근	무조건 접근	부분 접근	노동시장 제외한 접근	접근 불가	접근 불가	접근 불가
거래 상품 면세	면세	면세	면세	면세 가능	면세	면세	면세 불가
서비스시장 접근	접근	접근	부분 접근	접근 가능	접근 불가	부분 접근	접근 불가
비EU 국가와 쌍무무역협정	불가능	가능	가능	대체로 불가능	불가능	가능	가능
EU 사회노동 정책 준수	준수	준수	준수 의무 없음	부분 준수	준수 의무 없음	준수 의무 없음	준수 의무 없음
EU 예산 기여	기여 의무	제한적 기여 의무	제한적 기여 의무	제한적 기여 의무	의무 없음	의무 없음	의무 없음
EU 이민 규제	규제 불가	규제 불가	규제 불가	규제	규제	규제	규제

정립하는 데에는 별다른 문제가 없을 것이다. 영국은 지금까지 유럽연합과 무역협정을 체결한 국가에 대해서는 기존 내용을 그대로 승계할 가능성이 높다. 그동안 유럽연합과 자유무역협정을 체결한 멕시코·남아공·한국 등이 이에 해당한다. 그러나 이는 어디까지나 영국 정부의 태도이고 역외 국가의 태도는 별개의 문제이다. 영국이 승계 의사를 지니고 있다 하더라도 유럽연합 내의 영국과 브렉시트 이후 영국의 위치는 다르므로 협상 상대국이 이전의 내용을 그대로 따른다는 보장은 없다.

이보다 더 중요한 것은 영국과 유럽연합의 새로운 무역관계 정립이다. 유럽연합이 비회원국에 가장 유리한 조건을 제공하는 것은 '유럽경제지역

---

35 〈표 12-2〉는 Holger Hestermeyer and Federico Ortino, "Towards a UK Policy Post-Brexit: The Beginning of a Complex Journey", *King's Law Journal*, 27/3 (2016), 458 참조.

(European Economic Area)' 해당국에 한정된다. 현재 노르웨이가 이 기준을 적용받는다. 그러나 노르웨이는 이를 위해 고용 및 환경정책, 사회정책 등 여러 분야에서 유럽연합의 관련 입법을 준수해야 할 의무를 갖는다. 영국이 이런 지위를 얻을 전망은 매우 불투명하다. 그 밖에 〈표 12-2〉에서 나타나듯이, 스위스, 기타 유럽 대륙 국가, 터키, 캐나다 등이 유럽연합과 다양한 통상협정을 맺고 있으며, 영국이 이 가운데 어떤 모델을 획득할 수 있을지 현재로서는 예상하기 힘들다.

근래 영국 언론의 논조를 보면 낙관론과 비관론이 교차하고 있다.[36] 낙관론은 영국과 유럽 대륙이 맺어온 오랜 상호협조의 전통, 정치·경제·사회·문화 등 모든 분야에서 서로 얽혀 있는 밀접한 관계 때문에 서로가 양보하고 인정하는 선에서 타협할 것이라고 본다.[37] 그러나 탈퇴협상이 진행되는 동안에도 여러 분야에서 동요와 혼란이 나타날 것이다. 런던에 본사를 둔 여러 금융회사가 유럽연합으로 이동하려는 움직임을 보이고 있다. 파리·더블린·암스테르담이 런던의 대안으로 떠오르고 있으나 이 또한 분명하지 않다. 금융 중심지로서 오랫동안 런던 시티에 축적된 경험과 노하우, 소프트한 숙련을 쉽게 대체하기 어려운 탓이다. 또 유럽연합 학자와 연구자들이 영국 대학으로 몰려드는 현상에도 변화가 나타날 것이다. 근래 옥스퍼드와 케임브리지는 물론 기타 영국 대학들의 연구 활성화는 유럽연합의 연구비 지원에 힘입은 것이다. 학문 세계에서 영어 헤게

---

36 신문의 경우, 『텔레그래프』, 『선』, 『익스프레스』 등, 반면 신중론 또는 비관론은 『파이낸셜 타임스』, 『가디언』 등이 대표적이다.

37 낙관론 기사로는 다음을 볼 것. Tim Wallace, "Uk can strike quick trade deal with US, says former trade minister Francis Maude", *The Telegraph*, 18 Sep. 2016; Craig Woodhouse, "Up your EU Laws David Davis tells Brussels where to go as UK begins trade negotiations with non-EU countries", *The Sun*, 18 July 2016; Marco Giannangeli, "Uk has 10 trade deals lined up with economic powerhouse", *Express*, 18 July 2016.

모니가 강화됨에 따라 에라스무스 등 유럽연합 연구비 지원을 받은 학자와 학문 후속세대들이 영국 대학에 집중되는 경향이 두드러졌다. 유럽연합 내에서 영국만큼 연구활동에 유리한 나라는 별로 없다. 그러나 유럽연합의 각종 연구비 지원이 중단되면 연구 및 학술 분야에서 영국을 대체할 대안국가가 출현할 가능성이 있다. 그와 동시에 미국으로 연구역량 집중 현상이 다시 강화될지도 모른다.[38]

영국은 어디로?

브렉시트 협상이 어떻게 진행될 것인지 오리무중인 가운데 2017년 6월 8일 조기 총선이 실시되었다. 잘 알려진 대로 메이 총리는 선거 승리를 기반으로 브렉시트 협상의 강한 추진력을 확보하려는 의도에서 조기 총선을 결정했다. 그러나 겉으로 드러난 총선 결과는 보수당에게는 상당히 실망스러운 것으로 드러났다.[39] 2015년 총선에서 확보한 의석 수와 비교하면, 보수당은 이전 선거에서 얻은 330석보다 12석 적은 318석을 얻어 과반수 의석 확보에 실패했고, 보수당은 이전의 232석보다 더 많은 262석을 확보했다. 보수당이 제1당의 지위를 유지하기는 했지만, 사실상의 패배인 셈이다. 브렉시트 협상의 강한 추진력을 확보하려던 메이의 전략은 실패했다. 총선 결과는 2015년 브렉시트 국민투표 결과에 대한 우려감이 반영된 것이 분명하다. 말하자면 양극화에 따른 소외층, 백인 하층과

---

38 이상 금융·연구 분야의 예상되는 변화에 관해서는 다음을 참조. Galbraith, "Europe and the World after Brexit", 164-67.

39 2017년 6월 8일 조기 총선에 관한 사항은 Wikepedia의 'Opinion polling for the united Kingdom general election, 2017' 항목 참조. [https://en.wikipedia.org/wiki/Opinion_polling_for_the_United_Kingdom_general_election,_2017](2017. 6. 12 열람)

노년층, 그리고 저학력층의 분노가 강하게 결집했던 반면, 2016년 조기 총선에서는 브렉시트의 현실화가 가져올 미래의 두려움이 그 결집도를 약화시켰다고 할 수 있다. 물론 상세한 사회학적 분석이 이루어지지 않은 상태에서 이러한 결론은 어디까지나 피상적일 수밖에 없다.

브렉시트의 현실화에 대한 두려움이 일정 부분 조기 총선에서 반영되었다는 것은 여러 정당의 지지율 변화에서 명확하게 드러난다. 2015년 총선과 2017년 조기 총선의 정당별 지지율을 살펴보면, 보수당은 이전의 36.5퍼센트에서 42.4퍼센트로, 노동당은 이전의 30.5퍼센트에서 40퍼센트로 높아졌다. 두 주요 정당 지지율이 다 같이 상승했지만, 노동당의 상승 폭이 훨씬 더 가파르다. 조기 총선에서 두 정당의 지지율 격차가 미미함에도 의석 수에서 큰 차이가 나는 것은 영국이 650개 선거구 모두 소선거구제를 채택하고 있기 때문이다. 특히 2015년 총선과 2017년 조기 총선에서 영국독립당의 지지율 변화는 거의 충격적이다. 이전 총선에서 영국독립당은 12.6퍼센트의 지지를 얻은 데 비해 조기 총선에서는 1.8퍼센트에 그쳤다. 영국독립당을 지지했던 유권자들이 이번에는 보수당과 노동당, 두 주요 정당에 투표한 것으로 추정된다. 노동당의 지지율 상승이 더 두드러진 것은 청년층의 지지를 받았기 때문이라고 알려져 있다.

영국의 조기 총선 결과는 브렉시트 협상에 어떤 영향을 미칠 것인가. 비록 보수당이 패배한 선거이지만, 집권당 지위를 유지하는 한 브렉시트 협상은 계속될 것이다. 이 점은 영국 정부와 유럽연합 모두 선거 직후에 협상을 공언하고 있는 데서도 드러난다. 노동당 또한 공식적으로 브렉시트 협상은 계속될 것임을 밝혔다. 다만 메이 총리가 추진하던 전면적인 탈퇴, 즉 하드 브렉시트 전략이 변할 가능성은 있다. 국경 통제와 사법권 독립 문제는 강력하게 추진하면서도 유럽연합 단일시장과 관세 문제에 관해서는 이전보다 더 유연한 태도를 보일 수 있다. 유럽연합도 영국 내의 분위기 변화를 지켜보면서 이전보다 더 유연한 태도로 협상에 임할 가능성도 있다. 물론 이는 어디까지나 추측에 지나지 않는다.

영국과 유럽연합의 새로운 관계를 어떻게 설정할 것인가. 협상 완료 시한이 다가오고 잠정 협상안마저 영국 하원에서 부결되면서 비관론이 확산되고 있다. 그러나 이 문제는 양측 모두 공통의 문화와 전통을 바탕으로 하기 때문에 진통을 겪더라도 서로가 용인하는 선에서 타협에 이를 가능성도 있다. 문제는 복합국가 영국의 미래이다. 유럽연합 탈퇴가 국민투표를 통해 현실로 나타나는 데 주된 영향을 준 것은 단기적 요인이 분명하다. 세계화에 따른 양극화, '뒤처진' 사회집단의 분노, 유럽연합 시민권자의 유입 및 그들의 복지 혜택이 일반 서민의 탈퇴 지지심리를 자극했을 것이다. 그러나 브렉시트 선거를 시행하기까지 한 세대에 걸쳐 진행된 장기적인 요인은 브리튼 정체성 이면에 숨어 있던 잉글랜드 민족주의 또는 잉글랜드 중심주의의 대두이다. 그리고 이런 정서는 근래에 더 강해지고 있다. 스코틀랜드 분리주의 정서는 이러한 현상에 대한 반응이다. 유럽연합 탈퇴가 영국인의 삶에서 구체적인 현실로 감지될수록 잉글랜드 중심주의가 더욱더 강해질 수 있다. 그럴 경우 영국 헌정은 어떻게 될 것인가. 1707년 이래 왕실을 매개로 모호하게 구성된 영국의 헌정질서가 중대한 위기에 직면한 셈이다. 물론 그 과정에서 헌정의 해체를 막으려는 잉글랜드의 정치인, 지식인, 일반 서민의 대응도 두드러지게 강화될 것이다.[40]

---

40 그러나 스코틀랜드에서도 분리독립에 대한 여론의 변화가 나타나고 있다. 2015년 총선에서 스코틀랜드민족당(SNP)은 59개 선거구 가운데 56석을 차지했으나 2017년 조기 총선에서 SNP가 획득한 의석은 35석으로 감소했다. 이것이 분리독립 문제에 대한 스코틀랜드인의 여론 변화를 의미하는지는 좀 더 정교한 분석이 필요하다. 이상은 Wikepedia의 'Opinion polling for the United Kingdom general election, 2017' 항목 참조.

거대한 경험과 유산

존 실리의 표현, '무심결에' 또는 '방심한 상태에서' 형성된 제국이나 '제국을 의도하지 않은' 제국이라는 말은 어디까지나 수사에 지나지 않는다. 처음 시작이 그렇다고 하더라도, 그 제국을 의식하면서부터 영국인들은 제국 네트워크를 지키고 그 영향력을 키우며 확장하려는 노력을 기울였다. 19세기 후반 독일을 비롯한 경쟁국들의 도전을 받았지만, 그 과정에서 오히려 제국주의와 제국 지배의 표준을 만들어 전 세계에 적용했다. 영제국은 제국주의와 거의 동의어가 되었다.

영국이 제국 네트워크를 형성하고 운영하는 데 성공을 거둔 것은 우선 '선점 효과'의 이점을 누렸기 때문이다. 근대 문명의 힘이 농축되어 나타나기까지 발견과 정착과 이주의 과정은 먼저 시작한 세력이 유리한 위치를 차지하고 또 그 유리한 점을 활용할 수 있었다. 영국이 초기 산업화를 이룩했을 때 제국 네트워크 형성에 산업화의 힘을 최대한 이용할 수 있었던 것도 이런 효과에 힘입은 것이었다. 영국의 확장은 바로 이 선점 효과라는 측면에서 이해해야 한다. '무심결에'라는 말도 어쩌면 이 효과의 또 다른 표현이라고 해도 지나치지 않다. 그러나 선점 효과는 오래 계속될 수 없다. 다른 나라의 모방과 추격이 나타나면서 그 효과는 점차 사라진다.

그런데도 영제국 네트워크가 20세기 중엽까지도 유지될 수 있었던 까닭은 무엇인가. 근대 세계에서 영국은 일종의 강소국에 지나지 않았다. 강소국이면서도 선점 효과에 따른 이점을 극대화했다. 해군과 상선대에 바탕을 둔 영국의 해양 지배력에 강력하게 도전할 만한 세력은 근대 산업 문명의 초기에는 나타나기 어려웠다. 그 세력이 가시화된 것은 19세기 후반의 일이나, 그마저도 새롭게 등장한 여러 국민국가 사이의 역학관계와 국제정치 질서의 제약을 받았다. 유럽 대륙의 국민국가들은 여전히 전통적인 세력균형에 집착하였고 대서양 반대쪽의 미국은 국내 개발과 발전에 치중했으며, 동아시아의 전통 국가들은 오랫동안 정체되어 있었거나 국제정치에 수동적으로만 영향받는 위치에 있었다. 유럽 대륙의 균형이 깨어지고 미국이 외부로 팽창하기 시작하며 동아시아 국민국가들이 새롭게 깨어나기 시작할 경우, 영제국과 그 네트워크는 충격을 받고 붕괴할 수밖에 없는 취약한 체제였다고 할 수 있다.

영국인의 해외 이주와 정착이 가속된 것은 특히 18~19세기 인구증가와 관련된다. 영국인이 대거 이주하던 초기부터 후대에 나타나는 백인사회 건설의 명확한 기획이 있었던 것은 아니었다. 국왕의 하사장을 얻는 형식으로 다양한 개인과 집단이 여러 가지 이유 때문에 고국을 떠나 북아메리카와 남아프리카와 오세아니아로 이주했다. 여기에서 특이한 것은 이들 이주민 집단 사이에 점차로 '백인성'이 표출되고 정형화되기 시작했다는 점이다. 백인성을 강조했을 때 그 백인사회의 정체성은 대의제도와 책임정부에 바탕을 둔 사회, 그리고 자유로운 노동에 바탕을 둔 사회였다. 19세기 후반에 백인성이 강조된 백인 정착지는 대부분 영국과 같은 정치제도를 토대로 발전해 나갔다.

19세기 말 새로운 경쟁국들의 대두와 경쟁을 우려하던 일단의 정치가와 지식인들은 바로 백인 자치령과 본국의 더 밀접한 결합을 통해 경쟁국들을 넘어설 수 있다고 믿었다. 제국 네트워크의 취약성을 보완할 수 있는 질서가 바로 '대영국'의 형성이었다. 영국과 백인 자치령 국가들의 연방체제 구축이야말로 '거리의 소멸'을 가능케 한 기술혁신의 시대에 새롭게 등장한 정치 담론이었다. 19세기 말 이래 이를 지향하는 조직과 운동이 나타났고 상당한 영향력을 발휘하기 시작했다. 그러나 1차 세계대전은 이 운동에 부정적인 영향을 끼쳤다. 전쟁에 많은 인적·물적 자원을 동원한 자치령 국가들은 영국을 중심으로 하는 제국 네트워크를 부정하지 않으면서도 독자적인 국민국가로의 발전의 길을 택했다. 밸푸어 선언은 이러한 변화를 인정하는 마침표였다.

　1차 세계대전의 참화를 겪은 후에도, 영국의 정치인들은 시대의 제약 요인을 의식함과 동시에 마치 관행처럼 제국 네트워크에 대한 환상을 버리지 못했다. 변화된 상황에 직면해서도 여전히 제국을 유지할 방안을 모색하기도 했다. 이들이 이런 환상에서 깨어난 것은 수에즈 위기를 겪은 이후의 일이다. 그 후 영국은 탈식민운동의 파고 속에서 상당히 질서 있는 퇴각에 초점을 맞추었다. 1950년대 후반부터 급증한 신생 독립국들은 이런 정책 전환의 결과이다.

　영국의 정치인, 지식인, 그리고 일반 대중까지도 한동안 제국 경영이나 제국 네트워크를 외면해 왔다. 제국에 거리를 두려는 사회 심리적 경향은 제국의 상실에 따른 충격에서 일찍 빠져나오려는 자기방어적 기제에 해당한다. 영국이 과거 제국 경험을 상당히 냉정하게 바라볼 수 있었던 것은 1980년대 이후의 일이다.

　돌이켜보면 18세기 이래 영국은 제국 네트워크를 경영하면서 자신의 필요에 따라 자신이 이룩한 선진적인 수단과 방법, 그리고 이상을 다른 세계에 확산시켰다. 근대 세계는 바로 이를 바탕으로 발전해 나갔다. 근대성의 중심 내용이라고 할 수 있는 자본주의, 산업주의, 시장주의, 대의제 정치, 책임정부제도, 재산권 보장, 시민적 자유 등은 바로 이런 과정에서 전 세계에 퍼졌다. 영제국은 어떤 점에서는 근대 세계와 표리관계를 이룬다.

영제국이 근대 세계 형성을 주도한 만큼, 영국의 역사가들은 제국 지배에서 빚어진 여러 부정적 결과를 깊이 성찰하지 않았다. 다른 제국주의 국가들과 비교하면서 오히려 그 부정적 측면을 상대화하려는 경향을 보여 주었다. 덜 사악한 제국이나 선한 제국이라는 수사가 이를 나타낸다. 그러나 제국 지배의 상대화는 그런 경험의 트라우마에서 벗어나려는 사회 분위기와 관련되기도 하며, 상당히 영국 중심적인 태도에서 비롯한 것이다. 어쨌든 긍정적인 면과 부정적인 측면에 관계없이 영제국은 근대 세계의 형성에 큰 기여를 했으며 근대 세계의 변화에도 영향을 주었다. 제국 지배의 기억과 그 유산은 아직도 사람들의 삶에 영향을 주고 있다. 한마디로 인류 역사에서 가장 거대한 경험이자 실험이었던 것이다.

참고문헌

I. 1차 자료

The National Archives (Kew).
 CABINET Office [CAB]
 Colonial Office [CO]
 Dominions/Commonwealth Office [DO]
 Foreign Office [FO]
Hansard's Parliamentary Debates, 3rd series.
 Volumes 17, 19, 49, 68, 71, 118, 169, 227.
Hansard's Parliamentary Debates, 5th series.
 Volumes 36, 641, 645, 664, 763, 831, 840, 884.
Parliamentary Papers [19세기]
 1834 (570) 6; 1837 (425) 7; 1843 (596) 35; 1847-8 (511) 9; 1866 (3683) 30;
 1867-8 (197) 6; 1872 (C.493) 37.
Parliamentary Papers [20세기]
 Cd. 708; Cd. 2785; Cd. 3403; Cd. 3523; Cd. 5741; Cd. 5745; Cd. 7607;
 Cd. 7608; Cd. 8566; Cd. 9109.

Cmd. 1700; Cmd. 2387; Cmd. 2768; Cmd. 5766; Cmd. 6121; Cmd. 6140; Cmd. 6175; Cmd. 8717.

Cmnd. 237; Cmnd. 1449; Cmnd. 1803; Cmnd. 3301; Cmnd. 8787.

The Economist (1929-32)

The Times

II. 사료집

Ashton, S. R. and S. E. Stockwell, eds., *Imperial Policy and Colonial Practice 1925-1945* (London: HMSO, 1996), 2 vols.

Ashton, S. R. and W. Rogers, eds., *The British Documents on the End of Empire, A Series, Vol. 5: East of Suez and the Commonwealth* (London: HMSO, 2004).

CommonWealth Secretariat, *The Commonwealth at the Summit, 1944-1986* (London: Commonwealth Secretariat, 1987).

CommonWealth Secretariat, *The Commonwealth at the Summit, 1987-1995* (London: Commonwealth Secretariat, 1997).

Drummond, Ian M., *British Economic Policy and the Empire, 1919-1939: Studies in Expansion and Protection* (London: George Allen & Unwin, 1972), Appendix, 143-237.

Foreign and Commonwealth Office, *A Yearbook of the Commonwealth*, 12th edn. (London: HMSO, 1980).

Frankland, N., ed., *Documents on International Relations 1956* (Oxford: Oxford University Press, 1959).

Gilbert, Martin, *Winston S. Churchill, 1916-1922* (London: Hinemann, 1975).

Gilbert, Martin, *Winston S. Churchill, 1922-1939* (London: Hinemann, 1976).

Hancock, W. K. and J. Van Dar Poel, eds., *Selections from the Smuts Papers* (Cambridge: Cambridge University Press, 1967-73), vol. 5.

Henderson, H. D., *The Inter-War Years and Other Papers* (Oxford: Clarendon Press, 1955).

Hyam, R., ed., *The Labour Government and the End of Empire, 1945-1951* (London: HMSO, 1992).

Madden, A. F. and J. Darwin, eds., *Select Documents in the Constitutional*

History of the British Empire and Commonwealth, vol. 4: The Dominions and India since 1900 (London: Greenwood, 1993).

Mansergh, N., ed., *Documents and Speeches on Commonwealth Affairs, 1931-1952* (Oxford: Oxford University press, 1953), 2 vols.

Macmillan, Harold, *The Macmillan Diaries: the Cabinet Years, 1950-1957*, ed. Peter Catteral (London: Macmillan, 2003).

McNeill, William H., *America, Britain and Russia: Their Co-operation and Conflict, 1941-46* (Oxford: Oxford University Press, 1953).

Riddell, W. A., ed., *Documents on Canadian Foreign Policy 1917-1939* (Toronto: Oxford University Press, 1962).

US Department of State, *Foreign Relations of the Unite States, 1955-57*, vol. 16.

III. 2차 문헌—저술

김기순, 『글래드스턴과 아일랜드』 (한림대출판부, 2009).
박지향, 『제국주의: 신화와 현실』 (서울대출판부, 2000).
박지향, 『제국의 품격』 (21세기북스, 2018).
블레닝, 팀 편, 『옥스퍼드 유럽현대사』, 김덕호·이영석 옮김 (한울, 2003).
사이드, 에드워드, 『오리엔탈리즘』, 박홍규 옮김 (교보문고, 1996).
스미스, 사이먼, 『영국 제국주의』, 이태숙·김종원 옮김 (동문선, 2001).
영, 로버트 M. C., 『식민 욕망: 이론, 문화, 이론의 혼종성』, 이경란·성정혜 옮김 (북코리아, 2013).
이내주, 『영국 과학기술교육과 산업발전』 (한울, 2009).
이영석, 『공장의 역사: 근대 영국 사회와 생산, 언어, 정치』 (푸른역사, 2012).
이영석, 『다시 돌아본 자본의 시대』 (소나무, 1999).
이영석, 『영국사 깊이 읽기』 (푸른역사, 2016).
페인스틴, 찰스 외, 『대공황 전후 유럽 경제』, 양동휴 등 옮김 (동서문화사, 2001).
페일, 어니스트, 『서양해운사』, 김성준 옮김 (혜안, 2004).
하워드, 마이클, 『제1차세계대전』, 최파일 옮김 (교유서가, 2012)

Aldcroft, D. H., *The British Economy between the Wars* (Oxford: Oxford University Press, 1983).

Anderson, B., *Imagined Communities: Reflections on the Origin and Spread of Nationalism* (London: Verso, 1991).

Ball, Margaret, *The Commonwealth in the World* (London: Duckworth, 1958).

Ballantyne, Tony, *Orientalism and Race: Aryanism in the British Empire* (Basingstoke: Penguin Books, 2002).

Barley, L. J., *The Riddle of Rationalisation* (London: G. Allen and Unwin, 1932).

Bayly, C. A., *Imperial Meridian: The British Empire and the World, 1780–1830* (London, 1989).

Bell, Duncan, *The Idea of Greater Britain: Empire and the Future of World Order 1860–1900* (Princeton: Princeton University Press, 2007).

Bishop, Isabella, *The Yangtze Valley and Beyond* (London: John Murray, 1899).

Brewer, John, *The Sinews of Power: War and the English State, 1688–1783* (London: Unwin Hyman, 1989).

Bridge, Carl and Kent Fedorowich, *The British World: Diaspora, Culture and Identity* (London: Frank Cass, 2003).

Brown, Judith, *Modern India: The Origins of an Asian Democracy* (Oxford: Oxford University Press, 1994).

Brown, J. M. and W. R. Louis, eds., *The Oxford History of the British Empire, Vol. 4: The Twentieth Century* (Oxford: Oxford University Press, 1999).

Butler, D. and U. Kitzinger, *The 1975 Referendum* (London: Macmillan, 1976).

Cain, P. J. and A. G. Hopkins, *The British Imperialism I: Innovation and Expansion 1688–1914* (London: Longman, 1993).

Cain, P. J. and A. G. Hopkins, *The British Imperialism II: Crisis and Deconstruction 1914–1990* (London: Longman, 1993).

Callwell, Charles E., *Field Marshall Sir Henry Wilson: His Life and Diaries*, 2 vols. (London: Cassell, 1927).

Calwell, Charles E., *The Dardanelles* (London: Constable, 1919).

Cannadine, David, *Ornamentalism: How the British Saw Their Empire* (Oxford: Oxford University Press, 2001).

Collins, B. and K. Robbins, eds., *British Culture and Economic Decline*

(London: Weidenfeld and Nicolson, 1990).

Colonial Land and Emigration Office, *Information for Emigrants to British North America* (London: C. Knight, 1842).

Constantine, Stephen, ed., *Emigrants and Empire: British Settlement in the Dominions between the Wars* (Manchester: Manchester University Press, 2009).

Constantine, S., *The Making of British Colonial Development Policy, 1914-40* (London: Frank Cass, 1984).

Crafford, F. S., *Jan Smuts: A Biography* (London: Allen and Unwin, 2005 end).

Darwin, John, *After Tamerlane: The Global History of Empire Since 1405* (London: Allen Lane, 2007).

Darwin, John, *Britain and Decolonisation: the Retreat from Empire in the Post-War World* (London: Palgrave Macmillan, 1988).

Darwin, John, *Britain, Egypt and the Middle East: Imperial Policy in the Aftermath of War 1918-1922* (London: Macmillan, 1981).

Darwin, John, *The Empire Project* (Cambridge: Cambridge University Press, 2009).

Davis, L. E. and R. A. Huttenback, *Mammon and the Pursuit of Empire: the Political Economy of British Imperialism, 1860-1912* (Cambridge: Cambridge University Press, 1986).

De Lock, M. H., *The Economic History of South Africa* (Cape Town: Juta, 1924).

Dilke, Charles W., *Greater Britain: A Record of Travel in English-Speaking Countries* (London: Macmillan, 1869).

Douglas-Home, Alec, *The Way the Wind Blows* (London: Collins, 1976).

Drummond, Ian M., *British Economic Policy and the Empire, 1919-1939* (London: George Allen and Unwin, 1972).

Dunning, J. H. and C. J. Thomas, *British Industry: Change and Development in the Twentieth Century* (London: Hutchinson, 1961).

Earl of Durham, *Report on the Affairs of British North America* (London, 1839).

Earle, Peter, *The Making of the English Middle Class: Business, Society and Family Life in London 1660-1730* (London: Methuen, 1989).

Fanon, Frantz, *The Wretched of the Earth*, trans. C. Farrington (Harmonsworth: Penguin, 1969).

Feinstein, C. H., *National Income, Expenditure, and Output of the United Kingdom, 1855-1965* (Cambridge: Cambridge University Press, 1972).

Ferguson, Niall, *Empire: How Britain Made the Modern World* (London: Penguin, 2003).

Floud, R. and D. N. McCloskey, eds., *The Economic History of Britain since 1700* (Cambridge: Cambridge University Press, 1981).

Floud, R. and D. N. McCloskey, eds., *The Economic History of Britain since 1700, 1939-1992* (Cambridge: Cambridge University Press, 1994).

Forster, Anthony, *Euro-scepticism in Contemporary British Politics: Opposition to Europe in the British Conservative and Labour Parties since 1945* (London: Routledge, 2002).

Friedman, Thomas L., *The Lexus and the Olive: Understanding Globalization* (Farra: Straus & Giroux, 1999).

Froude, J. A., *Oceana, or England and Her Colonies* (London: Longman, 1886).

Fung, Edmund K. S., *The Diplomacy of Imperial Retreat: Britain's South China Policy 1924-1931* (Oxford: Oxford University Press, 1991).

Gaddis, J. L., *We Know War: Rethinking Cold War History* (Oxford: Oxford University Press, 1998).

Gallagher, J. A., *The Decline, Revival and Fall of the British Empire* (Cambridge: Cambridge University Press, 1982).

Garner, J. S., *The Commonwealth Office, 1925-68* (London: Heinemann Educational, 1978).

Giliomee, Hermann, *The Afrikaners: Biography of a People* (London: Hurst & Company, 2003).

Gordon, Donald C., *The Dominion Partnership in the Imperial Defense, 1870-1914* (Baltimore: Johns Hopkins University, 1965).

Gordon, Walker, P., *The Commonwealth* (London: Secker & Warburg, 1962).

Gorst, A. and L. Johnman, *The Suez Crisis* (London: Routledge, 1997).

Groom, A. J. R. and Paul Taylor, eds., *The Commonwealth in the 1980s: Challenge and Opportunities* (London: Macmillan, 1984).

Hall, Catherine and Sonya Rose, eds., *At Home with the Empire: Metropolitan*

Culture and the Imperial World (Cambridge: Cambridge University Press, 2006).

Hall, Catherine, *Civilising Subjects: Metropole and Colony in the English Imagination* (Cambridge: Polity, 2002).

Hall, Catherine, ed., *Cultures of Empire: Colonizers in Britain and the Empire in the Nineteenth and Twentieth Centuries* (Manchester: Manchester University press, 2000).

Hall, Stuart, ed., *Representation: Cultural Representation and Signifying Practice* (London: Sage, 1997).

Halsey, A. H. and J. Webb, eds., *Twentieth-Century British Social Trends* (London: Macmillan, 1980).

Hamilton, W. B. et al., eds., *A Decline of the Commonwealth* (Durham, N.C.: Duke University Pres, 1966).

Hargreaves, J. D., *Prelude to the Partition of West Africa* (London: Macmillan, 1963).

Henderson, H. D., *The Inter-War Years and Other Papers* (Oxford: Clarendon Press, 1955).

Hendrick, Burton J., *The Life and Letters of Walter Hines Pages* (London: W. Heinemann, 1924).

Hirsch, F. and D. S. Gordon, *Newspaper and Money* (London: Hutchinson, 1975).

Holland, R. F., *Britain and the Commonwealth Alliance 1918–1939* (London: Macmillan, 1981).

Holland, Robert, *Britain and the Commonwealth Alliances* (London, 1981).

Holmes, Richard, *The Little Field Marshal: The Life of Sir John French* (London: Weidenfeld & Nicolson, 2004).

Hopkins, E., *The Rise and Decline of the English Working Classes 1918–1990: A Social History* (London: Weidenfeld & Nicolson, 1991).

Hyam, Ronald, *Britain's Declining Empire: the Road to Decolonisation 1918–1968* (Cambridge: Cambridge University Press, 2006).

Ingram, Edward, *The British Empire as a World Power* (London: Frank Cass, 2001).

James, L., *The Rise and Fall of the British Empire* (London: Abacus, 1995).

Jeffrey, Keith, *Field Marshal Sir Henry Wilson: A Political Soldier* (Oxford:

Oxford University Press, 2006).

Jones, G. A. and A. G. Pool, *A Hundred Years of Economic Development in Great Britain* (London: Duckworth, 1971).

Judd, Denis, *Balfour and the British Empire* (London: Macmillan, 1968).

Kennedy, Greg, *Anglo-American Strategic Relations in the Far East 1933-1939* (London: Frank Cass, 2002).

Kershen, Anne J., ed., *London, the Promised Land?* (Aldershot: Avebury on Behalf of the Centre for the Study of Migration, 1997).

King, C. H., *Strictly Personal* (London: Weidenfeld & Nicolson, 1969).

Kingseed, Cole C., *Eisenhower and the Suez Crisis of 1956* (Baton Rouge: Louisiana State University Press, 1995).

Kunz, Diane B., *The Economic Diplomacy of the Suez Crisis* (Chapel Hill: University of North Carolina Press, 1991).

Kyle, Keith, *Suez* (London : Weidenfeld and Nicolson, 1991).

Lucas, W. Scott, *Divided we stand: Britain, the US and the Suez Crisis* (London: Sceptre, 1996).

MacKenzie, F., *Redefining the Bonds of Commonwealth, 1939-48: the Politics of Preference* (Basingstoke : Palgrave, 2002).

MacKenzie, John M., *Imperialism and Popular Culture* (Manchester: Manchester University Press, 1985).

MacKenzie, John M., *Propaganda and Empire: the Manipulation of British Public Opinion, 1880-1960* (Manchester: Manchester University Press, 1984).

Mansergh, Nicholas, *The Commonwealth Experiences* (London: Weidenfeld and Nicolson, 1969).

March, Peter, *Joseph Chamberlain: Entrepreneur in Politics* (New Haven: Yale University Press, 1994).

Mathews, R. C. O., et al., *British Economic Growth, 1856-1973* (Oxford: Oxford University Press, 1982).

McCurdy, Charles, *Empire Free Trade: A Study of the Effects of Free Trade on British Industry and of the Opportunities for Trade Expansion within the Empire* (London: Hutchinson & Co., 1930).

McLachlan, N., *Waiting for the Revolution: A History of Australian Nationalism* (London: Penguin, 1989).

Meakin, Walter, *The New Industrial Revolution: A Study for the General Reader of Rationalisation and Post-War Tendencies of Capitalism and Labour* (London: Gollancz, 1928).

Meredith, D. and M. Havinden, *Colonialism and Development: Britain and Its Tropical Colonies* (London: Routledge, 1993).

Miller, J. D. Bruce., *Survey of Commonwealth Affairs: Problems of Expansion and Attrition, 1953-1969* (Oxford: Oxford University Press, 1974).

Miller, J. D. Bruce., *The Commonwealth in the World* (London: Duckworth, 1958).

Milward, A. S., *The Economic Effects of the Two World Wars on Britain*, (Basingstoke: Macmillan, 2nd ed, 1984).

Mitchell, B. R. and P. Deane, *Abstract of British Historical Statistics* (Cambridge: Cambridge University Press, 1962).

Mitchell, B. R., *British Historical Statistics* (Cambridge: Cambridge University Press, 1988).

Mosse, George L., *Fallen Soldiers: Reshaping the Memory of the World Wars* (New York: Oxford University Press, 1990).

Murdoch, Alexander, *British Emigration 1603-1914* (Basingstoke: Palgrave Macmillan, 2004).

Nabulsi, Karma, *Traditions of War: Occupation, Resistance, and the Law* (Oxford: Oxford University Press, 1999).

Nairn, T., *The Break-up of Britain* (London: New Left Books, 1977).

Omer-Cooper, J. D., *A History of Southern Africa* (London: James Currey, 1987).

Paul, Kathleen, *White Washing Britain: Race and Citizenship in the Postwar Era* (Ithaca: Cornell University Press, 1997).

Pearson, Charles H., *National Life and Character: A Forecast* (London: Macmillan, 1893).

Pearson, Jonathan, *Sir Anthony Eden and the Suez Crisis: Reluctant Gamble* (Basingstoke: Palgravemacmillan, 2003).

Pilmot, Ben, *Harold Wilson* (London: HarperCollins, 1992).

Pollard, S., *The Development of the British Economy, 1914-1980* (London: E. Arnold, 3rd ed., 1983).

Porter, A. N., ed., *Atlas of British Overseas Expansion* (London: Routledge, 1991).

Porter, A. N., *Religion versus Empire? British Missionaries and Overseas Expansion 1700-1914* (Manchester: Manchester University Press, 2004).

Porter, Bernard, *The Absent-Minded Imperialists: Empire, Society and Culture in Britain* (Oxford: Oxford University Press, 2004).

Porter, Bernard, *The Lion's Share: A Short History of British Imperialism, 1850-1995* (London: Longman, 3rd ed., 1996).

Powell, Enoch, *Freedom and Reality* (Kingwood: Elliot Right Way Books, 1969).

Price, Richard, *Making Empire: Colonial Encounters and the Creation of Imperial Rule in Nineteenth-Century Africa* (Cambridge: Cambridge University Press).

Rubinstein, W. D., *Capitalism, Culture and Decline in Britain* (London: Routledge, 1993).

Samuel, Raphael, ed., *Patriotism: The Making and Unmaking of British National Identity, II. Minorities and Outsiders* (London: Routledge, 1993).

Schwarz, Bill, *The White Man's World Memories of Empire, Volume I* (Oxford: Oxford University Press, 2011).

Seeley, John R., *The Expansion of England* (1883; London: Macmillan, 2nd ed., 1895).

Shaw, Tony, *Eden, Suez and the Mass Media: Propaganda and Persuasion during the Suez Crisis* (London: I.B. Tauris, 1996).

Shepherd, Robert, *Enoch Powell: A Biography* (London: Pimlico, 1997).

Siegfried, André, *England's Crisis*, trans. H. H. Hemmings and Doris Nemming (London: J. Cape, 1933).

Smith, Adam, *The Wealth of Nations* (London: J. M. Dent, 1919).

Smith, P. Main, *A Concise History of New Zealand* (Melbourne: University of Melbourne Press, 2005).

Smuts, J. C., *The British Commonwealth of Nations: A Speech made by General Smuts on May 15th 1917* (London: Hodder & Stoughton, 1917).

Standage, Tom, *The Victorian Internet: The Remarkable Story of the Telegraph and the Nineteenth Century's Online Pioneers* (London: Walker and Company, 1998).

Stewart, Andrew, *Empire Lost: Britain, the Dominions and the Second World*

War (London: Continuum, 2008).

Stoke, Edward, *The English Utilitarians and India* (Oxford: Oxford University Press, 1959).

Tranter, N. L., *British Population in the Twentieth Century* (Basingstoke: Macmillan, 1996).

Trevelyan, Humphrey, *The Middle East in Revolution* (London: Macmillan, 1970).

Urwick, L., *The Meaning of Rationalisation* (London: Nisbet, 1929).

War Office, *Statistics of the Military Effort of the British Empire during the Great War* (London: HMSO, 1922).

Ward, Stuart, ed., *British Culture and the End of Empire* (Manchester: Manchester University Press, 2001).

Wigley, P., *Canada and the Transition to Commonwealth: British-Canadian Relations 1917-1926* (Cambridge: Cambridge University Press, 1977).

Williams, P. and L. Chrisman, eds., *Colonial Discourse and Postcolonial Theory: A Reader* (Hemel Hempsted: Harvester, 1994).

Winegard, Timothy C., *Indigenous Peoples of the British Dominions and the First World War* (Cambridge: Cambridge University Press, 2012).

Wormell, Debora, *Sir John Seeley and the Use of History* (Cambridge: Cambridge University Press, 1980).

Young, Robert M. C., *Colonial Desire: Hybridity in Theory, Culture and Race* (London: Routledge, 1995).

Zimmern, Alfred E., *The Third British Empire* (London: Oxford university Press, 1926).

IV. 2차 문헌—논문

김명환, 「조지프 체임벌린의 후기 사상」, 『영국 연구』, 30 (2013), 203-36.

김상수, 「영제국이 영국 본토에 끼친 문화적 영향」, 『영국 연구』 27 (2012), 315-35.

박은재, 「영국 노동당 정부의 이민-인종정책」, 『영국 연구』, 26 (2011), 263-94.

이내주, 「제1차 세계대전과 영국 산업정치 구조의 형성, 1914-22」, 『서양사론』, 53 (1997), 157-84.

이내주, 「처칠, 키치너, 그리고 해밀턴의 삼중주」, 『영국 연구』, 20 (2008), 245-69.

이영석, 「19세기 영제국과 세계」, 『역사학보』, 217 (2013), 213-44.

이영석, 「19세기 영제국의 형성 요인과 사회적 성격에 관한 검토」, 『역사학연구』, 31 (2007), 249-69.

이영석, 「신사적 자본주의와 제국」, 『서양사론』, 69 (2001), 183-209.

이영석, 「양차대전 사이의 영국 경제와 제국」, 『영국 연구』, 26 (2011), 35-68.

이영석, 「영국 경제의 쇠퇴와 영국 자본주의의 성격」, 『경제와 사회』, 27 (1995), 223-52.

이영석, 「영제국사 서술과 지구사」, 『한국사학사학보』, 25 (2012), 297-326.

이영석, 「제국의 유산―'영연방'의 과거와 현재」, 『영국 연구』, 25 (2011), 235-66.

이태숙, 「19세기 중기 영국의 식민지 팽창정책」, 『서양사론』, 29·30 (1988), 205-42.

이태숙, 「E. G. 웨이크필드와 식민체계화운동」, 『서양사론』, 27 (1986), 73-108.

이태숙, 「제국주의 주변부 중심론」, 『역사학보』, 128 (1990), 71-100.

정영주, 「'피의 강물' 연설을 통해 본 이녹 파울의 인종주의」, 『역사와 경계』, 70 (2009), 159-94

정희라, 「'자유방임 이민국'에서 '제로 이민국'으로―영국 이민사 개관 및 연구동향」, 『서양사론』, 93 (2007), 247-70.

정희라, 「영국의 자유방임식 다문화주의: 영국적 전통과 이민자 통합」, 『이화사학연구』, 35 (2007), 1-27.

홍석민, 「1948년 영국 국적법의 두 부산물」, 『영국 연구』, 23 (2010), 187-218.

[Editorial], "1949-1999: Fifty Years of a Renewing Commonwealth", *The Round Table*, 88/350 (1999), 1-27.

't Hart, Majolein, "'The Devil or the Dutch': Holland's Impact on the Financial Revolution in England, 1643-1694", *Parliament, Estates & Representation*, 11/1 (1991), 39-52.

Agent-General, "British Columbia, Information for Emigrants" (London, 1873), 1-25.

Aldrich, Winthrop W., "The Suez Crisis: A Footnote to History", *Foreign Affairs*, 45/3 (1967), 541-52.

Amery, L. S., "The British Empire and the Pan-European Idea", *Journal of Royal Institute of International Affairs*, 9/1 (Jan. 1930), 1-22.

Bardy, Christopher, "The Cabinet System and Management of the Suez Crisis", *Contemporary British History*, 11/2 (1997), 65-93.

Bayly, C. A., "The British Military-Fiscal State and Indigenous Resistance: India, 1750-1820", in Lawrence Stone, ed., *An Imperial State at War: Britain from 1689 to 1815* (London: Routledge, 1993).

Bayly, S., "The Evolution of Colonial Cultures: Nineteenth Century Asia", in A. N. Porter, ed., *The Oxford History of the British Empire, vol. 3: The Nineteenth Century* (Oxford: Oxford University Press, 1999).

Bell, Duncan S. A., "Unity and Difference: John Seeley and the Political Theology of International Relations", *Review of International Studies*, 31/3 (2005), 559-79.

Bennett, Viscount, "The British Commonwealth of Nations: Its Constitutional Development", *United Empire*, 35/2 (March-April 1944).

Bogdanor, Vernon, "Brexit, the Constitution and the Alternatives", *King's Law Journal*, 27/3 (2016), 314-22.

Bray, R. M., "Fighting as an Ally: The English Canadian Patriotic Response to the Great War", *Canadian Historical Journal*, 61/1 (1980), 141-68.

Burgess, M. D., "Imperial Federation: Edward Freedom and the Intellectual Debate on the Consolidation of the British Empire in the 19th Century", *Trivium*, 13 (1978), 77-94.

Burroughs, Peter, "John Robert Seeley and British Imperial History", *Journal of Imperial and Commonwealth History*, 1/2 (1973), 191-211.

Cain, P. J. and A. G. Hopkins, "Gentlemanly Capitalism and British Expansion Overseas, I: The Old Colonial System, 1688-1850", *Economic History Review*, 2nd ser., 39/4 (1986), 501-25.

Cain, P. J. and A. G. Hopkins, "Gentlemanly Capitalism and British Expansion Overseas, II: New Imperialism, 1850-1945", *Economic History Review*, 2nd ser., 40/1 (1987), 1-26.

Cain, P. J., "Economics and Empire: The Metropolitan Context", in P. Marshall, ed., *The Oxford History of the British Empire, Vol. 3: The Nineteenth Century* (Oxford: Oxford University Press, 1998), 31-53

Cain, P. J., "Gentlemanly imperialism at work: the Bank of England, Canada and the Sterling Area, 1932-1936", *Economic History Review*, 2nd ser., 49/2 (1996), 499-522.

Carrington, C. E., "A New Theory of the Commonwealth", *International Affairs*, 34/2 (1955), 131-49.

Chese, M., "Mau Mau Rebellion, Fifty Years on", *African Affairs*, 103 (2004), 123–36.

Clark, Evans, "Americanised Europe", *European Finance*, 7/8 [Monthly Supplement] (23 May 1928), 2–4.

Constantine, Stephen, "British Emigration to the Empire-Commonwealth since 1880: From Overseas Settlement to Diaspora?", in *The British World: Diaspora, Culture and Identity*, eds. Carl Bridge and Kent Fedorowich (London: Frank Cass, 2003), 16–35.

Constantine, Stephen, "Waving Goodbye? Australia, Assisted Passages and the Empire and Commonwealth Settlement Acts, 1945–72", *Journal of Imperial and Commonwealth History*, 26/2 (1998), 176–95.

Cooper, Fredrick, "African Workers and Imperial Design", in Philip D. Morgan and Sean Hawkins, eds., *Black Experience and the Empire: Oxford History of the British Empire* (Oxford: Oxford University Press, 2004), 286–316.

Costigliola, F. C., "Anglo-American Financial Rivalry", *Journal of Economic History*, 37/4 (1977), 911–34.

Curtin, Philip D., "The British Empire and Commonwealth in Recent Historiography", *American Historical Review*, 65/1 (1959), 72–91.

Darwin, John, "The Fear of Falling: British Politics and Imperial Decline Since 1900", *Transactions of the Royal Historical Society*, 36 (1986), 27–43.

Daunton, M. J. "'Gentlemanly Capitalism' and British Industry, 1820–1914", *Past and Present*, 122 (1989), 119–58.

Daunton, M. J., "Britain and Globalisation Since 1850: I. Creating a Global Order, 1850–1914", *Transactions of the Royal Historical Society*, sixth ser., 16 (2006), 1–38.

Daunton, M. J., "Britain and Globalisation Since 1850: II. The Rise of Insular Capitalism, 1914–1939", *Transactions of the Royal Historical Society*, sixth ser., vol. 17 (2007), 1–33.

Department of Employment, "Labour Force Outlook for Great Britain", *Employment Gazette*, 92 (London: HMSO, 1984), 56–64.

Deudney, Daniel, "Greater Britain or Greater Synthesis? Seeley, Makinder and Wells on Britain in the Global Industrial Era", *Review of International Studies*, 27/2 (2001), 187–298.

Ekirch, A. L., "Great Britain's Secret Convict Trade to America, 1783-84", *American Historical Review*, 89/5 (1984), 1285-91.

Esberey, J. E., "Personality and Politics: A New Look at the King-Byng Dispute", *Canadian Journal of Political Science*, 6/1 (1973), 37-55.

Farr, H., "A Question of Leadership: July 1966 and Harold Wilson's European Decision", *Contemporary British History*, 19/2 (2005), 437-58.

Gallagher, J. A., "Nationalism and the Crisis of Empire, 1919-1922", *Modern Asian Studies*, 15/2 (1981), 355-68.

Gallagher, J. and R. Robinson, "The Imperialism of Free Trade", *Economic History Review*, 2nd ser., 6/1 (1953), 1-15.

Garton, Stephen, "Demobilization and Empire: Nationalism and Soldier Citizenship in Australia After the First World War—Dominion Context", *Journal of Contemporary History*, 50/1 (2015), 124-43.

Goodwin, Matthew J. and Oliver Heath, "The 2016 Referendum, Brexit and the Left Behind: An Aggregate-level Analysis of the Result", *The Political Quarterly*, 87/3 (2016), 323-32.

Greenlee, J. G., "A Succession of Seeleys", *Journal of Imperial and Commonwealth History*, 4/2 (1976), 266-82.

Greswell, William, "England and her Second Colonial Empire", *Quarterly Review*, 158 (July 1884), 134-61.

Greswell, William, "Our Colonies and the War", *Fortnightly Review*, 98/586 (Oct. 1925), 699-710.

Hall, Catherine and Sonya Rose, "Introduction", in idem, *At Home with the Empire* (Cambridge: Cambridge University Press, 2006), 1-31.

Hall, Catherine, "Introduction", idem, ed., *Empire: Colonizers in Britain and the Empire in the Nineteenth and Twentieth Centuries* (Manchester: Manchester University press, 2000), 1-33.

Hall, Catherine, "Introduction: thinking the postcolonial, thinking the empire", in idem, ed., *Cultures of Empire* (Manchester: Manchester University Press, 2000), 1-33.

Hancock, I. R., "The 1911 Imperial Conference", *Historical Studies*, 12/47 (1966), 156-72.

Hansen, Randall, "The Politics of Citizenship in 1940s Britain: The British Nationality Act", *Twentieth Century British History*, 10/1 (1999), 67-95.

Harling, Philip and Peter Mandler, "From Fiscal-Military State to Laissez-Faire State, 1760–1850", *Journal of British Studies*, 32/1 (1993), 44–70.

Hatton, Timothy, "Emigration from the UK 1870–1913 and 1950–1998", *European Review of Economic History*, 8/2 (2004), 149–71.

Hayes, Faul, "British Foreign Policy and the Influence of Empire, 1870–1920", *Journal of Imperial and Commonwealth History*, 12/1 (1984), 102–24.

Hayes, Faul, "South Africa's Departure from the Commonwealth, 1960–61", *International History Review*, 2/2 (1980), 453–84.

Heatrick, D. R. and P. Griset, "Submarine Telegraph Cables: Business and Politics, 1838–1939", *Business History Review*, 75/3 (2001), 543–78.

Heisbourg, François, "Brexit and European Security", *Survival: Global Politics and Strategy*, 58/3 (2016), 13–22.

Henderson, Ailsa, et al., "England, Englishness and Brexit", *The Political Quarterly*, 87/2 (2016), 187–99.

Herkless, John L., "Seeley and Ranke", *The Historians*, 43/1 (1980), 1–22.

Hopkins, A. G., "Back to the Future: From National History to Imperial History", *Past and Present*, 164 (1999), 198–243.

Howe, Geoffrey, "The European Communities Act 1972", *International Affairs*, 49/1 (1973), 1–13.

Howe, Stephen, "When –If Ever– Did Empire End? Recent Studies of Imperialism and Decolonization", *Journal of Contemporary History*, 40/3 (2005): 585–99.

Hubbard, John C., "A Census of Religions", *Nineteenth Century*, 9 (Jan. 1881), 131–44.

Hurd, Archibald, "The British Empire after the War", *Fortnightly Review*, 100/598 (Oct. 1916), 563–77.

Hurd, Archibald, "The Imperial Middle: Admiralty and Dominions", *Fortnightly Review*, 96/571 (July 1914), 68–84.

Hyam, R., "The British Empire in the Edwardian Era", in J. M. Brown and W. R. Louis, eds., *The Oxford History of the British Empire, Vol. 4: The Twentieth Century* (Oxford: Oxford University Press, 1999), 47–63.

Innes, Joanna, "The Domestic Face of the Military-Fiscal State: Government and Society in Eighteenth-Century Britain", in Lawrence Stone, ed., *An Imperial State at War: Britain from 1689 to 1815* (London: Routledge,

1993), 96–127.

Israeli, Ofer, "Twilight of Colonialism: Mossadegh and the Suez Crisis", *Middle East Policy*, 20/1 (2013), 147–56.

James, Robert Rhodes. "Anthony Eden and the Suez Crisis", *History Today*, 36/11 (Nov. 1986), 8–15.

Kenny, Michael, "The Return of 'Englishness' in British Political Culture—The End of the Unions?" *Journal of Common Market*, 53/1 (2015), 35–51.

Kent, J., "Anglo-French Colonial Co-operation, 1939–1949", *Journal of Imperial and Commonwealth History*, 17/1 (1988), 55–82.

Kent, J., "The Egyptian Base and the Defence of the Middle East, 1945–1954", *Journal of Imperial and Commonwealth History*, 21/1 (1993), 45–65.

Kershow, John, "The New Army and the Recruiting Problem", *Fortnightly Review*, 97/578 (Feb. 1915), 308–21.

Law, Sidney, "The War and the Problem of Empire", *Fortnightly Review*, 99/591 (March 1916), 405–20.

Lloyd, Lorna, "'Us and Them': The Changing Nature of Commonwealth Diplomacy, 1880–1973", *Commonwealth and Comparative Politics*, 39/3 (2001), 3–30.

Lomax, K. S., "Production and Productivity Movements in the United Kingdom since 1900", *Journal of the Royal Historical Society*, ser. A., 122 (1959), 185–210.

Louis, W. R. and R. E. Robinson, "The Imperialism of Decolonisation", *Journal of Imperial and Commonwealth History*, 22/2 (1994), 462–511.

Mackenzie, John, "Empire and Metropolitan Culture", in P. Marshall, ed., *The Oxford History of the British Empire, Volume 3: The Nineteenth Century* (Oxford: Oxford University Press, 1998), 270–93.

Mackinder, H. J., "The Geographical Pivot of History", *The Geographical Journal*, 23/4 (1904), 421–37.

Mahler, V. A., "Britain, the European Community and the Developing Commonwealth: Dependence, Interdependence, and the Political Economy of Sugar", *International Organization*, 35/3 (1981), 467–92.

Marshall, P. J., "The Commonwealth at 60", *The Round Table*, 98/404 (2009), 535–46.

McCorkindale, Christopher, "Scotland and Brexit: The State of the Union and the Union State", *King's Law Journal*, 27/3 (2016), 354–65.

McIntyre, W. D., "The Admission of Small States to the Commonwealth", *Journal of Imperial and Commonwealth History*, 24/2 (1996), 244–77.

McIntyre, W. D., "The Commonwealth", in Robin William Winks, ed., *The Oxford History of the British Empire, vol. 5: Historiography* (Oxford: Oxford University Press, 1999), 558–70.

McIntyre, W. D., "The Unofficial Commonwealth Relations Conference, 1933–59: Precursors of the Tri-sector Commonwealth", *Journal of Imperial and Commonwealth History*, 36/4 (2008), 591–614.

McKeown, A., "Global Migration, 1846–1940", *Journal of World History*, 15/2 (2004), 155–89.

Megaw, M. Ruth, "Australia and the Anglo-American Trade Agreement, 1938", *Journal of Imperial and Commonwealth History*, 3/2 (1975), 191–211.

Meredith, D., "The British Government and Colonial Economic Policy, 1919–39", *Economic History Review*, 2nd ser., 28/2 (1975), 484–99.

Morley, John, "The Expansion of England", *Macmillan's Magazine*, 49 (Feb. 1884), 241–58.

Muirhead, Bruce, "From Dream to Reality: The Evolution of Anglo-Canadian Trade during the Diefenbaker Era", *Journal of the Canadian Historical Association*, 9/1 (1998), 243–66.

Negrine, Ralph, "The Press and the Suez Crisis: A Myth Re-examined", *Historical Journal*, 25/4 (1982), 975–83.

Nicolson, I. F. and C. A. Hughes, "A Provenance of Proconsuls: British Colonial Governors, 1900–60", *Journal of Imperial and Commonwealth History*, 4/1 (1975), 77–106.

O'Brien, P. K., "Britain's Economy Between the Wars: A Survey of a Counter-Revolution in Economic History", *Past and Present*, 115 (1987), 107–30.

O'Brien, P. K., "The Costs and Benefits of British Imperialism 1846–1914", *Past and Present*, 120 (1988), 163–200.

Owen, N., "More than a Transfer of Power", *Contemporary British History*, 6/3 (1992), 415–51.

Owen, N., "The Attlee Government: the End of the Empire, 1945–51", *Contemporary Record*, 3 (1990), 12–16.

Parmentier, Guillaume, "The British Press in the Suez Crisis", *Historical*

Journal, 23/2 (1980), 435-48.

Pearson, C. H., "Charles Henry Pearson and the Decline of the Family", *Population and Development Review*, 29/2 (2003), 299-304.

Phillips, Gordon, "The Social Impact", in Stephen Constantine et al., eds., *The First World War in British History* (London: Arnold, 1995), 106-40.

Pollard, Sidney, "Capital Exports, 1870-1914: Harmful; of Beneficial?", *Economic History Review*, 2nd ser., 38/4 (1985): 489-514.

Porter, Andrew N., "Gentlemanly Capitalism and Empire: The British Experience since 1750?", *Journal of Imperial and Commonwealth History*, 18/3 (1990), 265-95.

Porter, Andrew N., "Introduction: Britain and the Empire in the Nineteenth Century", *The Oxford History of the British Empire, vol. 3: The Nineteenth Century*, ed. A. N. Porter (Oxford University Press, 1999), 1-28.

Potter, Beatrice, "East London Labour", *Nineteenth Century*, 24 (August, 1888), 161-83.

Potter, Simon J., "Webs, Networks and Systems: Globalization and the Mass Media in the Nineteenth and Twentieth-Century British Empire", *Journal of British Empire*, 46/3 (2007), 621-46.

Price, Richard, "One Big Thing: Britain, Its Empire and Their Imperial Culture", *Journal of British Studies*, 45/3 (2006), 602-27.

Reinharz, J., "The Balfour Declaration and its Maker: A Reassessment", *Journal of Modern History*, 64/2 (1992), 455-99.

Renshaw, Patrick, "Black Friday, 1921", *History Today*, 21/6 (1971), 416-25.

Renshaw, Patrick, "The Depression Years 1918-1931", in Ben Pimlott and Chris Cook, eds., *Trade Unions in British Politics* (London: Longman, 1991), 88-108.

Reynolds, D., "Eden the Diplomatist, 1931-1956: Suezide of a Statesman?", *History*, 74 (1989), 64-84.

Robertson, Paul and John Singleton, "The Old Commonwealth and Britain's First Application to Join the EEC, 1961-3", *Australian Economic History Review*, 40/2 (2000), 153-77.

Robinson, R., "Non-European Foundations of European Imperialism", in R. Owen and B. Sutcliffe, eds., *Studies on the Theory of Imperialism* (London: Longman, 1972), 117-40.

Rubinstein, W. D., "The End of the Old Corruption in Britain 1780–1860", *Past and Present*, 101 (1983), 55–86.

Singh, A. I., "Keeping India in the Commonwealth: British Political and Military Aims, 1947–1949", *Journal of Contemporary History*, 20 (1985), 469–81.

Singleton, John and P. L. Robertson, "Britain, Butter, and European Integration, 1957–1962", *Economic History Review*, 2nd ser., 50/2 (1997), 327–47.

Smith, Goldwin, "The Expansion of England", *Contemporary Review*, 45 (April 1884), 524–40.

Smith, Tony, "A Comparative Study of French and British Decolonisation", *Comparative Studies in Society and History*, 20 (1978), 70–102.

Stephens, D. S., "Our Million Black Army", *The English Review*, Oct. 1916, 353–60.

Subbramanian, L., "Banias and the British", *Modern Asian Studies*, 21 (1987), 473–510.

Syme, David, "Charles H. Pearson and the Democratic Ideal in Australia", *Australian Journal of Political Science*, 44/2 (2009), 213–28.

Thompson, R. C., "Conflict or Co-operation? Britain and Australia in the South Pacific, 1950–1960", *Journal of Imperial and Commonwealth History*, 23/2 (1995), 175–86.

Thornhill, Michael T., "Alternative to Nasser: Humphrey Trevelyan, Ambassador to Egypt", *Contemporary British History*, 13/2 (2008), 11–28.

Tranter, J. R., "John Robert Seeley", *English Historical Review*, 10/39 (1895), 507–14.

Vasilopoulou, Sofia, "UK Euroscepticism and the Brexit Referendum", *The Political Quarterly*, 87/2 (2016), 219–27.

Vinson, J. C., "The Imperial Conference of 1921 and the Anglo-Japanese Alliance", *Pacific Historical Review*, 31/3 (1962), 251–69.

Waters, G., "Macmillan, Menzies, History and Empire", *Australian Historical Studies*, 33/1 (2002), 93–107.

Webster, Wendy, "Home, Colonial and Foreign: Europe, Empire and the History of Migration in 20th-Century Britain", *History Compass*, 8/1 (2010), 32–50.

Winter, J. M., "Britain's 'Lost Generation' of the First World War", *Population Studies*, 31/2 (1977), 449-61.

Wood, Philip, "The Montagu-Chelmsford Reforms (1919): A Re-assessment", *South Asia: Journal of South Asian Studies*, 17/1 (1994), 25-42.

찾아보기

이영석

서양사학자(영국사). 광주대 명예교수. 성균관대 사학과 및 동대학원을 졸업했다(문학박사). 케임브리지대학 클레어홀과 울프슨 칼리지 초빙교수를 지냈으며, 한국서양사학회와 도시사학회 회장을 역임했다. 2012년 한국연구재단 인문사회 우수학자로 선정되었다. 그동안 19~20세기 영국 사회사, 노동사, 생활사, 사학사 분야의 많은 논문을 썼다. 저서로는 『산업혁명과 노동정책』(1994), 『다시 돌아본 자본의 시대』(1999), 『역사가가 그린 근대의 풍경』(2003), 『사회사의 유혹』(전 2권, 2006), 『영국 제국의 초상』(2009), 『공장의 역사: 근대 영국사회와 생산, 언어, 정치』(2012), 『지식인과 사회: 스코틀랜드 계몽운동의 역사』(2014), 『역사가를 사로잡은 역사가들』(2015), 『영국사 깊이 읽기』(2016), 『삶으로서의 역사』(2017), 『유럽의 산업화와 노동계급』(공저, 1997)이 있고, 번역서로 『영국민중사』(1988), 『역사학을 위한 변론』(1999), 『옥스퍼드 유럽 현대사』(공역, 2003), 『자연과학을 모르는 역사가는 왜 근대를 말할 수 없는가』(2004), 『잉글랜드 풍경의 형성』(2007) 등이 있다. e-mail: leeyoung314@naver.com

제국의 기억, 제국의 유산

한국의 석학 3

1판 1쇄 펴냄 | 2019년 4월 20일
1판 2쇄 펴냄 | 2021년 3월 25일

지은이 | 이영석
펴낸이 | 김정호
펴낸곳 | 아카넷

출판등록 2000년 1월 24일(제406-2000-000012호)
10881 경기도 파주시 회동길 445-3
전화 | 031-955-9510(편집) · 031-955-9514(주문)
팩스 | 031-955-9519
책임편집 | 이하심
www.acanet.co.kr

Printed in Seoul, Korea.

ISBN 978-89-5733-626-7 94920
ISBN 978-89-5733-244-3 (세트)

이 도서의 국립중앙도서관 출판시도서목록(CIP)은
서지정보유통지원시스템 홈페이지(http://seoji.nl.go.kr)와
국가자료공공목록시스템(http://www.nl.go.kr/kolisnet)에서 이용하실 수 있습니다.
(CIP 제어번호: CIP2019007551)

* 이 저술은 2012년 한국연구재단 인문사회 우수학자 연구 지원을 받아 출판되었음.
  [과제번호: 2012 S1A5B1018734]